DELIUS KLASING

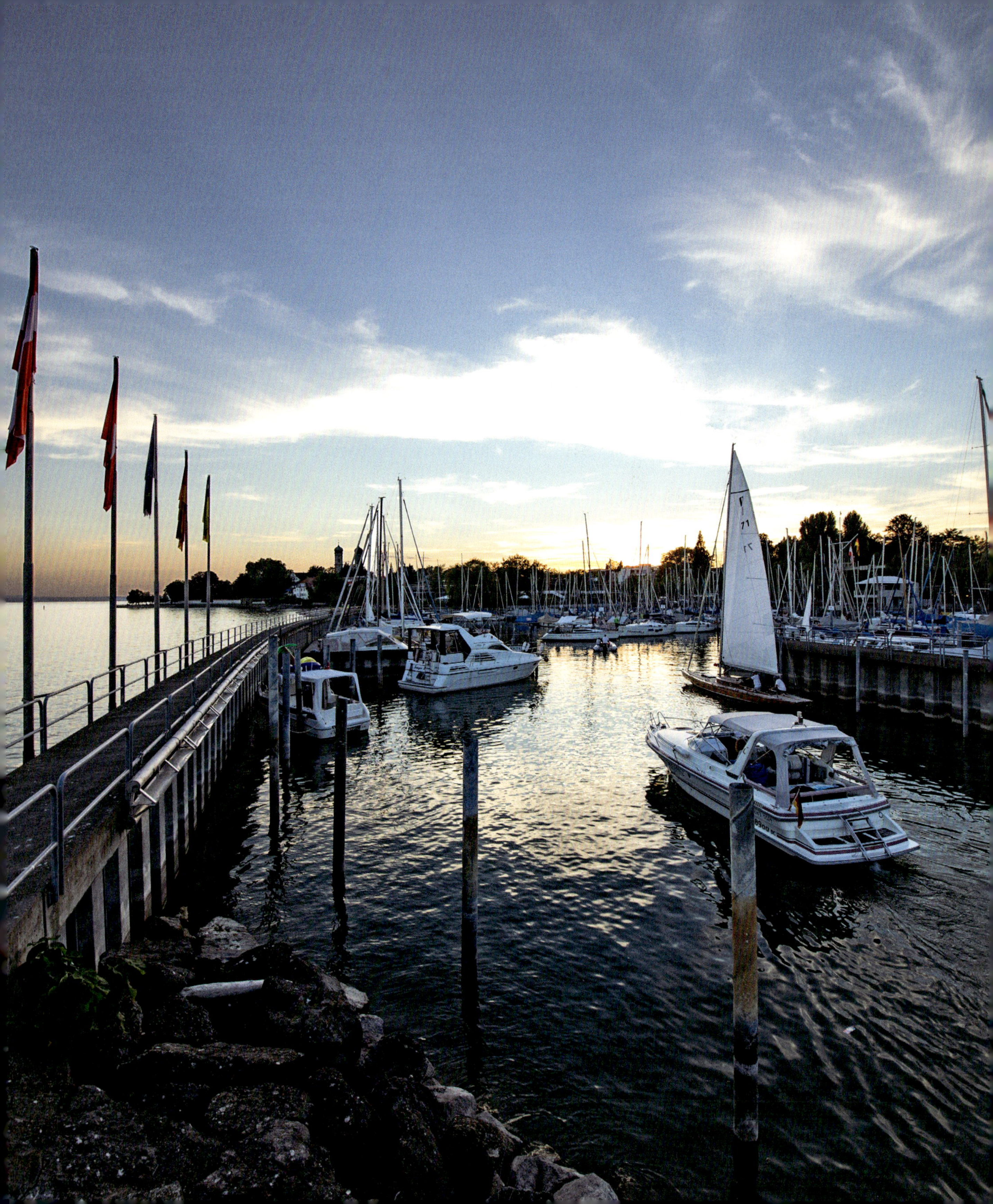

Heinz Overschmidt
Ramon Gliewe
unter Mitarbeit von Peter Raschewski

Bodenseeschifferpatent A+D

Mit offiziellen deutschen und österreichischen Prüfungsfragen und Antworten

Delius Klasing Verlag

Seite 2: Die Marina Friedrichshafen

PEFC zertifiziert

Papier stammt aus nachhaltig bewirtschafteten Wäldern und kontrollierten Quellen

PEFC

PEFC/04-31-1339 www.pefc.de

Bibliografische Information der Deutschen Nationalbibliothek
Die Deutsche Nationalbibliothek verzeichnet diese Publikation in der Deutschen Nationalbibliografie; detaillierte bibliografische Daten sind im Internet über http://dnb.dnb.de abrufbar.

15. Auflage
ISBN 978-3-667-12987-1

Redaktionelle Bearbeitung: Peter Overschmidt
Lektorat: Gerhard Kley
Fotos: Michael Häfner: Seiten 2, 6, 8, 9, 10, 13, 14, 16, 20, 21, 22, 31, 32, 115, 117, 125, 134, 135, 136, 140
Klaus Andrews: Seiten 7, 8, 43–53, 58–114, 118, 119, 139;
Jean-Marie Tronquet: Seite 54;
Suzuki Marine: Seite 118 oben rechts
bht2000, shutterstock.com Seite 120
Ingenity: Seite 121 oben links
Alvaro Hernandez Sanchez / shutterstock.com: Seite 121 oben rechts
ePropolusion: Seite 121 unten links
Phuketian.S / shutterstock.com: Seite 121 unten Mitte
shutterstock.com: Seite 121 unten rechts
Grafik Vetus: Seite 122
Torqeedo: Seite 122 links
Greenline Yachts: Seite 122 unten Mitte
Aqua Electric: Seite 123
Torqeedo: Seite 124
J. Feddern: Seite 125
Umschlagrückseite: Links Michael Häfner, oben rechts: Riva El-Iseo, mit freundlicher Genehmigung von Riva, unten rechts shutterstock.com
Abbildungen: John Bassiner; Karin Kemner; Inch3, Bielefeld
Layout: Gabriele Engel
Einbandgestaltung: Alexander Konrad, Comwedo, Bielefeld
Gesamtherstellung: Kunst- und Werbedruck, Bad Oeynhausen
Printed in Germany 2024

Unter Mitwirkung der Yachtschule Overschmidt, Münster.

Wir bedanken uns bei Herrn Jens Feddern für das Kapitel Elektroantrieb.

Delius Klasing Verlag, Siekerwall 21, D - 33602 Bielefeld
Tel.: 0521 / 559-0, Fax: 0521 / 559-115
E-Mail: info@delius-klasing.de
www.delius-klasing.de

VORWORT

Das Bodenseeschifferpatent ist zwingende Voraussetzung für Wassersportler, die mit Sportbooten über 12 m² Segelfläche oder motorisiert mit mehr als 4,4 kW Leistung den See befahren möchten. Das Patent ist auch in Österreich und in der Schweiz gültig.
Die Bodensee-Schifffahrts-Ordnung (BSO) wurde zum 01. April 2022 novelliert. So wurden unter anderem die Kennzeichnungspflicht, die Lichterführung, die Ausweichpflicht und verschiedene weitere Verordnungen aufgenommen oder modifiziert.
Daraufhin haben die Landratsämter Bodenseekreis, Lindau und Konstanz gemeinsam einen neuen Fragenkatalog entwickelt, der ab 01. Mai 2023 Anwendung findet. Aktuell sind nun 519 Fragen prüfungsrelevant.
Das vorliegende Lehrbuch enthält im Anhang diesen aktuellen Fragenkatalog. Somit ist die erfolgreiche Vorbereitung auf die theoretische Prüfung für alle Wassersportler gewährleistet.
Außerdem erhält der Segler, ebenso wie der künftige Motorbootfahrer, viele Hinweise und Tipps aus der Praxis für die Praxis. Sie gehen über die für die Prüfung erforderlichen Grundkenntnisse weit hinaus und dienen der sicheren Beherrschung eines eigenen Bootes.
Deshalb ist dieses Lehrbuch über die Vermittlung des für das Bodensee-Schifferpatent erforderlichen Wissens hinaus ein guter Begleiter auch für den fortgeschrittenen Segler und Motorbootfahrer.
Mit den Buchstaben A und D sind die Seiten mit dem Lehr- und Prüfungsstoff für die Kategorien »Segeln« (D) und »Motor« (A) gekennzeichnet, »Zusatz« bezeichnet die Zusatzprüfung Hochrheinstrecke.
Neu hinzugefügt habe ich das Kapitel »Elektroantrieb«, geschrieben von Jens Feddern. Hier finden Sie wissenswerte Details zum Elektroantrieb, der vielleicht bei einer Kaufentscheidung behilflich sein kann.
Den Abschluss des Fragenkatalogs bilden die österreich-spezifischen Fragen.
Ich hoffe, mit diesem Lehrbuch dazu beizutragen, die Sicherheit der Wassersportler auf dem Bodensee und darüber hinaus auf allen übrigen Binnengewässern zu erhöhen.
Viel Erfolg bei der theoretischen Prüfung und viel Spaß bei der Praxis; sei es auf der Jolle, der Yacht oder dem Motorboot!

Peter Overschmidt

GELEITWORT

Der Bodensee, einer der größten Seen Westeuropas, eingebettet in eine wunderschöne Landschaft, lockt jährlich zahlreiche Gäste an.
Viele begnügen sich damit, die Weite dieses Gewässers von Land aus zu genießen, andere wiederum möchten den See hautnah erleben. »Hinaus aufs Wasser!« ist die Devise. Ein See – drei Länder – viele Ziele.
Ob nun Einheimischer oder Gast, ohne das Bodensee-Schifferpatent geht es nicht – es sei denn, man gibt sich mit einer kleinen Jolle oder einem schwachen Außenborder zufrieden.
Wer jedoch mit einem sicheren Schiff den See erkunden und erfahren möchte, kommt nicht am Bodensee-Schifferpatent vorbei.
Oft wird die Frage gestellt: »Warum ein Extra-Schein?«
Nun, Deutschland ist nicht alleiniger See-Anlieger, die Schweiz und Österreich sind mit dabei. Das Verkehrsrecht eines Landes für alle zu übernehmen, scheitert zum einen an der jeweiligen Souveränität eines Staates, zum anderen daran, dass der Bodensee schon in den Anfängen seiner Schifffahrt eine eigene Schifffahrtsordnung erhielt und das Bedürfnis, Tradition und Eigenständigkeit zu wahren, in dieser Region besonders stark ausgeprägt ist. Möge dieses Buch dazu beitragen, das »Geheimnis« Bodensee etwas zu lüften und dem Seefahrer, der sich der Prüfung stellen möchte, hilfreich zur Hand sein.

Kai Raschewski

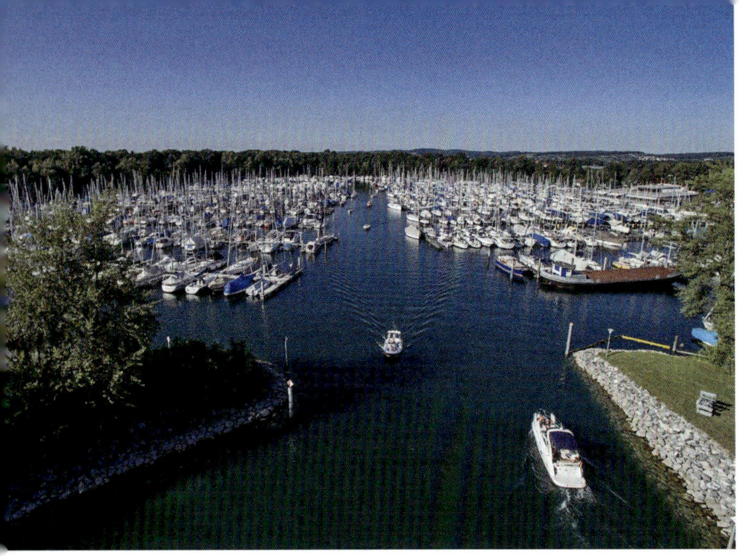

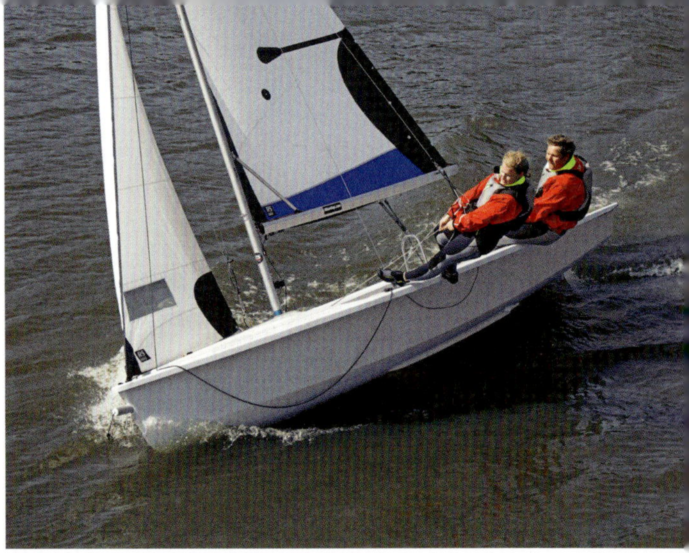

INHALT

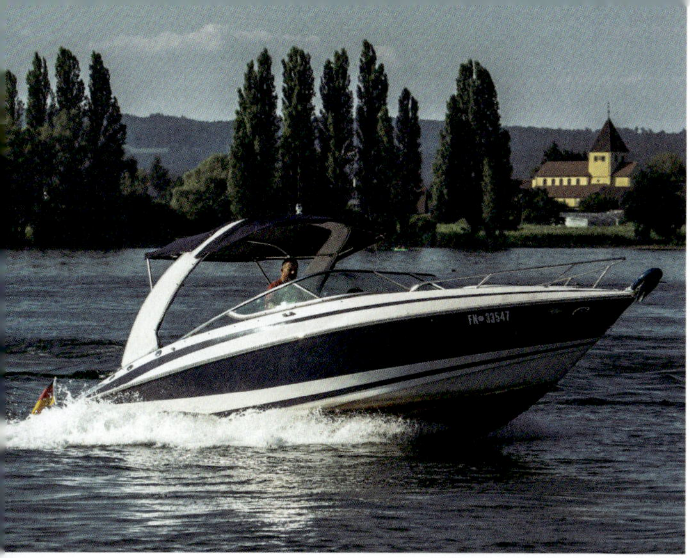

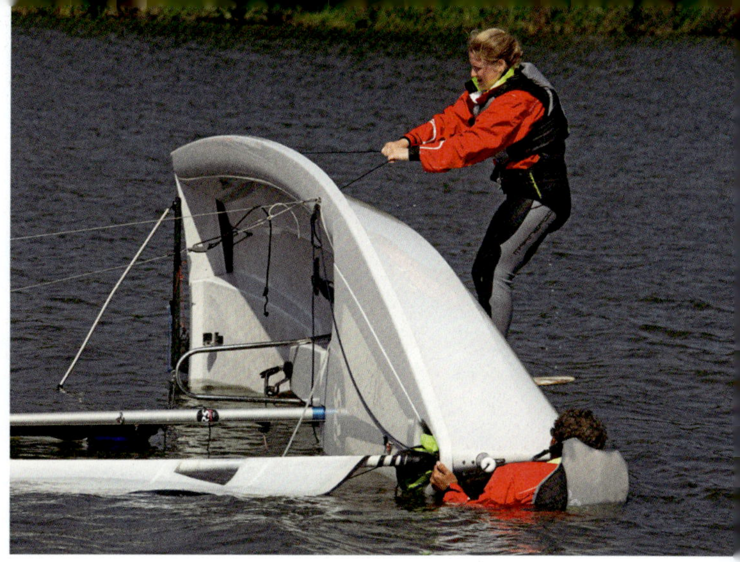

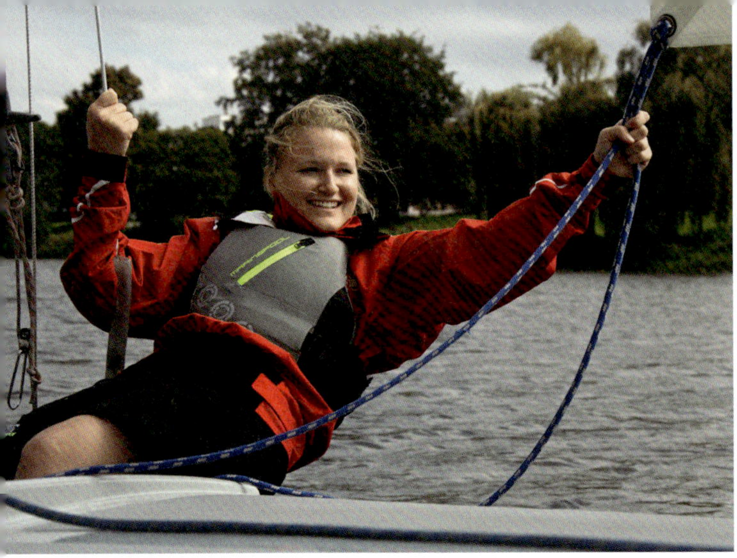

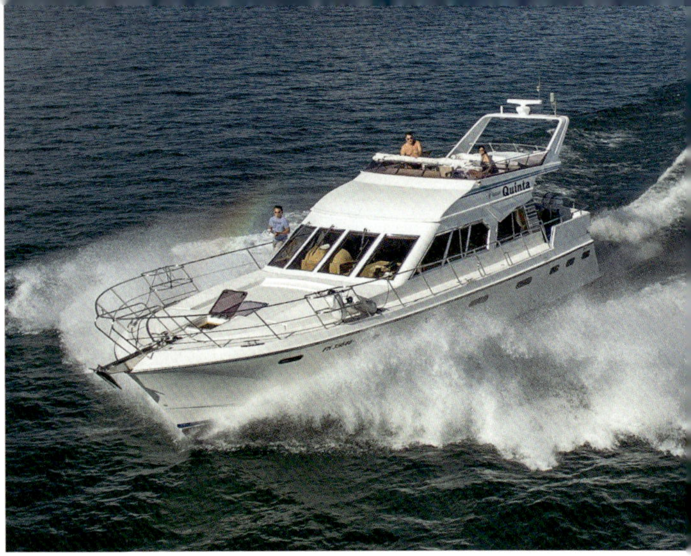
Quinta

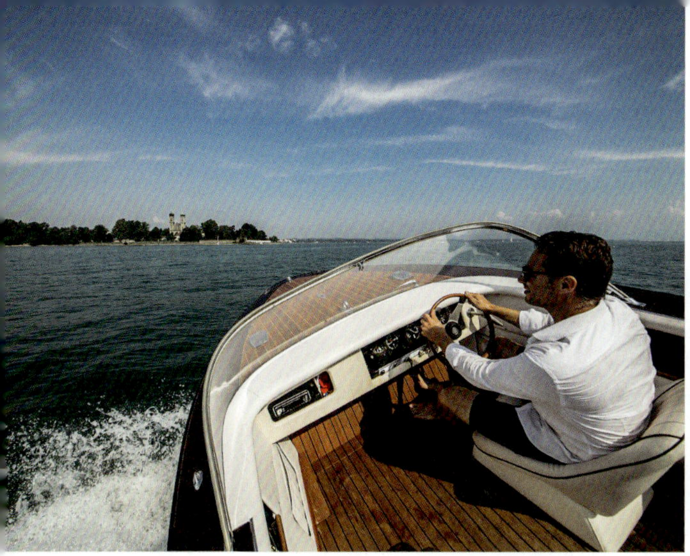

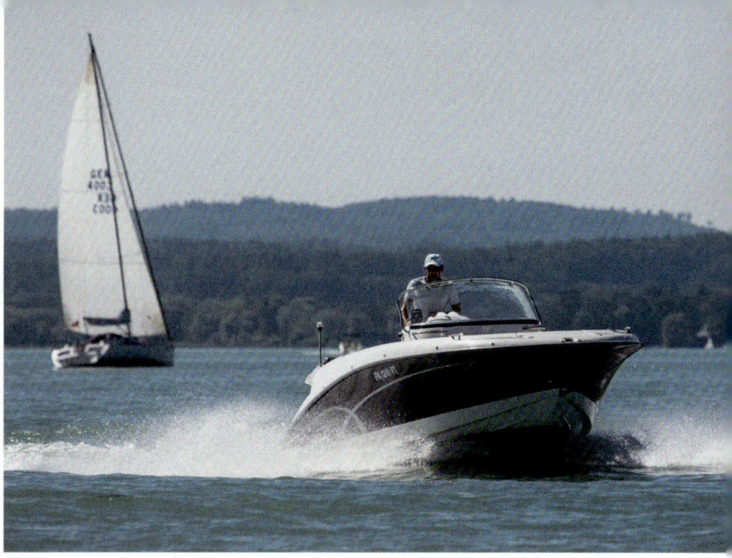

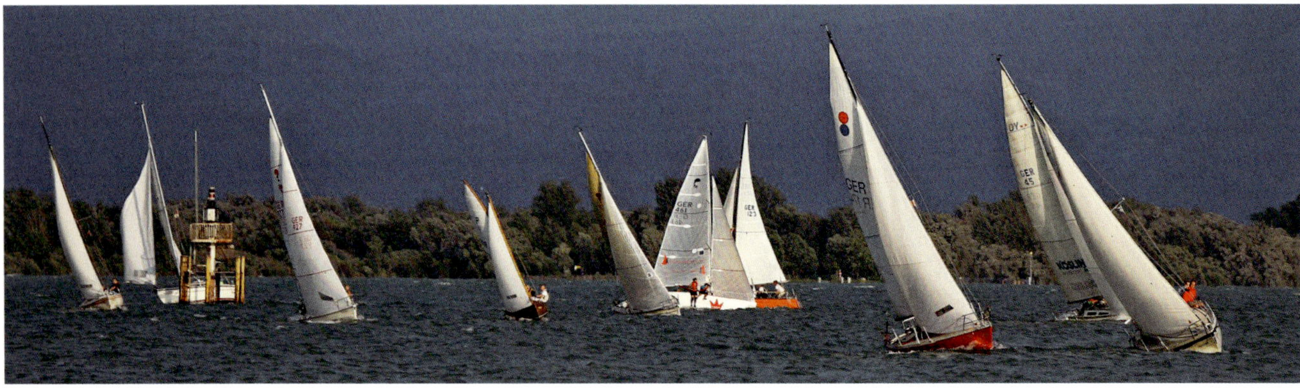

BODENSEE-SCHIFFERPATENT

Jeder braucht ein Bodensee-Schifferpatent, der mit mehr als 12 m² Segelfläche oder 4,4 kW (6 PS) motorisiert auf dem Bodensee Boot fahren möchte. Das fordert die »Verordnung über die Schifffahrt auf dem Bodensee« (Bodensee-Schifffahrts-Ordnung – BodenseeSchO) vom 1. März 1976, in der Fassung vom 1. April 2022. Sie gilt auf dem Bodensee einschließlich Untersee, Alter Rhein sowie den Rheinstrecken zwischen Konstanz und Schaffhausen. Es gibt vier verschiedene Schifferpatente.

Kategorie A: Patent für Motorboote über 4,4 kW (6 PS). Mindestalter 18 Jahre. Mit 21 Jahren darf man auch Fahrgastschiffe führen, die für maximal 12 Fahrgäste zugelassen sind.

Kategorie D: Patent für Segelboote über 12 m² Segelfläche. Mindestalter 14 Jahre. Sind Segler mit mehr als 4,4 kW motorisiert, müssen sie beide Patente vorweisen können. Darüber hinaus gibt es noch die Patente **Kategorie B** für Fahrgastschiffe und **Kategorie C** für Güterschiffe.

Wie bekommt man das Schifferpatent?

Wer ein Bodensee-Schifferpatent erwerben will, muss zum Führen des entsprechenden Bootes »geeignet und befähigt« sein. Diese Befähigung hat er vor einem Prüfungsausschuss des zuständigen Landratsamtes nachzuweisen. Die Zulassung zur Prüfung ist auf einem Formblatt oder auf der jeweiligen Website eines Landratsamtes zu beantragen. Zuständig für die Abnahme der Prüfung, die Ausstellung der Patente und alle übrigen Angelegenheiten der Freizeitschifffahrt sind die Landratsämter

Bodenseekreis Friedrichshafen (FN)
Konstanz (KN)
Lindau (Li)

Dem Antrag sind beizufügen:

- ein Lichtbild 38 × 45 mm, ohne Kopfbedeckung im Halbprofil,
- ein amtsärztliches oder ärztliches Zeugnis über die körperliche und geistige Eignung zum Führen eines Bootes, speziell über ausreichendes Seh-, Hör- und Farbunterscheidungsvermögen (Formblatt),
- ein Führungszeugnis (nur auf Verlangen).

Die Prüfung besteht aus einem theoretischen und einem praktischen Teil (s. auch Seite 141). Das theoretische Wissen wird nur schriftlich abgefragt. Jede richtig beantwortete Frage wird mit einem Punkt bewertet.

Wer nicht bestanden hat, kann die Prüfung frühestens nach Ablauf von 4 Wochen wiederholen.

Wer auch die **Hochrheinstrecke** zwischen Stein am Rhein und Schaffhausen befahren will, der muss eine zusätzliche theoretische und praktische Prüfung ablegen. Der Hochrhein kann nur von Motorbooten befahren werden.

Patent-Entzug Hat der Inhaber seine Pflichten als Schiffsführer »erheblich« verletzt, stark alkoholisiert oder unter Einwirkung anderer Rauschmittel ein Boot geführt, kann ihm das Patent entzogen werden.

Aktualisierung Wer innerhalb der Bodensee-Uferstaaten umzieht oder von außerhalb in einen anderen Uferstaat zieht als

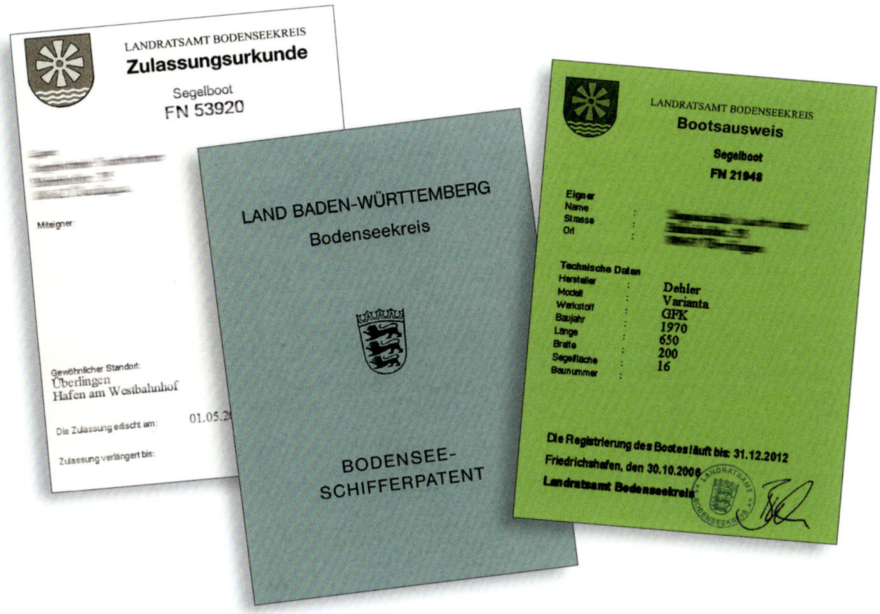

den, der sein Schifferpatent ausgestellt hat, muss dieses umgehend aktualisieren lassen. Andernfalls ist es ungültig.

Umschreibung Das Bodensee-Schifferpatent kann ohne zusätzliche Prüfung in den amtlichen Sportbootführerschein mit dem Geltungsbereich Binnenschifffahrtsstraßen umgeschrieben werden.

Wer das Schifferpatent A (Motor) mit dem Zusatz »Navigation« hat, erhält eine Prüfbescheinigung, die von der praktischen Prüfung für den amtlichen Sportbootführerschein mit dem Geltungsbereich Seeschifffahrtsstraßen befreit.

Die Anerkennung anderer Bootsführerscheine

Inhaber des amtlichen Sportbootführerscheins mit den Geltungsbereichen Binnenschifffahrtsstraßen und Seeschifffahrtsstraßen sind von der praktischen Prüfung befreit.

Für jene, die nur mal Urlaub mit ihrem Boot am Bodensee machen wollen, entfällt sogar diese Auflage. Auf Antrag bei den Landratsämtern – und gegen eine Gebühr – erhalten Inhaber des amtlichen Sportbootführerscheins mit den Geltungsbereichen Binnenschifffahrt oder Seeschifffahrt ein sogenanntes Urlauberpatent. Es wird jedoch nur einmal im Jahr und höchstens für die Dauer eines Monats ausgestellt.

Zulassungs- und Registrierpflicht

Motorboote und Segelboote mit Motor oder Wohn-, Koch- oder sanitären Einrichtungen bedürfen einer amtlichen Zulassung. Sie ist beim zuständigen Landratsamt auf einem Formblatt zu beantragen. Voraussetzung ist eine technische Überprüfung des Bootes. Die Zulassung kann an bestimmte Auflagen gebunden sein. Sie erlischt nach 3 Jahren. Danach muss eine Nachuntersuchung beantragt werden. Die Zulassungsurkunde ist – wie alle Bootspapiere – stets an Bord mitzuführen.

▶ Nicht zugelassen sind:

- Aqua-Scooter und Jet-Bikes.
- Motoren, die die vorgegebenen Grenzwerte der BSO-Stufen 1 oder 2 oder der EU-Sportbootrichtlinien überschreiten.
- Motoren, lauter als maximal 72 dB(A) in 25 m seitlichem Abstand.

Veränderungen sind kurzfristig mitzuteilen:

- bei Eigentümerwechsel innerhalb von 2 Wochen mit Anschrift des Erwerbers,
- bei Standortwechsel des Bootes und/oder Eigentümers innerhalb von 2 Monaten,
- soll das Boot künftig nicht mehr auf dem Bodensee betrieben werden, ist die Zulassungsurkunde sofort zurückzugeben.

Alle nicht zulassungspflichtigen Boote über 2,50 m Länge müssen registriert werden. Für sie wird ein Bootsausweis ausgestellt.

Kennzeichnungspflicht

Jedes zulassungs- und registrierpflichtige Boot bekommt von den Landratsämtern ein Kennzeichen zugeteilt. Ausgenommen Boote ohne Motor unter 2,50 m, Surfbretter, Stand-Up-Paddelbretter sowie Paddel- und Rennruderboote. Sie sind, unabhängig von ihrer Länge, mit Namen und Adresse des Eigners zu versehen.

Die Kennzeichen – lateinische Buchstaben und arabische Ziffern – müssen, gut sichtbar, hell auf dunklem oder dunkel auf hellem Grund stehen und mindestens 8 cm hoch sein. Der Kennzeichnungspflicht ist genügt, wenn das Boot ein von einer anderen deutschen, österreichischen oder Schweizer Schifffahrtsbehörde erteiltes amtliches Kennzeichen führt. Es entbindet aber nicht von der Zulassung.

DER BODENSEE – REVIERKUNDE

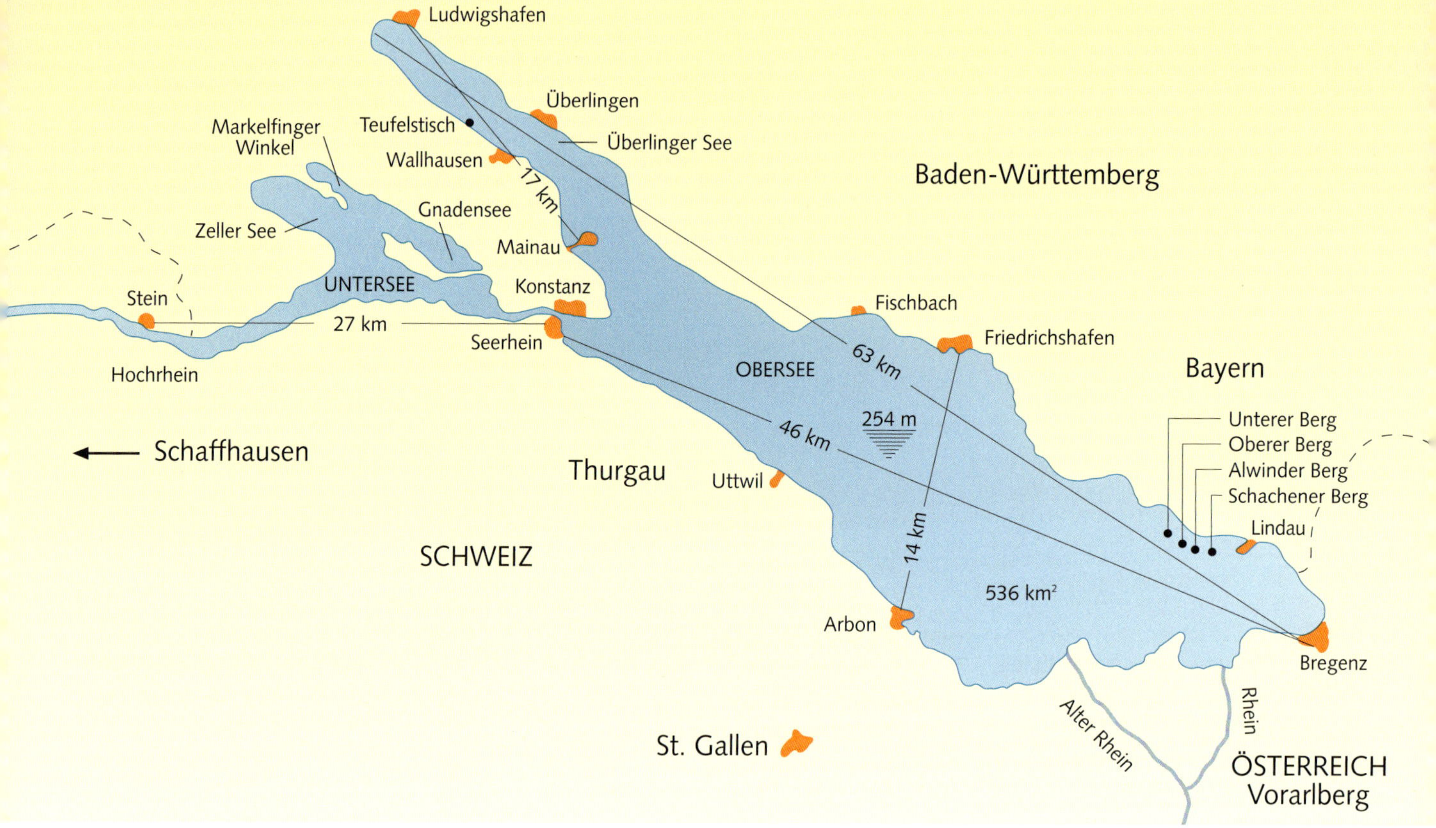

Der Bodensee in Zahlen	
Gesamtfläche	536 km²
Wasserspiegel	395 m über Normalnull
Uferlänge	273 km
Größte Tiefe (zwischen Fischbach und Uttwill)	254 m
Größte Breite (zwischen Friedrichshafen und Arbon)	14 km
Entfernung zwischen Ludwigshafen und Bregenz	63 km
Entfernung zwischen Konstanz und Bregenz	46 km
Entfernung zwischen Ludwigshafen und der Insel Mainau	17 km
Entfernung zwischen Konstanz und Stein am Rhein	27 km

Der Bodensee ist ein internationales Gewässer. Seine Ufer teilen sich die Bundesländer Baden-Württemberg und Bayern, Österreich mit dem Bundesland Vorarlberg und die Schweiz mit den Kantonen St. Gallen, Thurgau und Schaffhausen. Eine Hoheitsgrenze auf dem Wasser gibt es nicht, ausgenommen in der Konstanzer Bucht. Dort existiert eine Grenzregelung zwischen der Bundesrepublik und der Schweiz.

Grenzverkehr Er ist für Sportboote erfreulich unkompliziert. Sofern sie keine zollpflichtigen Waren an Bord transportieren, können sie, ohne Formalitäten, zwischen den Bodensee-Ufern verkehren. Jedoch muss man, für den Fall einer Kontrolle, Pass oder Ausweis dabei haben. Nur wer zu verzollende Waren mitführt, muss die vorgeschriebenen Zoll-Landungsplätze zum Klarieren anlaufen.

Der Bodensee ist in **Obersee** und **Untersee** unterteilt. Der Obersee schließt den **Überlinger See** und den **Konstanzer Trichter** ein. Der Untersee umfasst den **Zeller See** und den **Gnadensee** mit dem **Markelfinger Winkel**. Unter- und Obersee verbindet der **Seerhein**. Der Obersee wartet mit einigen charakteristischen Untiefen auf. Am nordöstlichen Ufer, westlich von Lindau, sind es **Schachener Berg**, **Alwinder Berg**, **Oberer** und **Unterer Berg**, am Südufer des Überlinger Sees, nordwestlich von Wallhausen, der **Teufelstisch**.

Tempolimit Auf dem gesamten Bodensee und den mit ihm in Verbindung stehenden Rheinstrecken gibt es genau zu beachtende Geschwindigkeitsbeschränkungen.

- Ober- und Untersee 40 km/h,
- Alter Rhein 10 km/h,
- Seerhein 10 km/h,
- Hochrhein 20 km/h bei Talfahrt
  10 km/h bei Bergfahrt.

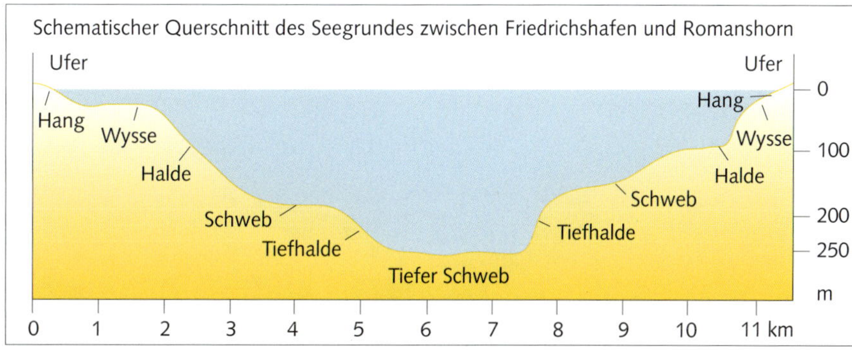

Fischer Die Fischerei auf dem See teilen sich Berufs- und Hobbyfischer. Die professionellen Fischer – am weißen Ball zu erkennen – stellen in tiefem Wasser sogenannte Schwebenetze. Sie »schweben« mindestens 2 m unterhalb der Oberfläche, sodass man sie im Allgemeinen, zwischen den Schwimmern, gefahrlos überlaufen kann. In Ufernähe verankerte Bodennetze hingegen reichen bis dicht unter die Wasseroberfläche. Also aufmerksam umfahren. Hinter Fischern mit dem weißen Ball sind mindestens 200 m Abstand zu halten.

Sportfischer – kenntlich an einer weißen Flagge – benutzen häufig Schleppangeln. Ihr Fanggerät kann bis zu 100 m nachschleppen und bis zu 40 m seitlich ausscheren. Sie genießen zwar gegenüber der übrigen Schifffahrt keine Sonderrechte, doch empfiehlt es sich, schon aus Gründen der Fairness, ihrem Fanggerät aus dem Wege zu gehen.

Naturschutz

Rund um den Bodensee gibt es eine Reihe kleinerer und größerer Naturschutzgebiete. Meist sind sie mit einer dreieckigen, grünumrandeten weißen Tafel mit einem schwarzen Adler markiert. In diesen Uferregionen nisten zahlreiche – teilweise schon rar gewordene – Wasser- und Sumpfvögel, gedeihen seltene Pflanzen. Die größten Naturschutzgebiete sind:

- Wollmatinger Ried,
- Teile der Halbinsel Mettnau,
- Markelfinger Winkel,
- Seefelder Ach,
- Eriskircher Ried,
- Rheinspitz und Rohrspitz.

- Es ist verboten, diese Naturschutzgebiete anzulaufen und zu betreten.
- Beim Ankern ist ein Mindestabstand von 25 m von der Schilfkante einzuhalten.
- Motorboote dürfen grundsätzlich nicht innerhalb einer Uferschutzzone von 300 m fahren. Beim Ab- und Anlegen haben sie senkrecht zum Ufer auf dem kürzesten Weg zu verkehren. Die Höchstgeschwindigkeit in dieser Zone beträgt 10 km/h.

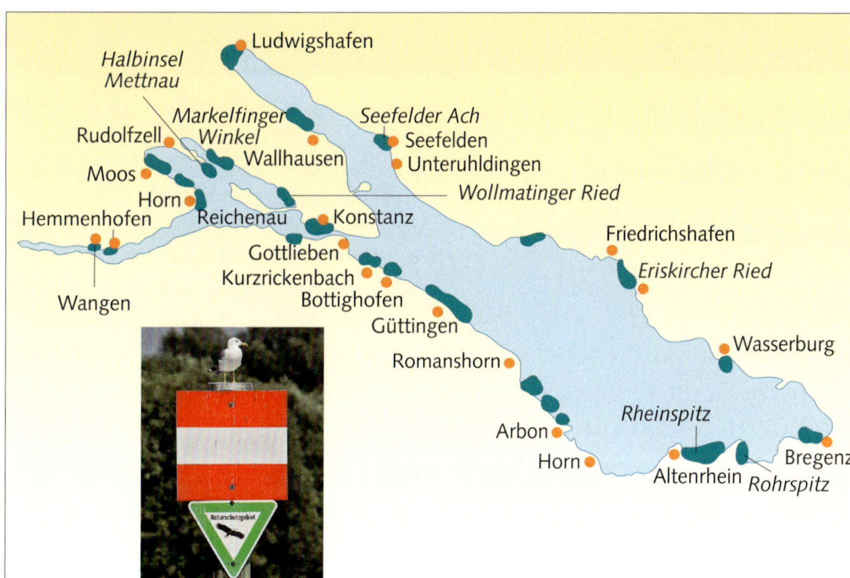

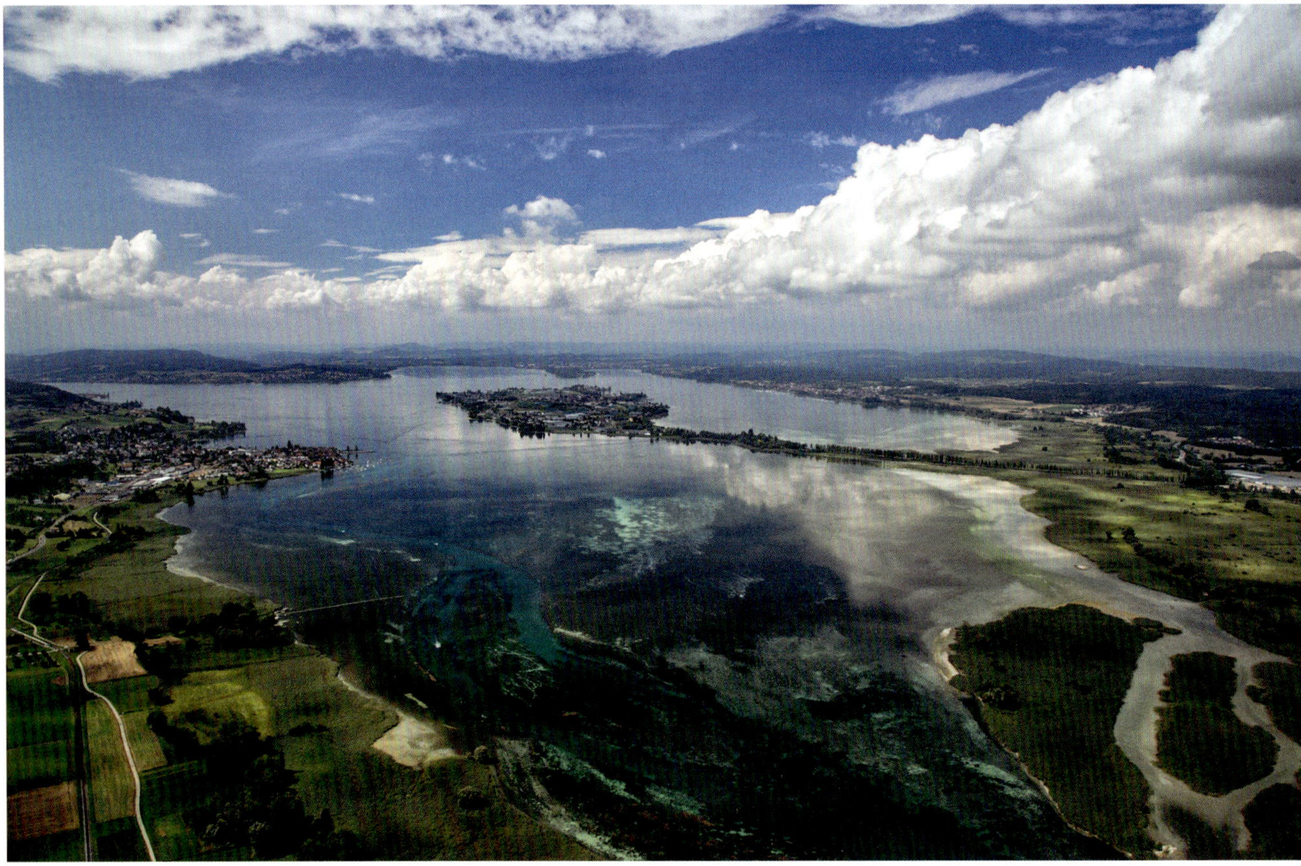

BODENSEE-WETTERKUNDE

Land- und Seewinde

Die tägliche Sonneneinstrahlung auf Land und Wasser verursacht ein rein lokales Windsystem: die **thermischen Winde**. Sie beruhen darauf, dass sich Land viel schneller erwärmt als Wasser, aber auch schneller wieder auskühlt. So bildet sich unter der Sonneneinstrahlung über Land ein kleines Tief, das durch einströmende kühlere Meeresluft aufgefüllt wird. Es entsteht **Seewind.** Er weht von See aufs Land (auflandig) und erreicht am frühen Nachmittag seine größte Stärke. Mit Sonnenuntergang schläft er ein.

Am späten Abend, beziehungsweise nachts beginnt das umgekehrte Spiel. Über dem Wasser, das die Wärme länger speichert, bildet sich ein kleines Tief, das von kühlerer Landluft aufgefüllt wird, dem **Landwind.** Er weht vom Land aufs Wasser (ablandig).

Diese thermischen Winde entstehen bei einer stabilen Hochdruckwetterlage. In der Regel sind sie nur schwach, bis höchstens 3 Beaufort (10 Knoten).

Im Allgemeinen kommen, aufgrund der Großwetterlage, westliche Winde am Bodensee am häufigsten vor. Bei Hochdrucklagen kann man im Obersee mit schwachen Süd- bis Westwinden, im Überlinger See mit Südostwinden rechnen.

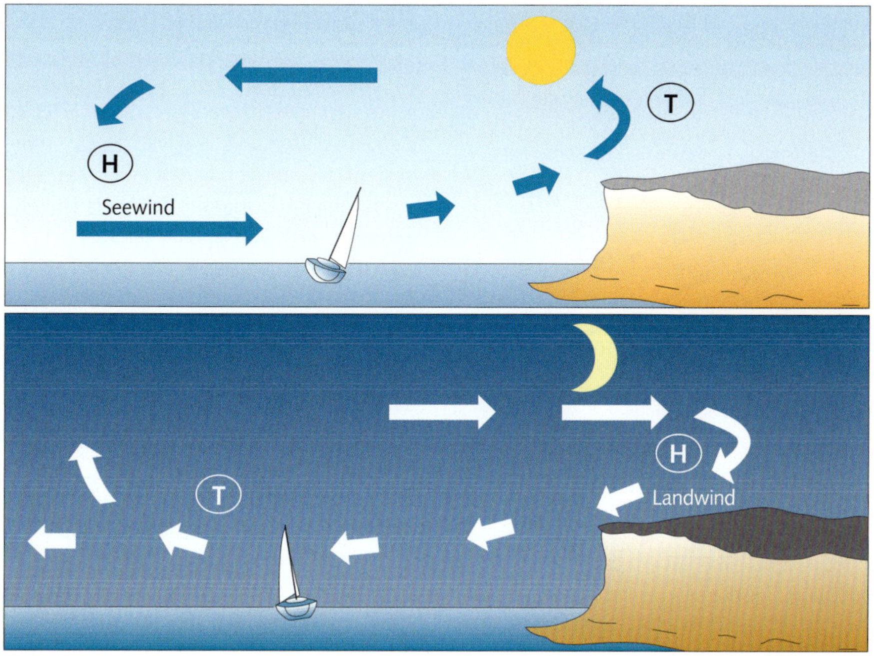

Gewitter

Frontgewitter entstehen an einer Kaltfront innerhalb eines großräumigen Tiefs. Sie kündigen sich durch fallenden Luftdruck und eindrucksvolle Wolkentürme an. Sie ziehen am Bodensee, mit seiner vorherrschenden Westwindlage, überwiegend aus südwestlichen bis westnordwestlichen Richtungen auf. Sie sind – häufig begleitet von starken Regen- und Hagelschauern – besonders gefürchtet. Sie sind zwar meistens innerhalb von 20 Minuten durchgezogen, doch muss man mit gefährlichen Böen von 9–11 Beaufort (41–60 Knoten) rechnen.

Wärmegewitter bleiben örtlich beschränkt, können aber ebenfalls starke böige Winde mit sich bringen. Sie entstehen bei länger anhaltenden Hochdrucklagen mit ihren ausgeprägten thermischen Winden. Durch die starke Erwärmung des Landes wird vom Seewind viel Feuchtigkeit aufwärts transportiert. Es entsteht eine Gewitterwolke (Cumulonimbus) mit oft oben vereisten Türmen, aus der heftige Fallwinde niedergehen.

Solche Wärmegewitter können östlich, südlich oder nördlich des Sees stehen. Sie beeinträchtigen die vorherrschende Wetterlage kaum. Unmittelbar vor Ausbruch des Gewitters flaut der Wind häufig ab und springt dann jäh um 180° um. Er bläst also unvermittelt aus der Gegenrichtung. Wer beim Segeln nicht auf diesen Winddreher vorbereitet ist, kann größte Schwierigkeiten bekommen.

Der Föhn

Föhn entsteht, wenn sich nördlich der Alpen eine Zone tiefen Luftdrucks befindet, südlich der Alpen ein Hochdruckgebiet. Dadurch bildet sich eine gewaltige Luftströmung von Süden, über die Alpen hinweg, nach Norden. Die Luft wird angehoben, kühlt sich ab und die vom Mittelmeer mitgeführte Feuchtigkeit in ihr kondensiert. Es entstehen Wolken, die sich schließlich am Südhang der Alpen abregnen. Diesseits der Alpen gleitet die trockene Luftmasse wieder abwärts und erwärmt sich. Trockene Luft aber erwärmt sich viel schneller als sich feuchte abkühlt. Das bedeutet, dass sie viel wärmer diesseits der Alpen ankommt, als sie einmal in gleicher Höhe in Italien war.

Wegen der geringen Luftfeuchtigkeit herrscht – bei südlichen bis südsüdöstlichen Winden – sehr klare Sicht. Die Alpen erscheinen scharf konturiert und viel näher als sonst. Der Himmel ist, bis auf schleierartige sogenannte Föhnfische (Altocumulus lenticularis) strahlend blau, während eine dicke eindrucksvolle Wolkenmauer über den Alpen steht.

Der Föhnsturm kann am Bodensee orkanartig hereinbrechen. Noch mit sehr leichtem Wind segelnd, sieht man von ferne plötzlich dunkles fliegendes Wasser auf sich zukommen. Kenterungen, Mastbrüche oder zerfetzte Segel sind nichts Ungewöhnliches, wenn man auf den Föhnsturm nicht vorbereitet ist. Vom Rheintal einfallend, dreht er leicht westlich, in Längsachse des Sees, und tobt sich im Allgemeinen im östlichen Obersee voll aus. Selten reicht er über die Höhe von Immenstaad-Güttingen hinaus.

Wer hier im östlichen Teil des Sees auf dem Wasser ist, tut gut daran, bei sehr klarer Sicht die Wasseroberfläche in Richtung Rheintal aufmerksam zu beobachten, um den schlagartig einsetzenden Sturm rechtzeitig herannahen zu sehen. Ablaufen in Richtung Überlinger See kann dann die einzig richtige Maßnahme sein. Meist hält der Föhnsturm nur wenige Stunden an. Doch schnell baut sich eine äußerst ruppige kurze Welle auf.

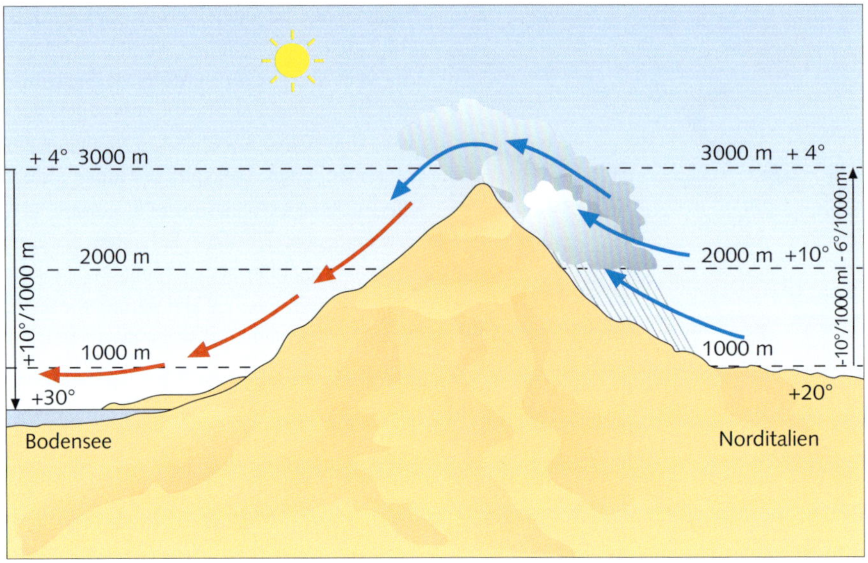

Trockene Luft kühlt sich ab oder erwärmt sich um 10° pro 1000 m. Feuchte Luft, ab Kondensationsbasis (unterer Wolkenrand), kühlt sich nur um 6° pro 1000 m ab. Durch diese unterschiedlichen Abkühlungsraten wird die Luft bei Föhn diesseits der Alpen wärmer, als sie jenseits in Norditalien ist.

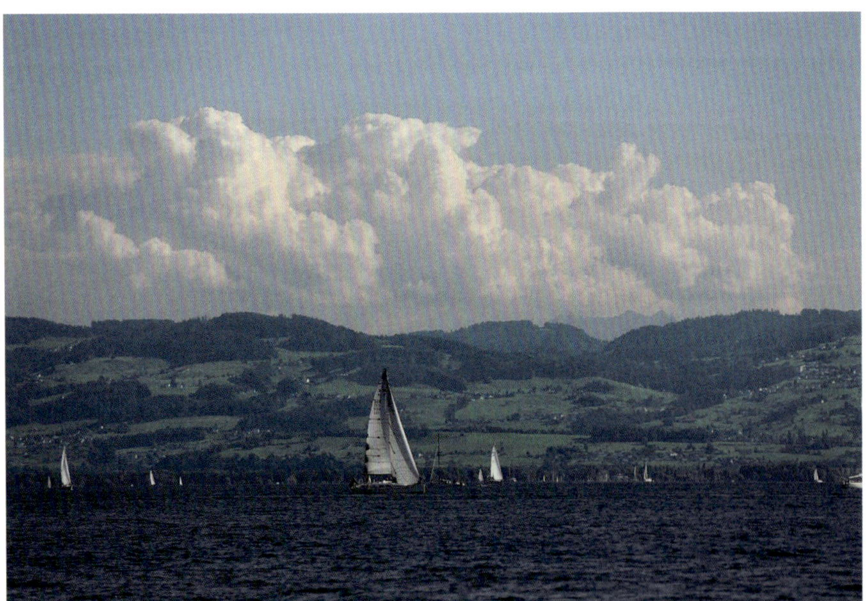

Ein für den Bodensee typisches Wolkenbild.

Der Sturmwarndienst

Zur Sturmwarnung sind rund um den Bodensee 43 orangefarbene Blinkscheinwerfer an markanten Uferstellen so postiert, dass mindestens 1 Feuer von jedem Punkt des Sees aus zu sehen ist. Es gibt 3 Warnbereiche, die getrennt geschaltet werden können:

West (Grenze: Ermatingen–Mainau–Uhldingen),

Mitte (Westliche Grenze: Konstanz–Eichhorn–Meersburg; östliche Grenze: Widenhorn–Eriskirch),

Ost (Grenze: Arbon–Langenargen Schloss Monfort).

Die Trennlinien des Bereichs Mitte überschneiden sich mit den angrenzenden Bereichen. Warnungen erfolgen, wenn Windgeschwindigkeiten um 25 Knoten (46,3 km/h) und mehr zu erwarten sind.

Eine **Starkwindwarnung** mit 40 Blitzen pro Minute wird gegeben, wenn mit Böen zwischen 25 und 33 Knoten (6 bis 7 Beaufort) zu rechnen ist. Eine Starkwindwarnung kann in eine Sturmwarnung erweitert und diese auch zurückgeschaltet werden. Unbedingt reffen, eine Rettungsweste anlegen und sich nach einem Hafen oder Uferschutz umsehen.

Eine **Sturmwarnung** mit 90 Blitzen signalisiert eine unmittelbare Gefahr mit Böen von 34 Knoten und mehr (ab 8 Beaufort). Das heißt: Auf dem schnellsten Wege den nächsten Hafen oder das windgeschützte Ufer aufsuchen oder aus einem Hafen nicht mehr auslaufen.

Wetterberichte und Sturmwarnungen werden täglich über die Radiosender Bayern 3 und Südwestfunk 3 ausgestrahlt. Außerdem kann man einen speziellen Bodenseewetterbericht per Telefon abrufen.

Seenotrettung übernehmen Wasserschutz- und Seepolizei, üblicherweise kostenlos. Hat sich aber jemand leichtsinnig in Gefahr gebracht, etwa durch Missachtung einer Sturmwarnung, kassieren sie eine Bergegebühr.

Betriebszeiten des Sturmwarnsystems

Ganzjährig. Vom 1. April bis 31. Oktober von 6.00 bis 22.00 Uhr, in der übrigen Zeit von 7.00 bis 20.00 Uhr.

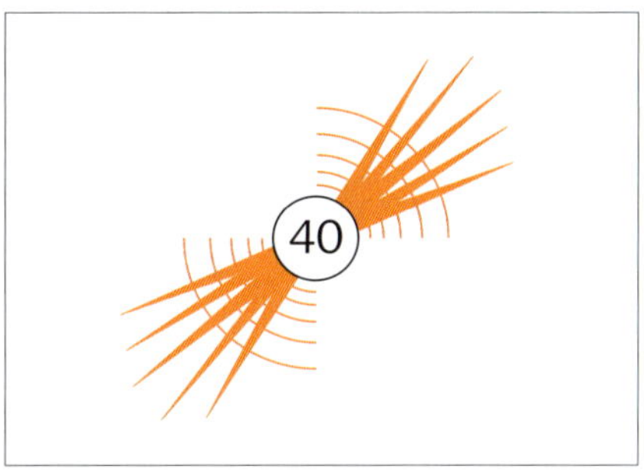

Starkwindwarnung

Aufleuchten von orangefarbenen Blinklichtern mit etwa 40 Blitzen pro Minute: Es sind Spitzenböen zwischen 6 und 7 Beaufort zu erwarten (39 bis 61 km/h).

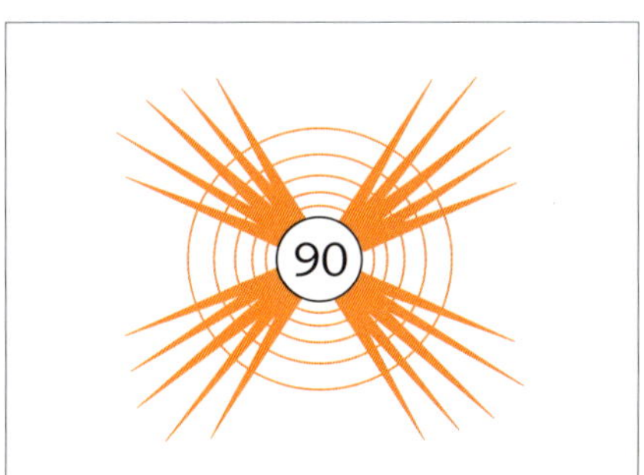

Sturmwarnung

Aufleuchten von orangefarbenen Blinklichtern mit etwa 90 Blitzen pro Minute: Es sind Spitzenböen ab 8 Beaufort (62 km/h) zu erwarten.

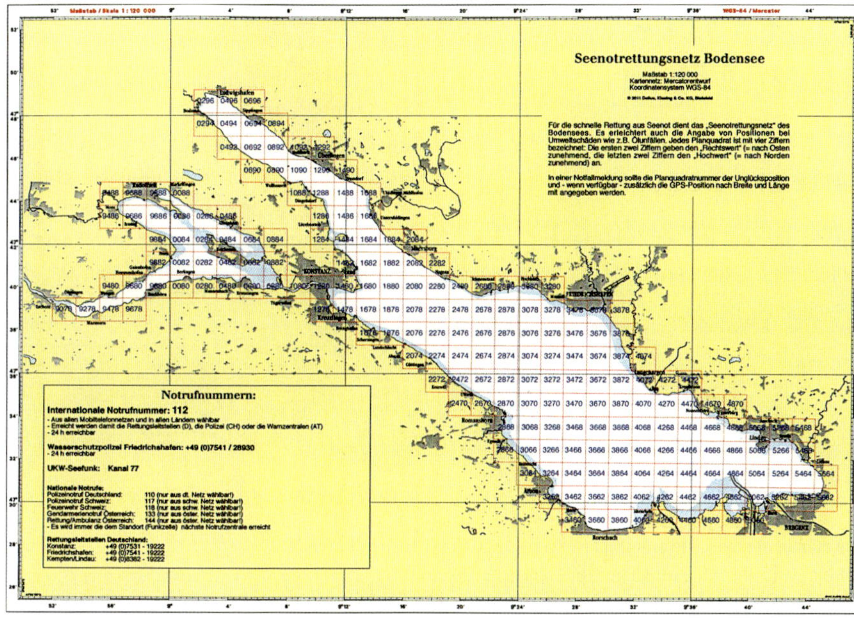

Seenotrettungsnetz Bodensee mit den amtlichen Planquadraten der Wasserschutzpolizei.

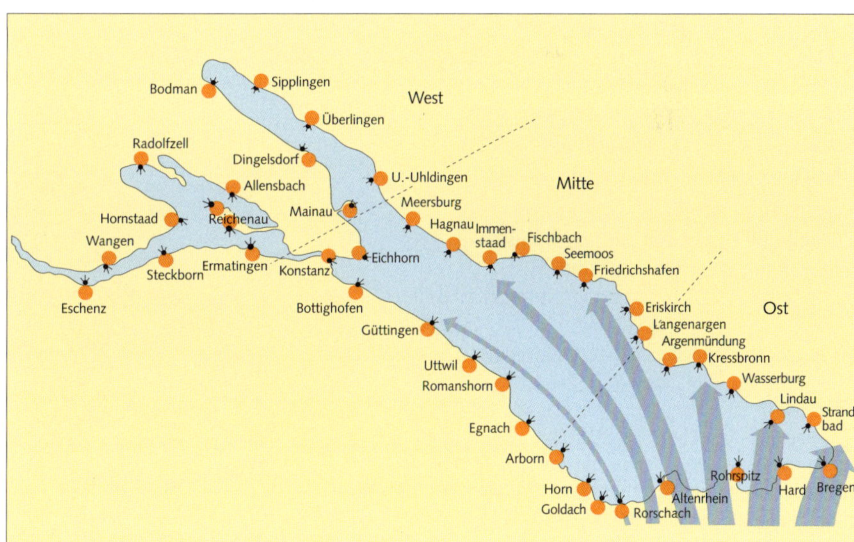

Die Standorte der Sturmwarnlichter, die Warnbereichsgrenzen und eine schematische Darstellung des Föhneinfalls und der Stärke seiner Ausbreitung.

BODENSEE-NAVIGATION

Karte und Kompass

Der Bodensee ist ein weitgehend überschaubares Binnengewässer. Üblicherweise orientiert man sich an Landmarken. Um aber auch das zuverlässig zu können, gehört eine **Bodensee-Navigationskarte** oder **Bodensee-Schifffahrtskarte** an Bord. Will man ein Ziel außerhalb seines Gesichtskreises direkt anlaufen, muss man seinen Kurs dorthin in der Seekarte »abstecken«, das heißt, der Karte entnehmen und ihn nach dem **Kompass** steuern. Seekarte und Kompass sind also die unerlässlichsten Orientierungsmittel für die Navigation. Unerlässlich erst recht natürlich bei Nacht und auch bei unsichtigem Wetter, von dem jeder einmal überrascht werden kann. Um den Kurs aus der Karte entnehmen zu können, braucht man ein **Kursdreieck** und ein Anlegedreieck. Das Kursdreieck wird mit seiner Hypotenuse an die Kurslinie gelegt und dann parallel verschoben, bis der

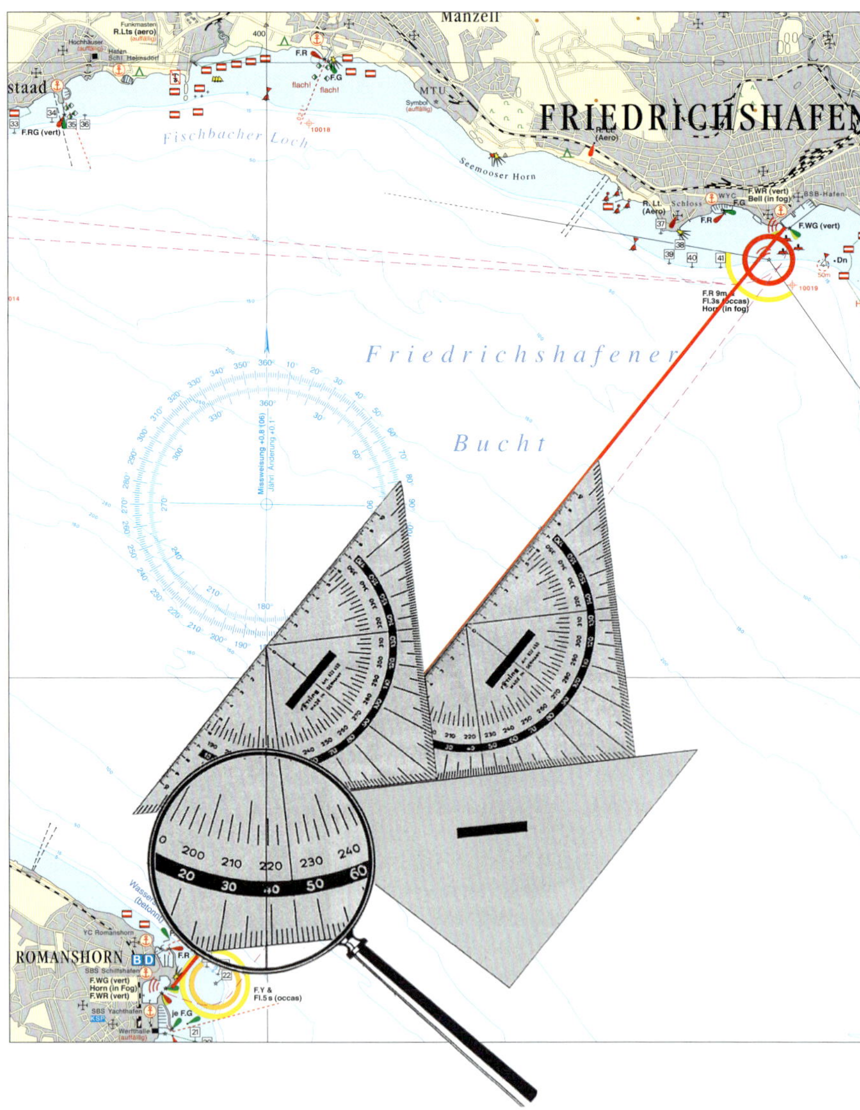

Wie man in der Seekarte arbeitet
Mit einem Bleistift die Kurslinie ziehen, das Kursdreieck mit der Hypotenuse anlegen, den rechten Winkel des Dreiecks immer nach unten, mit dem Anlegedreieck das Kursdreieck parallel so weit verschieben, bis die Nullmarke auf einem Meridian liegt. Im Schnittpunkt des Meridians mit der Gradrose den Kurs ablesen, hier 219°. Der Gegenkurs Romanshorn–Friedrichshafen beträgt 039°.

Merke

Alle vom Meridianschnittpunkt nach rechts führenden Kurse liegen zwischen 000° und 180°, alle nach links führenden zwischen 180° und 360°.

Dieser der Karte entnommene »rechtweisende« Kurs muss jetzt zum Magnetkompasskurs umgerechnet werden. Umgekehrt geht man vor, soll ein am Kompass angezeigter Kurs in die Karte eingetragen werden: den Nullpunkt des Kursdreiecks auf den Meridian bringen, das Dreieck drehen, bis er auf der Gradrose die für den Kurs errechnete Gradzahl schneidet. Dann das Dreieck parallel verschieben, bis die Hypotenuse meinen Standort (Ausgangspunkt) schneidet, und die Kurslinie ziehen.

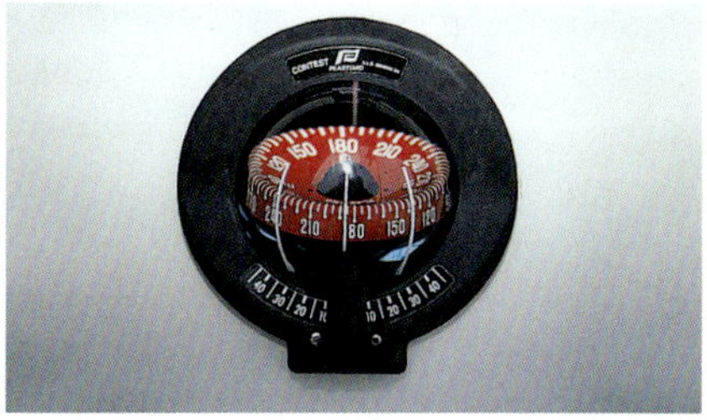

Der Kompass
Er sollte weit genug von elektromagnetischen Einflüssen entfernt so montiert sein, dass ihn der Steuermann von jeder Seite des Cockpits aus gut ablesen kann.

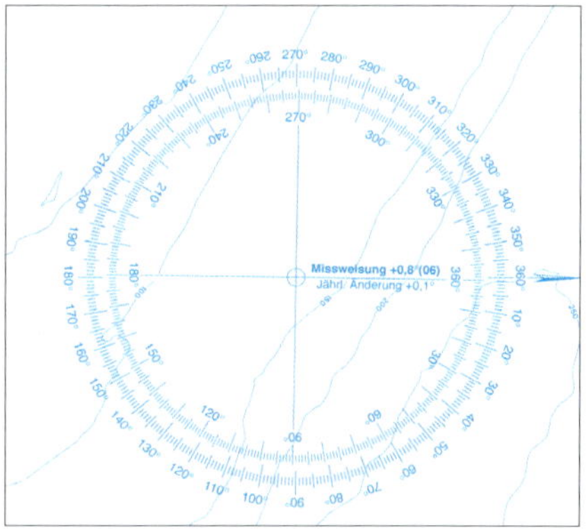

Missweisungsrose aus einer Bodenseekarte mit Angabe der jährlichen Änderungen.

Nullpunkt auf einem Meridian (Längengrad) liegt. Der so gefundene Kurs in Grad ist der Kartenkurs oder – nautisch korrekt – der **rechtweisende Kurs** (rwK).

Ihn kann man jedoch nicht am Kompass steuern, denn der weist nicht in die geografische Nordrichtung der Karte, sondern er richtet sich nach dem magnetischen Nordpol aus, der aber deckt sich nicht mit dem geografischen. Um diese Differenz zwischen geografischem und magnetischem Pol zeigt der Kompass »falsch« an. Diese Abweichung ist überall auf der Erde anders. Sie wird als

Missweisung (Mw)

in Grad angegeben und auf der Seekarte in einer Kompassrose dargestellt. Sie ändert sich jährlich.

Wird die Kompassrose durch den Erdmagnetismus nach Osten (rechts) abgelenkt, bekommt die Missweisung ein » + «. Bei einer Ablenkung nach Westen ein » – «. Am Bodensee hat man eine » + «-Missweisung.

Der Kompass macht aber noch einen weiteren »Fehler«: Er wird auch durch Eisenteile und Elektrik an Bord abgelenkt, entsprechend heißt die Abweichung auch

Ablenkung (Abl).

Sie ist auf den verschiedenen Kursen unterschiedlich groß und in einer Ablenkungstabelle oder Steuertafel erfasst. Die östliche Ablenkung erhält ebenfalls ein » + «, die westliche ein » – «.

▶ **Merkregel:** Die Karte zeigt die (»richtige«) geografische Nordrichtung. Der Kompass zeigt die (»falsche«) magnetische Nordrichtung.

1. Beispiel: Wir wollen den Kurs Friedrichshafen – Romanshorn nach Kompass steuern. Der rechtweisende Kurs (rwK), also der Kartenkurs, beträgt 219°, die Missweisung 2003 +0,8°, (aufgerundet) +1°, die Ablenkung, laut unserer Ablenkungstabelle, –3°. Welchen Kurs müssen wir steuern?

Magnetkompasskurs	MgK	221°	↑
Ablenkung	Abl +(–)	03°	
Missweisender Kurs	mwK	218°	
Missweisung	Mw –(+)	01°	
Rechtweisender Kurs	rwK	219°	

Nach der Regel: vom »richtigen« zum »falschen« Kurs mit dem »falschen« (umgekehrten) Vorzeichen. In diesem Fall rechnet man von unten nach oben.

2. Beispiel: Wir befinden uns auf dem Bodensee und lesen am Kompass 221° ab. Die Missweisung beträgt (aufgerundet) +1°, die Ablenkung –3°. Mit welchem Kurs müssen wir in die Karte eingehen?

Magnetkompasskurs	MgK	221°	
Ablenkung	Abl	– 03°	
Missweisender Kurs	mwK	218°	
Missweisung	Mw	+ 01°	
Rechtweisender Kurs	rwK	219°	↓

Nach der Regel: vom »falschen« zum »richtigen« Kurs mit richtigem Vorzeichen. Hier wird von oben nach unten gerechnet.

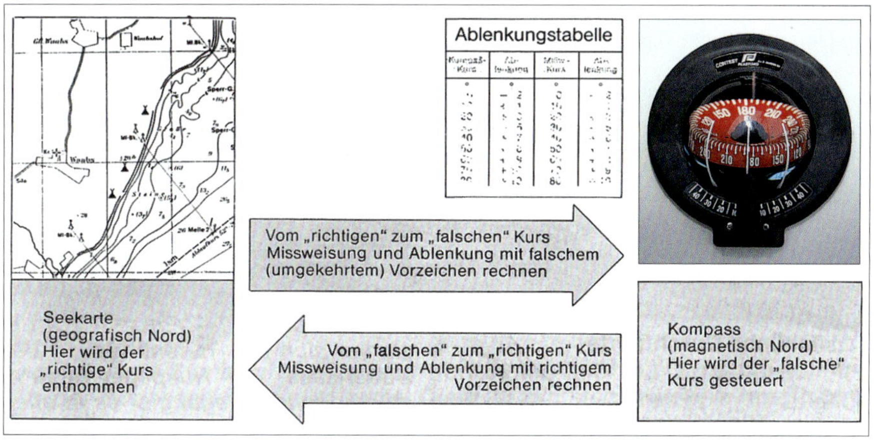

Entfernung, Geschwindigkeit und Tiefenmessung

Die Entfernung – seemännisch Distanz – wird in der Binnenschifffahrt in km, die Geschwindigkeit (Fahrt) in km/h gerechnet. In der Seefahrt hingegen in Seemeilen (sm) = 1,852 km und die Fahrt in Knoten (kn) = sm/h. Zur Messung der Geschwindigkeit (Fahrt) oder der zurückgelegten Entfernungen (Distanzen) – oder von beidem – dient das Log. Ein Messinstrument, das nach verschiedenen Verfahren – mechanisch, elektrisch oder vollelektronisch – arbeitet.
Zur Tiefenmessung hat das Echolot das früher gebräuchliche Handlot, an einer entsprechend langen Leine, nahezu vollständig verdrängt. Es misst die Laufzeit eines Ultraschallsignals vom Schiffsboden zum Grund und wieder zurück und errechnet daraus die Wassertiefe.

Pegelberechnungen

Der Bodensee hat, jahreszeitlich bedingt, schwankende Wasserstände. Sie können bis zu 2,00 m differieren. Um in allen Seebereichen sicher navigieren zu können, kommt man nicht ohne Wasserstandsberechnungen aus. Nicht einmal alle Häfen können zu jeder Jahreszeit angelaufen werden.
Alle Angaben in den Bodenseekarten und Hafenhandbüchern beziehen sich auf den amtlichen Pegel für den Bodensee in Konstanz. Die Seekarten haben ihren Nullpunkt – die Grenze zwischen Wasser und Land – bei einem Konstanzer Pegel von 2,50 m. Er wird deshalb auch als **Null**- oder **Normalpegel** bezeichnet. Der jeweilige Tagespegel kann morgens über Rundfunk abgehört werden. »Der Bodensee bei Konstanz drei-neun-acht …« beispielsweise bedeutet, dass morgens 3,98 m abgelesen wurde, der Pegel also 1,48 m über dem Nullpegel von 2,50 m liegt. Allen Tiefenangaben müssen 1,48 m hinzugerechnet werden, um die tatsächliche Wassertiefe dieses Tages am gewünschten Ort zu ermitteln.

1. Beispiel:

Ausgewählter Liegeplatz, Tiefenangabe im Hafenhandbuch	0,90 m
Tagespegel	3,98 m
Tiefgang des Bootes	1,30 m

Frage: Reicht die Wassertiefe aus?

Tagespegel	3,98 m
Nullpegel	– 2,50 m
Wasserstand über Kartennull	1,48 m
Wassertiefe auf Kartennull	+ 0,90 m
Gesamttiefe	2,38 m
Tiefgang des Bootes	– 1,30 m
Wasser unterm Kiel	1,08 m

2. Beispiel:
Alte Brückendurchfahrt Konstanz (mittlerer Bogen) bei einem Pegel von 4,50 m, Höhe der Motoryacht über Wasser 3,95 m

Frage: Reicht die Durchfahrtshöhe?

Tagespegel	4,50 m
Nullpegel	– 2,50 m
Wasserstand über Kartennull	2,00 m
Höhe mittlerer Brückenbogen bei Nullpegel	6,15 m
Wasserstand über Kartennull	– 2,00 m
Tatsächliche Durchfahrtshöhe	4,15 m
Höhe des Bootes	– 3,95 m
Verbleibender Zwischenraum	0,20 m

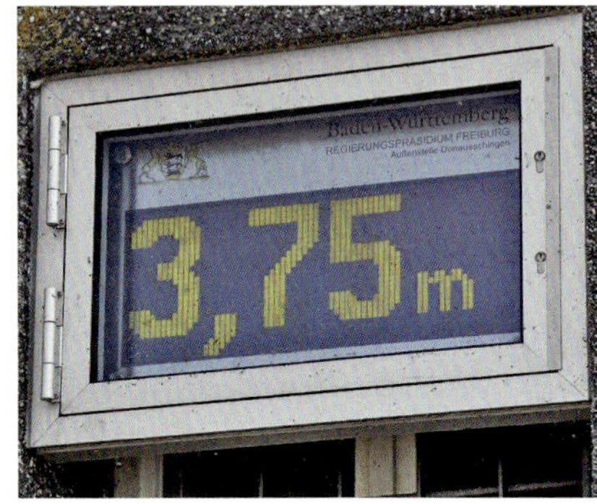

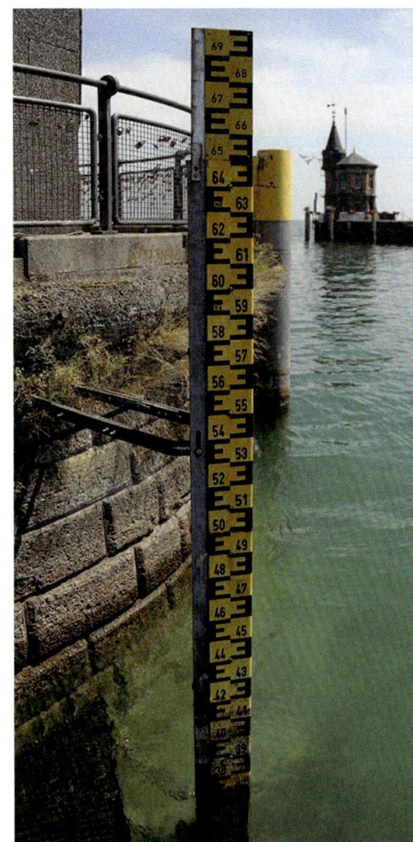

Von ihm geht alles aus, auf ihn beziehen sich alle Tiefenangaben des Bodensees: der Nullpegel in Konstanz. Weitere Pegel gibt es in allen öffentlichen Bodenseehäfen.

Brücken

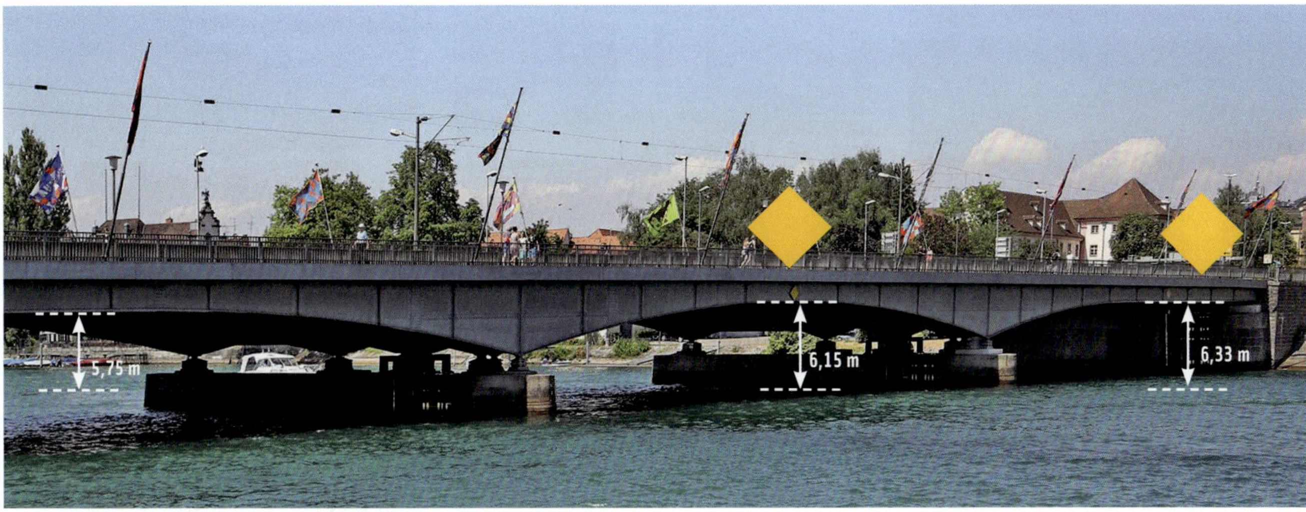

Die alte Rheinbrücke von Konstanz (Bahn- und Straßenbrücke) vom Obersee aus gesehen. Die Durchfahrtshöhen unter den drei Bögen sind unterschiedlich. Der mittlere und rechte Bogen tragen auf beiden Seiten gelbe Rhomben (empfohlene Durchfahrt, Gegenverkehr).

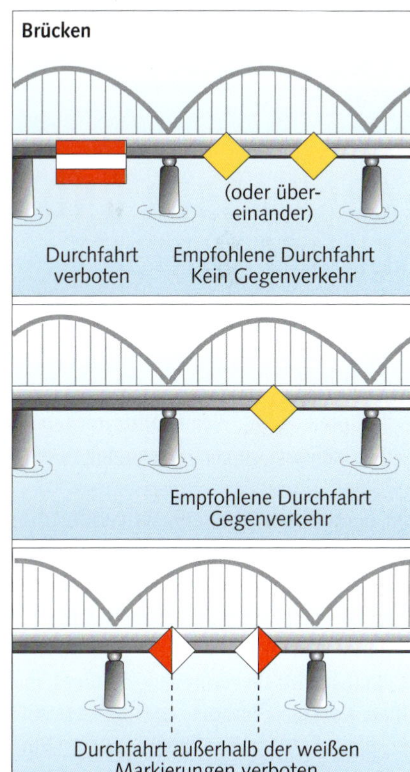

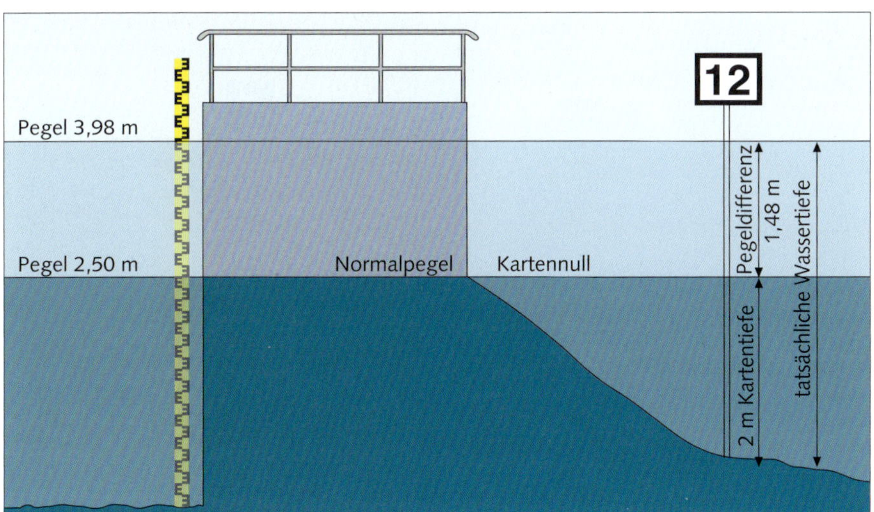

Pegeldarstellung
Er zeigt einen Stand von 1,48 m über Kartennull. Tafel mit Ordnungsnummer aus der Bodensee-Schifffahrtskarte. Diese Tafeln stehen jeweils an der 2-m-Tiefenlinie, bezogen auf Kartennull (2,50 m am Konstanzer Pegel).

Achtung! Dieses rote Dreieck bezeichnet Untiefen und Schifffahrtshindernisse.

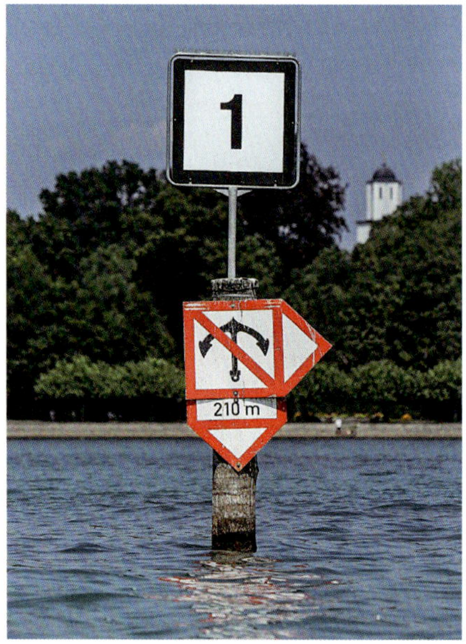

2-m-Mindestwassertiefe-Tafel mit der 1. von insgesamt 99 Ordnungsnummern (Altenrhein) und Ankerverbot im Umkreis von 210 m.

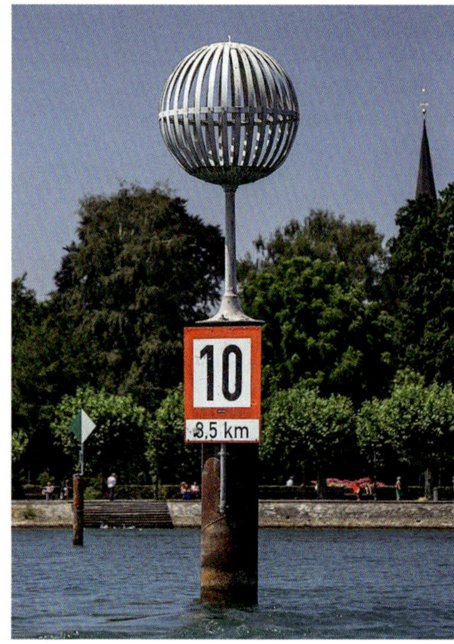

Der »Frauenpfahl« in Konstanz: Beginn des Seerheins mit Geschwindigkeitsbeschränkung (10 km/h auf 8,5 km Länge).

FAHRWASSER UND SCHIFFFAHRTS-ZEICHEN

- Verboten ist es, Schifffahrtszeichen zu beschädigen, zu verändern oder zu entfernen.

Wer dergleichen feststellt, ist verpflichtet, sofort die nächsterreichbare Polizeidienststelle zu benachrichtigen. Auch darf man an Schifffahrtszeichen nicht festmachen.

Im Übrigen ist die Symbolik der Schifffahrtszeichen leicht zu verstehen. Schilder mit rotem Rand sind Verbots- oder Gebotsschilder, blaue Tafeln mit weißen Symbolen Hinweiszeichen zur Erleichterung des Verkehrs.

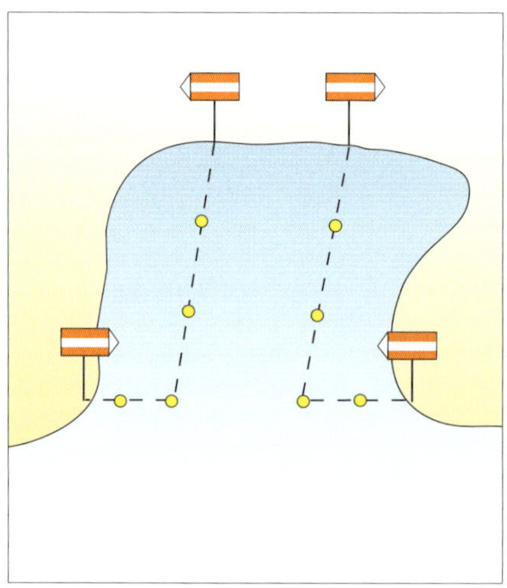

Gelbe Bojen kennzeichnen Grenzen von Wasserflächen, für die besondere Anordnungen bestehen. Hier: Für jeden Schiffsverkehr gesperrte Wasserflächen.

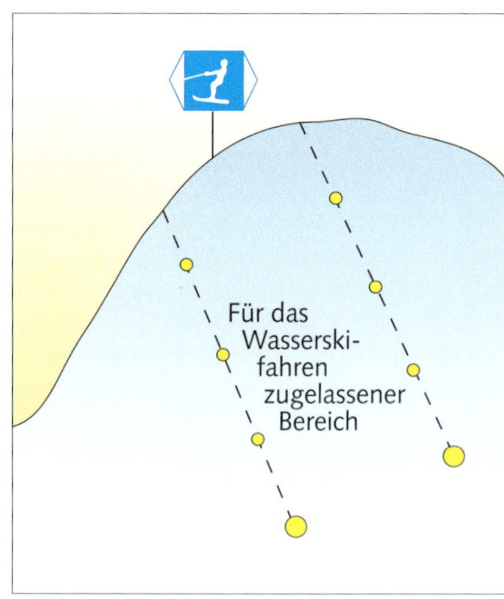

Für Wasserskilaufen ausgewiesene Wasserfläche. Die äußeren Bojen müssen einen um 20 cm größeren Durchmesser aufweisen als die übrigen gelben Schwimmkörper.

Verbotszeichen

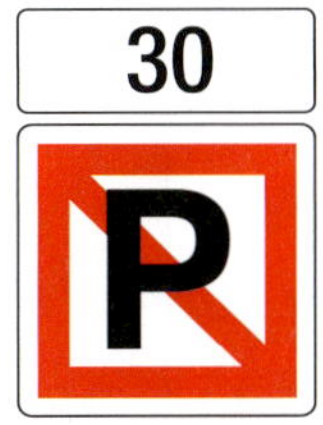

Liegeverbot
(ggf. mit Angabe der Meter, ab wann dieses beginnt)

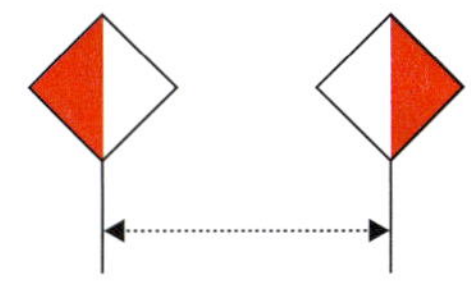

Verbot, außerhalb der angezeigten Begrenzung zu fahren

Verbot der Durchfahrt oder gesperrte Wasserfläche für Fahrzeuge aller Art;
nachts zwei rote Lichtzeichen

Ankerverbot

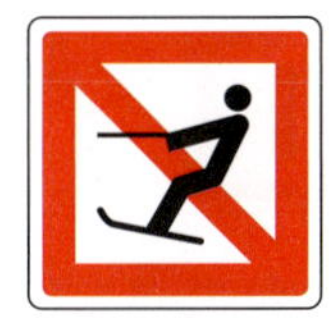

Verbot des Wasserskifahrens

Verbot für Fahrzeuge mit Maschinenantrieb

Festmacheverbot

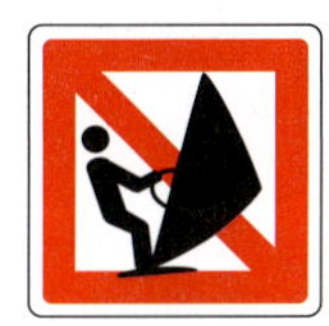

Verbot des Segelsurfbrettfahrens

Überholverbot

Wendeverbot

Verbot des Fahrens mit Segelfahrzeugen

Verbot des Begegnens und Überholverbot

Verbot, schädlichen Wellenschlag oder Sog zu erzeugen

Verbot des Badens

Gebotszeichen

 Gebot, die durch den Pfeil angezeigte Richtung einzuschlagen	 Gebot, unter bestimmten Umständen anzuhalten	 Gebot, die in km/h angegebene Geschwindigkeit nicht zu überschreiten	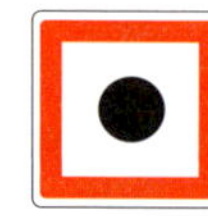 Gebot, ein Schallzeichen zu geben
 Gebot, besondere Vorsicht walten zu lassen	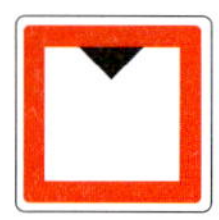 Beschränkte Durchfahrtshöhe	 Beschränkte Durchfahrtsbreite	 Das Fahrwasser ist eingeengt; die Zahl auf dem Zeichen gibt den Abstand in Metern an, in dem sich Fahrzeuge vom Ufer entfernt halten sollen
 Kennzeichen der Untiefen und Schifffahrtshindernisse	 Anhalten zwecks Zollabfertigung	 Gebot, eine Geschwindigkeit von 12 km/h nach 1000 m nicht zu überschreiten	 Bei 2,5 m Konstanzer Pegel ist seewärts der markierten Stelle eine Mindestwassertiefe von 2 m. Die Zahl auf der Tafel entspricht der in den verschiedenen Bodensee-Schifffahrtskarten eingetragenen Ordnungsnummern.

Hinweiszeichen

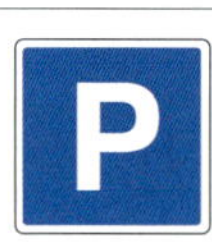 Erlaubnis zum Stillliegen	 Erlaubnis zum Ankern	 Ende eines Verbots oder Gebots	 Erlaubnis zum Wasserskifahren
 Erlaubnis zum Segelsurfbrettfahren	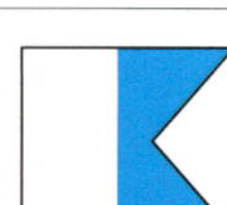 Taucherflagge Mindestabstand 50 m	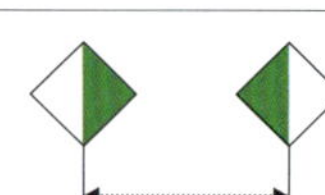 Empfehlung, sich auf der mit »grün« bezeichneten Fahrwasserseite zu halten	

LICHTERFÜHRUNG

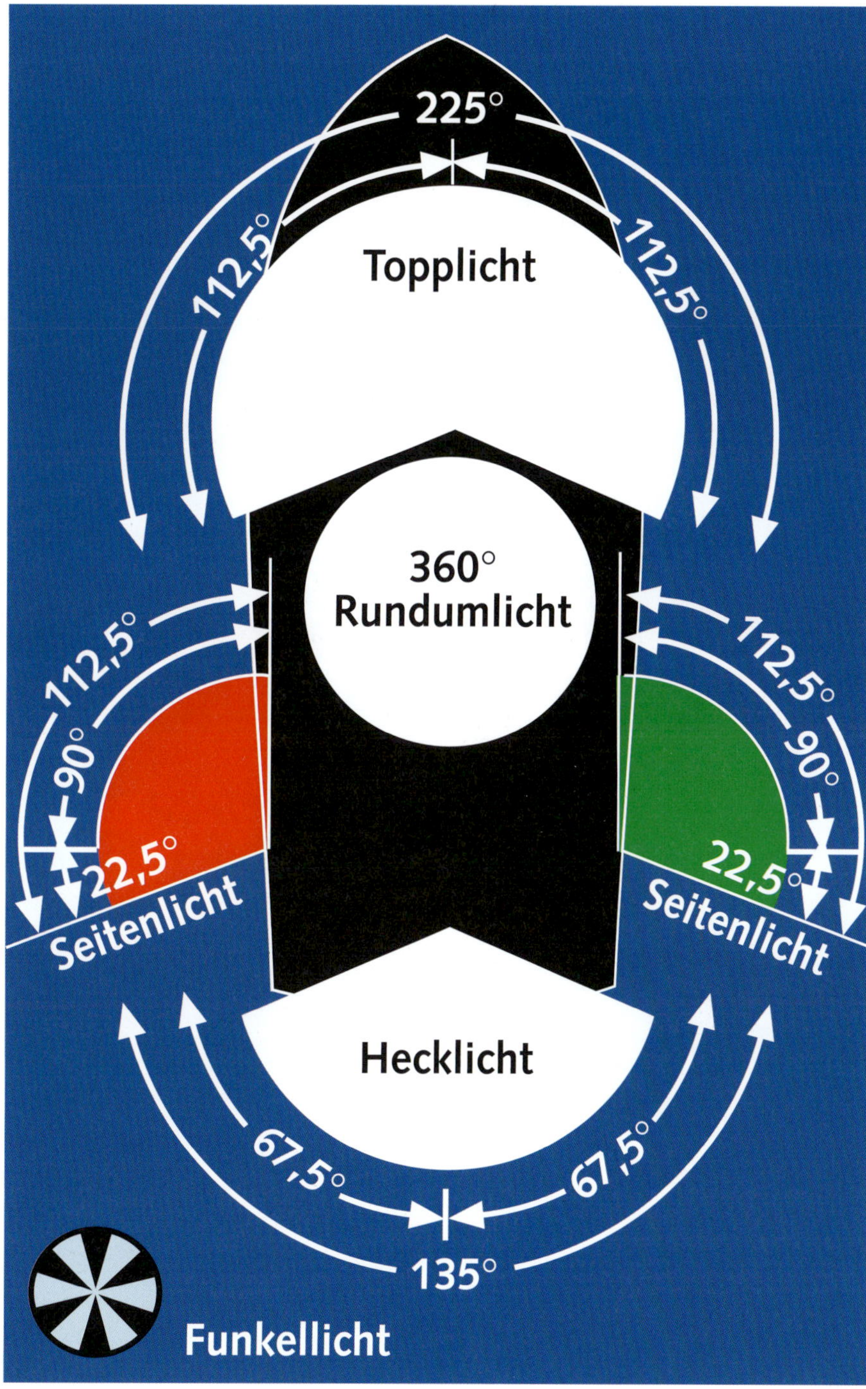

Die Lichter eines Schiffes, Navigationslichter genannt, dienen nicht dazu, in der Dunkelheit zu sehen, sondern um gesehen zu werden. Aus Art und Anordnung soll man erkennen können, wen oder was man auf welchem Kurs vor sich hat.

- Alle Lichter müssen in der Zeit zwischen Sonnenuntergang und Sonnenaufgang und bei unsichtigem Wetter geführt werden.
- Das **Rundumlicht** strahlt über einen Vollkreis von 360°.
- Das **Topplicht** scheint über einen Horizontbogen von 225°. Nach jeder Seite von recht voraus bis 22,5° achterlicher als querab.

  Das **Dreifarben-Topplicht** muss nahe am Masttopp geführt werden und beinhaltet Seitenlichter und Hecklicht.
- Das **Hecklicht** bestrahlt den restlichen Sektor nach achteraus, einen Winkel von 135°.
- Die **Seitenlichter** (Backbord rot, Steuerbord grün) bescheinen je einen Horizontbogen von 112,5°, und zwar von recht voraus bis 22,5° achterlicher als querab. Gemeinsam erfassen sie den gleichen Horizontbogen wie das Topplicht.

  Im **Kombinations-Seitenlicht** sind beide Seitenlichter zusammengefasst. Es ist in der Mittschiffslinie zu führen.
- Das **Funkellicht** ist meistens ein Rundumlicht mit 40 bis 60 »Blitzen« pro Minute.

Navigieren nach Lichtern

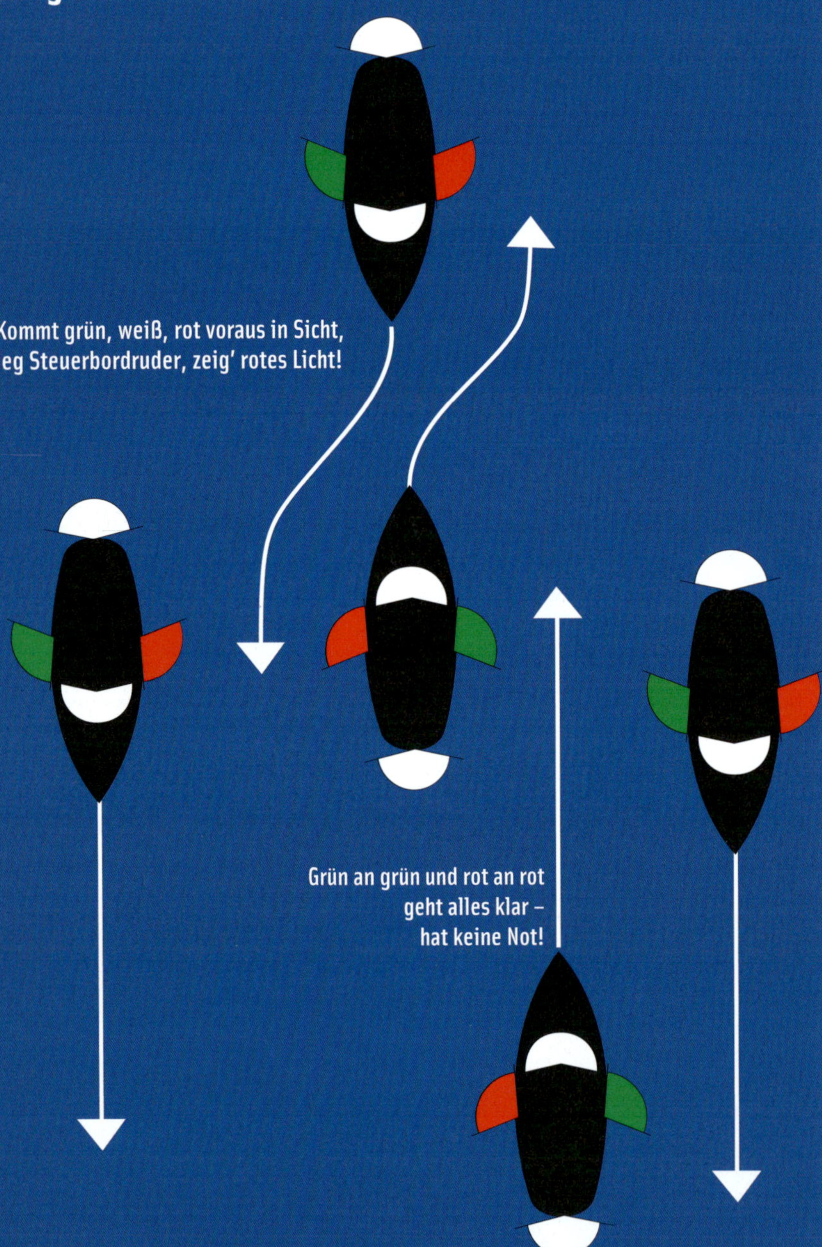

Sichtweiten

Die Bodensee-Schifffahrts-Ordnung unterscheidet zwischen **hellen** und **gewöhnlichen Lichtern**. Gewerbliche Schiffe müssen »helle« Lichter, Sportboote können »gewöhnliche« Lichter führen.

Die Sichtweite der Lichter für Wasserfahrzeuge, die vor dem 01. April 2022 auf dem Bodensee zugelassen waren, muss in dunkler Nacht, bei klarer Luft, etwa betragen:

Licht	weiß	rot oder grün
Hell	4 km	3 km
Gewöhnlich	2 km	1,5 km

Die Sichtweite der Lichter für Wasserfahrzeuge, die nach dem 01. April 2022 auf dem Bodensee zugelassen wurden:

Rumpflänge weniger als 12 m	
Rundumlicht	3,7 km
Seitenlicht	1,85 km

Rumpflänge 12 bis 20 m	
Topplicht	5,55 km
Seitenlicht	3,7 km

Rumpflänge mehr als 20 m	
Topplicht	9,25 km
Seitenlicht	3,7 km

Die Bodensee-Schifffahrts-Ordnung empfiehlt das Umrüsten der Lichter auf allen Fahrzeugen, die vor dem 01. April 2022 auf dem Bodensee zugelassen waren.

Ruder-, Paddel-, Tretboot
Rundumlicht
(weiß)

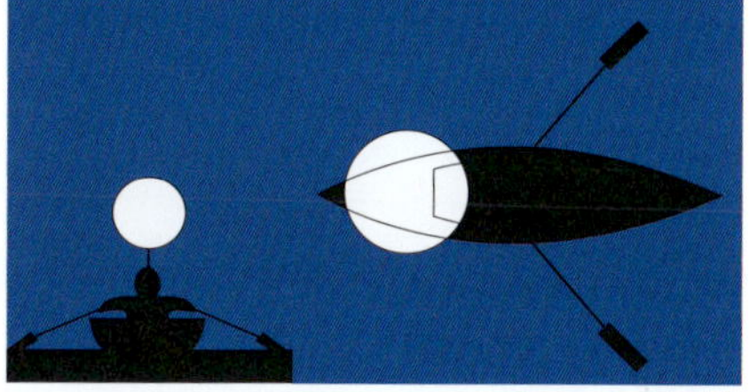

Segelboot unter Segeln
Rundumlicht
(weiß)

Segelboot unter Segeln
Dreifarbenlaterne
(rot/grün/weiß) im Topp

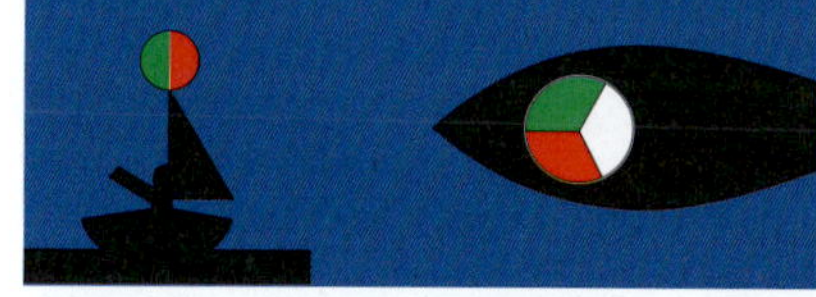

Segelboot unter Motor
Topp-/Buglicht
(weiß)
Seitenlichter
(rot/grün)
Hecklicht (weiß)
Seitenlichter und Hecklicht können in einer **Dreifarbenlaterne** (rot/grün/weiß) im Topp zusammengefasst sein

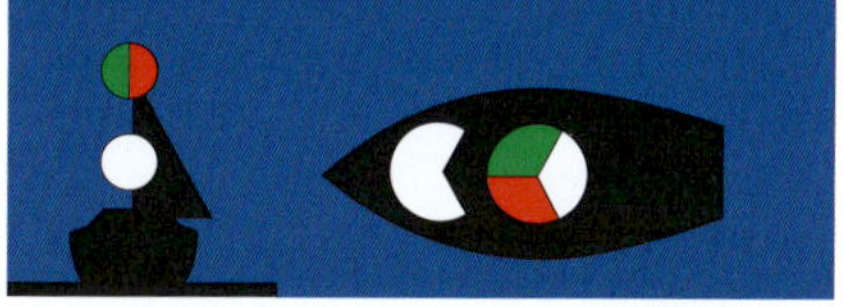

Motorboot unter 4,4 kW (6 PS)
Rundumlicht
(weiß)
Gleiche Lichterführung wie:
Berufsfischer unter 4,4 kW
und Berufsfischer am Netz

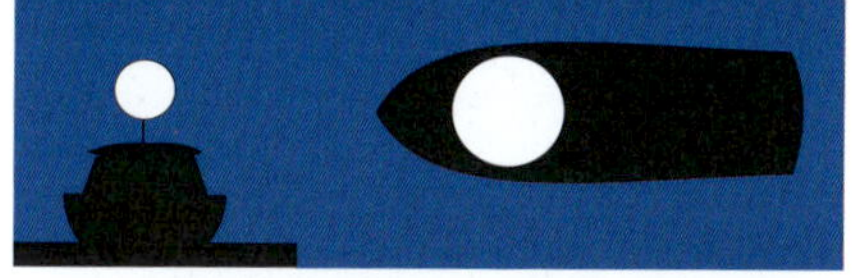

Motorboot über 4,4 kW (6 PS)
Topp/Buglicht
(weiß)
Seitenlichter
(rot/grün)
Hecklicht
(weiß)

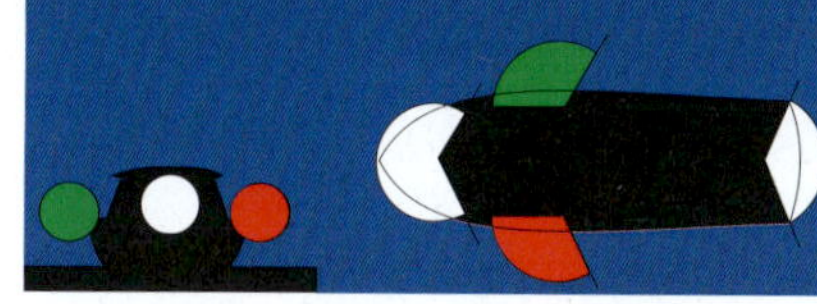

Motorboot über 4,4 kW (6 PS)
Topp/Buglicht
(weiß)
Kombinations-Seitenlichter
(rot/grün)
Hecklicht
(weiß)

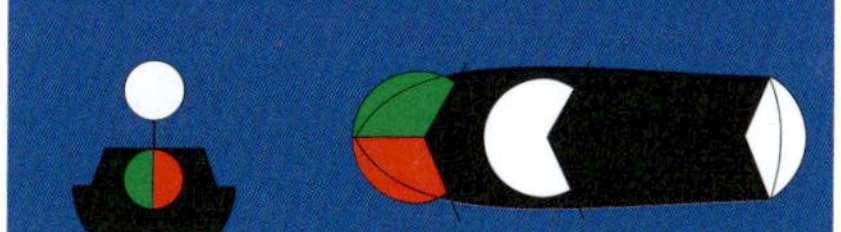

Motorboot über 4,4 kW (6 PS)
Rundumlicht im Topp
(weiß)
Kombinations-Seitenlichter
(rot/grün)

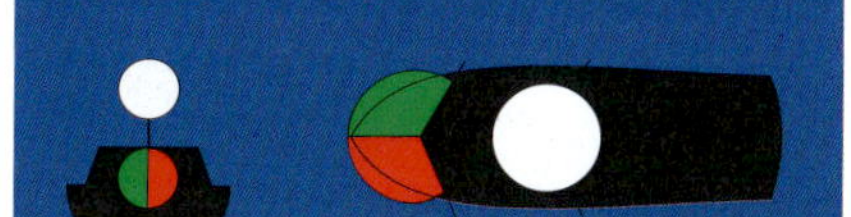

Motorboot über 4,4 kW (6 PS)
Rundumlicht im Topp
(weiß)
Seitenlichter
(rot/grün)

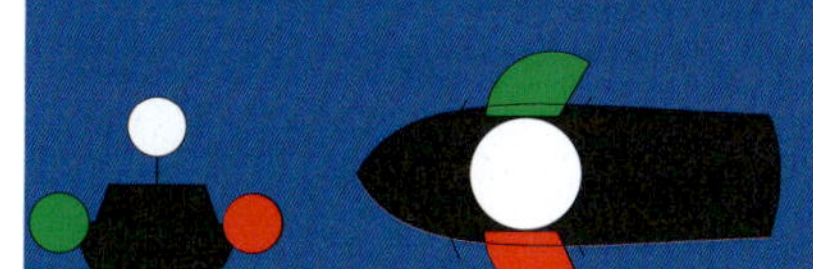

Schleppverband
Der Schlepper:
Topp-/Buglicht (weiß)
Seitenlichter (rot/grün)
Hecklicht (weiß)
Geschlepptes Fahrzeug
(auch geschleppte Flöße)
Rundumlicht (weiß)

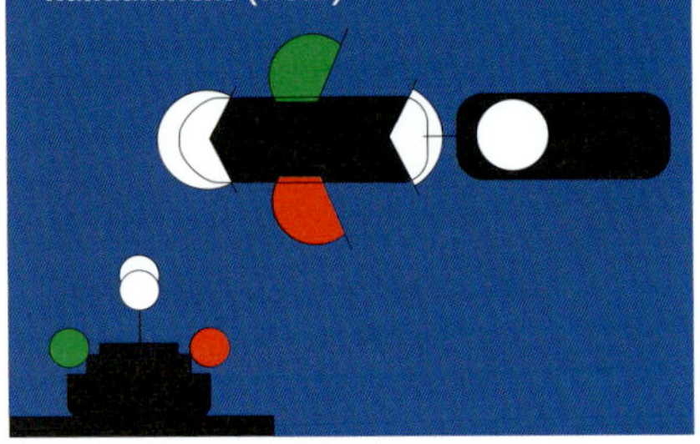

Gekuppelter Verband
Die gleiche Lichterführung wie der Schleppverband

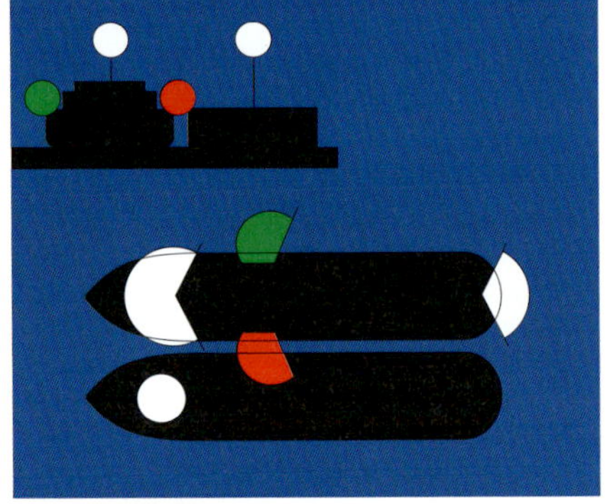

Gewerbeschiff
Topp/Buglicht
(weiß)
Seitenlichter
(rot/grün) tiefer als das Topplicht
Hecklicht
(weiß)

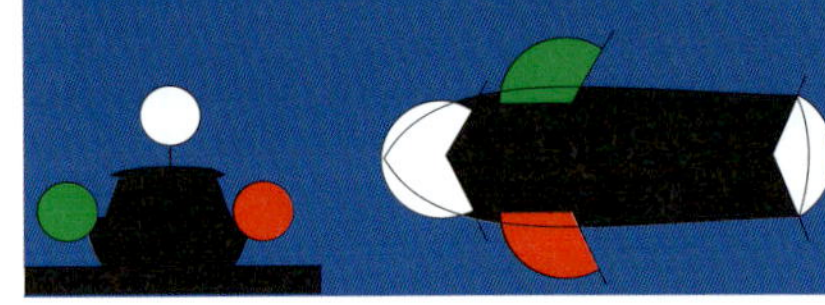

Polizei, Feuerwehr und
Rettungsdienste im Einsatz
Topp-/Buglicht (weiß)
Seitenlichter (rot/grün)
Hecklicht (weiß)
Funkellicht (blau) kann auch tags im Einsatz geführt werden

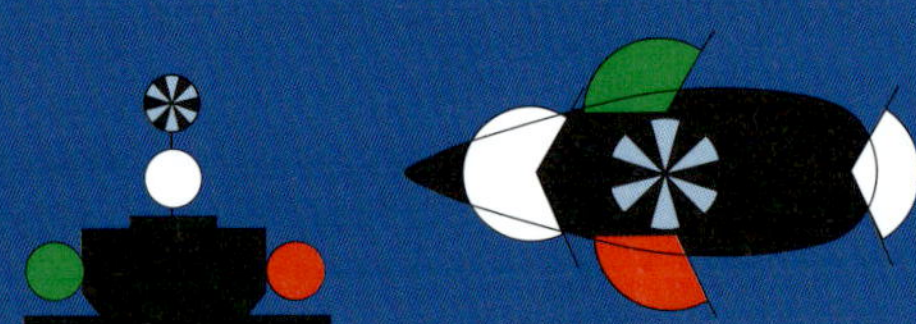

Berufsfischer am Netz
Rundumlicht (weiß)
Bei Tage: **Weißer Ball**
(Mindestabstand querab zum Schiff 50 m, zum Heck 200 m). Die Netze müssen, wenn sie die Schifffahrt behindern, mit **weißen Bojen** markiert sein

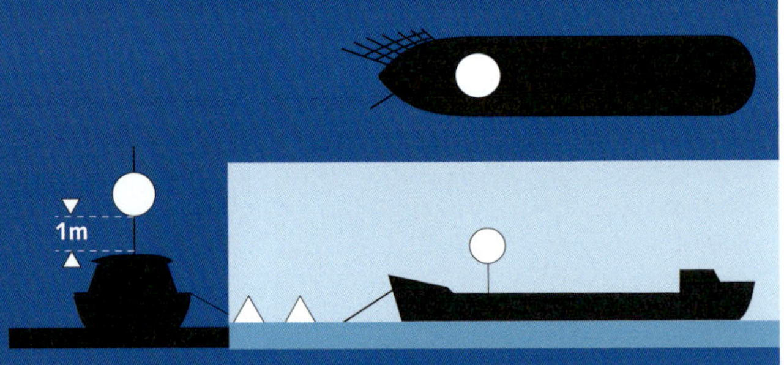

Fischer mit Schleppangel
Weiße Flagge
(mindestens 60 × 60 cm)

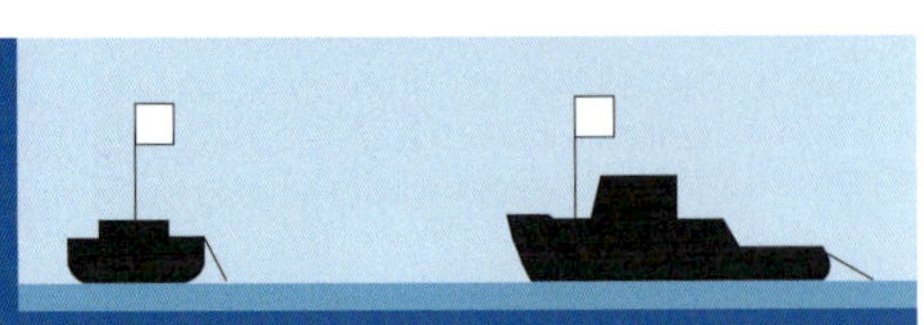

Vorrangschiff
Topp-/Buglicht (weiß)
Seitenlichter (rot/grün)
Hecklicht (weiß)
Rundumlicht (grün) mindestens 1 m über dem Topp-/Buglicht
Bei Tage: **Grüner Ball**
(Mindestdurchmesser 50 cm, von allen Seiten gut sichtbar)

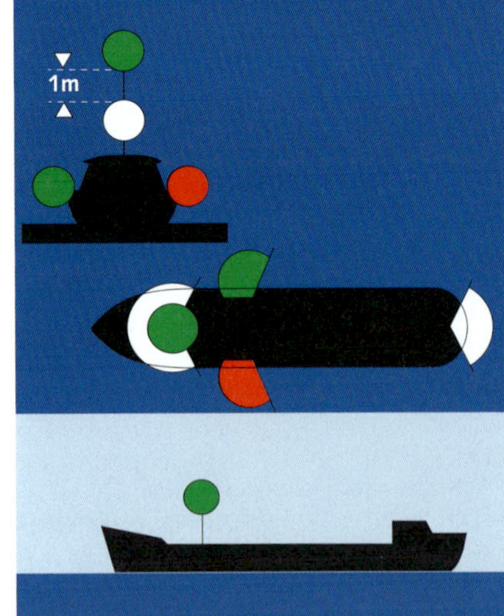

Schwimmende Anlagen, Geräte und Ankerlieger

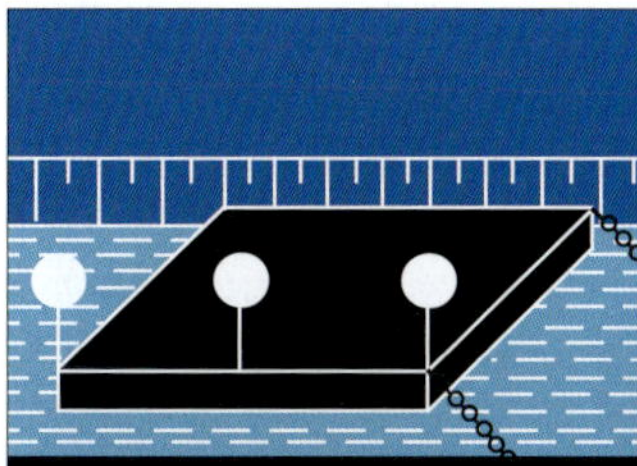

1 weißes gewöhnliches Rundumlicht
Wenn es die Sicherheit der Schifffahrt erfordert, müssen schwimmende Anlagen und Geräte so beleuchtet sein, dass ihre Umrisse zu erkennen sind.

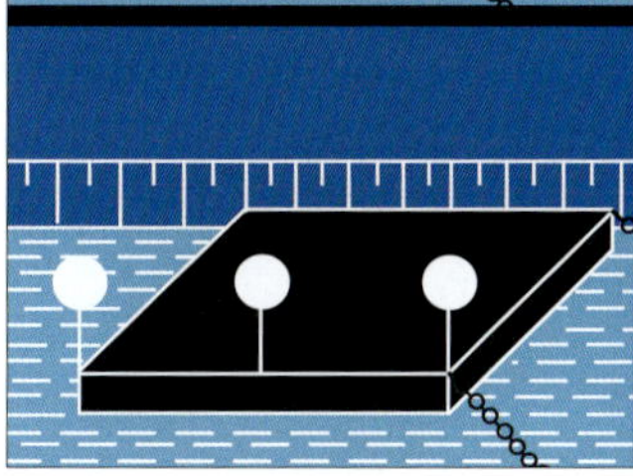

Sind sie an Land festgemacht, Beleuchtung nur zur Seite des Fahrwassers erforderlich.

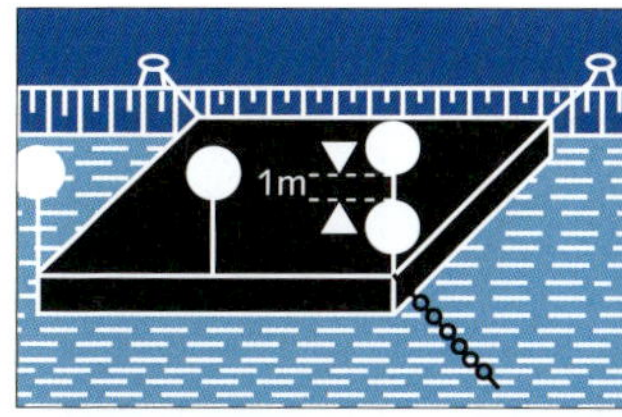

1 weißes gewöhnliches Rundumlicht
1 m unter dem ersten, sofern die Verankerung schwimmender Anlagen oder von Fahrzeugen die Schifffahrt gefährdet.

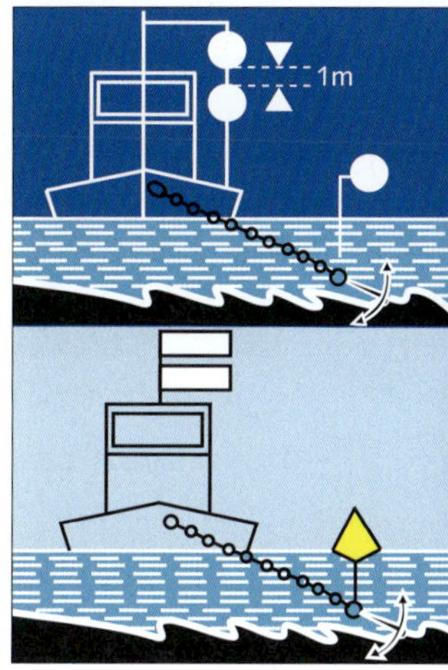

Schwimmende Anlagen oder ankernde Schiffe, deren Verankerung die Schifffahrt gefährden könnte, zeigen in Richtung ihres Ankergeschirrs:
Nachts: 2 weiße Rundumlichter, 1 m übereinander, außerdem sind die Verankerungen einzeln mit weißen Lichtern zu kennzeichnen.
Tags: 2 übereinandergesetzte, von allen Seiten sichtbare **weiße Flaggen**; die Verankerungen sind einzeln mit **gelben Bojen** (Döppern) zu markieren.

Schifffahrtshindernisse und Absperrungen können auch mit 1 weißen Blitz- oder Blinklicht versehen sein.

Schwimmendes Gerät, Fahrzeuge bei der Arbeit, gesunkene und festgefahrene Schiffe auf den Rheinstrecken

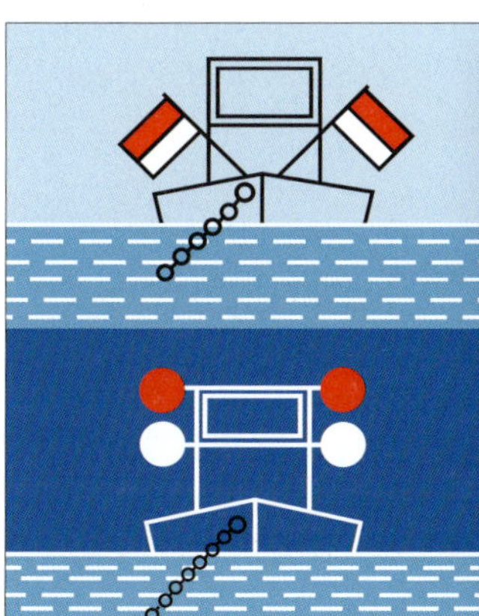

Vorbeifahrt an beiden Seiten möglich.
Tags: 2 rot-weiße Flaggen.
Nachts: 2 rote Rundumlichter (gewöhnlich) 1 m über **2 weißen Rumdumlichtern** (gewöhnlich).

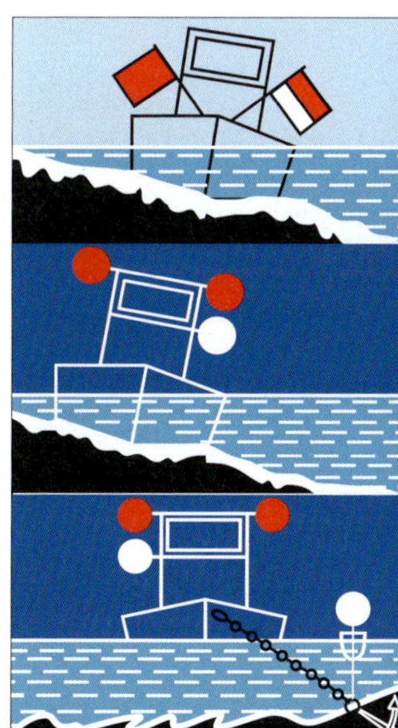

Vorbeifahrt nur an der Seite mit der **rot-weißen Flagge** bzw. dem **rot-weißen Rundumlicht** möglich. Ausgebrachte Anker, die die Schifffahrt gefährden, müssen nachts durch weiße Lichter, tags durch gelbe Bojen markiert sein.

NOTZEICHEN

Jeder ist verpflichtet, Menschen oder Booten, die in Seenot geraten sind, zu helfen. Ist dies mit der eigenen Sicherheit nicht zu vereinbaren, muss er unverzüglich fremde Hilfe herbeiholen, beispielsweise die Wasserschutz- oder Seepolizei, DLRG oder Wasserwacht. Auch bei Unfällen (Havarien, Kollisionen) muss jeder Beteiligte zunächst Hilfe leisten. Danach gilt es, den Unfallhergang genau zu ermitteln, sich wenn irgend möglich Zeugen zu sichern und die Personalien feststellen zu lassen.
Um unnötige und kostspielige Such- und Rettungsaktionen zu vermeiden, sollte jeder, der sich auf dem Wasser unvorhergesehen verspätet hat, bei der ersten Gelegenheit seine Angehörigen oder seinen Heimathafen verständigen.

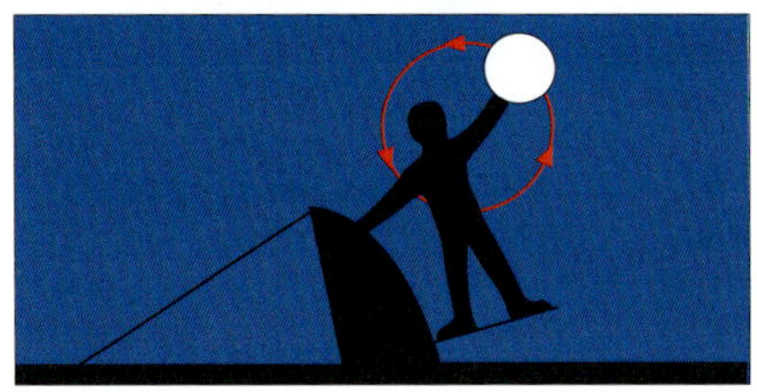

Notsignale
Kreisförmiges Schwenken einer roten Flagge, eines Lichtes oder eines sonstigen Aufmerksamkeit erregenden Gegenstandes. Rote Fallschirmleuchtrakete oder rote Handfackel.

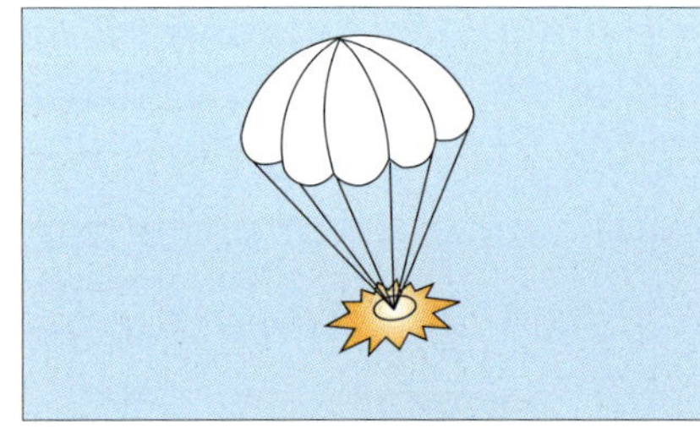

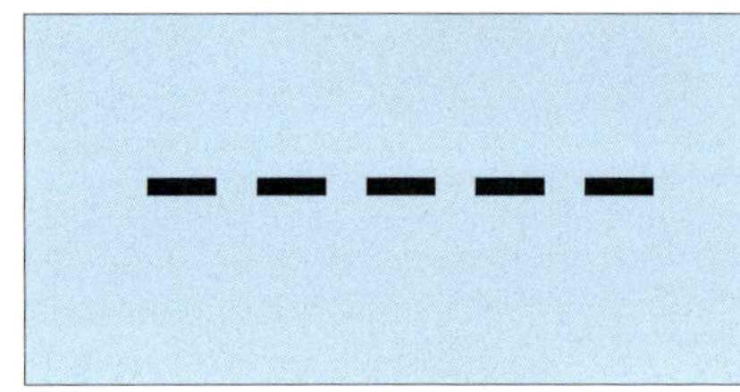

Ein Rauchsignal mit orangefarbenem Rauch.
Kanonenschüsse oder andere Knallsignale in Zwischenräumen von 1 Minute.
Eine Folge langer Töne.

SCHALLSIGNALE

Damit Schiffe sich untereinander unmissverständlich über ihre Absichten verständigen können, gibt es Schallsignale. Sie bestehen aus kurzen (●) und langen (▬) Tönen.
● = etwa 1 Sekunde Dauer,
▬ = etwa 4 Sekunden Dauer.
Die Pause zwischen zwei aufeinander folgenden Tönen beträgt etwa 1 Sekunde.
Das **Hafenausfahrtsignal** kann entfallen, wenn andere Schiffe nicht gefährdet sind.
Nebelsignale müssen laufend, mindestens jedoch jede Minute wiederholt werden.

Allgemeine Schallzeichen

Signal	Bedeutung
●	Ich richte meinen Kurs nach Steuerbord
●●	Ich richte meinen Kurs nach Backbord
●●●	Meine Maschine geht rückwärts
●●●●	Ich bin manövrierunfähig
▬	Achtung oder ich halte meinen Kurs bei
▬ ▬	Nebelsignal der Vorrangschiffe

Signal	Bedeutung
▬ ▬ ▬	Hafeneinfahrtsignal der Vorrangschiffe, Schleppverbände und Schiffe in Not
▬ ▬ ▬ ▬ ▬ (Folge langer Töne)	Notsignal
●● (3x in der Minute)  (oder anhaltendes Läuten mit einer Glocke)	Nebelsignal der Häfen, Landestellen und Nebelwarnanlagen

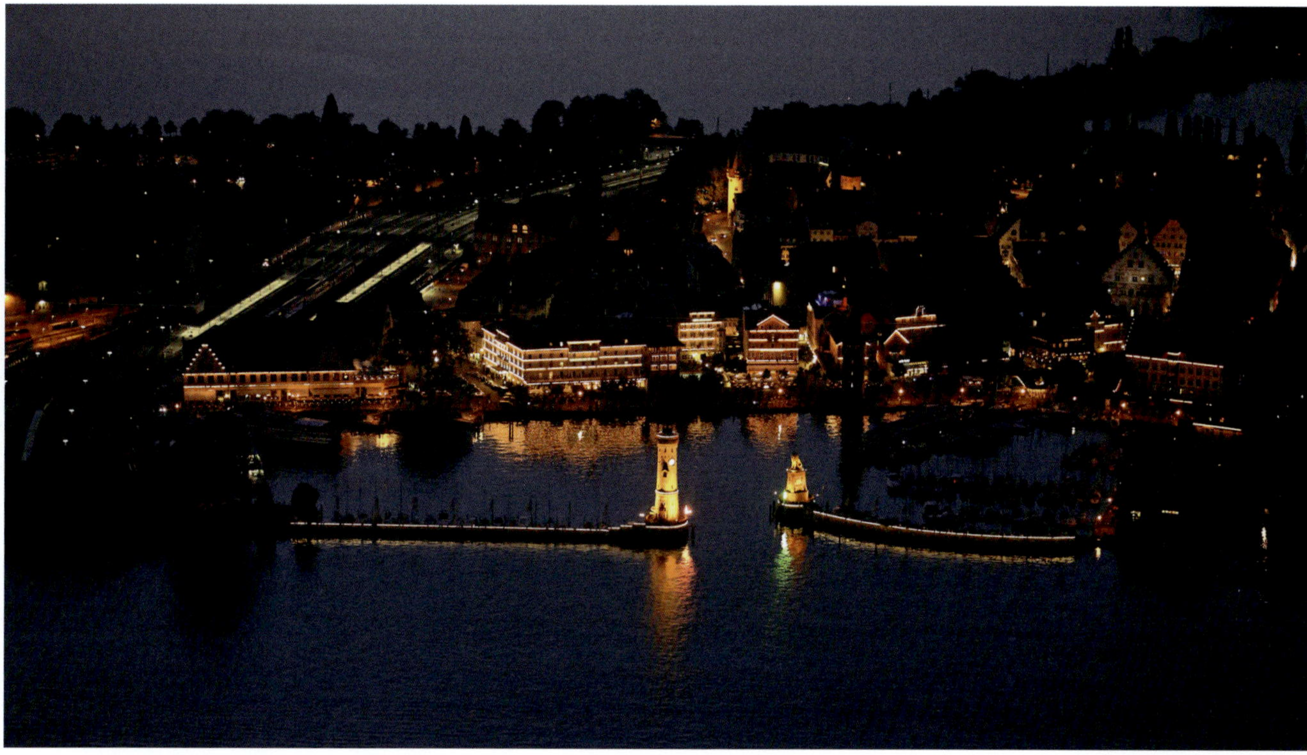

Die markante Hafeneinfahrt von Lindau, stellvertretend für viele Hafeneinfahrten. Die Ansteuerungslichter können von der übrigen Lichterflut nahezu aufgesogen werden.

BEFEUERUNG DER HÄFEN UND LANDESTELLEN

Markierungslichter nennt die Seefahrt »Feuer«. Besonders wer fremd am Bodensee ist, sollte bei Einbruch der Dunkelheit an seinem Liegeplatz sein. Dennoch kann jeder mal in Dunkelheit geraten und muss dann auch seine Hafeneinfahrt finden. Alle öffentlichen Häfen haben ein grünes Licht, vom See kommend, auf dem rechten Molenkopf und ein rotes auf dem linken. Zusätzlich kann es ein gelbes Ansteuerungslicht geben.

Alle Lichter dürfen auch Blink- oder Blitzlichter sein, wenn sie nicht mit Sturmwarnleuchten verwechselt werden können.

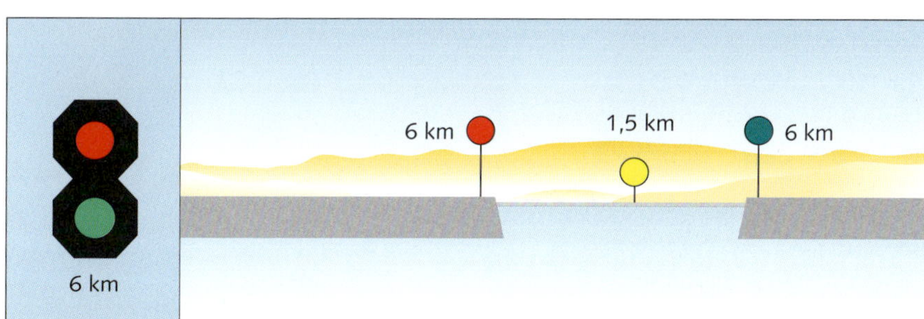

Landestellen: Rot über grün, Sichtweite 6 km. Eventuell gelbes Ansteuerungslicht. Hafeneinfahrt: Links rot, rechts grün, Sichtweite 6 km. Eventuell gelbes Ansteuerungslicht, Sichtweite 1,5 km.

RUND UMS SEGEL-BOOT

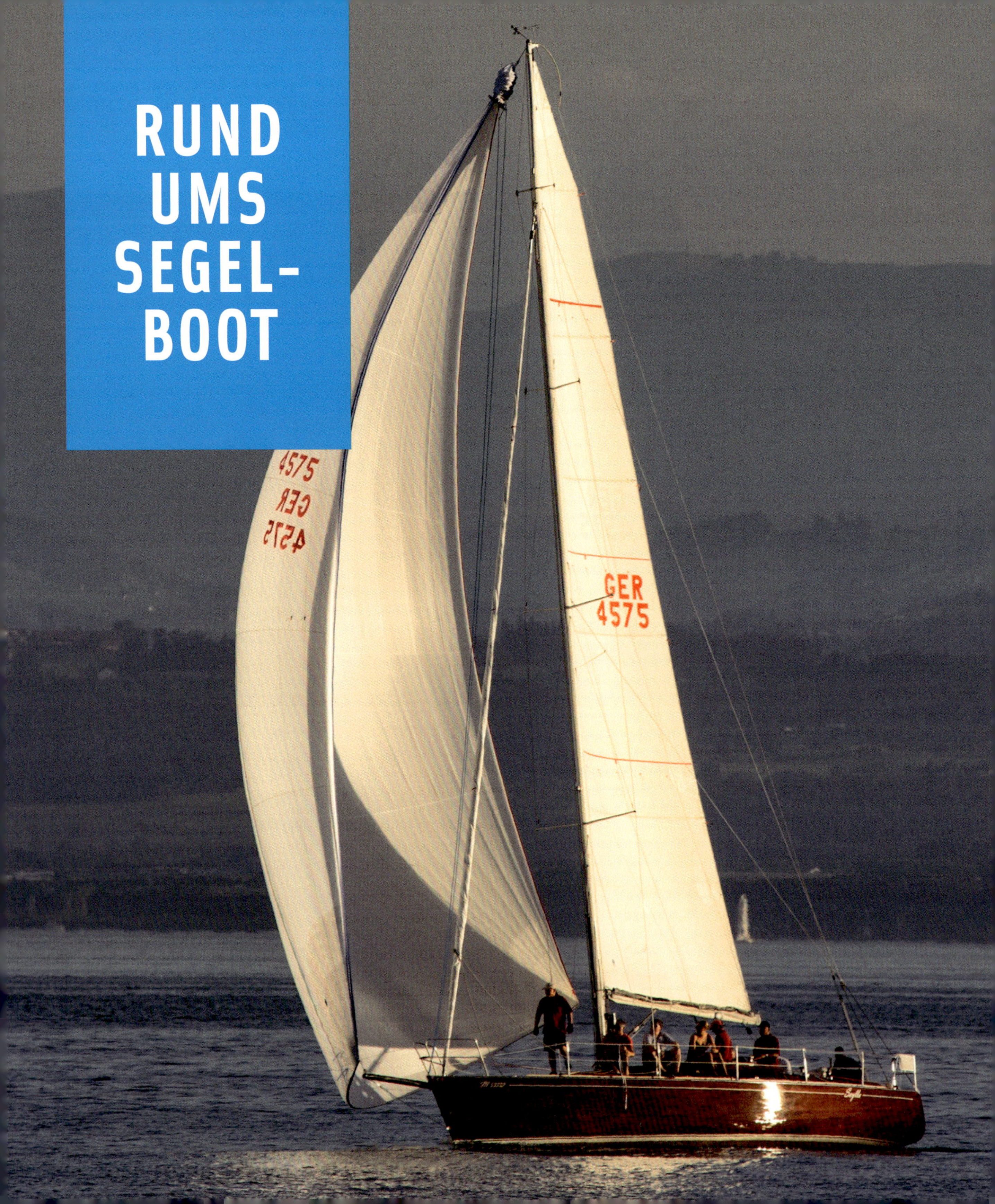

DER RUMPF

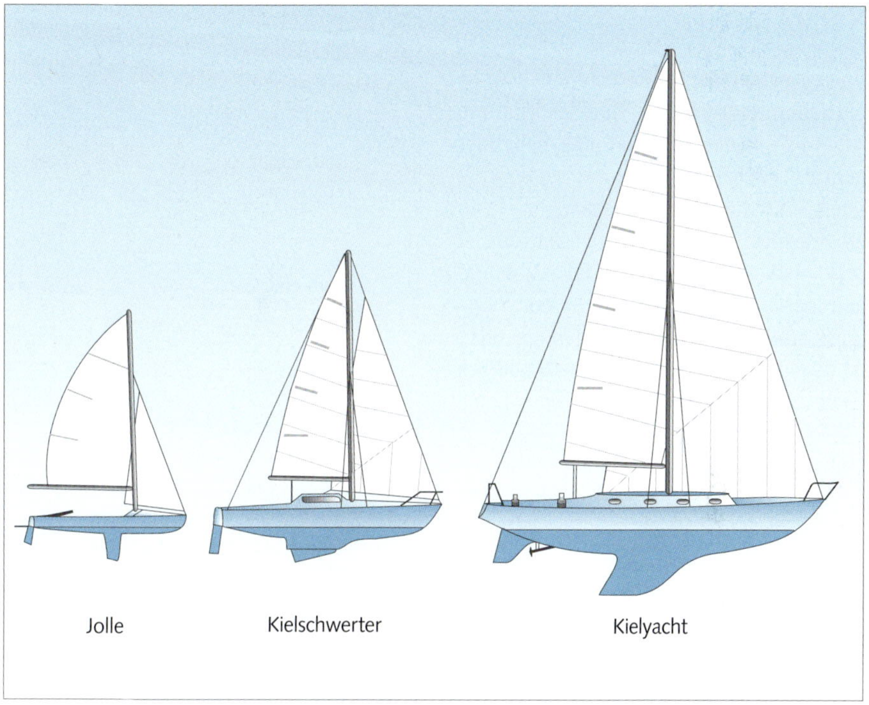

Jollen, Kiel- und Mehrrumpfboote

Vielfältig wie der Verwendungszweck – Fahrtenboot für See, Küste oder Binnengewässer oder Rennyacht – sind die Formen und Typen der Boote. Ihre Klassifizierung und Bezeichnung erfolgt nach gewissen charakteristischen Merkmalen.

Zunächst lassen sich nach der Bauart des Bootskörpers – des Rumpfes – zwei Grundtypen unterscheiden: das Kielboot und das Schwertboot – die Jolle.

Jollen sind offene flachgehende Boote mit einer aufholbaren senkrechten Platte im Boden, die als Schwert bezeichnet wird. Es verhindert beim Segeln die seitliche Abdrift. Mit Jollen kann man bequem Ufer und Strände anlaufen. Da sie jedoch mehr oder minder leicht kentern, das heißt umkippen können, gehören sie nicht auf die See. Jollen müssen genügend Auftriebskörper oder Lufttanks besitzen, die das voll Wasser geschlagene Boot samt seiner Besatzung über Wasser halten.

Jollenkreuzer sind größere Schwertboote mit Kajüte. Da auch sie kentern können, gehören sie ebenfalls nicht auf ein offenes Seerevier.

Kielboote sind meistens Kajütboote. Sie haben ein fest angebrachtes Ballastgewicht aus Blei, Eisen oder auch Beton. Wenn sie leckschlagen und voll Wasser laufen, werden sie von ihrem Ballastgewicht unweigerlich in die Tiefe gezogen. Aber sie sind kentersicher. Selbst wenn sie von einer starken Bö, um 90° gekrängt, aufs Wasser gedrückt oder gar in einem Sturm kieloben gedreht werden – durch den Ballast im Kiel richten sie sich immer wieder in die Horizontale empor. Dies gilt natürlich auch für Jollen mit Kiel.

Kielschwerter verbinden den Vorteil eines geringeren Tiefgangs – durch das aufholbare Schwert in einem verhältnismäßig flachgehenden Kiel – mit einer der Schwertjolle weit überlegenen Stabilität. Sie können sinken, sollten aber kentersicher sein. Der geringere Tiefgang gegenüber einer Kielyacht ermöglicht, flachere Gewässer anzulaufen, und erleichtert den Landtransport.

Beim **Hubkieler** kann der Kiel, bis auf die Ballastbombe am Kielende, in den Rumpf eingefahren werden. Er ist ebenfalls kentersicher und kann mit aufgeholtem Kiel noch besser verladen werden als der Kielschwerter.

Kimmkieler oder auch Doppelkieler wurden speziell für die Tidengewässer entwickelt. Zwei seitlich angesetzte Kiele ermöglichen, das Boot in aufrechter Lage trockenfallen zu lassen.

Mehrrumpfboote werden oft auch bei uns englisch als **Multihulls** bezeichnet. Zu ihnen gehören **Katamarane** oder **Kats**, die gleich lange Doppelrümpfe haben, und **Trimarane** mit drei Rümpfen. Die kürzeren beiden Seitenrümpfe dienen nur als stützende Ausleger. Die Rümpfe beider Bootstypen sind jeweils durch eine Brückenkonstruktion miteinander verbunden. Sie beziehen ihre hohe Stabilität aus ihrer ausladenden Breite. In extremen Situationen können sie aber – genau wie Jollen – kentern. Katamarane gibt es als Fahrtenboote mit Kajütaufbauten und als kleinere Strandkats nur mit einem Trampolindeck zwischen den Rümpfen.

Rumpfformen

Diese verschiedenen Bootstypen können entweder eine runde Querschnittsform haben, ein **Rundspant**, oder eine mehr oder minder, einmal oder mehrfach geknickte Querschnittsform, ein **Knickspant**.

Eine Yacht mit einer schlanken Spantform ist rank. Sie hat eine geringe Anfangsstabilität und legt sich bereits bei leichterem Winddruck stärker über. Eine vollspantige Yacht ist dagegen steif. Sie kann dem Winddruck länger und besser widerstehen. Sie hat eine hohe Anfangsstabilität.

Einfluss auf die See- und Segeleigenschaften hat auch der **Lateralplan**. Das ist die Fläche des Unterwasserschiffes, die der seitlichen Abdrift entgegenwirkt. Ein langer Lateralplan verspricht gute Kursstabilität, erzeugt aber auch – durch die große Fläche – einen höheren Reibungswiderstand im Wasser.

Ein solches Boot wird relativ langsam sein, aber kursstabil. Je kürzer oder »beschnittener« der Lateralplan ist, umso geringer der

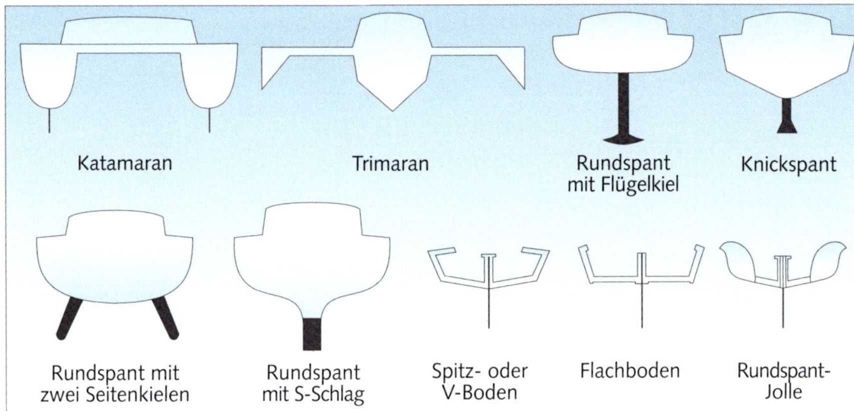

Katamaran (Doppelrumpfboot) mit Rundspanträmpfen.
Bei Sportkatamaranen sind die Rümpfe nur durch Traversen und ein Trampolindeck verbunden.
Auf Kreuzerkatamaranen befindet sich auf der Brückenkonstruktion die Kajüte.
Trimaran (Dreirumpfboot) mit V-Spanträmpfen. Die Kajüte befindet sich im Mittelrumpf.
Rundspanter, extrem flach, mit angesetztem Flügelkiel, Typ der modernen schnellen Yacht.
Knickspantrumpf mit angesetztem Wulst- oder Bulbkiel. Typisch für kleinere Stahlyachten.
Rundspanter mit stumpf angesetzten Doppelkielen.
Rundspanter mit sogenanntem S-Schlag und gebautem Kiel. Typ der konventionellen Fahrtenyacht.
Knickspant-Jolle mit Spitz- oder V-Boden.
Knickspant-Jolle mit Flach- oder Plattboden.
Rundspant-Jolle, U-förmig, mit eingeformten Lufttanks.

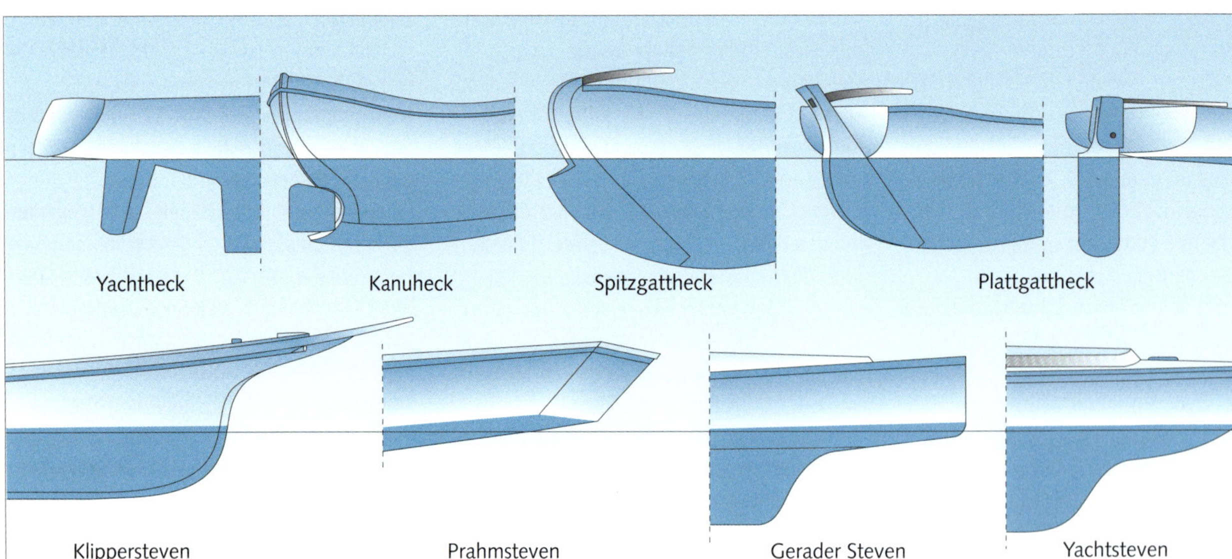

Reibungswiderstand. Entsprechend wird die Yacht schneller segeln, aber auch schwieriger zu steuern sein.

Bug- und Heckformen

Die Schiffsenden bezeichnet man als **Bug** (vorne) und **Heck** (hinten). Sie sind von beträchtlichem Einfluss auf das Seeverhalten einer Yacht. Mäßige Überhänge an Bug und Heck bedeuten zusätzliche Auftriebsreserve, die verhindert, dass die Yacht in rauer See unterschneidet.

Zu lange runde Überhänge führen dagegen zu heftigen Stampfbewegungen im Seegang, die Material und Mannschaft ermüden. Ein Boot mit einem schmalen scharfen Bug neigt zum Unterschneiden und segelt ziemlich nass.

Für kurze steile Wellen, wie auf Binnenseen, ist der gerade Steven am günstigsten.

Als **Steven** wird vorn der Abschluss des Bugs bezeichnet, hinten das Bauteil, das den Kiel mit dem Spiegel verbindet. Entsprechend gibt es einen Vor- und einen Achtersteven. Der Begriff dient ferner zur Bezeichnung der verschiedenen Bugformen. Alle Steven laufen vorne spitz zu. Einzige Ausnahme: der **Prahmsteven**. Er hat auch vorne einen Spiegel.

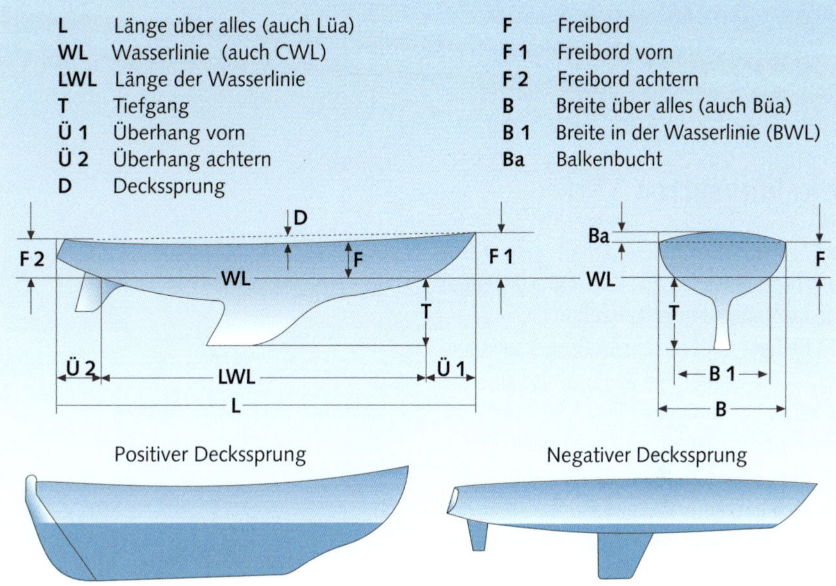

Lang gestreckter Lateralplan

Beschnittener Lateralplan

Begriffe rund um den Rumpf

Ein Boot schwimmt auf seiner **Wasserlinie** (WL). Sie weicht meistens geringfügig von der vom Konstrukteur errechneten **Konstruktionswasserlinie** (CWL) ab, weil sie von der unterschiedlichen Beladung einer Yacht abhängig ist. Die Wasserlinie trennt **Über-** und **Unterwasserschiff**. Die **Länge Wasserlinie** (LWL) ist maßgeblich für die Geschwindigkeit, die ein Schiff erreichen kann. Die **Breite über alles** (Büa) entspricht jeweils der breitesten Stelle des Rumpfes.

Ist der **Freibord** in der Mitte am geringsten, steigen also die Bootsenden leicht an, spricht man von einem **positiven Deckssprung.** Er ist im Allgemeinen üblich. Manche Boote haben jedoch auch einen **negativen Sprung:** Der Freibord ist mittschiffs höher und fällt zu den Schiffsenden leicht ab.

Die Wölbung des Decks in der Querschiffsrichtung bezeichnet man als **Decksbalkenbucht.**

Eine Yacht ohne Aufbauten heißt **Glatt-** oder **Flushdecker.**

Yachtheck mit einfallendem Spiegel. Ist er auswärtsgeneigt, spricht man von ausfallendem Spiegel.

Kanuheck. Eine ältere Heckform. Da der Bug meist ähnlich geformt ist, spricht man auch von einem Doppelender.

Spitzgattheck, nach dem solche Boote auch Spitzgatter genannt werden. Der Vorteil gegenüber dem Kanuheck: Das außen angebrachte Ruder ist bei Schäden leichter zugänglich.

Plattgatt- oder **Spiegelheck,** wie es die meisten Jollen haben. Auf Kielyachten nur noch selten.

DAS RIGG

Takelungsarten

Ihre Typenbezeichnung erhält eine Yacht nach ihrer Takelungsart, der Anzahl der Segel und Masten und ihrer Aufstellung.

Das **Katboot** führt nur ein Großsegel an einem weit vorne stehenden Mast. Es ist am einfachsten zu bedienen. Fast alle Einmann-Jollen sind Katboote. (Nicht zu verwechseln mit dem auch Kat abgekürzten Katamaran.)

Die **Slup** hat ein Groß- und ein Vorsegel, die Fock oder Genua. Diese Takelungsart ist am meisten verbreitet und gilt als die effizienteste.

Der **Schoner** ist ein echter Zweimaster. Vor dem Großmast steht ein meistens etwas kürzerer Vor- oder Fockmast. Auf modernen Schonern sind die Masten häufiger aber auch gleich lang.

Der **Kutter** ist, wie die Slup, ein Einmaster, fährt neben dem Groß- aber zwei Vorsegel: die Fock und davor den Klüver.

Die **Ketsch** unterscheidet sich von der Yawl durch eine größere Segelfläche am Besan, der innerhalb der Konstruktionswasserlinie an Deck steht. Da die Segel in mehrere annähernd gleichwertige Flächen unterteilt sind, gilt die Ketschtakelung als geeignet für größere, schwach bemannte Hochseeyachten. Auch wenn eine Ketsch (oder Yawl) zwei Vorsegel führt, wie hier, gilt sie deshalb nicht als Kutter.

Die **Yawl** ist ein Eineinhalbmaster mit einem Groß- und einem kleinen Besanmast, der außerhalb der Konstruktionswasserlinie steht und besonders als Steuersegel genutzt wird.

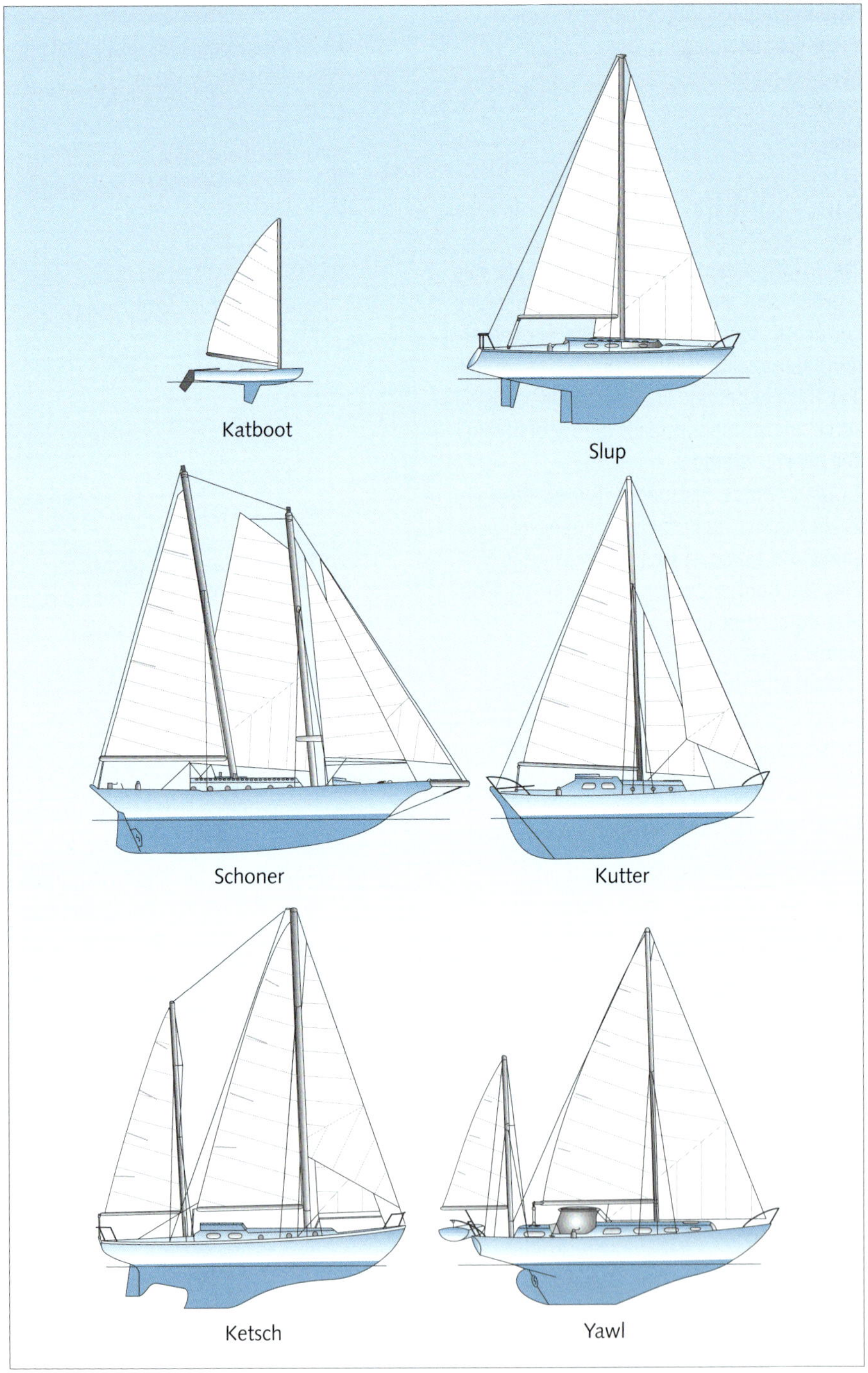

Mast und Spieren

Wie eine Yacht mit ein oder zwei Masten bestückt ist, das bezeichnet man als **Takelung**. Das gesamte Drum und Dran, ausschließlich der Segel, als **Takelage** oder **Rigg**. Entsprechend wird eine Yacht aufgetakelt oder geriggt.

Der **Mast** ist heute meistens aus eloxiertem Aluminium oder aus Karbon. Er steht an oder unter Deck in einer Mastspur. Meist hat er eine leichte Neigung nach achtern, die als **Fall** bezeichnet wird. (Nicht zu verwechseln mit dem Fall zum Setzen der Segel.)

Spieren sind alle sogenannten »Rundhölzer«, heute meistens aus Aluminium: Großbaum, Besanbaum, Fockbaum und Spinnakerbaum, aber auch die Salinge am Mast.

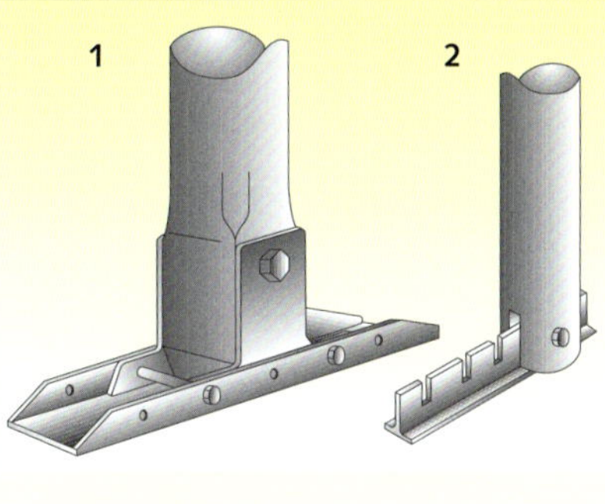

1 An Deck stehender **Klappmast**. Der Mastfuß, von zwei Mastbacken umschlossen, ist um einen Mastbolzen in der Längsrichtung drehbar. Die Mastbacken gehören zur Mastspur, einem Schlitten, der sich zum Trimmen des Mastes in der Längsrichtung verstellen lässt.

2 **Jollenmast.** Als »Mastspur« dient eine Kerbschiene, auf der sich der Mast zum Trimmen mehrere Zentimeter nach vorne oder hinten versetzen lässt.

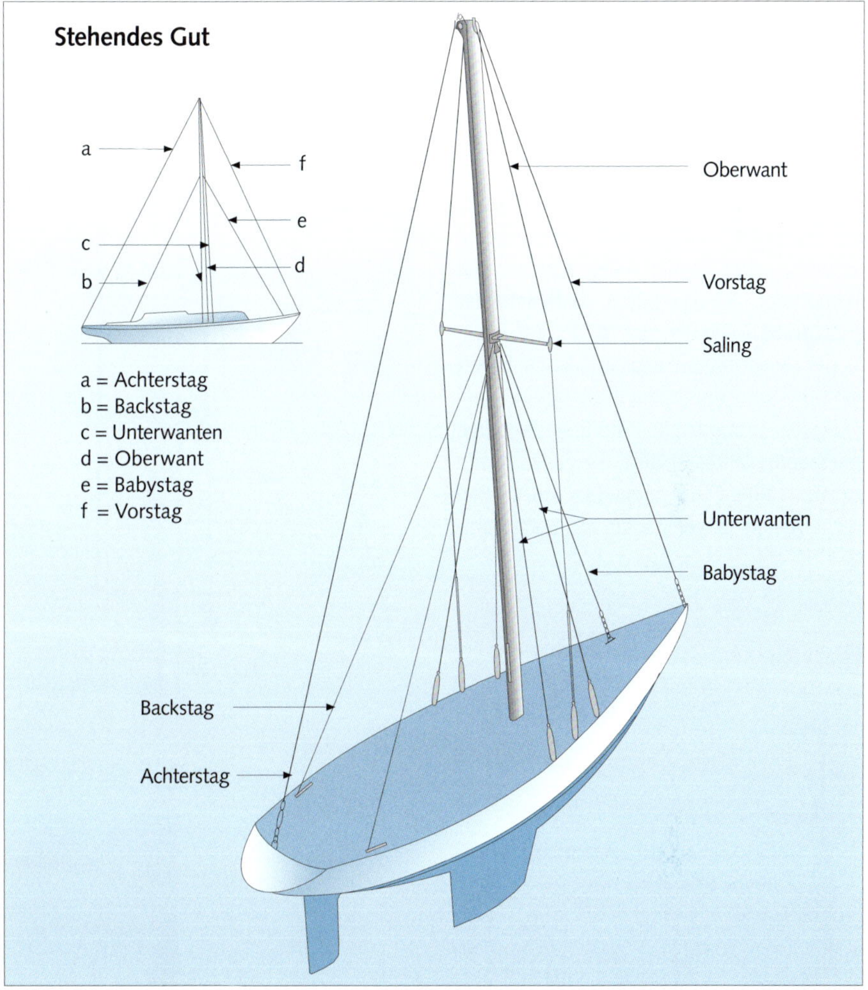

Stehendes Gut

Das stehende Gut besteht meistens aus Stahldraht und hält den Mast.

Als **Stage** bezeichnet man die Absteifungen in der Längsschiffsrichtung: Vorstag, Baby- oder Trimmstag, Jumpstag und Achterstag, als **Want** die in der Querschiffsrichtung: Topp-, Ober-, Mittel- und Unterwanten. Auch das Backstag gehört zu den Wanten, das jeweils auf der Seite losgeworfen werden muss, auf der der Baum gefahren wird.

Die **Saling** spreizt die Wanten im oberen Bereich des Mastes ab, um einen günstigeren Zugwinkel zu erreichen. Am Mast wird das stehende Gut mit Wanthängern befestigt, am Rumpf mit **Püttings** oder **Rüsteisen**: Die Spannung wird mit Wanten-, Vor- und Achterstagspannern reguliert.

Laufendes Gut

Das laufende Gut umfasst alle Leinen und Drähte, mit denen etwas bewegt wird: Die **Fallen** (Einzahl: das Fall) zum Heißen (Hochziehen) der Segel, aber auch zum Heißen von Ruderblatt und Schwert. Die **Schoten**, mit denen die Stellung der Segel zum Wind reguliert wird. Ferner **Auf-, Nieder-** und **Achterholer, Streckertaljen, Bullenstander** und **Dirken** – Leinen, mit denen der Baum in der Horizontalen und Vertikalen fixiert werden kann. Außerdem alles übrige Tauwerk, das beweglich über Rollen oder durch sogenannte Leitösen läuft. Die Fallen haben meistens einen Drahtvorläufer, auf großen Yachten sind sie vollständig aus Stahldraht.

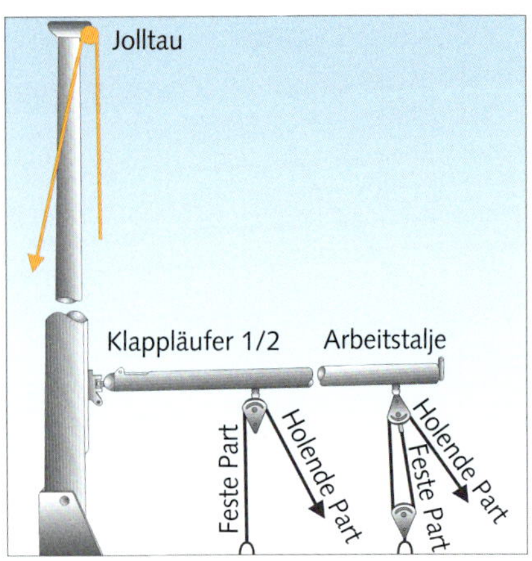

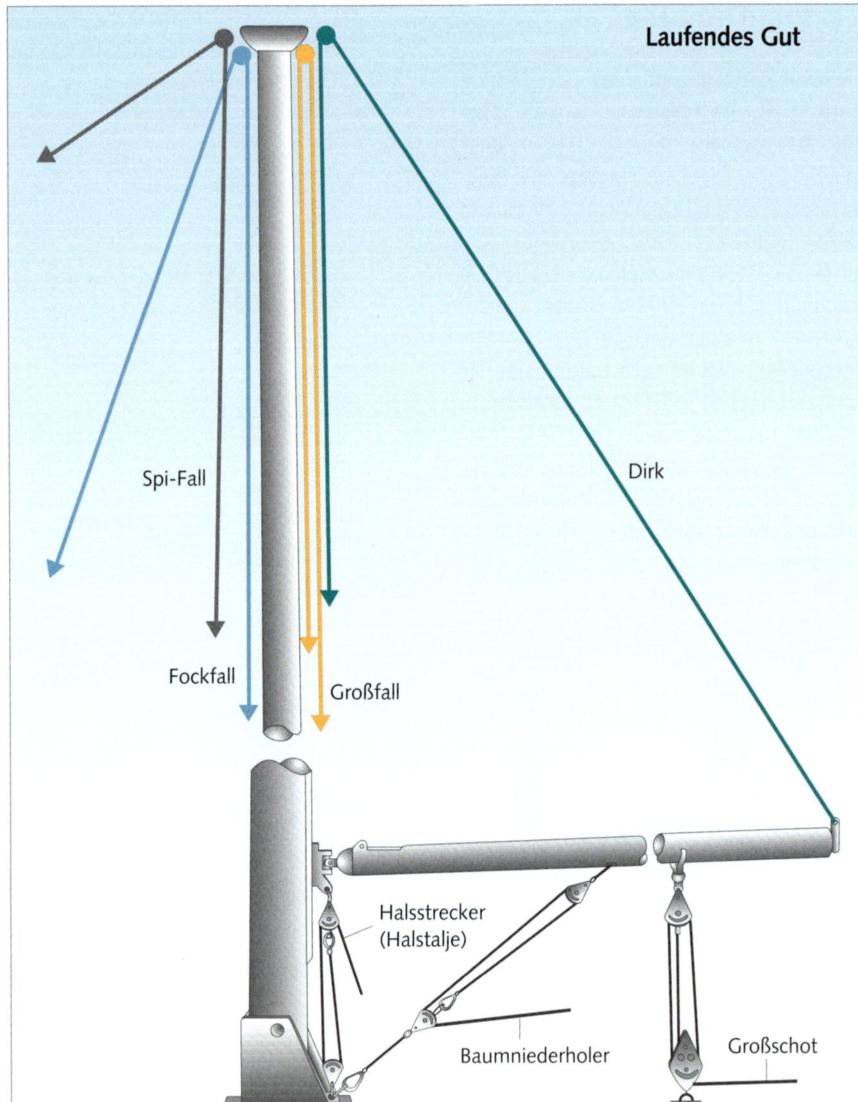

Taljen

Taljen – eine Kombination von Blöcken und Tauwerk – dienen der Arbeitserleichterung. Sie finden an Bord als Großschot, Halsstrecker, Baumniederholer, an Traveller, Schwert und Ruderblatt Verwendung. Das durch den Block laufende Ende bezeichnet man als **Läufer**, den Teil des Läufers, an dem geholt (gezogen) wird, als **holende Part**, das andere Ende, das an einem festen Punkt oder an der Last angreift, als **feste Part.**

Das **Jolltau** lenkt nur die Zugrichtung um, erspart aber keine Kraft.

Der **Klappläufer** verringert die aufzuwendende Kraft um die Hälfte, die **Arbeitstalje**, je nach Anbringung der festen Part, um die Hälfte oder zwei Drittel. Jeweils abzüglich eines Reibungsverlustes.

DAS SEGEL

Bis vor einigen Jahren wurde für Yachtsegel ausschließlich das aus Polyester entwickelte Dacron verwendet. Nylon oder Perlon gab es nur als leichtes Spinnakertuch, weil sich die Faser stark reckt. Polyestertuche leiden unter UV-Strahlung und sind empfindlich gegen Abrieb und Knicken. Ende der 1970er-Jahre kam der Polyesterfilm Mylar auf. Das verhältnismäßig schwache Polyestertuch wurde auf eine Mylar-Folie geklebt und dadurch stark wie ein Tuch von doppeltem Gewicht. Es folgte die Aramidfaser Kevlar. Diese gelblich schimmernde Faser ist zugfest wie Stahl und extrem leicht, bricht jedoch leicht und verliert unter UV-Einwirkung schnell an Festigkeit.

Die Kunst des Segelmachers liegt im richtigen Zuschnitt der einzelnen Bahnen mit leicht kurvenförmigem Verlauf zu den Segelecken. Beim Zusammennähen erhält man dann die gewünschte Wölbung, den sogenannten Bauch.

Liek heißen die Ränder eines Segels. Vor- und Unterliek sind meistens durch ein Liektau verstärkt. Das Vorliek des Großsegels wird auch als Mastliek bezeichnet, das Unterliek als Baumliek; das Unterliek des Vorsegels dagegen als Fußliek.

Am Vorliek des Vorsegels – es ist meistens durch ein Liektau aus Draht verstärkt – sitzen die **Stagreiter**, mit denen das Vorsegel am Vorstag angeschlagen wird.

Die Liektaue an Vor- und Unterliek des Großsegels werden in die Keep, Nut oder Hohlkehle von Mast und Baum eingeführt. Am Vorliek können aber auch Rutscher angenäht sein, die auf einer Schiene im oder am Mast laufen.

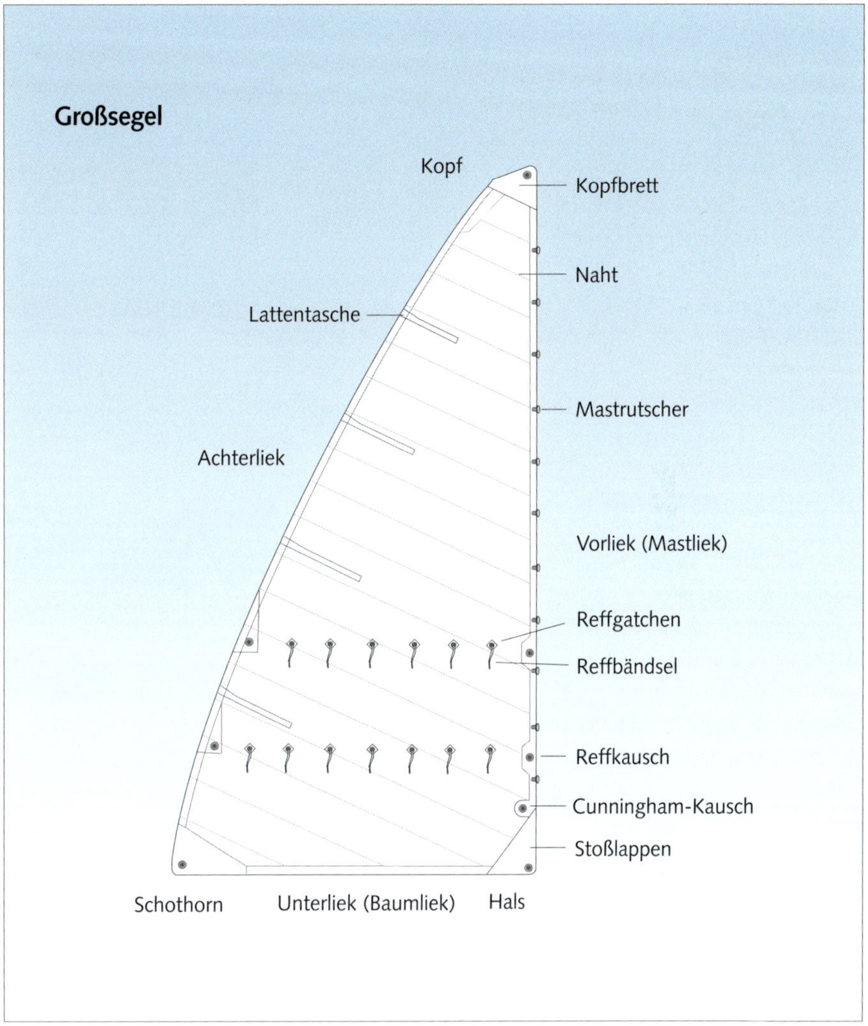

Kopf ist die obere Ecke des Segels, beim Großsegel durch ein Kopfbrett aus Holz, Alu oder Kunststoff verstärkt, **Hals** die vordere untere Ecke, an der auf größeren Booten ein Halsstrecker angreift, **Schothorn** die hintere untere Ecke, an der bei der Fock die Fockschot angreift.

Segellatten aus Holz oder Kunststoff in den Lattentaschen am Achterliek dienen der Formgebung des Segels und sollen ein Flattern (Killen) des Achterlieks verhindern.

Reffkausch, Reffgatchen und **Reffbändsel** braucht man zum Reffen, das heißt Verkleinern der Segelfläche bei viel Wind, die **Cunningham-Kausch** (oder -Hole) zum Segeltrimmen. Zieht man es auf den Hals herunter, wandert der Bauch nach vorn.

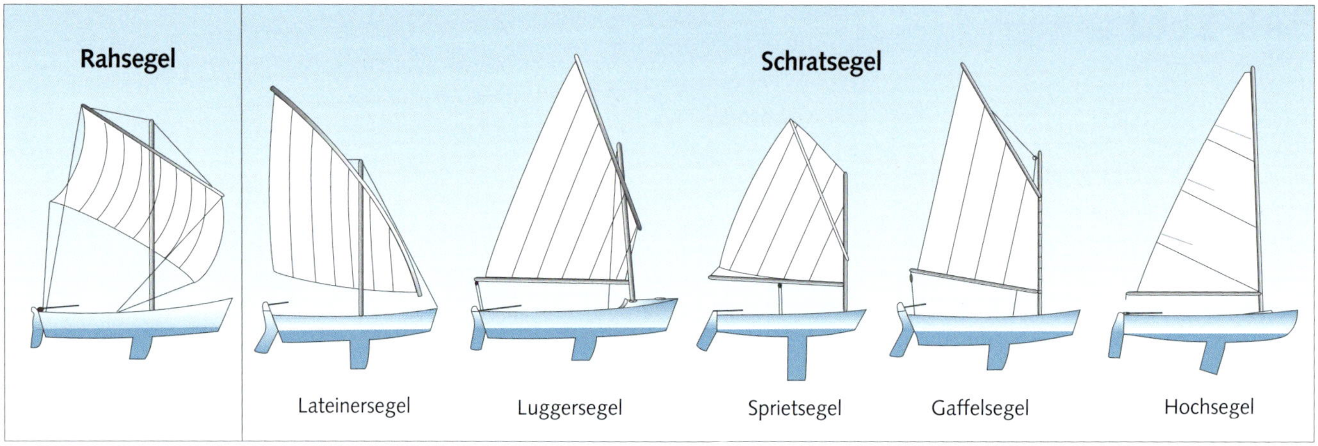

Segelbezeichnungen

Grundsätzlich zu unterscheiden sind **Rahsegel** und **Schratsegel**.
Rahsegel sind viereckige Segel, die an einer rechtwinklig am Mast angeschlagenen Rah gefahren werden. Man sieht sie heute fast nur noch auf sogenannten Windjammern, wie beispielsweise der »Gorch Fock«.
Schratsegel werden in Längsschiffsrichtung gesetzt.
Das **Lateinersegel** hat zwar eine Rah, doch ragt sie weit über den Masttopp hinaus, und sie wird in Längsschiffsrichtung gefahren.
Beim **Luggersegel** ist die Rah zur Gaffel verkürzt, die allerdings noch etwas nach vorn über den Mast hinausragt.
Das **Sprietsegel** ist ein viereckiges Segel und wird durch eine diagonale Spreize, Spriet genannt, ausgespreizt.
Beim **Gaffelsegel** sitzt die Gaffel mit einer Klau schwenkbar am Mast. Gelegentlich auch englisch als Gunther-Rigg bezeichnet.
Das **Hochsegel** wird auch Bermudasegel genannt, weil es ursprünglich auf Fischerbooten der Bermudas gefahren wurde. Ob ein Boot Lugger-, Gaffel- oder Hochsegel fährt, hat keinen Einfluss auf die Typenbezeich-

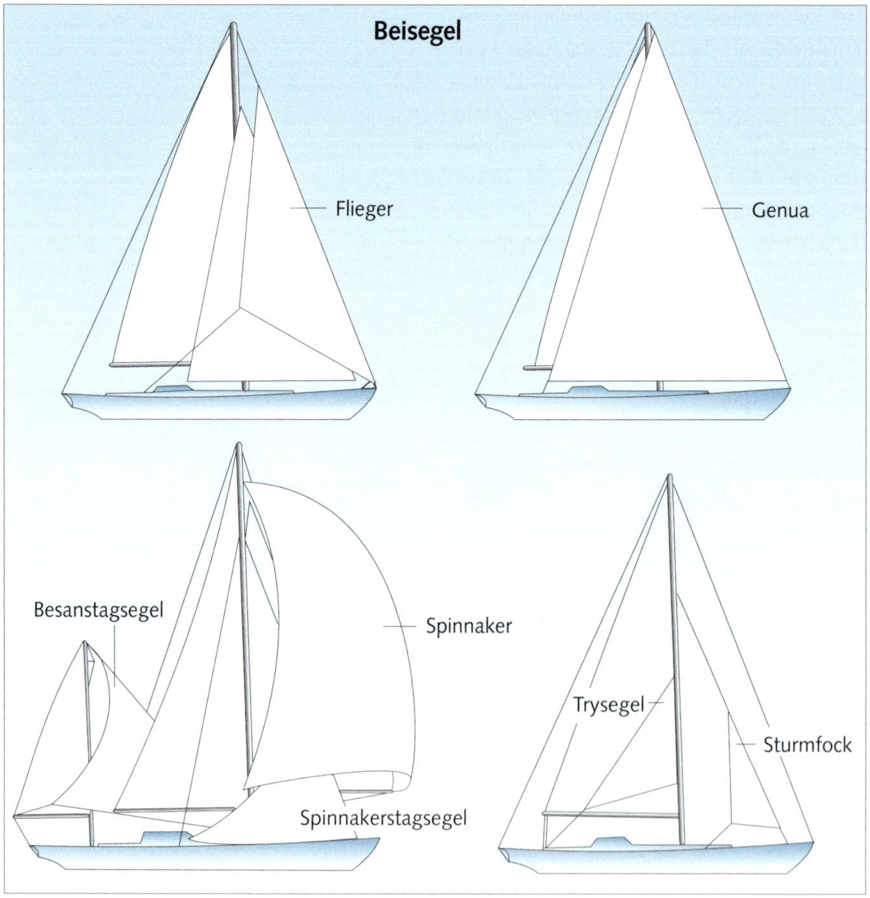

nung wie Kat, Slup oder Ketsch. Die hier gezeigten Boote wären von ihrer Takelungsart her alle Katboote (ohne Vorsegel). Eine weitere Unterteilung der Schratsegel führt zu den **Stagsegeln**. So bezeichnet man alle Segel, die nicht am Mast, sondern an einem Stag gesetzt werden, wie beispielsweise alle Vorsegel.

Haupt- und Beisegel

Unter Haupt- oder Arbeitssegel versteht man die Grundausstattung des betreffenden Yachttyps. Also Fock und Großsegel einer Slup; Fock, Groß- und Besansegel einer Ketsch oder Yawl; Klüver, Fock und Großsegel eines Kutters. Hinzu kommen die Beisegel, zusätzliche Leicht- oder Schwerwettersegel. Wohl das wichtigste Beisegel ist die **Genua**, eine übergroße Fock aus leichterem Tuch. Sind mehrere an Bord, werden sie von der größeren zur kleineren mit I, II usw. bezeichnet.

Der **Spinnaker** ist ein großes bauchiges Vorsegel aus sehr leichtem Tuch, das mit losem Unterliek am Spinnakerbaum gefahren und bei achterlichen Winden gesetzt wird.

Der **Blister** ist eine Art verkleinerter asymmetrisch geschnittener Spinnaker für Fahrtensegler, der »fliegend«, ohne Baum, gefahren wird. Ähnlich geschnitten ist der **Gennaker**, an einer Art Bugspriet gefahren. Der **Flieger** oder **Yankee** ist ein Leichtwetter-Klüver für Kutter.

Das **Spinnakerstagsegel** ist eine extrem niedrig und breit geschnittene Fock, die den freien Raum unter dem Spinnaker ausnutzt. Das **Trysegel** ist ein dreieckiges Segel, wie die Sturmfock aus derbem Tuch, das statt des Großsegels mit losem Fußliek gefahren wird.

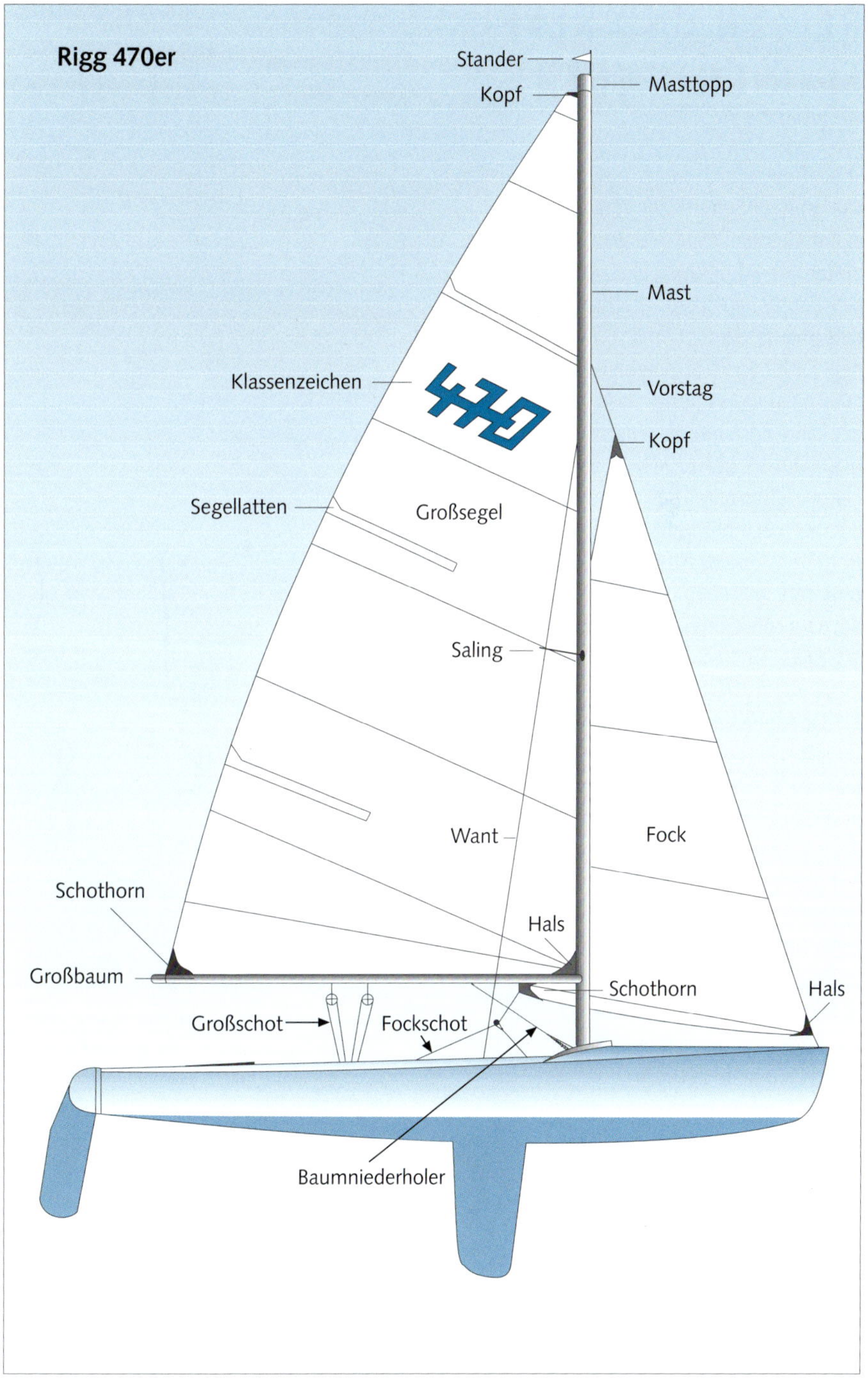

REFFEN UND REFF-EINRICHTUNGEN

Frischt der Wind stärker auf, muss gerefft, das heißt die Segelfläche verkleinert werden, damit sie dem Wind weniger Angriffsfläche bietet. Sie würde sonst eine starke Krängung des Bootes bewirken, die die Fahrt verringert und die Abdrift erhöht. Außerdem werden Kielboote mit zunehmender Krängung manchmal so luvgierig, dass der Rudergänger kaum noch gegensteuern kann. Schließlich kann es bei zu viel Segelfläche Bruch geben. Jollen unter zu viel Tuch sind womöglich nur noch mit killenden Segeln aufrecht zu halten, und das bedeutet ständige Kentergefahr.
Um das Großsegel zu verkleinern, gibt es verschiedene Systeme.

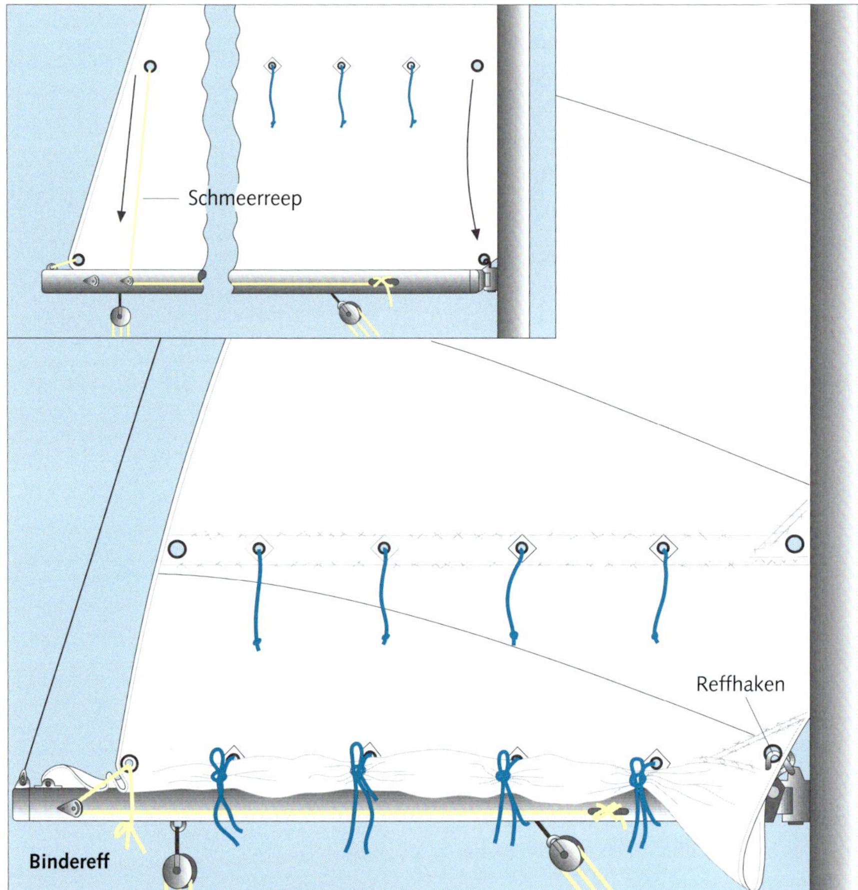

Reffen mit Bindereff
Das Großfall so weit fieren, dass die Reffbändsel bis auf den Baum herunterkommen, und gleich wieder belegen. Vor- und Achterliek an ihren Reffkauschen steif durchsetzen. Sie müssen den gesamten Druck aufs Segel aufnehmen. Häufig kann die Reffkausch des Vorlieks in einen Reffhaken am Baum gehakt, das Achterliek mit einem sogenannten Schmeerreep – einer kleinen Talje – auf den Baum heruntergeholt werden. Das durchhängende Segeltuch an einer Seite auf den Baum rollen, mit den Reffbändseln festbinden.

1. Das sogenannte **Dreh-, Roll-** oder **Patentreff**.
Man dreht den Baum mit einem Hebel oder einer Kurbel und wickelt dadurch das Segel von unten auf den Baum. Dieses Prinzip findet man nur noch auf älteren Yachten, denn es hat erhebliche Nachteile: Das Segel steht nicht mehr gut, das Tuch wird stark verzogen, und der Baumniederholer kann nicht mehr gefahren werden.

2. Das moderne **Rollreff**.
Das Großsegel wird mit einer Reffleine auf ein Hohlkammerprofil gerollt und mit einer Ausholerleine wieder abgerollt.
Die Hohlkammer befindet sich im oder am Mast (vertikales System) oder aber im Baum (horizontales System). Die Nachteile des alten Drehreffs entfallen, es sind jedoch speziell geschnittene Segel erforderlich. **Vorteile:** Niemand braucht bei rauer See das sichere Cockpit zum Reffen zu verlassen. Das Segel kann stufenlos verkleinert und den Windverhältnissen genau angepasst werden. **Nachteile:** eine wartungsintensive und mitunter störanfällige Mechanik.

3. Das **Binde-** oder **Bändselreff**.
Es gibt im Großsegel meistens zwei, seltener auch drei Reihen Reffbändsel, mit denen das weggereffte Tuch am Baum beigebändselt wird.

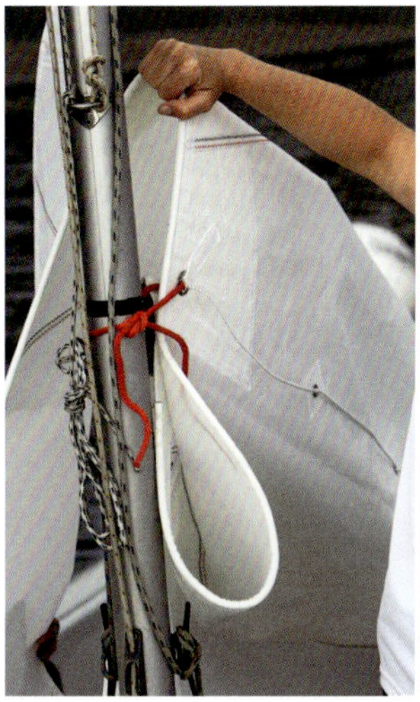

Die Reffkausch am Vorliek heraussuchen und am Mast befestigen (Reffhaken oder Knoten).

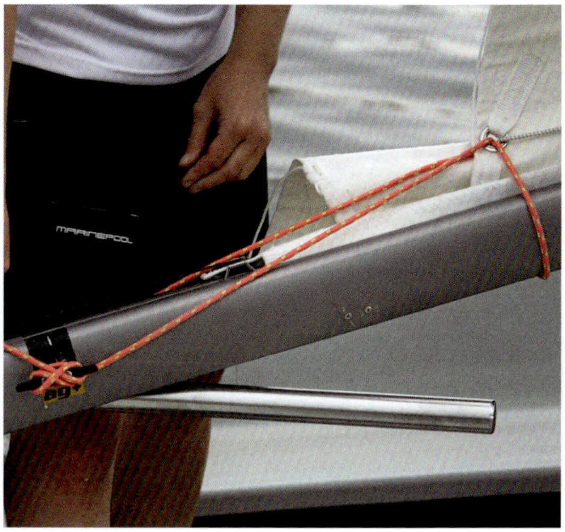

Genau so wird am Achterliek verfahren. Das Reffbändsel am Baum belegen, …

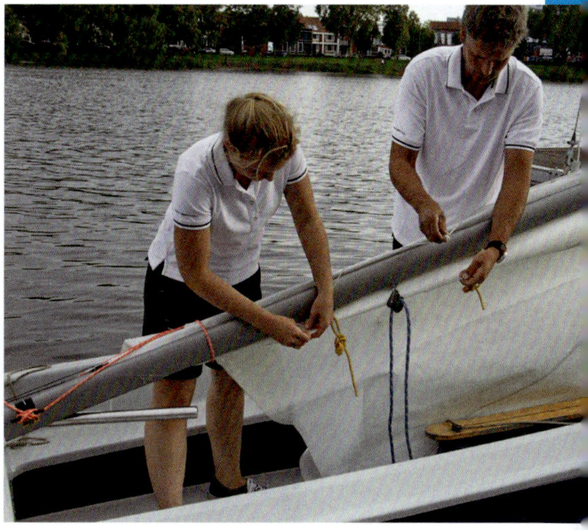

… das weggereffte Tuch sauber einwickeln und mit Reffbändseln befestigen.

Eine Variante ist das Hakenreff. Es hat statt der Reffbändsel eine durchgehende Reffleine, deren Buchten über Reffhaken am Baum gehakt werden.

Vorteile: Das gereffte Segel steht einwandfrei. Das Tuch wird nicht vertrimmt. Ein speziell gearbeitetes Segel ist nicht erforderlich.

Nachteile: mehr Arbeitsaufwand beim Reffen, weil das Achterliek extra auf den Baum heruntergeholt und jedes einzelne Bändsel gebunden werden muss.

Unsicheres Arbeiten, am Mast am Fall und auf dem Kajütdach oder der Cockpitbank stehend, falls Fall und Schmeerreep nicht ins Cockpit umgeleitet sind.

Meist nur zwei genau fixierte Reffmöglichkeiten, von Bändselreihe zu Bändselreihe, die oft zu weit auseinanderliegen.

Auf Jollen ohne Reffeinrichtung nimmt man zum Reffen des Großsegels einfach den Baum aus seinem Lager, dem Lümmelbeschlag, und rollt das Segel von Hand auf. Möglich ist das allerdings nur, wenn die Großschot an einem Schotring angreift oder an der Baumnock, wo sie ab- und nach dem Reffen wieder angeschäkelt werden muss.

Die Schotführung vieler Trapez-Jollen erlaubt überhaupt nicht, das Großsegel zu reffen. Wenn das Boot im Trapez nicht mehr auszureiten ist, muss entweder die Fock oder das Großsegel geborgen werden.

Reffen des Vorsegels

Auf Kielbooten wird bei zunehmender Brise meist die größere Genua gegen die kleinere Fock ausgetauscht. Das ist ein einfacher Segelwechsel – noch kein Reffen.

Mehr und mehr Fahrtenyachten sind jedoch mit Vorsegel-Rollreffanlangen ausgerüstet. Sie kommen mit einem Vorsegel aus, das auf ein Vorstagprofil aufgerollt wird. So besteht auch hier die Möglichkeit, das Vorsegel stufenlos zu verkleinern und somit regelrecht zu reffen. Die Bedienung erfolgt ebenfalls aus dem Cockpit heraus.

Zum Reffen muss das Boot nahezu im Wind liegen, bei Großsegel-Rollreffanlagen sogar möglichst direkt im Wind. Flaut der Wind wieder ab, wird in der umgekehrten Reihenfolge ausgerefft: Bändsel, achtere Reffkausch (Schmeerreep), vordere Reffkausch lösen und Fall durchsetzen. Man spricht auch vom »Ausschütten« des Reffs.

AUSRÜSTUNG UND BESCHLÄGE

Zur Ausrüstung eines Bootes gehört eine Vielzahl von Beschlägen. Beschlag ist ein Sammelbegriff für nahezu alle Einrichtungen an Bord, die irgendetwas verbinden, befestigen, festhalten oder auch nur der Arbeitserleichterung dienen.

Kausch: Metall- oder Kunststofföse als Einlage oder zur Verstärkung, z. B. in einem Tauwerkauge zum Schutz gegen Scheuern.

Stagreiter am Vorliek der Vorsegel werden beim Segelsetzen aufs Vorstag gesetzt oder gehakt.

Schäkel sind kleine Bügel, meistens aus nicht rostendem Stahl, um alles Erdenkliche miteinander zu verbinden.

Püttings oder **Rüsteisen** sind sehr verschiedenartige Beschläge, die das stehende Gut mit dem Rumpf verbinden.

Klampen und **Poller** dienen zum Belegen von Tauwerk. Kleinere Klampen sind aus Kunststoff oder Holz, stärkere meistens aus Metall.

Klemmen bekneifen Leinen. Die Curryklemme hat zwei bewegliche Backen, die sich bei Gegenzug öffnen, die Kammklemme (Clamcleat) bekneift in einem geriffelten Spalt, häufig verwendet am Schwert- oder Ruderfall.

Fockschotholepunkte sind meistens auf einer Leitschiene – einem Lochband mit Federstift – verstellbar. Sie ermöglichen den Trimm in ihrer Größe unterschiedlicher Vorsegel. Zur einfachen Fockschotführung dienen feste Leitaugen oder -ösen.

Blöcke sind Gehäuse mit gekehlten Rollen (Scheiben), über die eine Leine läuft. Ein Block kann nur eine Scheibe haben oder aus einer Kombination von Scheiben bestehen. Entsprechend der Art ihrer Verwendung haben Blöcke am Fuß oder Kopf die unter-

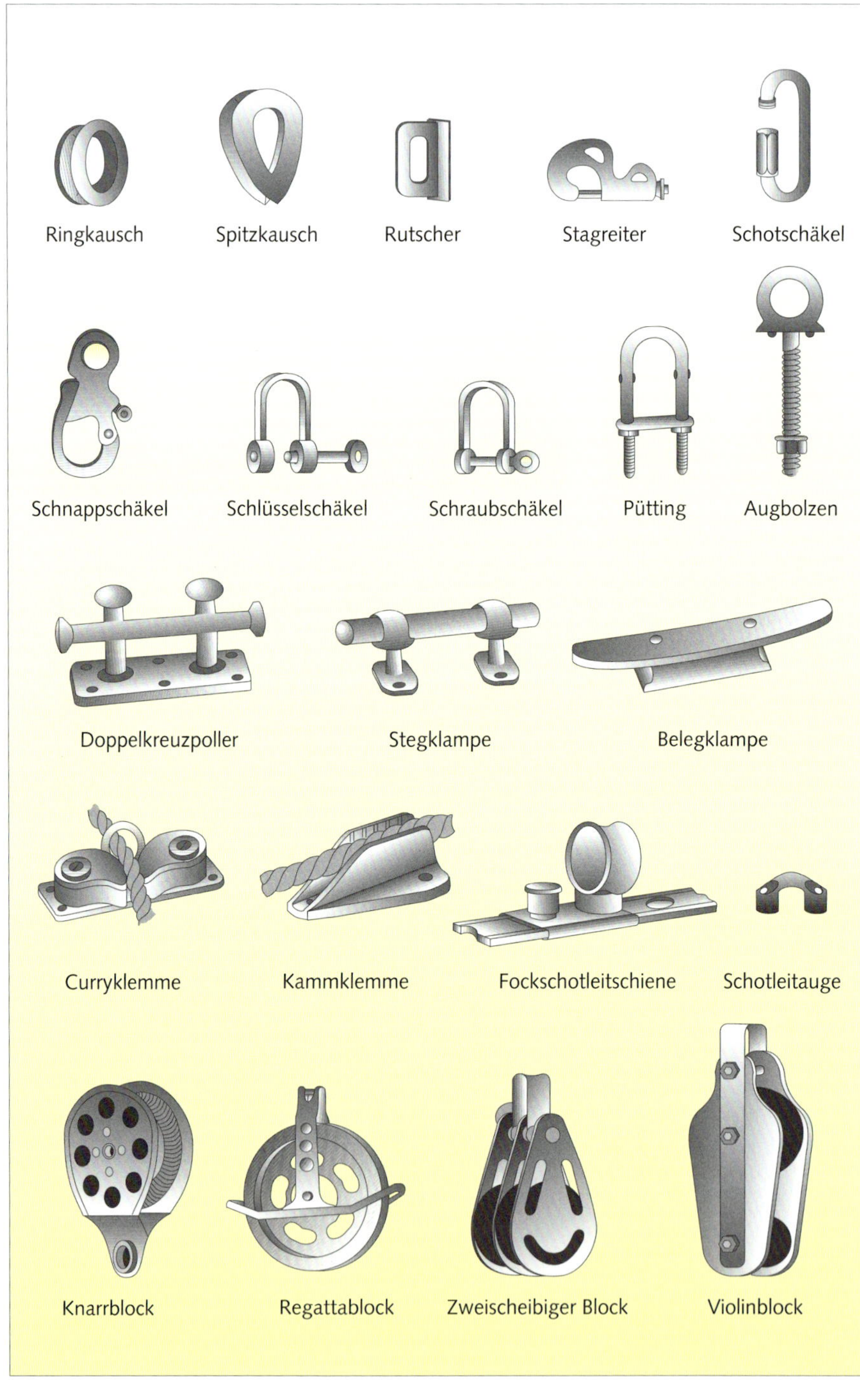

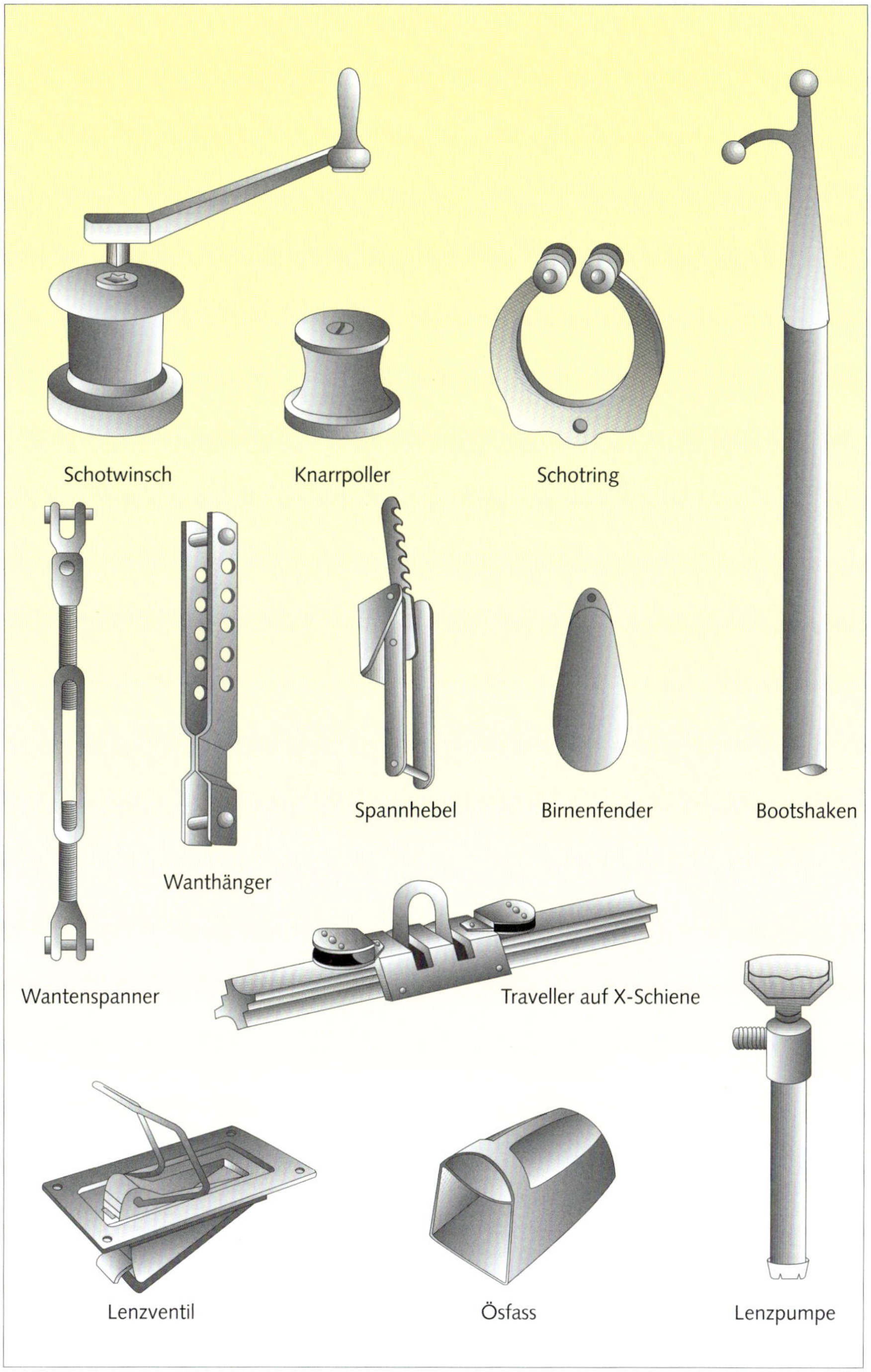

schiedlichsten Beschläge. Der Winsch-, Knarr- oder Ratschblock hemmt den unfreiwilligen Rücklauf und nimmt durch Reibung den Zug auf. Meist für die Jollen-Großschot verwendet.

Schotwinsch: Je nach Größe mit oder ohne Hebel, ohne oder mit Untersetzung, auf größeren Schiffen auch als 2- oder gar 3-Gang-Winsch. Die Trommel, um die Vorschot oder auch Fall gelegt wird, ist jeweils nur in einer Richtung drehbar und sperrt in der anderen.

Schotring: Er wird über den Großbaum gestreift und daran der obere Block der Großschot angeschäkelt.

Er ist unerlässlich, wenn man bei einer Mittelschotführung, zum Verkleinern der Segelfläche, das Segel auf den Baum rollen will.

Wantenspanner sind Spannschrauben, die das stehende Gut mit den Püttings oder Rüsteisen verbinden.

Wanthänger oder auch **Wantlaschen** (Lochbänder) ersetzen auf Jollen häufig die Wantenspanner.

Spannhebel oder **Hebelstrecker** dienen zum Durchsetzen von Backstagen, Fallen etc.

Fender sind Schutzpolster aus Gummi oder Kunststoff. Es gibt zylindrische, kugel- und birnenförmige, massive, aufpumpbare.

Bootshaken, zuweilen mit einem Paddel kombiniert, dienen auf Jollen auch zum Ausbaumen der Fock.

Traveller: Quer übers Cockpit laufende Leitschiene, auf der der Travellerschlitten rutscht oder rollt, auf dem der Fußblock der Großschot sitzt. Er dient dem Großsegeltrimm.

Lenzer sollen Wasser aus dem Boot befördern. Die einfachste Form besteht aus zwei Klappen im Spiegel.

Hand- oder auch elektrisch betriebene **Lenzpumpen** sind für die Sicherheitsausrüstung eines größeren Bootes unerlässlich. Es können Kolben- oder Membranpumpen sein.

Ösfass oder **Pütz:** ein Schöpfgerät.

Wie heißt was auf einer Jolle?

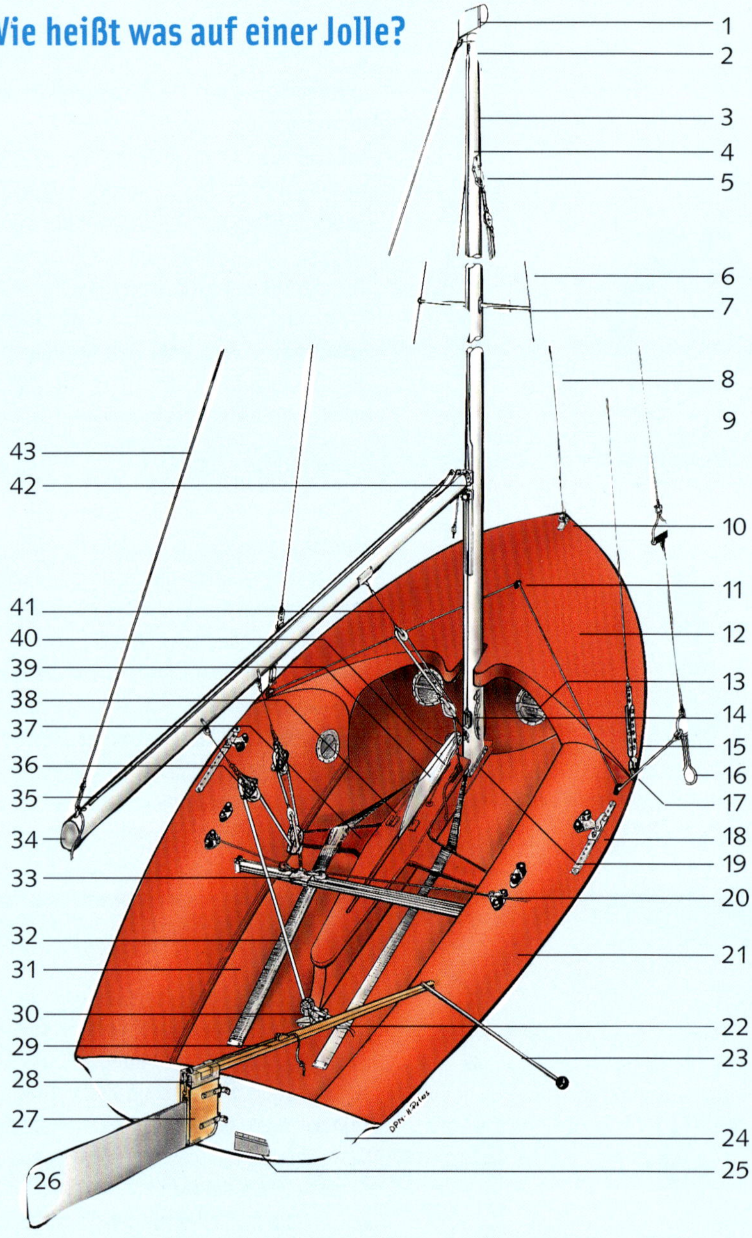

1 Verklicker, Drehvorrichtung einer Windfahne auf dem Masttopp.

2 Großfall-Umlenkrolle, sitzt im (hohlen) Mast.

3 Mast, durchweg aus Aluminium.

4 Keep, Hohlkehle im Mast, in die das Vorliek des Großsegels eingezogen wird.

5 Wanthänger, ein Blechbeschlag, an dem die Wanten befestigt sind.

6 Wanten.

7 Saling, Spreize für die Wanten, damit sich ein günstigerer Zugwinkel zum Mast ergibt.

8 Vorstag.

9 Vorstagspanner, um das Vorstag steif durchsetzen zu können (fehlt häufig auf Jollen).

10 Stevenbeschlag, an ihm ist das Vorstag befestigt.

11 Trapezleitöse für den umlaufenden Gummistropp, der den Trapezdraht unter Spannung hält (haben nicht alle Jollen).

12 Vordeck.

13 Inspektionsluken für die eingeformten Lufttanks im Vorschiff und unter den Seitendecks.

14 Umlenkrollen für das im Mast verlaufende Groß- und Fockfall.

15 Wantenspanner, Lochbänder mit Bolzenverbindung, durch Splinte gesichert.

16 Trapezgeschirr, ein am Mast befestigter Draht mit Handgriff und Ring zum Einhaken des Trapezgurtes, an dem sich der Vorschoter weit über die Bordkante hinausschwingt, um das Boot besser auszubalancieren (haben nicht alle Jollen).

17 Pütting, Wantbefestigung im Deck.

18 Fockschot-Leitschiene mit Schlitten, Umlenkrolle und Curryklemme.

19 Mastspur mit Mastfußbolzen zum Verstellen des Mastes.

20 Curryklemme mit Leitöse für den Traveller-Stopper.

21 Seitendeck, gleichzeitig Lufttank.

22 Ruderpinne.

23 Pinnenausleger, meistens um 360° schwenkbar und hochklappbar.
24 Spiegel, hinterer Abschluss des Cockpits.
25 Lenzklappe, durch die Wasser aus dem Cockpit abfließen kann.
26 Senkruderblatt, hier aufgeholt.
27 Ruderschaft, bestehend aus zwei Ruderbacken, befestigt an Ruderzapfen.
28 Ruderkopf.
29 Ruderfall zum Absenken und Aufholen des Ruderblattes.
30 Großschot-Ratschblock mit Wirbel, der in einer Richtung blockiert.
31 Cockpit (seltener auch Plicht), auf Jollen der gesamte nicht eingedeckte Innenraum.
32 Ausreitgurte, hinter die die Füße gehakt werden.
33 Traveller mit Großschotschlitten, er reguliert den Zugwinkel der Großschot in der Waagerechten.
34 Baumnock.
35 Baum mit Keep (Nut), in die das Unterliek des Großsegels eingezogen wird.
36 Großschot mit Blöcken (Umlenkrollen).
37 Schwertkasten-Absteifung.
38 Schwertkasten.
39 Senkschwert.
40 Schwertfall zum Aufholen und Fieren des Schwertes.
41 Baumniederholer, der das unerwünschte Steigen des Baumes auf Raumschots- und Vorm-Wind-Kursen verhindert.
42 Lümmel(beschlag), die Verbindung zwischen Baum und Mast.
43 Dirk, eine zum Masttopp führende Leine, in der der Baum ohne Segel hängt, sofern er nicht in einer Baumstütze oder -schere ruht.

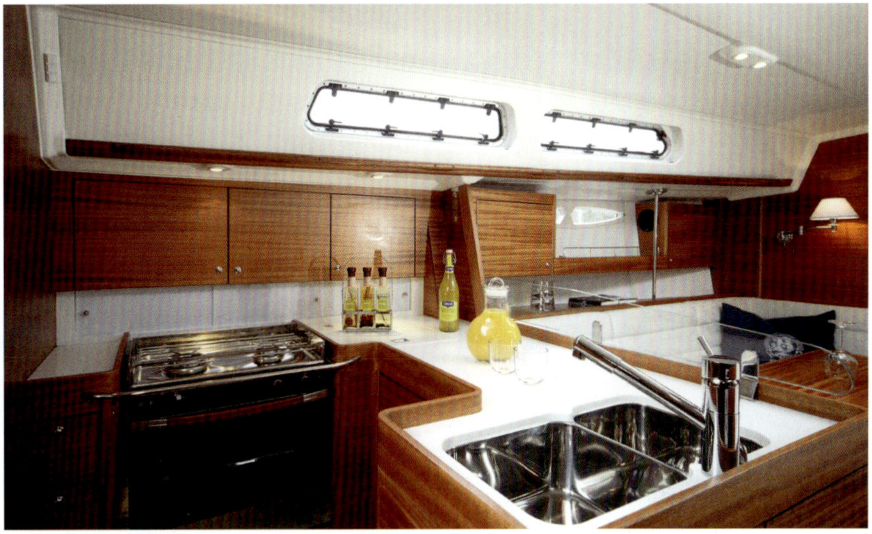

Wirtschafts- und Sanitäreinrichtungen

Fast jedes Fahrtenboot besitzt eine Pantry, eine kleine Kücheneinrichtung mit ein- oder zweiflammigem Kocher und einer Spüle.

Kocher werden mit Spiritus, Petroleum oder Flüssiggas (Butan, Propan) betrieben. Da diese Gase höchst explosiv sind, hat der Einbau grundsätzlich nach den »Richtlinien für Einbau und Prüfung von Flüssiggasanlagen auf Wassersportfahrzeugen« des Germanischen Lloyd zu erfolgen.

- Die Kocher müssen eine automatische Zündsicherung haben, die Leitungen stets auf Dichtigkeit überprüft werden. Die Gasflasche muss in einem abgeschotteten Raum mit Entlüftung nach außenbords stehen.

Aber auch Petroleum und Spiritus erfordern etwas Umsicht. Bei heißen oder gar brennenden Kochern darf niemals Brennstoff nachgefüllt werden.

Kocher sollten mindestens halbkardanisch aufgehängt sein, das heißt, um ihre Längsachse schwingen können.

Spülen – aus Kunststoff oder Nirosta – müssen Abflüsse mit Absperrhähnen, sogenannten Seeventilen haben, damit bei starker Krängung kein Wasser über die Abflussleitung ins Boot steigen kann. Das Gleiche gilt für die Ab- und Zuleitungen von

Yacht-Toiletten. Zwar haben die Leitungen Rückschlagventile, doch sie können leicht sperren oder undicht werden. Es gibt genügend Beispiele, dass eine Yacht über die Toilette vollgelaufen und gesunken ist. Deshalb sind die Seeventile nur jeweils bei Gebrauch zu öffnen.

- Es ist grundsätzlich verboten, Abwässer oder Fäkalien in den See einzuleiten.

Deshalb müssen alle Boote mit Wohn-, Koch- und/oder Sanitäreinrichtungen am Bodensee mit ausreichend großen Fäkalien- und Abwassertanks ausgerüstet sein, die man nur an Land abpumpen kann. Möglich sind auch tragbare, an Land zu entsorgende Chemietoiletten und Abwasserkanister.

SEE-MÄNNISCHE ARBEITEN

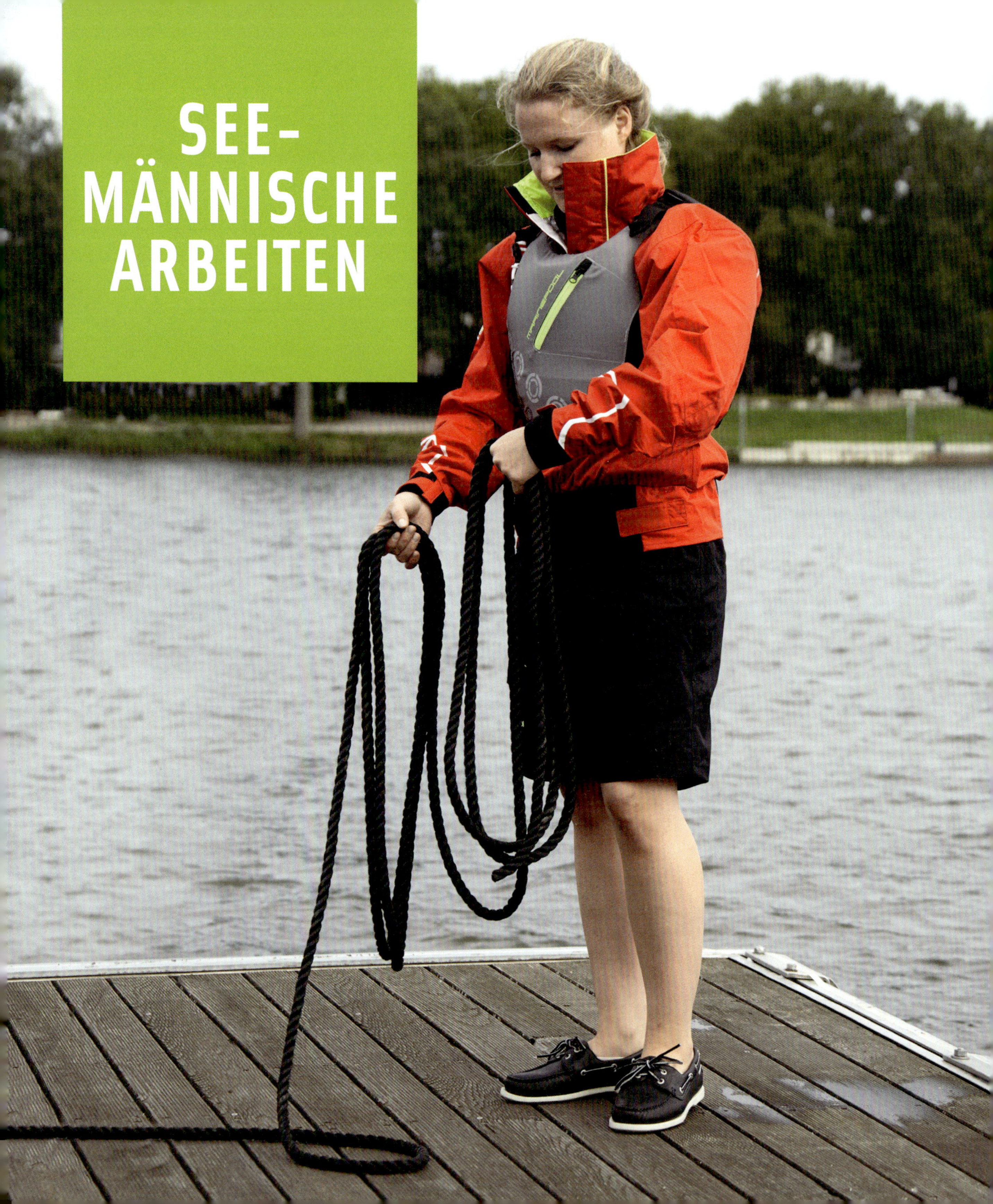

TAUWERK

Ein Tau nennt der Seemann Ende oder Leine. Anfang und Ende heißen Tampen. Aber auch kurze Stücke Tauwerk werden als Tamp(en) bezeichnet.
Die Sicherheitsrichtlinien des Deutschen Segler-Verbandes und des Deutschen Motoryachtverbandes enthalten Informationen über die richtige Leinenausrüstung eines Bootes.

Das Material

Für Tauwerk verarbeitet werden:
Kunstfasern (Polyester, Polyamid, Polypropylen, Polyäthylen, Aramid)und **Stahldraht.** Kunstfasertauwerk ist verrottungsfest und altert wenig. Es hat eine hohe Reißfestigkeit, ein geringes spezifisches Gewicht und nimmt nur wenig Wasser auf. Aber es verliert an Festigkeit durch Wärme, Reibung und UV-Strahlung und ist empfindlich gegen Scheuern.
Polyester (PES) – Markennamen Dacron, Trevira, Terylene und Diolen – hat nur einen sehr geringen Reck und eignet sich deshalb besonders gut für Fallen und Schoten.
Polyamid (PA) – Markenbezeichnungen Perlon, Nylon – verbindet eine extrem hohe Bruchfestigkeit mit großer Elastizität. Deshalb eignet es sich besonders gut für Anker- und Schleppleinen.
Polypropylen (PP) – Markennamen Polyprop, Hostalen PP, Ulstron – ist ein sehr leichtes schwimmfähiges Tauwerk mit einer mittleren Reißfestigkeit. Geeignet als Festmacher und Leichtwetterschoten.
Polyäthylen (PE) – Markenname Dyneema – weist von allen Kunstfasern die besten Eigenschaften auf.
Aramid – Markenname Kevlar – ist bedeutend

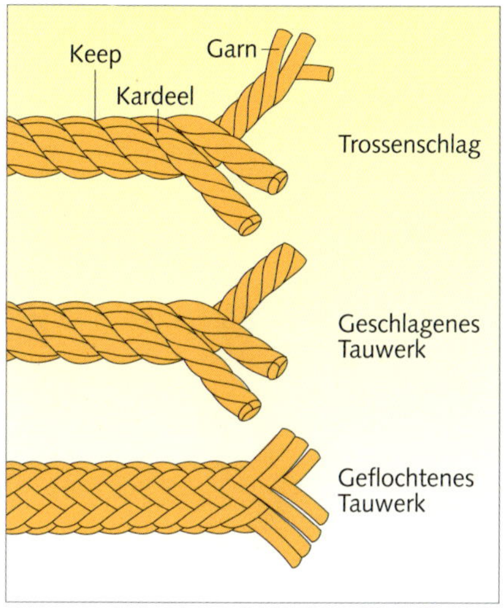

reißfester als Polyester, hat aber nur geringe Biegefestigkeit, z. B. wenn es über eine Fallrolle mit kleinem Durchmesser läuft.
Drahttauwerk für die Verstagung und als Vorläufer für Fallen wird aus nicht rostendem Stahl hergestellt, aus Legierungen auf Chrom-Nickel-Basis, bekannt unter den Markenbezeichnungen V2A und V4A.

Die Herstellung

Fasern werden zu **Kabelgarnen** gesponnen, die Garne zu **Kardeelen** verdrillt und die Kardeele zu Enden geschlagen oder geflochten. Geschlagenes dreischäftiges Tauwerk – es besteht aus drei Kardeelen – nennt man **Trossenschlag**, vierschäftiges **Wantschlag.**
Das Tauwerk ist vorwiegend rechtsherum geschlagen. Der Rechtsschlag heißt Z-Schlag, der Linksschlag S-Schlag. Sind also die Fasern rechtsherum zum Garn gesponnen, die Garne linksherum zum Kardeel gedreht und die einzelnen Kardeele rechtsherum zum Ende geschlagen, hat man einen ZSZ-Schlag.

- Geschlagenes Tauwerk hat weniger Reck und ist bruchfester als vergleichbares geflochtenes. Man verwendet speziell vorgerecktes für Fallen.
- Geflochtenes Tauwerk ist lehniger und griffiger und wird hauptsächlich für Schoten genommen. Für Fallen hat es zu viel Reck.

Spleiß und Takling

Mit Spleißen bezeichnet man die dauerhafte Verbindung von Tauwerk durch Verflechten der einzelnen Kardeele.
Häufigste Verwendung ergibt sich für den **Augspleiß** am Tampen einer Leine. Wie er gemacht wird, lässt sich nur in der praktischen Anschauung erlernen.
Jeder Tampen muss vor dem Aufdröseln gesichert werden. Kunststofftauwerk lässt sich über einer Flamme sehr einfach verschweißen. Eleganter ist es jedoch, einem Tampen mit Takelgarn einen **Takling** aufzusetzen. Auch der erlernt sich am besten bei der praktischen Vorführung.

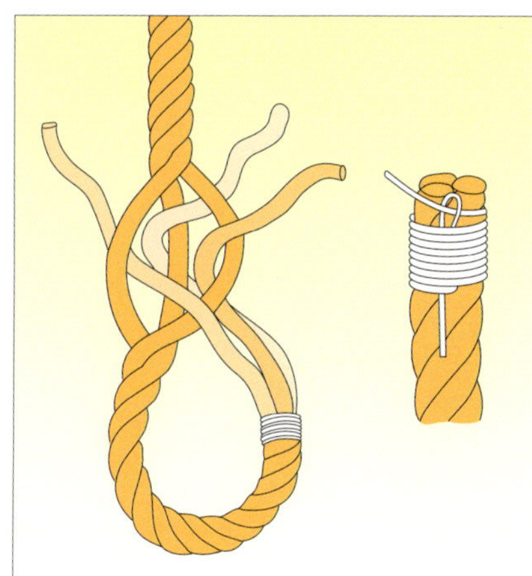

Augspleiß   Behelfstakling

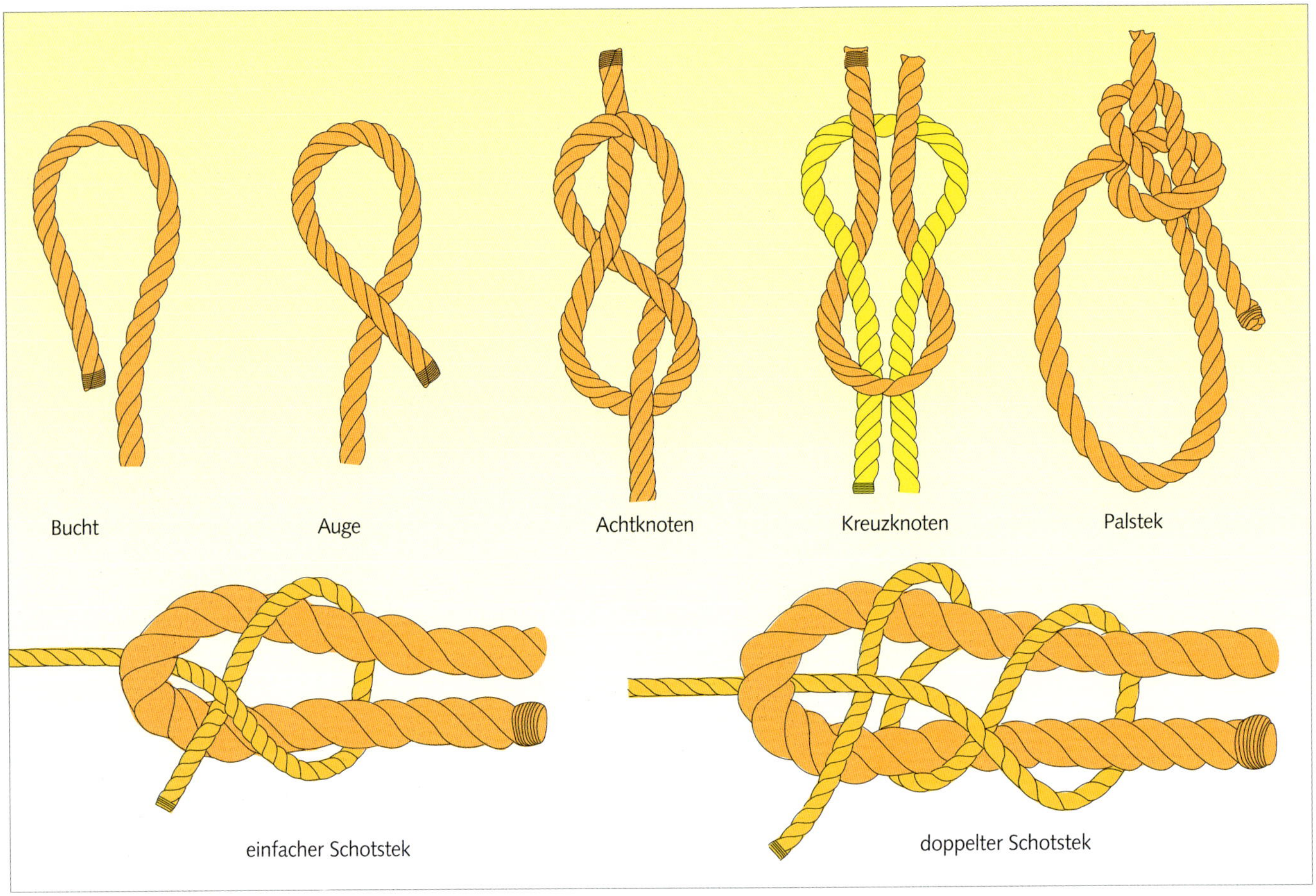

KNOTEN

Alles, was zum Sichern oder Festmachen einer Leine an irgendetwas oder zum Verbinden von Leinen dient, heißt Knoten oder Stek. Seemännische Knoten müssen

- einfach und schnell herzustellen sein,
- sich zuverlässig bekneifen und halten und
- leicht wieder zu lösen sein, auch in nassem Tauwerk.

Immerhin kann von der Haltbarkeit eines solchen Knotens die Sicherheit von Schiff und Besatzung abhängen.

Bucht ist ein in Haarnadelform gelegtes Ende.

Auge ist die seemännische Bezeichnung für alle Arten von Schlingen. Es kann ein lose gelegtes Auge sein (wie hier) oder auch ein festes, wie beim Augspleiß.

Achtknoten: Er kommt stets in den Tampen von Schoten, damit sie nicht aus ihren Blöcken oder Leitösen rauschen.

Kreuzknoten: Er dient zum Verbinden zweier gleich starker Enden aus gleichem Material. Wichtig: Er muss symmetrisch sein, die Tampen müssen auf derselben Seite aus der Bucht des anderen Tampens kommen. Vorsicht, auch wenn er richtig gemacht worden ist, kann er sich in sehr glattem Kunstfaser-Tauwerk aufziehen.

Einfacher und **doppelter Schotstek:** Beide verbinden zwei ungleich starke Enden oder Enden aus ungleichem Material. Die Tampen müssen auf der gleichen Seite liegen. Bei steifem Kunstfaser-Tauwerk ist unbedingt der doppelte Schotstek zu empfehlen. Auch bei glatten gleich starken Enden sollte man den doppelten Schotstek dem Kreuzknoten vorziehen.

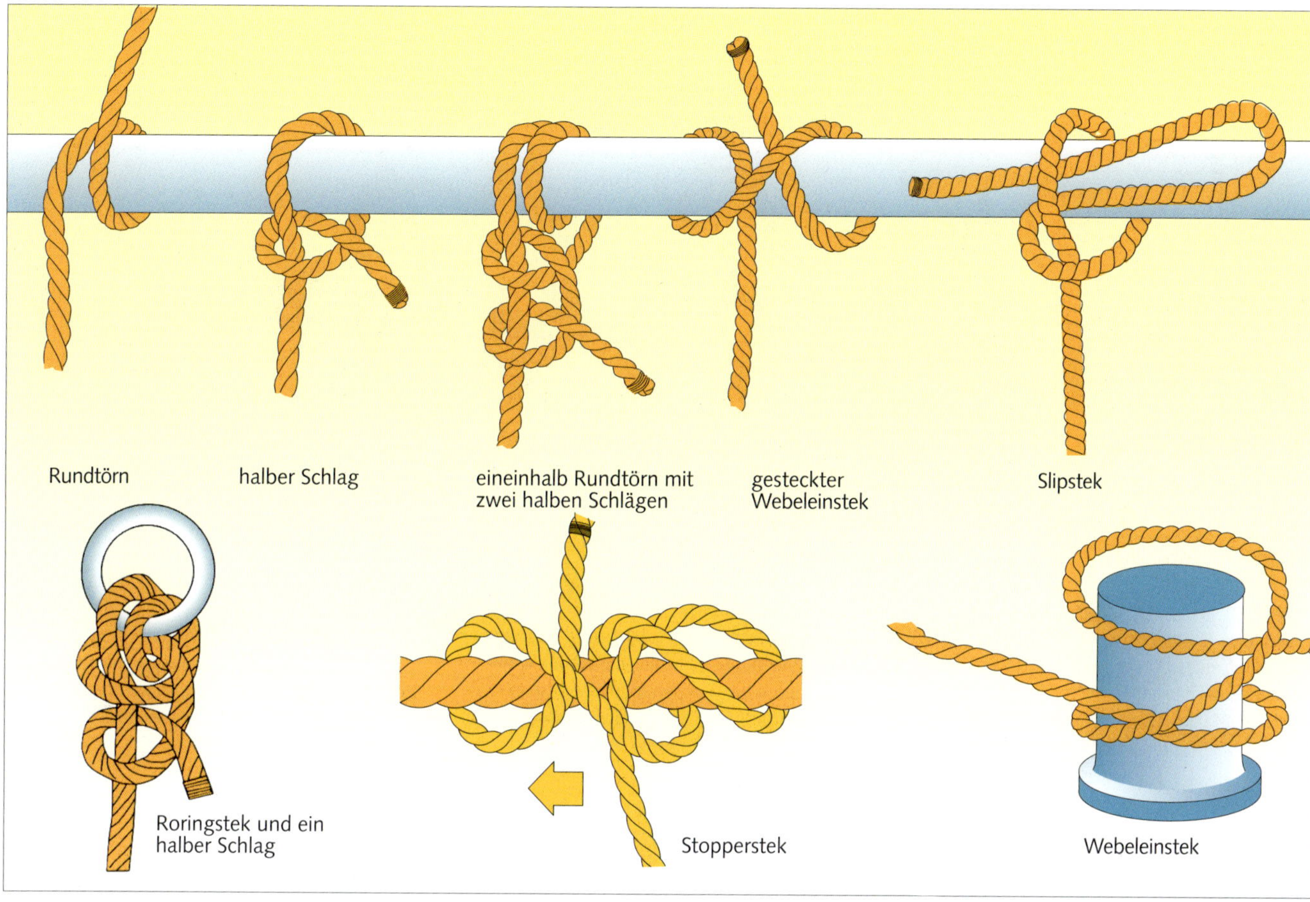

Palstek: Er ist der wichtigste Knoten an Bord. Mit ihm lässt sich ein beliebig großes Auge herstellen, das sich nicht zusammenziehen kann. Er dient zum Festmachen an Pfählen, Pollern oder auch Ringen oder im Notfall, um jemand, der über Bord gefallen ist, im Wasser zu sichern. Auch Leinen kann man mit zwei Palsteks zuverlässig verbinden. Der Tampen soll außerhalb des Auges liegen.

Rundtörn und **halber Schlag** sind Ausgangsbasis für weitere Knoten.

1½ Rundtörn und **2 halbe Schläge** sind eine Knotenverbindung zum vorübergehenden Festmachen an Rohr, Ring, Spieren oder Stangen.

Slipstek: Überall dort wichtig, wo man ein belegtes Ende, auf dem Kraft steht, schnell loswerfen will oder muss. Ein Ruck am Tampen, und der Knoten ist gelöst.

Webeleinstek: Er dient zum Festmachen an Pollern oder Ähnlichem, sofern Poller oder Festmacheleine nicht zu dick sind. Dann bekneift er sich nicht genügend. Zusätzlich sollte er unbedingt durch zwei halbe Schläge gesichert werden. Man kann ihn über einen Poller werfen, indem man einfach zwei Augen legt. Als gesteckter Webeleinstek – teilweise auch auf Slip – findet er Verwendung zum kurzfristigen Festmachen, z. B. von Fendern an der Seereling.

Stopperstek: Mit ihm kann ein Tampen an ein laufendes Ende gesteckt werden, beispielsweise die Vorleine an eine Schlepptrosse. Er hält nur, solange Kraft in Zugrichtung darauf steht.

Roringstek: Ihn verwendet man zum Festmachen an Ringen, stets gesichert durch mindestens einen halben Schlag.

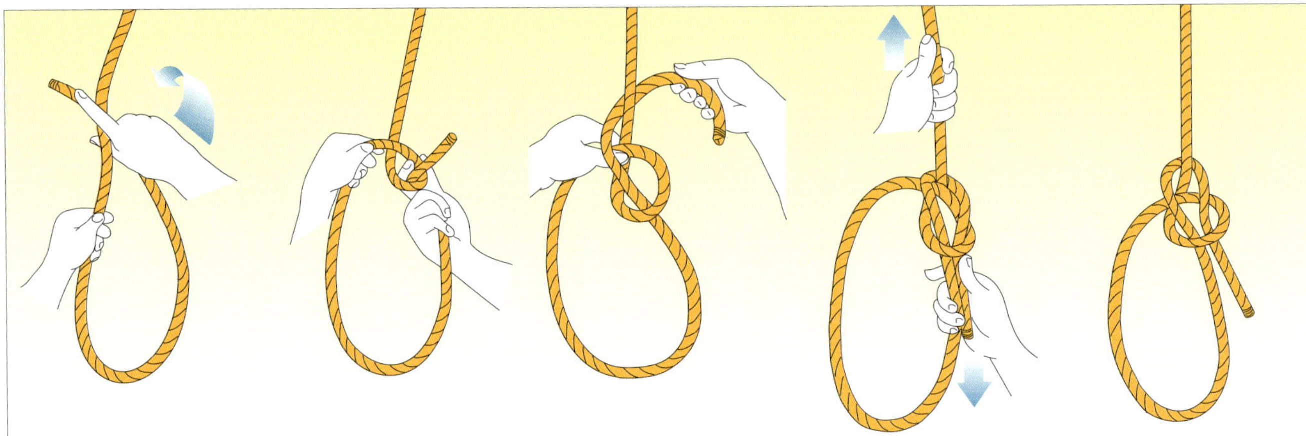

1 2 3 4 5

Palstek mit Trick

1 Das Ende der Leine mit der Linken etwa in der Höhe abgreifen, in der der Knoten sitzen soll. Den Tampen in die Rechte nehmen, parallel zum Zeigefinger legen und mit Daumen und Tampen um das Ende greifen. Dann die Rechte mit dem Tampen nach rechts drehen (Handrücken nach unten), und schon ist ein Auge in der Leine, aus dem der Zeigefinger mit dem Tampen heraussieht
2 Jetzt mit dem Daumen der Linken das Auge festhalten, damit es nicht »herausfällt«, mit der Rechten den Tampen greifen und damit von links hinten um die Leine rumgehen
3 und wieder ins Auge rein, aus dem er kommt
4 Den so entstandenen Palstek fest zusammenziehen – fertig.
5 In glattem synthetischem Tauwerk sollte der Tampen gut eine Handspanne aus dem Auge heraushängen. Hinten von links nach rechts herumzugehen ist wichtig, damit der Tampen außerhalb des Auges liegt.

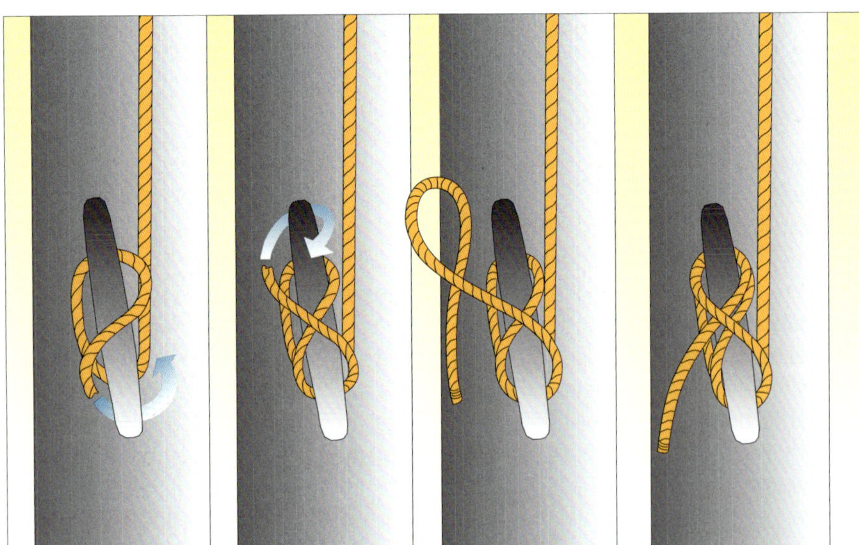

Belegen auf einer Klampe

Zunächst einen Rundtörn um den Fuß der Klampe legen, aber so, dass sich die Leine nicht selbst bekneift. Dann Kreuzschläge in Achtform um die Klampe legen. Zwei genügen im Allgemeinen. Wenn man beim Festmachen sichergehen will, kommt zum Abschluss ein Kopfschlag drauf – der durchgesteckte Tampen wird bekniffen. Achtung: Der sich durch den Kopfschlag bekneifende Tampen muss immer die Klampe kreuzen.

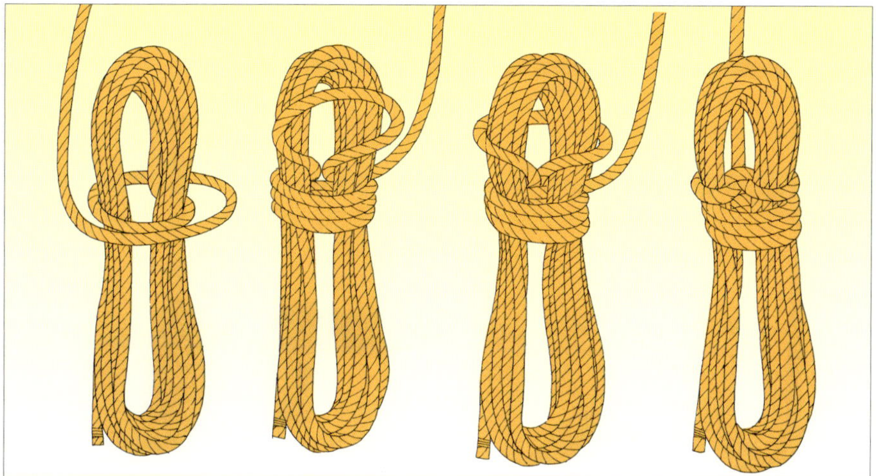

Aufschießen einer Leine

Da die meisten Leinen rechtsherum geschlagen sind, müssen sie auch rechtsherum aufgeschossen werden.
Die gleich langen Buchten werden durch einige rechtwinklig herumgelegte Törns »zusammengeschnürt«.
Dann den letzten Törn als Bucht oben durchziehen, über den Kopf rüber- und zusammenziehen.

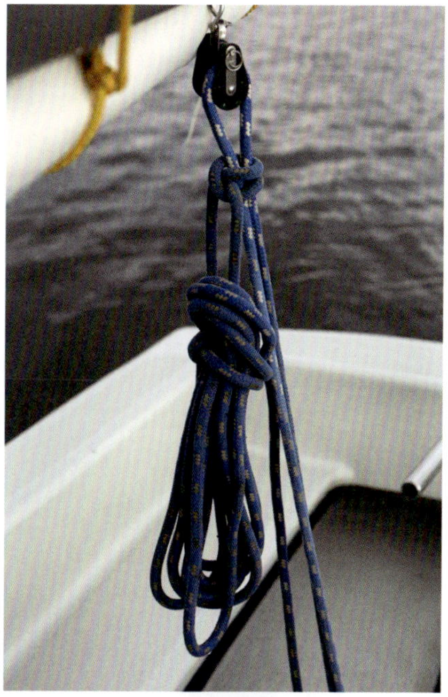

Aufschießen eines Falls

Zunächst das Fall auf der Klampe am Mast belegen, dann das Ende aufschießen. Nun kann man es einfach hinter das Fall klemmen, eleganter aber ist es, wenn es über das obere Horn der Klampe gehängt wird. Die letzte Bucht von hinten durchholen, über Kreuz »verdrillen« und das so gewonnene Auge hinter dem Fall duchführen und rüberhängen.

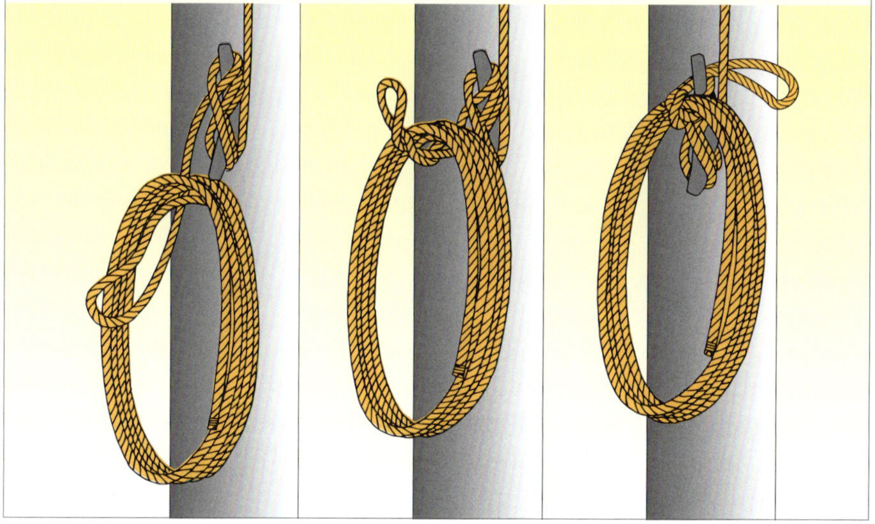

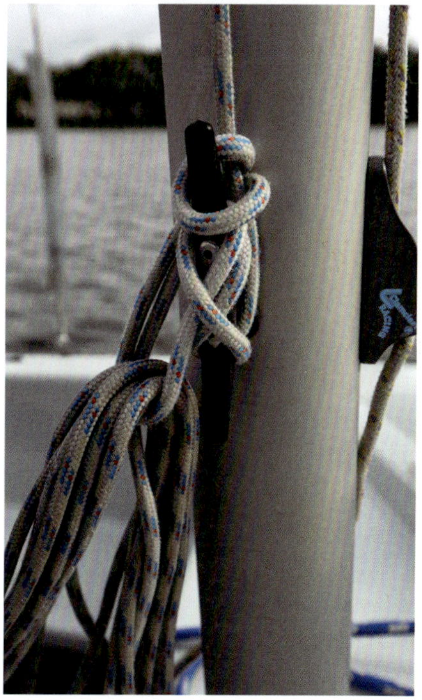

THEORIE DES SEGELNS

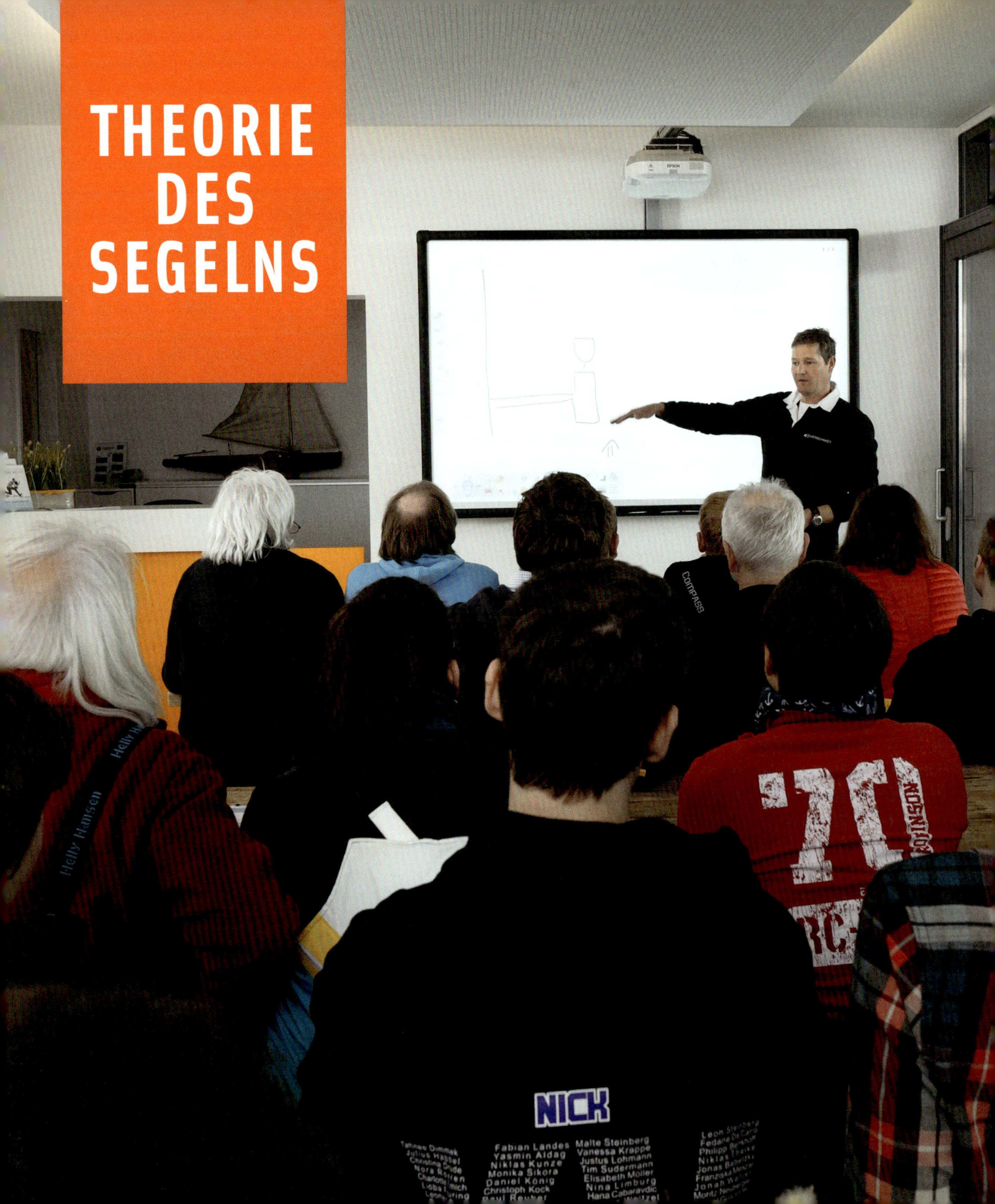

RICHTUNGS- UND KURS-BEZEICHNUNGEN

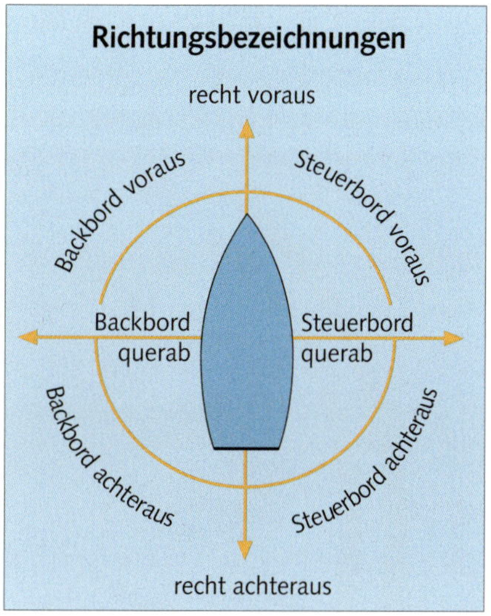

Steuerbord (Stb.) ist die rechte Seite eines Schiffes in Fahrtrichtung gesehen;
Backbord (Bb.) die linke Seite.
Querab und dwars bedeutet im Winkel von 90° zur Mittschiffslinie. Achteraus ist alles, was dahinter liegt.
Recht – nicht zu verwechseln mit rechts – heißt genau oder richtig. Entsprechend ist recht voraus oder recht achteraus etwas, das sich genau in Kiellinie voraus oder achteraus befindet.
Wind von Backbord bedeutet, dass die Segel an Steuerbord gefahren werden (früher nannte man das Steuerbord-Bug). **Wind von Steuerbord** besagt, dass Baum und Segel an Backbord geführt werden (früher Backbord-Bug).
Luv ist die dem Wind zugekehrte Seite eines Schiffes oder auch einer Küste.
Lee ist die dem Wind abgewandte Seite, auf der normalerweise die Segel stehen.
Kommt der Wind genau von achtern, kann das Großsegel beliebig an Steuerbord oder Backbord gefahren werden. Entsprechend wechseln auch die Lee- und Luvseite. Lee bleibt aber stets die Seite, auf der der Großbaum geführt wird. Die Seite, von der der Wind kommt, ist bei den Ausweichregeln sehr entscheidend.
Anluven heißt mit dem Bug näher an den Wind gehen.
Abfallen bedeutet mit dem Bug vom Wind abdrehen.
Kurs ist die Richtung, in die ein Boot fährt. Anluven und abfallen sind Kursänderungen. Sie erfordern auch eine Änderung der Segelstellung. Beim Anluven müssen die Schoten dichter geholt, beim Abfallen müssen sie gefiert werden.

> **Merke**
>
> **Ran an den Wind – Segel ran.**
> **Weg vom Wind – Segel weg.**

Das **Ruder** ist das Steuer eines Bootes. Seine Wirkung beruht auf dem Staudruck, der vor dem Ruderblatt entsteht, wenn es gegen die Strömung angestellt wird. Wird beispielsweise das Ruderblatt nach Steuerbord eingeschlagen, drückt er das Heck zur gegenüberliegenden Seite. Der Bug dreht nach Steuerbord.

- Ein Boot dreht stets nach der Seite, auf der das Ruderblatt liegt.

Nach der Stellung des Ruderblattes wird auch die Ruderlage bezeichnet:
Steuerbord-Ruder dreht das Boot nach Steuerbord.
Backbord-Ruder dreht das Boot nach Backbord.
Entsprechend lässt das Luv-Ruder das Boot anluven und Lee-Ruder (nach Lee) abfallen.

- Die Richtung, in die die Ruderpinne weist, hat nichts mit der Bezeichnung der Ruderlage zu tun.

Die **Pinne** zeigt stets in die **entgegengesetzte** Richtung. Bei Steuerbord-Ruder also nach Backbord oder bei Luv-Ruder nach Lee.

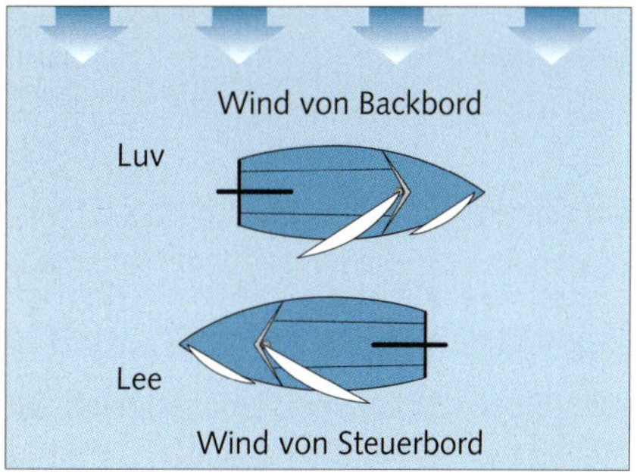

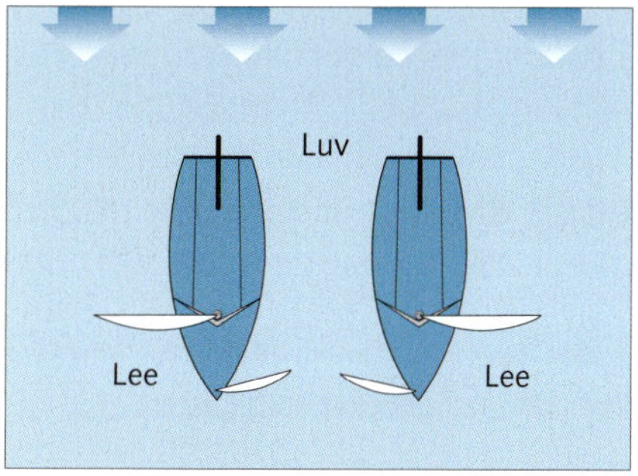

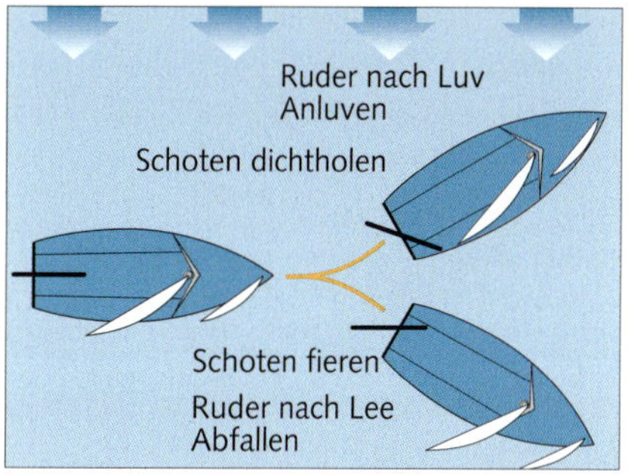

KURSE ZUM WIND

Für jedes Segelboot gibt es einen etwas unterschiedlich großen Sektor zum Wind, in dem es nicht mehr voraus segelt, sondern mit killenden (schlagenden) Segeln stehen bleibt. Liegt es genau im Wind, treibt es sogar achteraus.

Fahrtenyachten können kaum höher als bis zu 45° an den wahren Wind herangehen. Ausgefeilte Rennyachten schaffen es bis zu etwa 38° Höhe. Es gibt also einen toten Sektor von ungefähr 90° – jeweils 45° rechts und links der Windrichtung –, den ein Boot unter Segeln nicht direkt befahren kann.

Zwischen diesem Sektor und dem Segeln vor dem Wind liegen mehrere Kurse, die jeweils eine andere Segelstellung erfordern und das Setzen von verschiedenen Segeln– je nach Windstärke – ermöglichen.

Gesegelt wird nur mit dem scheinbaren Wind, der sich aus wahrem Wind und Fahrtwind zusammensetzt.

Am Wind bedeutet die maximale Höhe, die ein Boot laufen kann. Der Winkel zwischen Kurs und einfallendem Wind ist am kleinsten, die Fahrt, die das Boot macht, aber auch nur gering.

Voll und bei ist ein Am-Wind-Kurs, auf dem das Boot nicht mehr größtmögliche Höhe schindet, aber schneller segelt und somit die **optimale Höhe** läuft oder, anders ausgedrückt, den besten Weg nach Luv macht. Besegelung: Großsegel und Fock bzw. Genua.

Halber Wind ist der von querab einfallende scheinbare Wind und bedeutet nicht etwa, in einem Winkel von 90° zum wahren Wind zu segeln. Auf modernen Gleitjollen kommt hier ein Gennaker zum Einsatz.

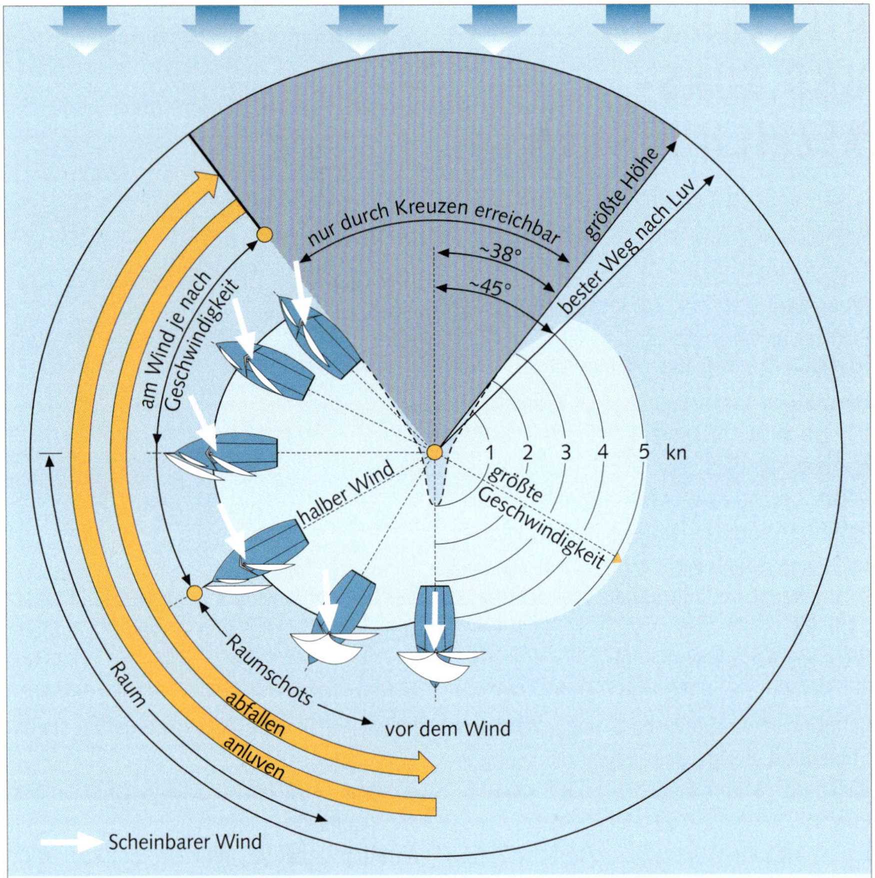

Die verschiedenen Kurse zum Wind
Die herzförmig geschwungene Linie ist die typische Geschwindigkeitskurve einer kleinen Rennyacht. Bei etwa 45° segelt sie ihre optimale Höhe. Man kann sie zwar noch bis etwa 38° an den Wind knüppeln, doch macht sie dann nur noch wenig Fahrt. Mit ungefähr halbem (scheinbarem) Wind erreichen alle Segelboote ihre maximale Geschwindigkeit. Diese hier beispielsweise 5,5 Knoten (kn = Seemeilen in der Stunde). Auf Raumschots-Kurs wird das Boot wieder langsamer, und auf Vorm-Wind-Kurs kommt es nur noch auf etwa 75 % bis 80 % seiner maximalen Geschwindigkeit.

Raumer Wind weht in dem Sektor zwischen halbem und genau achterlichem Wind. Das Segeln in diesem Bereich wird als **Raumschots-Kurs** bezeichnet. Dies ist der perfekte Kurs für den Gennaker oder Blister.

Vor dem Wind kommt der Wind von recht achteraus. Auf diesem Kurs wird der Spinnaker gesetzt, die bunte bauchige »Blase«. Sie verleiht dem Boot erheblichen Vortrieb.

Alle diese Kurse sind spiegelgleich für Steuerbord- und Backbord-Bug.

WAHRER UND SCHEINBARER WIND

Der tatsächlich wehende Wind ist der **wahre Wind.** Seine Richtung und Stärke (Geschwindigkeit) kann man nur an einem festen Punkt feststellen oder messen. Auf einem Boot, solange es am Steg oder vor Anker liegt. Sobald es jedoch Fahrt aufnimmt, werden Richtung und Stärke des wahren Windes durch den Fahrtwind beeinflusst. Der wahre Wind wandelt sich zum **scheinbaren Wind.** Nur dieser ist an Bord spürbar und maßgeblich für die Kurse. Nur die Richtung des scheinbaren Windes zeigt der Verklicker auf dem Masttopp an.

Je schneller ein Boot segelt, umso stärker wird der Fahrtwind und umso mehr weicht die Richtung des scheinbaren Windes von der des wahren Windes ab.

- Der scheinbare Wind fällt stets vorlicher ein als der wahre, ausgenommen auf Vorm-Wind-Kurs. Man segelt scheinbar höher am Wind als »wirklich«.
- Je mehr ein Boot anluvt, umso stärker wird der scheinbare Wind, je mehr es abfällt, umso mehr nimmt er ab.

Raumen und Schralen

Raumen bedeutet, dass der Wind nach einer Richtungsänderung weiter von achtern und somit günstiger einfällt, **schralen**, dass er vorlicher, also ungünstiger einfällt. Wer am Wind segeln will (1), muss bei schralendem Wind von seinem Kurs abfallen (2), bei raumendem kann er anluven (3) und so mehr Höhe heraussegeln. Die Ursachen für diese Erscheinung sind unterschiedlich. Einmal schwankt der wahre Wind in seiner Richtung. Zum anderen kann die Geschwindigkeit des Bootes zunehmen, sodass der scheinbare Wind vorlicher einfällt, also schralt.

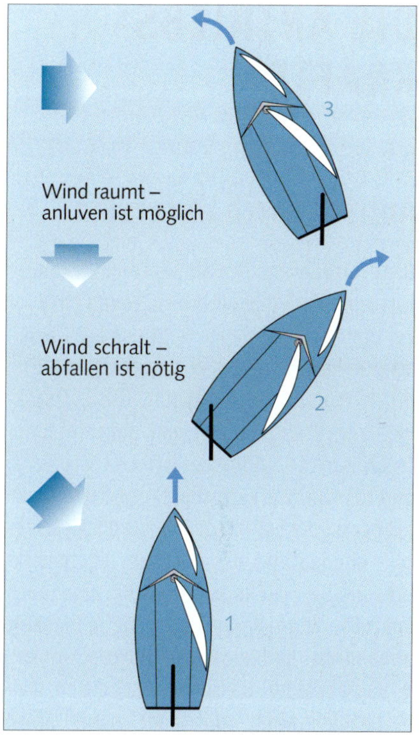

Auswirkungen des Fahrtwindes

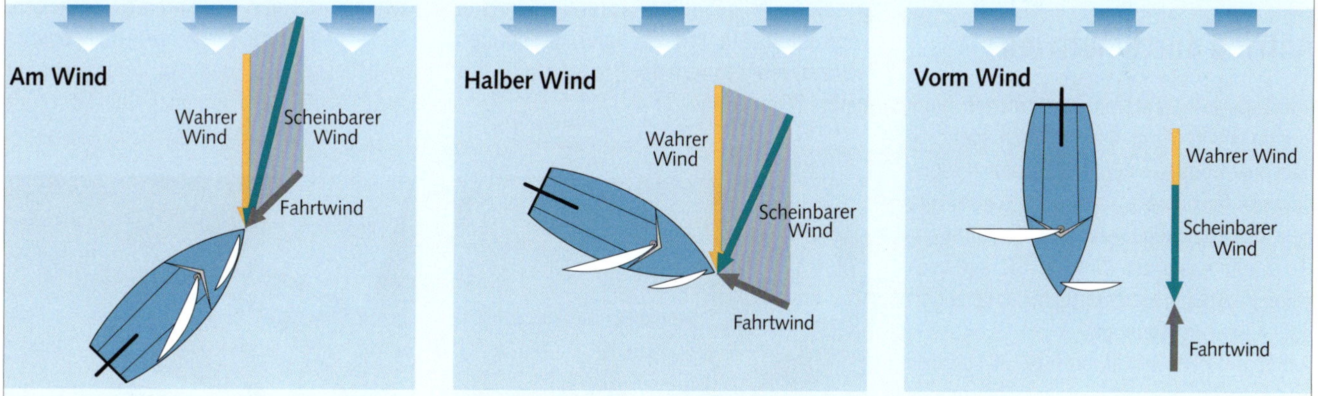

Am Wind fällt der scheinbare Wind am vorlichsten ein und weht wesentlich stärker als der wahre Wind.

Halber Wind: Der scheinbare Wind ist merklich schwächer geworden. Er fällt zwar immer noch vorlicher als der wahre Wind ein, erreicht aber nicht mehr dessen Stärke.

Vor dem Wind fallen wahrer und scheinbarer Wind zusammen.

DIE ANTRIEBS-KRÄFTE

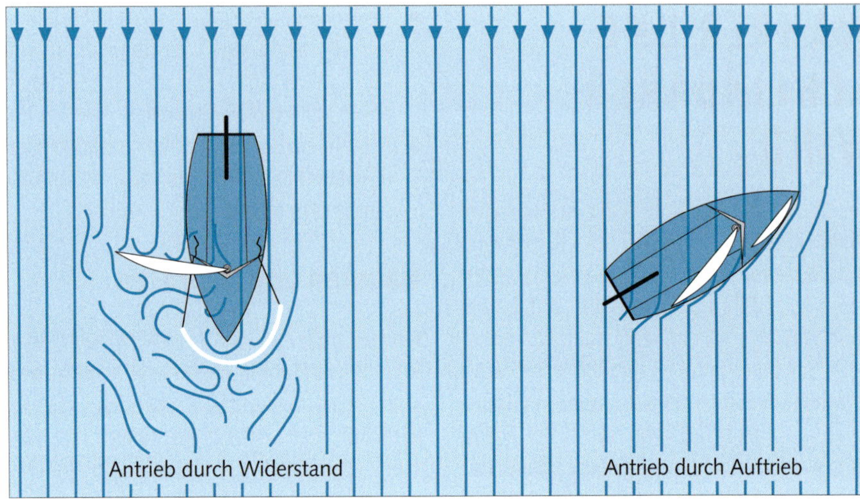

Antrieb durch Widerstand

Dass Rückenwind schiebt, ist eine bekannte Tatsache. Nach diesem Prinzip segelt ein Boot vor dem Wind und auch teilweise auf Raumschots-Kurs. Die Segel setzen dem Wind einen Widerstand entgegen. Die Luftströmung wird abgebremst und unterbrochen. Je größer die Widerstandsfläche ist, umso mehr Luftmasse wird abgebremst und umso größer ist der Schub. Am meisten Schub, der gleichbedeutend mit Vortrieb ist, bewirkt eine hohle Halbkugel. Deshalb sind auch spezielle Vorm-Wind-Segel, die Spinnaker, annähernd halbkugelförmig geschnitten.

- Je bauchiger die Segel geschnitten, beziehungsweise getrimmt sind, umso wirksamer sind sie auf Kursen, auf denen Vortrieb durch Widerstand erzeugt wird.

Antrieb durch Auftrieb

Auf andere Art entsteht der Vortrieb beim Segeln im Am-Wind-Bereich. Nicht mehr ein bauchiges Segel erzeugt Widerstand, sondern ein flaches, als aerodynamisches Profil geschnittenes Segel bewirkt eine störungsfreie Ablenkung des Windes. Die Luftströmung wird dabei gleichzeitig in Luv verzögert und in Lee beschleunigt.

Dabei entsteht ein Überdruck in Luv und durch die Beschleunigung der Luftströmung ein erheblich größerer Unterdruck in Lee. Beide Kräfte wirken als Gesamtkraft in die gleiche Richtung, fast senkrecht zur Richtung des einfallenden Windes.

Das Segel arbeitet nach demselben Prinzip wie die Tragfläche eines Flugzeuges. Aus der Aerodynamik stammt denn auch die Bezeichnung »Auftrieb«, der nicht mit Vortrieb gleichzusetzen ist. Der Wind liefert dem Boot überhaupt keinen nach vorn gerichteten Vortrieb, sondern nur einen quer zur Windrichtung orientierten Auftrieb. Erst das Boot selbst, sein aus Schwert oder Kiel und Unterwasserschiff gebildeter Lateralwiderstand verwandeln ein Teil der quer gerichteten Gesamtkraft des Auftriebs in Vortrieb. Das heißt in Fahrt voraus.

Die Querkraft

Zerlegt man die vom Wind auf das Boot gerichtete Gesamtkraft mit einem Kräfteparallelogramm in Querkraft und Vortrieb, wird deutlich, wie gering der gewonnene Vortrieb ist. Dass es ihn überhaupt gibt, bewirkt der Lateralplan. Er stellt sich mit seinem großen seitlichen Widerstand im Wasser der Querkomponente der Gesamtkraft entgegen, nützt aber die voraus gerichtete Komponente umso besser aus. Denn in Vorausrichtung ist der Widerstand minimal. Die Querkraft

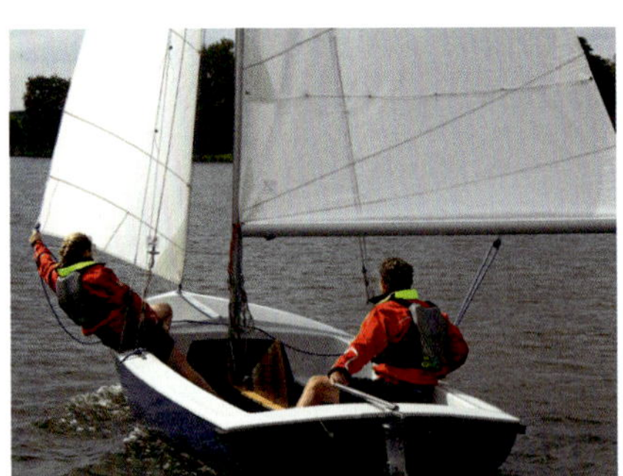

Segeln vorm Wind – Antrieb durch Widerstand.

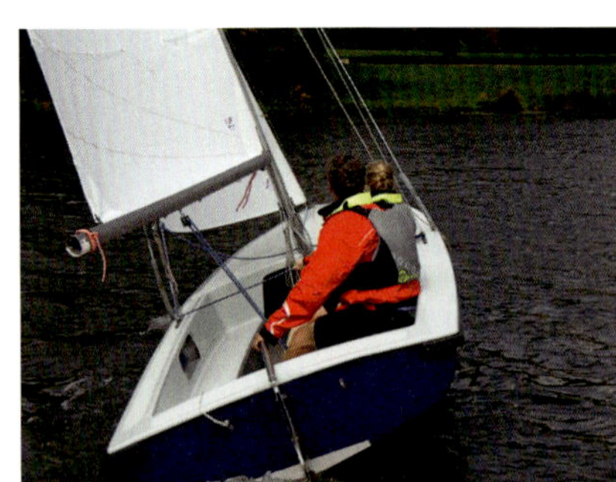

Segeln am Wind – Antrieb durch Auftrieb.

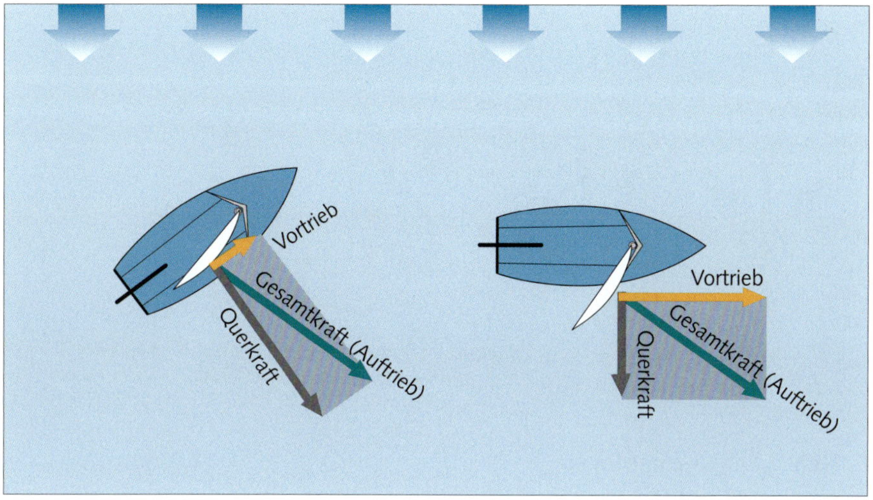

bewirkt die Krängung des Bootes und die seitliche Abdrift.

- Am Wind ist das Verhältnis von Vortrieb zu Querkraft am ungünstigsten. Die meiste Windenergie wird in Krängung und Abdrift umgesetzt.
- Auf raumeren Kursen nimmt der Anteil der Querkraft und damit Krängung und Abdrift ab, während der Vortrieb entsprechend wächst. Deshalb segelt man raumschots am schnellsten.

Der Anstellwinkel des Segels

Denkt man an die Flugzeugtragfläche, wird deutlich, wie wichtig der richtige Anstellwinkel des Segels auf Am-Wind-Kursen ist. Der optimale Anstellwinkel ist erreicht, wenn das Segel im unteren Drittel am Vorliek gerade noch nicht killt, das heißt zu flattern beginnt.

- Großsegel zu dicht geholt: Die Luftströmung in Lee reißt ab. Es kommt zu Verwirbelungen, das Druckgefälle zwischen Luv- und Leeseite baut sich ab, das Boot läuft nicht mehr.
- Großsegel zu weit gefiert: Es steht weitgehend parallel zur Luftströmung. Es entsteht kaum oder gar kein Druckgefälle zwischen Luv und Lee und somit kein Auftrieb, der in Vortrieb umgesetzt werden kann. Der Wind streicht wirkungslos an der Segelfläche vorbei.

Ähnlich liegen die Dinge auch beim Zusammenspiel von Vor- und Großsegel. Kann die Luft zwischen beiden Segeln ungestört hindurchstreichen, wird sie durch den sogenannten Düseneffekt beschleunigt. Der Unterdruck in Lee des Großsegels wird dadurch erhöht und der Auftrieb und damit Vortrieb verstärkt.

- Vorsegel zu dicht: Die Luftströmung reißt ab, der Abwind des Vorsegels wird gegen das Großsegel gelenkt und wirkt bremsend.

Die Windversetzung (Abdrift)

Der Querkraft wirkt der Lateralwiderstand unter Wasser entgegen. Je länger und tiefer diese Lateralfläche ist, umso wirksamer. Doch sie kann auf Am-Wind-Kursen nicht verhindern, dass das Boot unter dem Winddruck auf das Segel stets etwas in Querrichtung ausweicht. Dieser Winkel zwischen dem gesteuerten und dem tatsächlich gesegelten Kurs ist die Windversetzung.

- Auf Am-Wind-Kursen muss mehr nach Luv gehalten werden, als der direkte Kurs zum Ziel erfordern würde. Auf Vorm-Wind-Kurs kann eine schwache Abdrift durch ungleiche Verteilung der Vortriebskräfte rechts und links vom Mast entstehen.

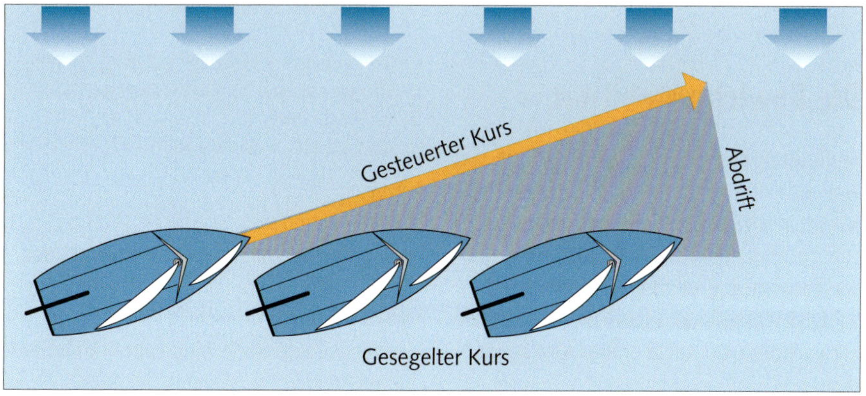

DIE STABILITÄT

Unter der Stabilität eines Bootes versteht man die Fähigkeit, sich aus einer gekrängten Lage wieder aufzurichten. In ihren Stabilitätsverhältnissen unterscheiden sich Jollen erheblich von Kielbooten.

Die Formstabilität

Jollen besitzen ausschließlich Formstabilität, die sich aus der mehr oder minder breiten Form des Rumpfes ergibt. Sie allein ist nur gering. Die zusätzlich erforderliche Stabilität beim Segeln erbringt der »lebende Ballast«, das Gewicht der Mannschaft.

- Die Stabilität einer ballastlosen Jolle hängt wesentlich vom Körpergewicht der Mannschaft ab. Je weiter das Mannschaftsgewicht nach Luv gebracht wird, umso länger wird der aufrichtende Hebelarm, umso höher ist die **Anfangsstabilität.**

Über einen gewissen Krängungswinkel hinaus jedoch wirkt der lebende Ballast in die entgegengesetzte Richtung: Das Boot kentert.

- Eine Jolle hat eine geringe **Endstabilität**.

Die Gewichtsstabilität

Kielboote beziehen ihre Stabilität im Wesentlichen aus dem tief sitzenden Kielballast, auch als toter Ballast bezeichnet. Der aufrichtende Hebelarm liegt also nicht über Wasser, wie bei der Jolle, sondern unterhalb der Wasserlinie. Das heißt, je mehr eine Kielyacht krängt, umso größer wird die aufrichtende Kraft.

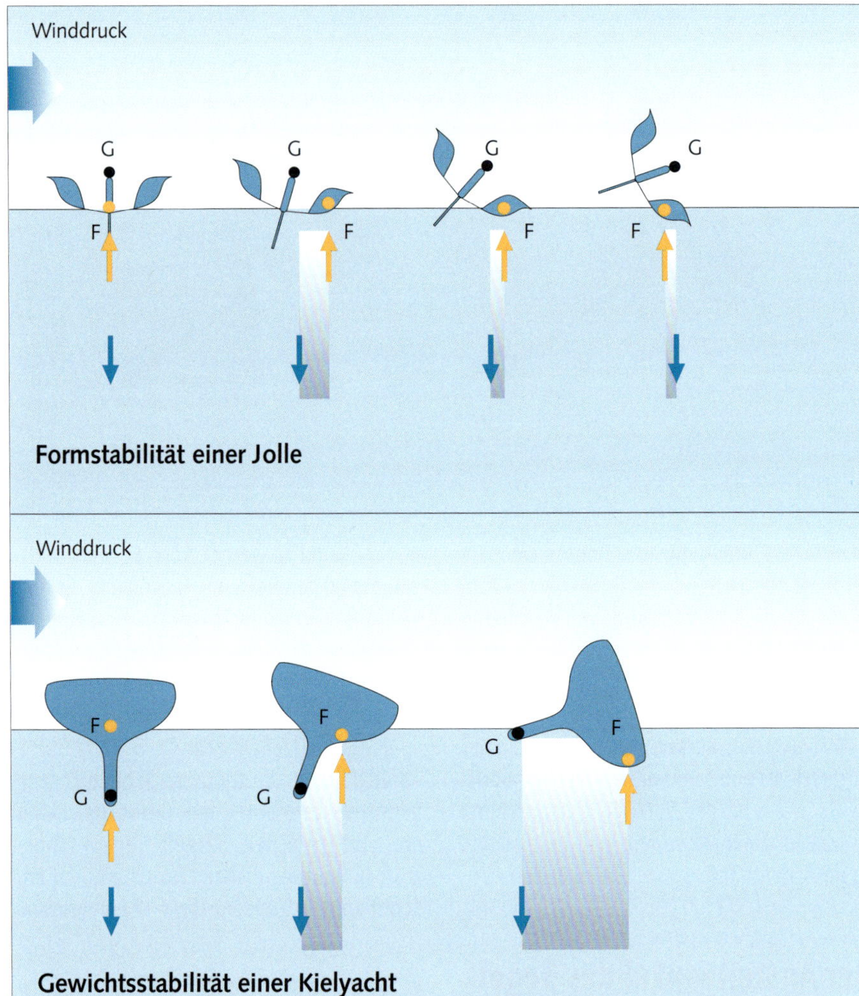

Bei der ballastlosen Jolle liegt der Gewichtsschwerpunkt (G) über dem Form- oder Auftriebsschwerpunkt (F). Zunächst wandert F nach Lee aus, wird dann aber von G »überholt«: Die Jolle kippt um.

Bei der geballasteten Kielyacht liegt der Gewichtsschwerpunkt (G) unter dem Formschwerpunkt (F). Je weiter F nach Lee wandert, umso länger wird der aufrichtende Hebelarm.

- Ein Kielboot hat eine hohe **Endstabilität.**

Es kann unter extremen Wetterbedingungen zwar durchkentern, richtet sich danach aber wieder auf, während eine Jolle »kieloben« liegen bleibt.

Aber auch eine Kielyacht besitzt eine sich aus der Rumpfform ergebende Formstabilität. Sie macht das Boot »rank« – geringe Anfangsstabilität – oder »steif« – hohe Anfangsstabilität.

Kursstabiles Boot

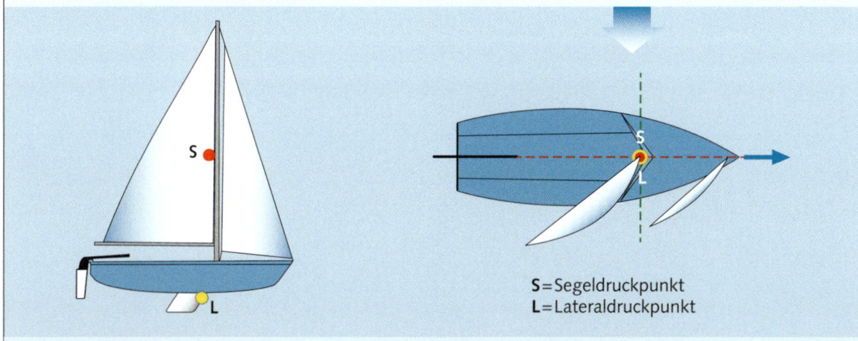

Bei Übereinstimmung von Segel- und Lateraldruckpunkt ist das Boot kursstabil

LUV- UND LEEGIERIGKEIT

Unter Luv- beziehungsweise Leegierigkeit versteht man den Hang mancher Boote, bei mittschiffs gelegtem Ruder anzuluven beziehungsweise abzufallen. Wie kommt es dazu? Man denke sich alle Windkräfte, die auf die gesamte Segelfläche einwirken, in einem Angriffspunkt konzentriert: dem Segeldruckpunkt S. Und alle der seitlichen Abdrift entgegenwirkenden Kräfte in einem Angriffspunkt am Unterwasserschiff konzentriert: dem Lateraldruckpunkt L. Vortrieb der Segel (S) und Widerstand des Unterwasserschiffes (L) bilden einen Hebelarm auf der Querachse, der ein Drehmoment nach Luv bewirkt. Aus dem Gleichgewicht kommen sie jedoch leicht bei stärkerer Krängung, weil der Segeldruckpunkt dabei nach Lee auswandert, oder bei Gewichtsverlagerung.

Luvgierigkeit – Querachse

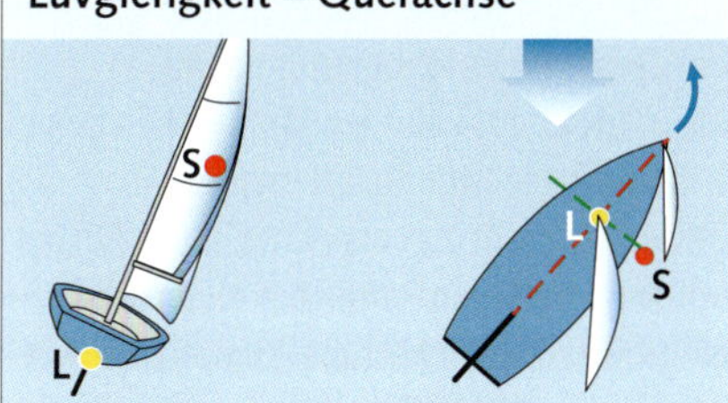

Zu viel Krängung – S wandert nach Lee

- **Luvgierigkeit** entsteht, wenn der Segeldruckpunkt nach achtern oder der Lateraldruckpunkt nach vorn wandert.
- **Leegierigkeit** entsteht, wenn der Segeldruckpunkt nach vorn oder der Lateraldruckpunkt nach achtern wandert.

In jedem Fall muss gegengesteuert werden. Das ist nicht nur anstrengend, sondern verursacht auch Fahrtverlust, weil das ständig leicht eingeschlagene Ruderblatt bremst. Bei einem gut konstruierten Boot sind diese Gegenkräfte so ausgewogen, dass es ausgeglichen segelt.

Wie ist Luvgierigkeit zu beheben?

- Traveller nach Lee
- Vorsegel vergrößern
- Vorsegel weiter nach vorn versetzen
- Großsegel reffen
- Schwert aufholen
- Mannschaft nach achtern

Luvgierigkeit – Längsachse

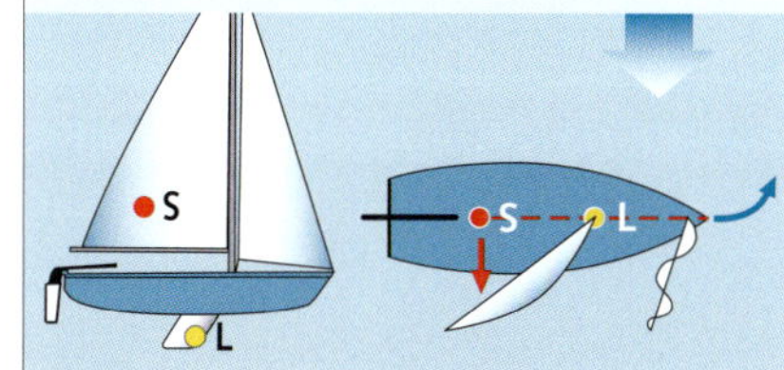

Fock killt – S wandert nach achtern

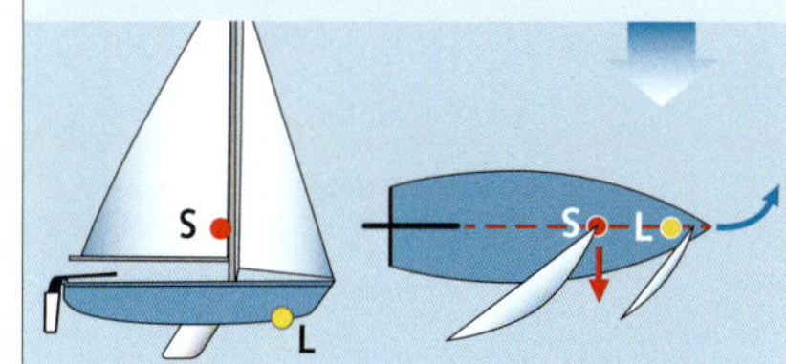

Mannschaft nach vorn – L wandert nach vorn

Leegierigkeit – Längsachse

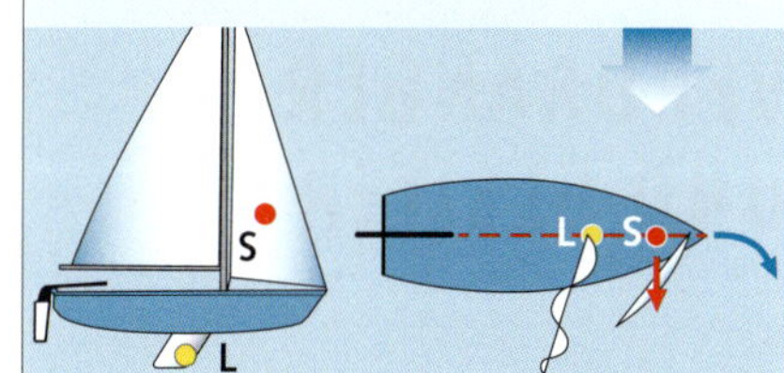

Großsegel killt – S wandert nach vorn

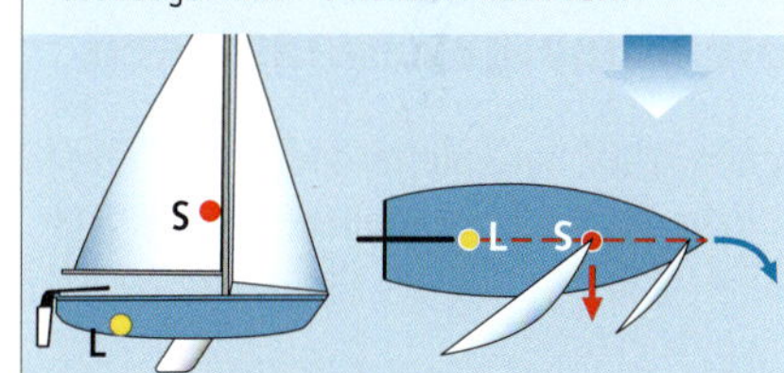

Mannschaft nach achtern – L wandert nach achtern

Wie ist Leegierigkeit zu beheben?

- Traveller nach Luv
- Vorsegel verkleinern
- Vorsegel weiter nach achtern versetzen
- Schwert fieren
- Mannschaft nach vorn

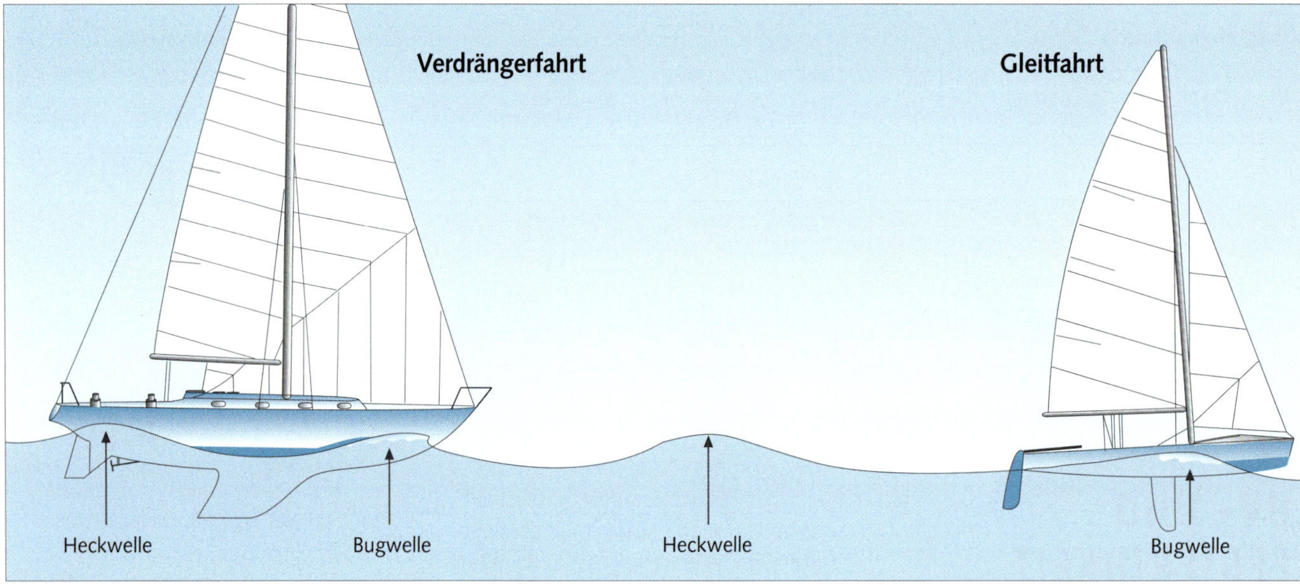

VERDRÄNGER UND GLEITER

Die Rumpfgeschwindigkeit

Jedes Schiff hat eine rechnerisch zu ermittelnde Rumpf- oder Grenzgeschwindigkeit. Sie ergibt sich aus der Länge der Wasserlinie. Man rechnet:

- Wurzel aus der Wasserlinienlänge in Metern × 4,5 = Geschwindigkeit in Stundenkilometern (km/h).
- Wurzel aus der Wasserlinienlänge in Metern × 2,43 = Geschwindigkeit in Knoten (kn) = Seemeilen pro Stunde.

Hat beispielsweise eine Kielyacht eine Wasserlinienlänge von 9 m ($2{,}43 \times \sqrt{9}$), so liegt die höchste erreichbare Geschwindigkeit bei 7,3 kn. Ihre Rumpfgeschwindigkeit erreichen Kielboote meist nur unter idealen Voraussetzungen.

Ob ein Schiff seine Rumpfgeschwindigkeit läuft, ist leicht zu erkennen. Der Rumpf liegt dann in einem ausgeprägten Wellental, eingebettet zwischen Bug- und Heckwelle. Mehr Antriebskraft – sei es durch Segel oder Motor – macht das Boot kaum schneller. Sie erzeugt nur eine höhere Heckwelle, an der sich das Heck gefährlich festsaugt, und ein tieferes Wellental.

Man spricht in diesem Fall von einem **Verdränger** und **Verdrängerfahrt**. Das Boot verdrängt eine Wassermenge, deren Gewicht gleich seinem eigenen Gewicht ist.

- Ein Verdränger bleibt immer in seinem eigenen Wellensystem gefangen.

Dynamischer Auftrieb

Leichte Boote hingegen, Jollen mit einer entsprechend ausgelegten flachen Bodenform, können ihrem Wellensystem entrinnen. Zwar macht sich auch bei ihnen ein erhöhter Widerstand bemerkbar, wenn sie ihre Rumpfgeschwindigkeit erreichen, aber sie überwinden diesen kritischen Punkt. Sie schieben sich auf ihre Bugwelle und lassen ihre Heckwelle hinter sich: Sie **gleiten**.

Je weiter die Heckwelle achteraus wandert, umso höher ist die Gleitfahrt. Ermöglicht wird sie durch einen teilweise dynamischen Auftrieb unter dem Bootsboden, der den Bug trägt. Ein Boot in Gleitfahrt wird also leichter, es verdrängt weniger Wasser als seinem Gewicht entspricht. Gleichzeitig verringert sich die vom Wasser benetzte Rumpffläche und damit der Reibungswiderstand.

- Ein Gleitboot kann ein Mehrfaches seiner Rumpfgeschwindigkeit erzielen.

Gleiten ist nicht zu verwechseln mit **Surfen**, einem zeitweiligen Reiten auf einem Wellenhang. Auch dabei wird die Rumpfgeschwindigkeit überschritten. Ins Surfen können auch größere Kielyachten kommen.

PRAXIS DES SEGELNS

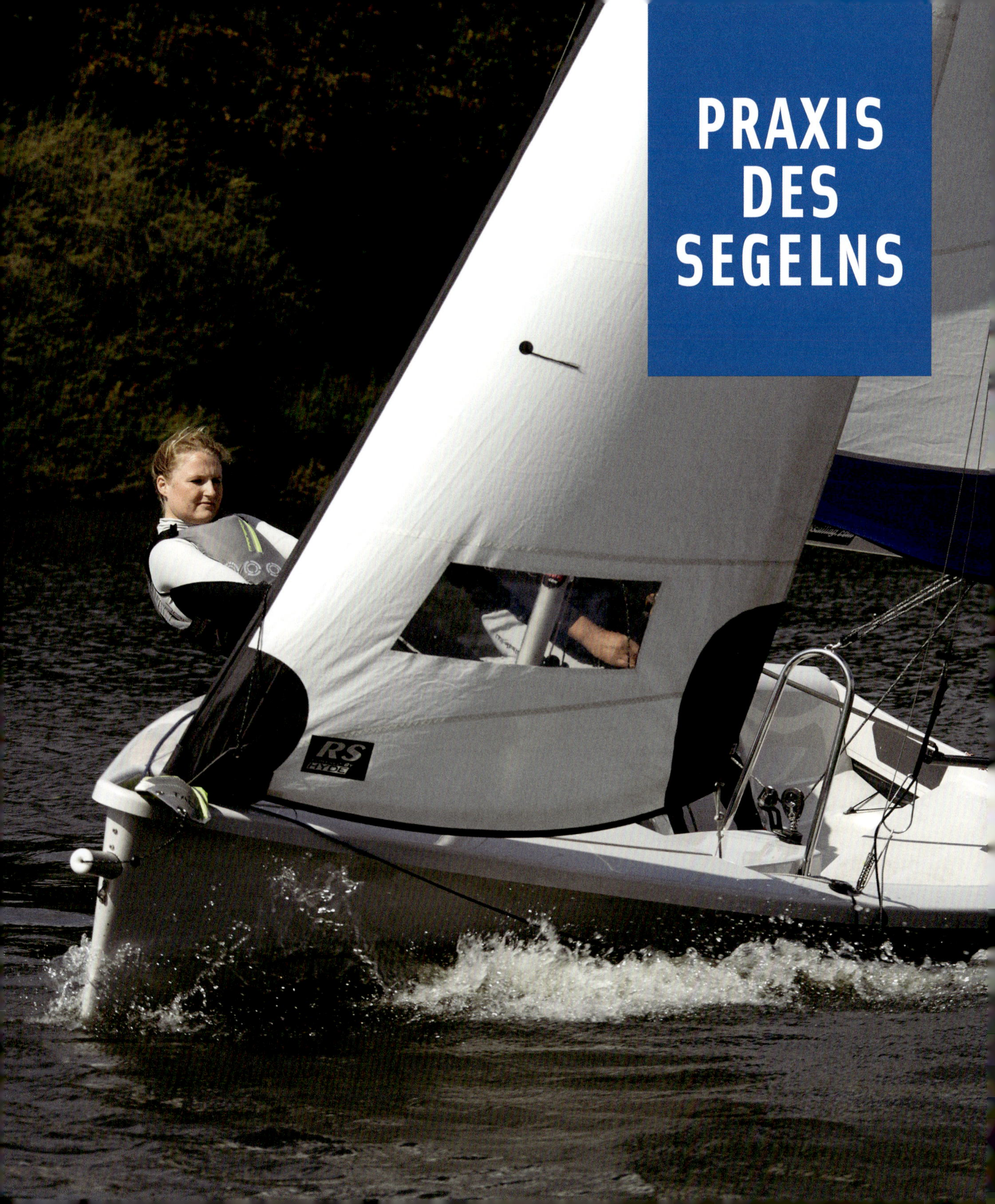

SEGEL SETZEN

Um dem Wind beim Setzen der Segel keine Angriffsfläche zu bieten, muss das Boot mit dem Bug im Wind liegen. Möglichst sollte auch das Heck schwojen, das heißt frei ausschwingen, können, dann stellt sich das Boot, ähnlich einer Wetterfahne, selbst in den Wind. Ist dies am Liegeplatz nicht möglich, muss man sein Boot an die Leeseite eines Steges, an einen Pfahl oder eine Boje paddeln oder mit Leinen verholen.
Damit jeder an Bord weiß, was läuft und was er zu tun hat, ist eine einheitliche sogenannte Kommandosprache entwickelt worden. Sie besteht aus der Manöveranweisung und der Ausführungsmeldung.
Als **Manöver** werden alle Tätigkeiten bezeichnet, die irgendwelche Veränderungen in der Bootsführung bewirken. Beispielsweise Segelmanöver, Ablegemanöver, Ankermanöver etc.

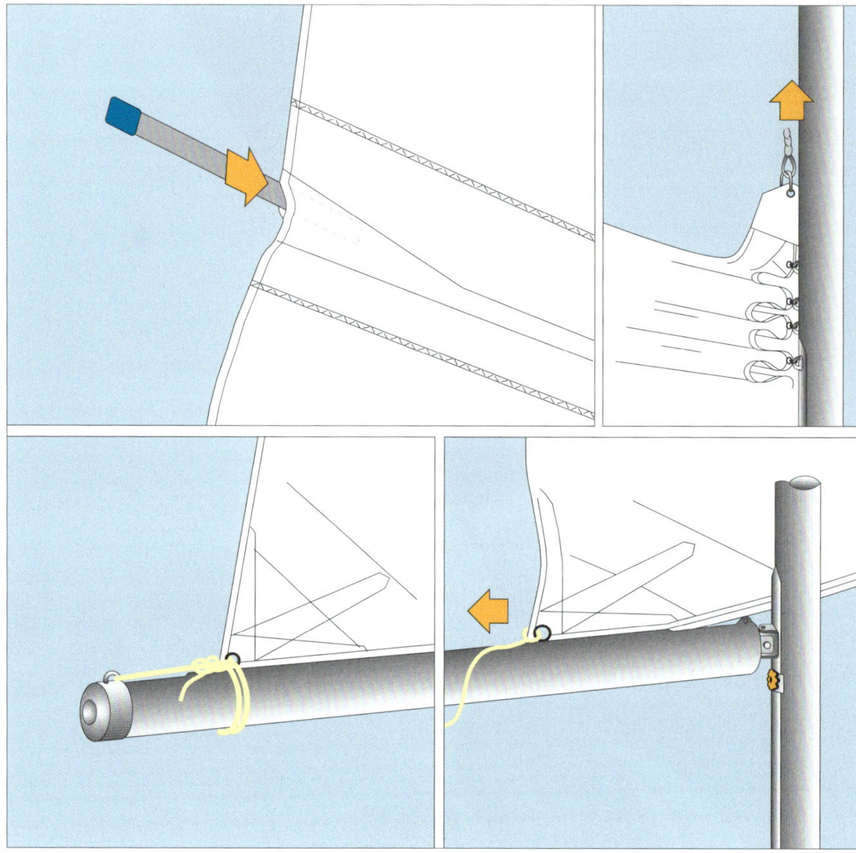

Segel anschlagen

Um die Segel setzen zu können, müssen sie zunächst einmal angeschlagen werden. Fälschlicherweise wird das An- und Abschlagen der Segel oft als Auf- und Abtakeln bezeichnet. Das aber bedeutet das Aufrichten und Abnehmen des gesamten Riggs.

Anschlagen des Großsegels

Zunächst die Großschot am Baum und am Fußbeschlag anschäkeln.
Kontrollieren, ob sie nicht blockiert. Achtknoten in den Tampen der Großschot.

Statt der Mastnut kann es auch eine Mastschiene sein, auf die Rutscher gesetzt werden. Bevor man den Kopf anschäkelt, kontrollieren, ob das Vorliek nicht vertörnt ist, indem man es vom Hals zum Kopf durch die Hand laufen lässt.
Die Segellatten in ihre Taschen stecken. Entweder gleich nachdem man das Segel aus seinem Sack geholt hat oder während des Segelsetzens (wenn man zu zweit ist). Einige Latten klemmen sich fest, andere müssen eingebunden werden.
Das Segel eventuell am Baum zeisen (festbinden), damit es nicht ausweht.

1 Das Unterliek am Schothorn in die Baumnut einziehen und nach hinten durchholen.

2 Die Halskausch vorn am Baum befestigen.

3 Das Unterliek stramm durchholen, und das Schothorn an der Baumnock befestigen.

4 Das Vorliek am Segelkopf in die Mastnut einführen und das Großfall am Kopfbrett anschäkeln. Schon ist das Großsegel klar zum Setzen.

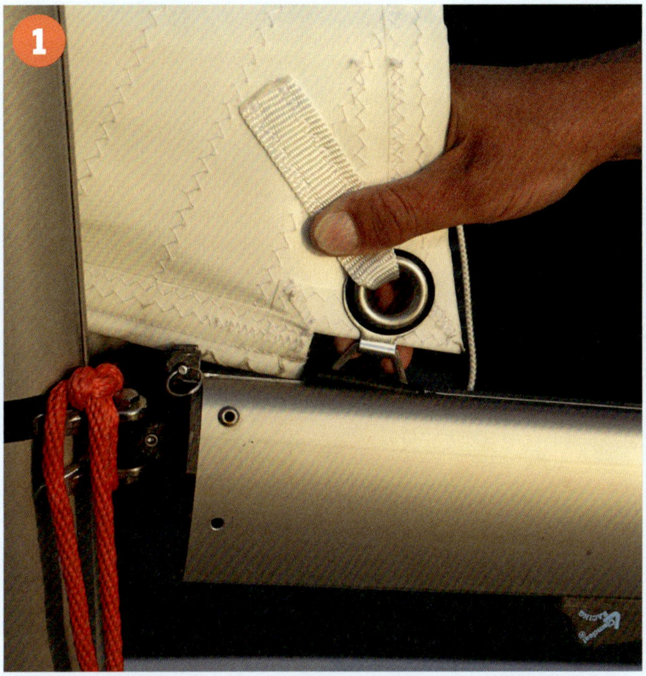
1

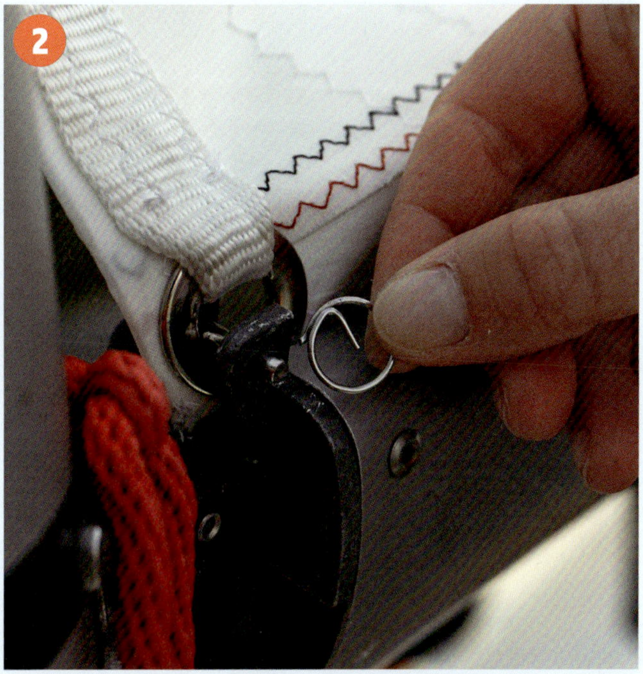
2

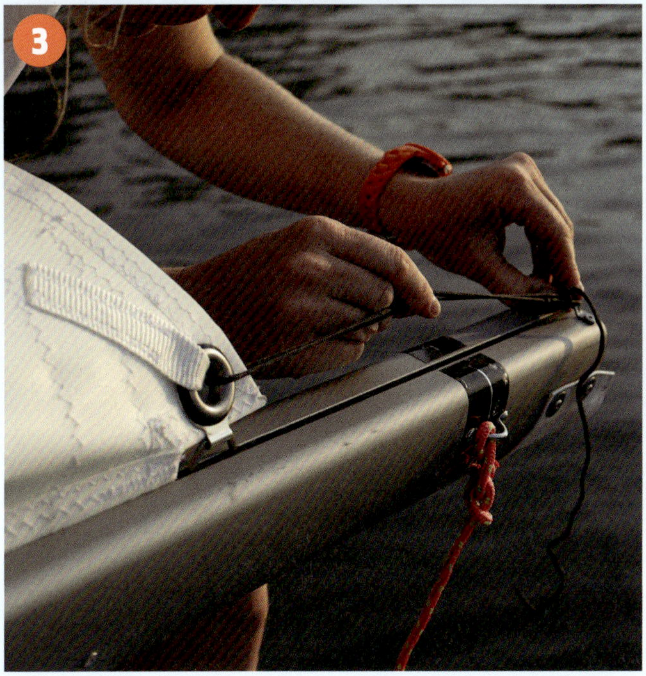
3

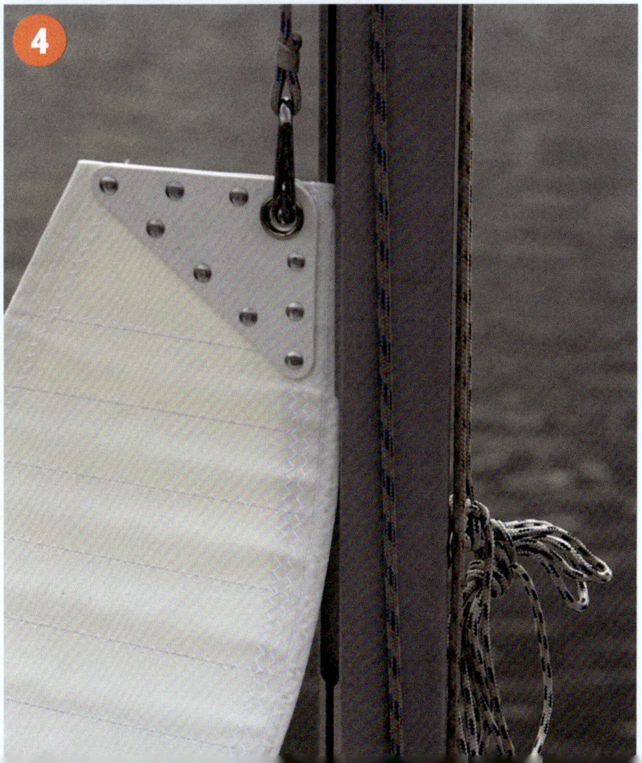
4

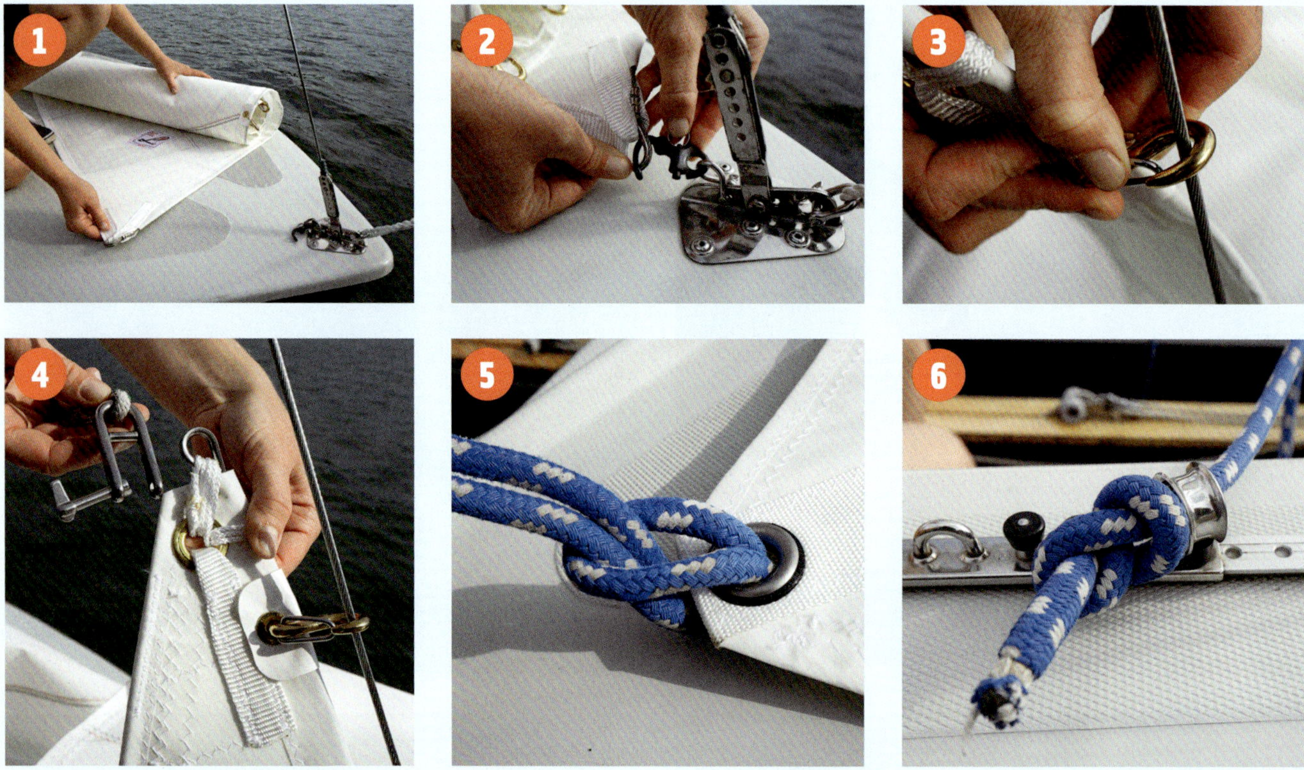

1 Die Fock etwas ausrollen, den Segelhals heraussuchen (man erkennt ihn am Zeichen des Segelmachers), ...
2 ... mit einem Schnappschäkel am Vorstagbeschlag befestigen ...
3 ..., und die Stagreiter der Reihe nach am Vorstag einhaken.
4 Den Kopf der Fock einschäkeln, und das Fall zwischenzeitlich auf der Klampe belegen.
5 Ein Ende der Fockschot doppelt durch die Kausch des Schothorns führen, und den Rest der Schot durchziehen.
6 Die Schoten außen um die Wanten herum durch die Leitösen oder Decksaugen führen und mit einem Achtknoten vor dem Ausrauschen sichern.

Anschlagen der Fock

Merke

Beim Segelanschlagen niemals das jeweilige Fall aus der Hand lassen, es könnte sonst allzu leicht unerreichbar in den Mast hochrauschen.

Legt man nicht sofort nach dem Anschlagen der Fock ab, sollte man sie zusammenfalten, um das Vorstag wickeln oder als Paket ans Vorstag zeisen (anbinden). Oberste Priorität: möglichst wenig Windangriffsfläche.

Kommandotafel Segelsetzen

Klar zum Setzen des ...segels!
...segel ist klar zum Setzen!
Heiß ...segel!

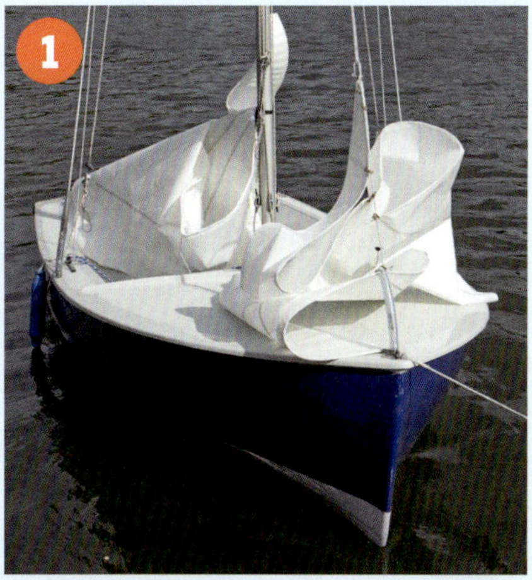

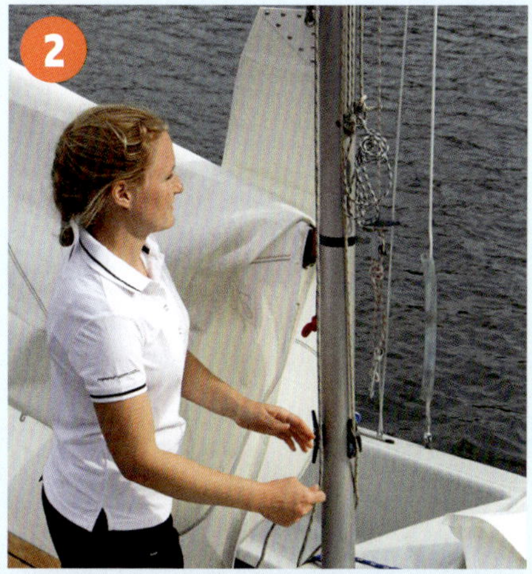

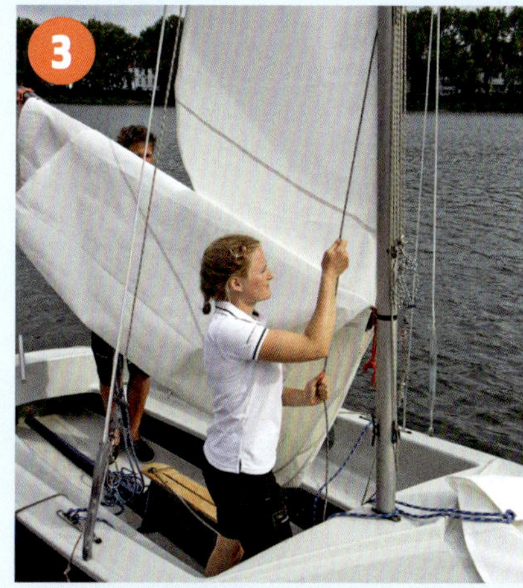

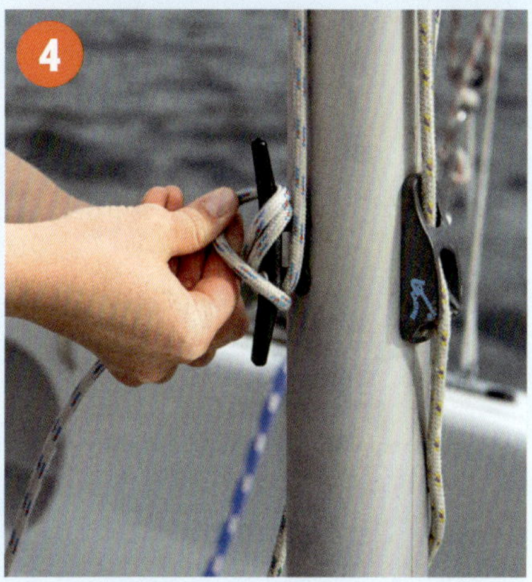

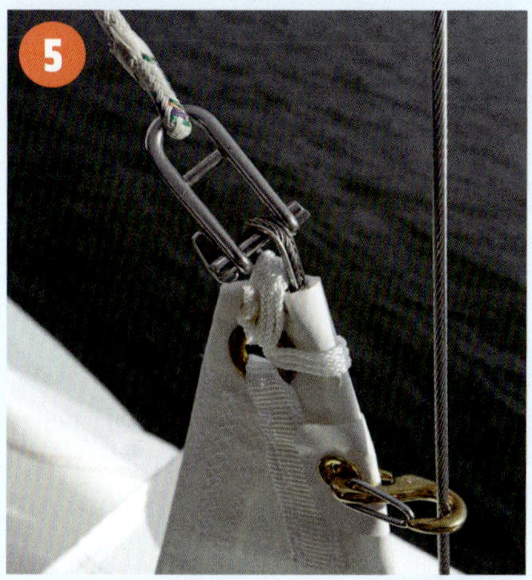

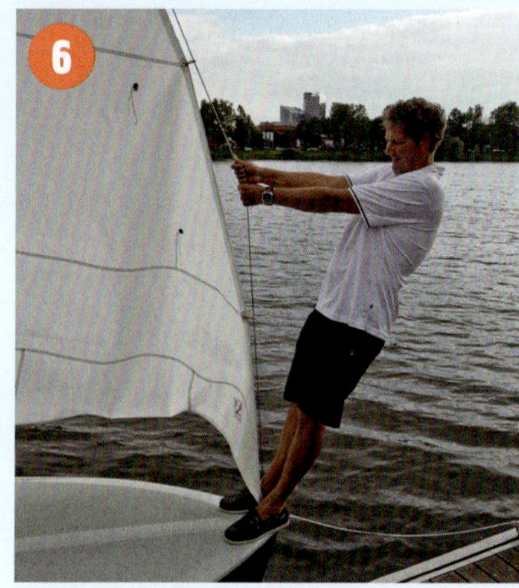

1 Das Boot liegt im Wind, Großsegel und Fock sind vorbereitet zum Segelsetzen.
2 Das Großfall wird gelöst …
3 … und das Vorliek in die Nut des Mastes eingeführt. Der Baum sollte dabei angedirkt oder von einer zweiten Person hochgehalten werden.
4 Zum Schluss wird das Fall auf der Klampe belegt und der Rest sauber aufgeschossen.
5 Das Fockfall wird an den Segelkopf der Fock angeschäkelt.
6 Das stramme Durchsetzen und Belegen des Fockfalls wird erleichtert, wenn der Vorschoter sich ins Vorstag hängt.

Segel setzen

Wichtigste Voraussetzung zum Segelsetzen ist: Das Boot muss im Wind liegen!
Das **Großsegel** wird zuerst gesetzt: Hand über Hand wird das Fall durchgeholt, bis der Segelkopf am Masttopp sitzt. Dabei ist es sehr hilfreich, wenn das zweite Crewmitglied den Baum anhebt. Vor dem Belegen auf der Klampe muss unbedingt kontrolliert werden, ob das Fall richtig stramm durchgesetzt ist. Jetzt kann bei Kielbooten die Dirk lose gegeben oder bei Gleitjollen der Niederholer eingepickt werden.
Die **Fock** wird ähnlich gesetzt: Einfach das Segel setzen und zum Schluss, bevor das Fall auf der zweiten Klampe belegt wird, hilft der Vorschoter, indem er sich in das Vorstag hängt. Damit kommt der Mast nach vorn und das Vorliek der Fock kann richtig gespannt werden.

Typische Anfängerfehler

Das Boot liegt nicht genau im Wind. Das Achterliek des Großsegels hakt unter der Pinne. Die Großschot ist nicht richtig gelöst. Das Fockfall ist vertörnt und kann nicht richtig gespannt werden. Die Achtknoten in den Schoten werden vergessen.

SEGELTRIMM

Nur ein optimal getrimmtes Segel garantiert optimale Segeleigenschaften. Richtiger oder falscher Trimm beginnt bereits beim Segelsetzen. Beide Segel sollten faltenfrei gesetzt werden.

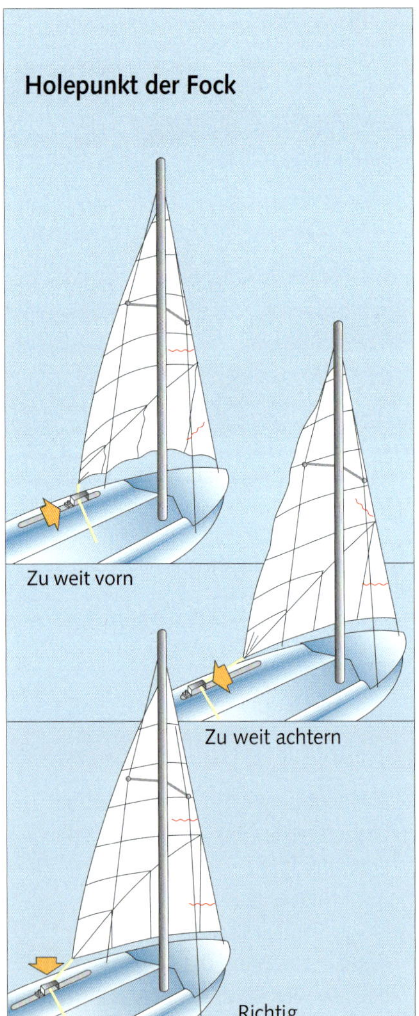

Trimm der Fock

Die Fock sollte stets stramm durchgesetzt sein, damit das Vorliek der Fock faltenfrei steht. Eine weitere Trimmmöglichkeit ergibt sich durch die Position des Fockholepunkts. Durch dessen Verschieben auf der Leitschiene lässt sich das Achter- und Unterliek auch während des Segelns trimmen. Der Segeltrimm lässt sich während der Fahrt sehr gut mithilfe der Windfäden (tell tales) kontrollieren.

- Falten am Vorliek: Das Fall ist nicht steif genug durchgesetzt.
- Falten am Unterliek: Die Fockschotleitöse muss weiter nach achtern versetzt werden.
- Falten am Achterliek: Die Fockschotleitöse muss weiter nach vorne versetzt werden. Vorausgesetzt, die Fock ist vom Segelmacher nicht verschnitten.

Bei dichtgeholter Fockschot müssen Unter- und Achterliek gleichmäßig unter Zug stehen und dürfen nicht killen, das heißt flattern. Der Schotzug muss etwa der Winkelhalbierenden zwischen Achter- und Unterliek entsprechen.

Trimm des Großsegels

Ähnliches gilt für den Trimm des Großsegels. Falten am Vorliek bedeuten: Das Großfall oder der Halsstrecker ist nicht steif genug durchgesetzt. Eine weitere Möglichkeit, die Vorliekspannung zu regulieren, bietet die Cunningham-Kausch.

Allgemein gilt für den Trimm des Großsegels:

- bei leichten Winden Bauch ins Segel rein,
- bei viel Wind Bauch aus dem Segel raus.

Der Bauch, die durch den Schnitt der Bahnen dem Segel mitgegebene Wölbung, lässt sich durch unterschiedliche Spannung in den Lieken beeinflussen. Unabhängig von der Windstärke ist ein gewölbteres Segel auf Kursen

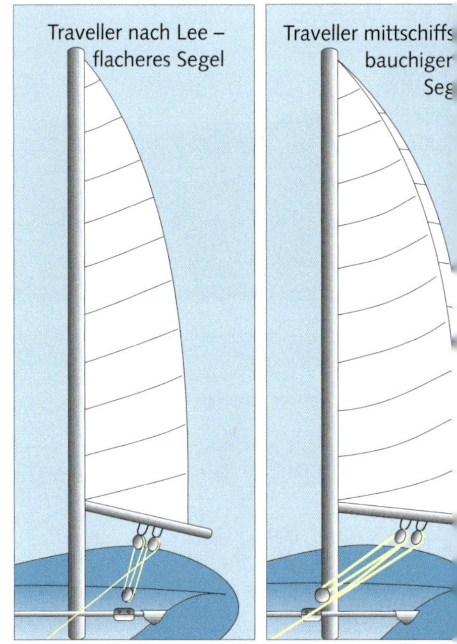

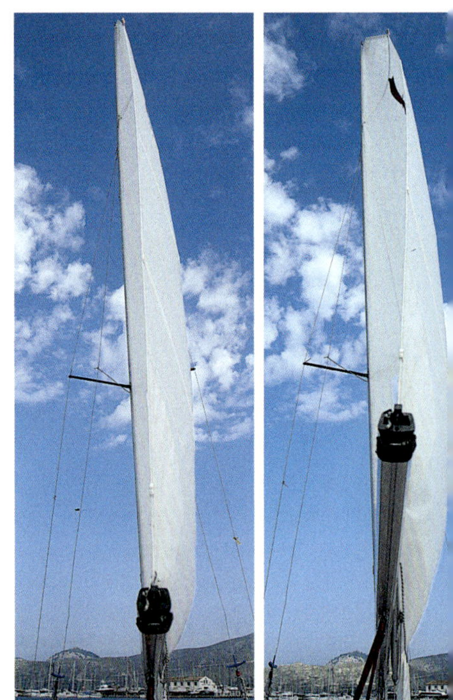

mit achterlichem Wind wirksamer – ein flaches auf Am-Wind-Kursen.
Die einfachste und effektivste Maßnahme, um ein flaches Segel bauchiger zu bekommen, ist, den Unterliekstrecker loser zu fahren. Dadurch rutscht das Unterliek etwas in Richtung Mast.
Der Twist, eine Verwindung des Achterlieks, die durch das Bedienen verschiedener Komponenten erreicht wird, bietet weitere effektive Trimmmöglichkeiten. So wird zum Beispiel das Achterliek bei starkem Wind im oberen Bereich offener und bei Schwachwind geschlossener gefahren.

SEGEL BERGEN

Auch zum Segelbergen muss das Boot im oder nahezu im Wind liegen. Wenn man seinen Liegeplatz nicht vorm Wind unter Fock anlaufen muss, wird sie zuerst geborgen, um bei Anlege- oder Ankermanöver auf dem Vorschiff unbehindert arbeiten zu können.

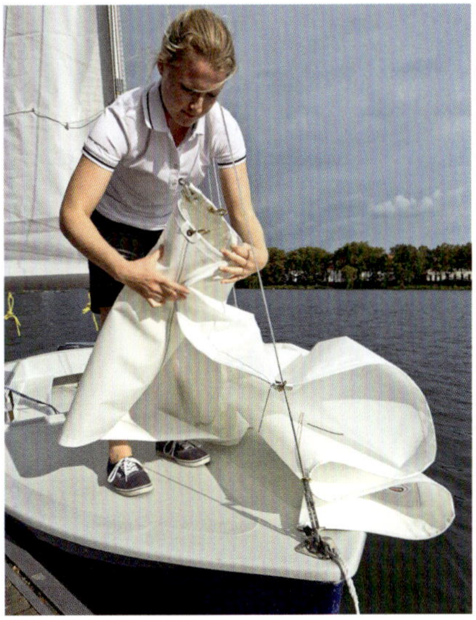

Kommandotafel Segelbergen

Klar zum Bergen des ...segels!
... segel ist klar zum Bergen!
Hol nieder ...segel!

Bergen der Fock

Das Fockfall lösen, durch die Hand führen, und auf dem Vorschiff das Segel bergen. Das Fall abschäkeln und belegen. Stagreiter der Reihe nach lösen und vom Kopf her das Drahtvorliek nicht zu eng einrollen. Die entstandene lange Rolle kommt entweder in den Segelsack oder wird zusammengefaltet verstaut. Die Fockschot sollte – wenn sie nass ist – draußen am Segelsack getrocknet werden.

Bergen des Großsegels

Der Baum wird hochgehalten, und der Vorschoter zieht das Vorliek aus der Nut des

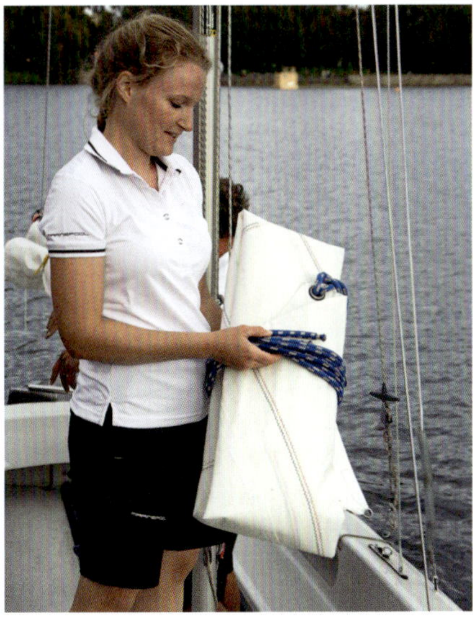

Typische Anfängerfehler

Fallen vertörnen: Die Segel kommen nicht schnell genug herunter.
Das versehentlich losgelassene Fall geht in dem Mast hoch.
Das Boot liegt zum Bergen des Großsegels nicht genau im Wind: Das Vorliek verklemmt, die Baumnock klatscht seitlich ins Wasser.
Der Baum wird beim Bergen des Großsegels nicht abgefangen: Er kracht aufs Achterdeck oder ins Cockpit.
Die Fock wird beim Bergen nicht eingefangen und weht ins Wasser.

Mastes, löst den Schäkel am Segelkopf und gibt ihn dem Steuermann, der das Fall als Dirk um den Baum wickelt und befestigt. Die Großschot wird durchgeholt und mit einem Slipstek direkt hinter dem Block gesichert. Danach wird das Großsegel ordentlich eingerollt, wobei vorhandene Segellatten immer parallel zum Segel liegen sollten. Gummistropps oder Zeisinge halten das eingerollte Segel zusammen. Eine Persenning deckt das Segel ab.
Auf Regattajollen wird das Großsegel abgeschlagen. Dafür werden die Segellatten herausgenommen, das Segel ausgebreitet und Ziehharmonika-förmig vom Unterliek beginnend zusammengelegt. Als lange Rolle kommt es entweder in den Segelsack oder wird als Paket gelagert.

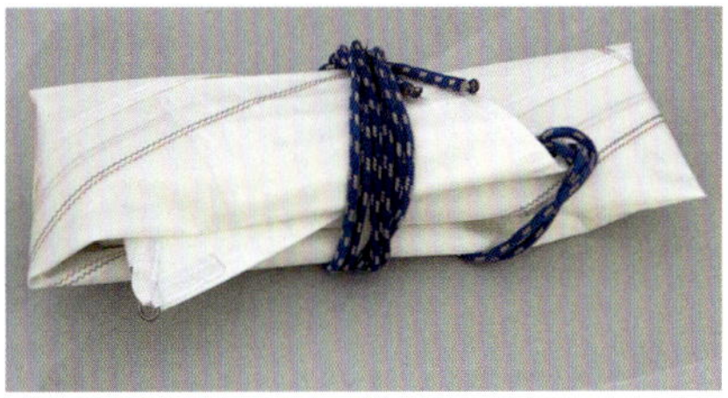

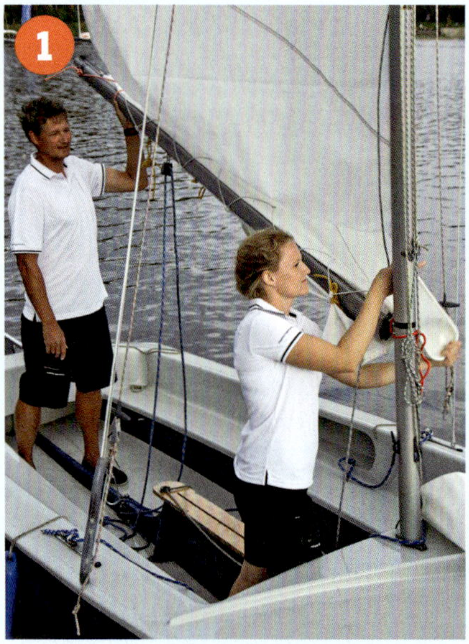

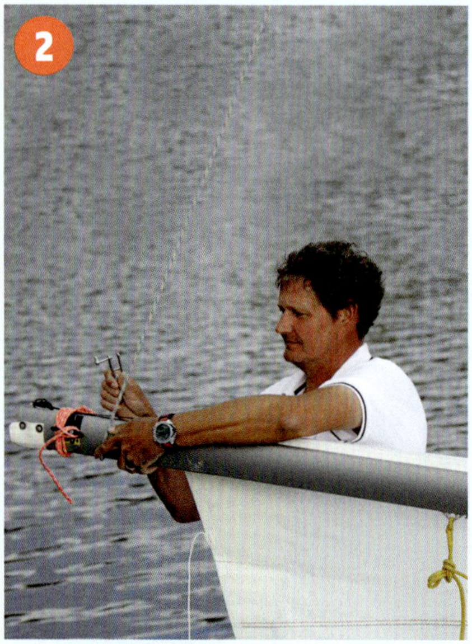

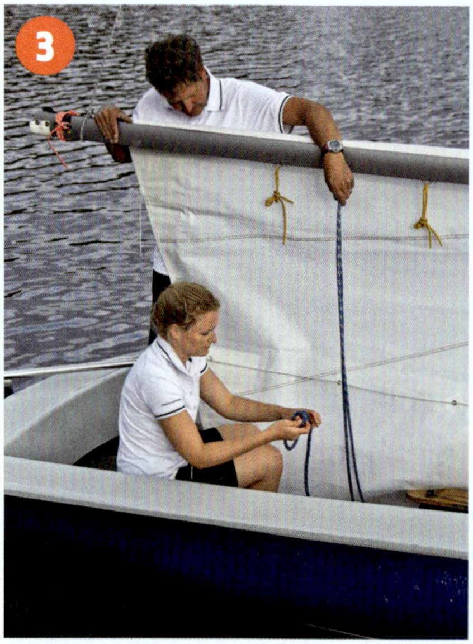

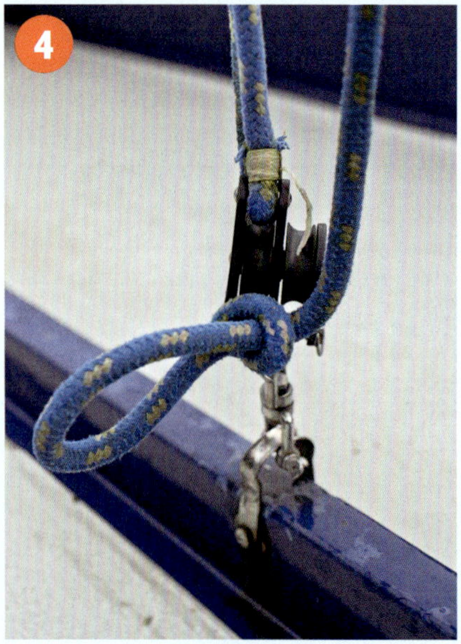

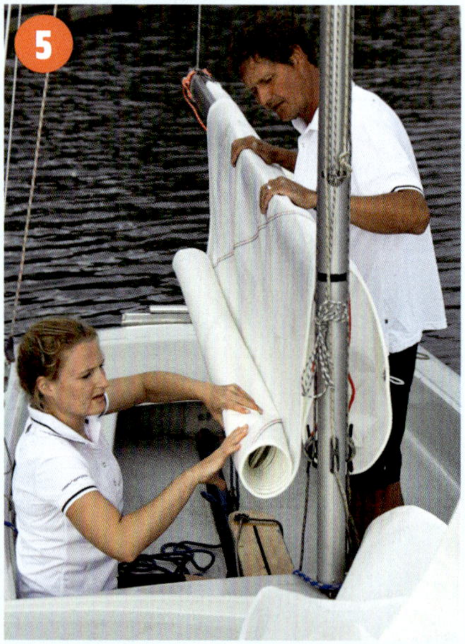

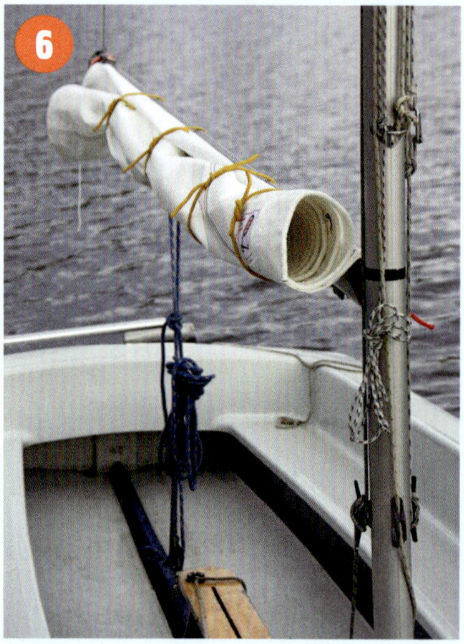

1 Großfall lösen, Baum sichern, Vorliek aus der Nut nehmen …

2 … mit dem Großfall als Dirk den Baum waagerecht halten …

3 … den Achtknoten in der Großschot lösen …

4 … , und die Großschot mit einem Slipstek direkt vor dem Block sichern.

5 Das Segel vom Kopf beginnend über dem Baum einrollen …

6 … und mit Stropps oder Zeisingen sichern, die Schot hochbinden und das Segel mit einer Persenning abdecken.

Auftuchen des Großsegels

Wenn man einige Zeit nicht segelt, sollte das Großsegel unbedingt vom Baum abgeschlagen und im Segelsack mit nach Hause genommen oder unter Deck gestaut werden.
Beim Auftuchen sollte man immer auf einen sauberen Untergrund achten.

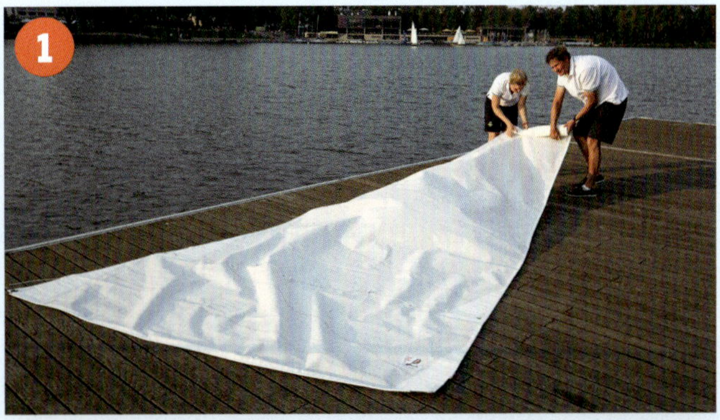

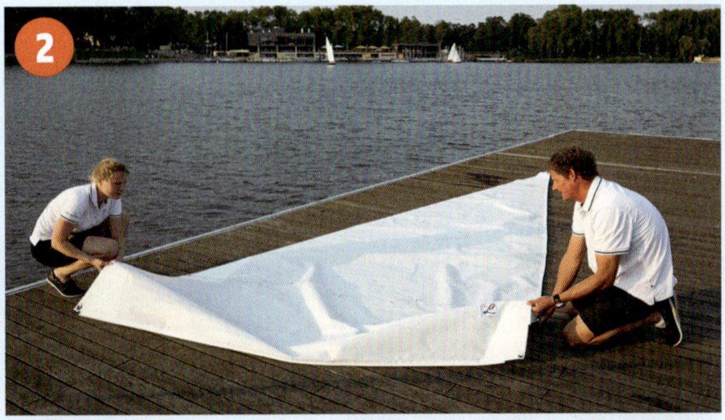

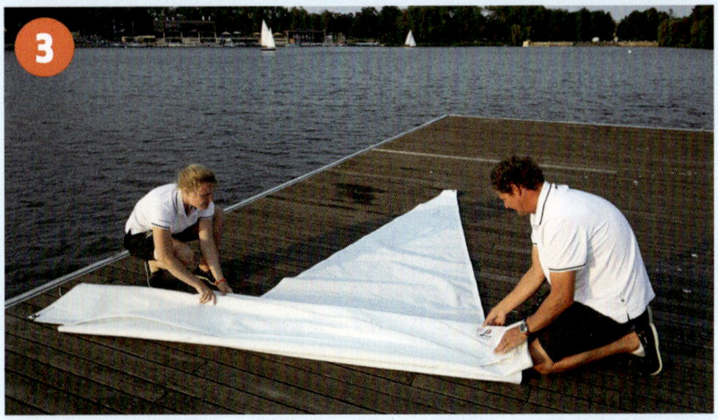

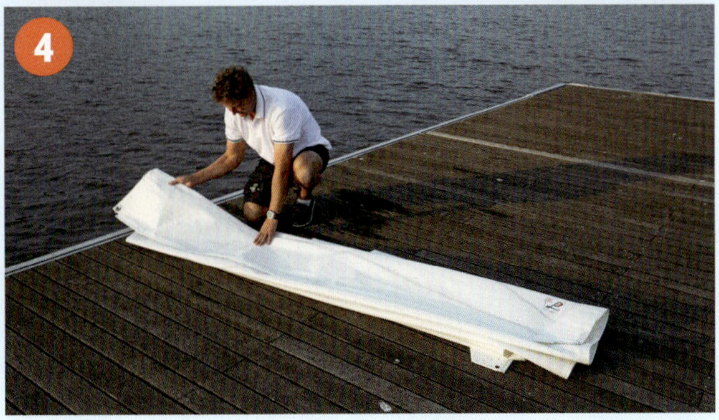

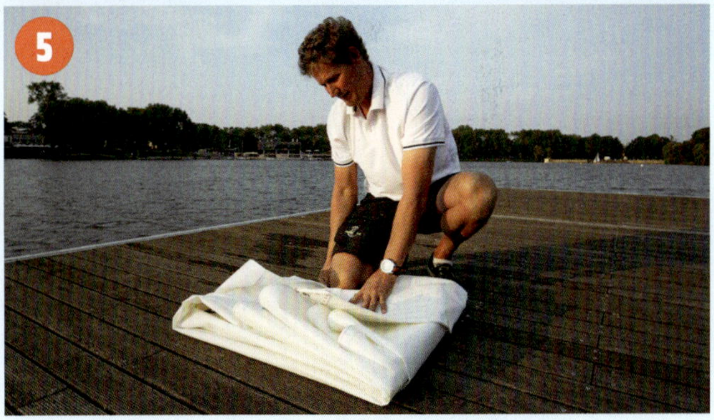

1 Das Segel wird ausgebreitet …

2 … vom Unterliek ausgehend gefaltet und …

3 … ordentlich bis zum Segelkopf in Bahnen zusammengelegt.

4 Anschließend wird es gleichmäßig eingeschlagen …

5 … und zu einem handlichen Paket zusammengefaltet.

DAS ABLEGEN

Achteraussegeln

Da das Boot beim Segelsetzen im Wind stehen muss, beginnt das Ablegen aus dieser Position heraus. Nachbarboote, Pfähle oder Bojen erschweren häufig das Manöver. Deshalb schiebt der Vorschoter das Boot dosiert nach recht achteraus, also genau nach hinten. Der Steuermann hält dazu die Pinne mittschiffs. Die Ruderlage hat eine entscheidende Wirkung bei diesem Manöver: Das Ruderblatt zeigt bei Fahrt achteraus immer dahin, wo das Boot hinfährt. Konkret: Will man beim Achteraussegeln mit dem Heck nach Steuerbord drehen, muss das Ruder(blatt) nach Steuerbord gelegt werden.

Segel backhalten: Das Halten eines Segels gegen den Wind, also nach Luv, nennt man backhalten. Hält man zum Beispiel das Großsegel gegen den Wind, wird das Boot

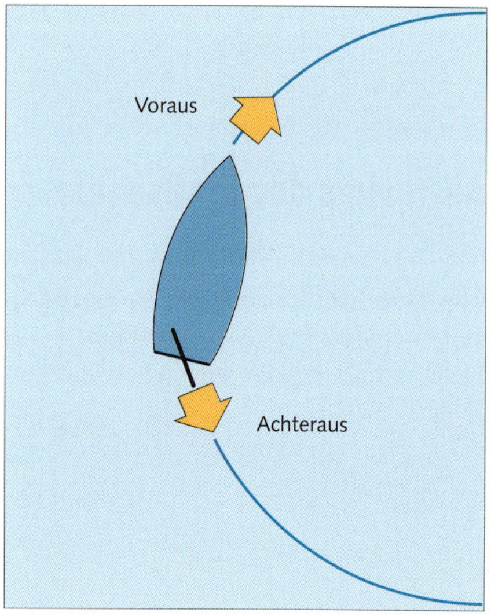

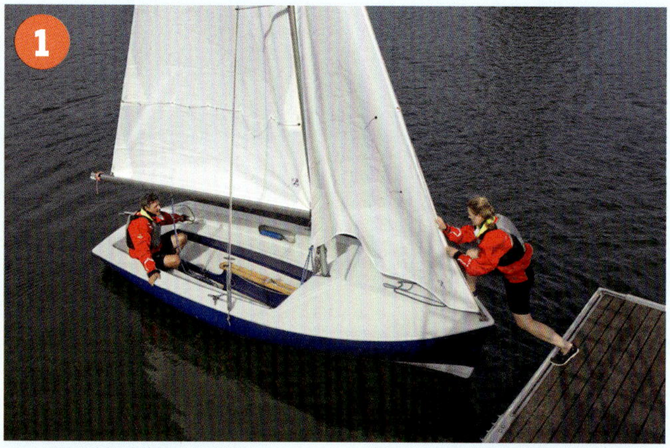

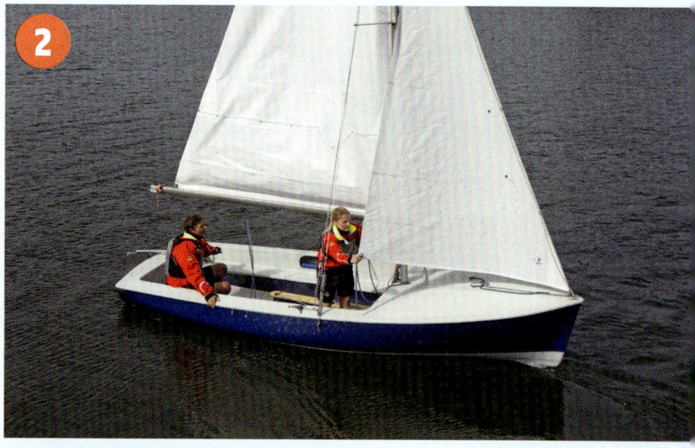

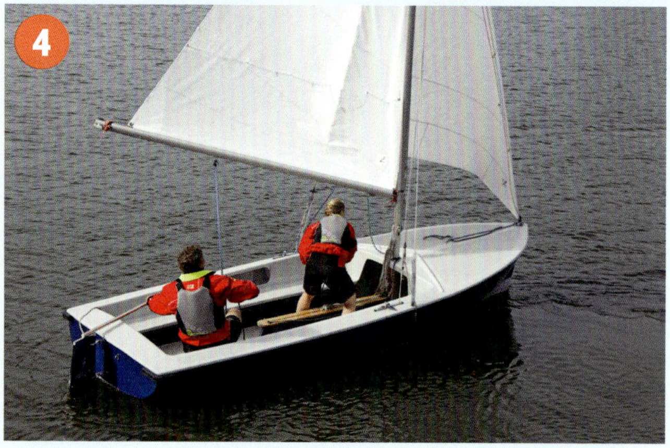

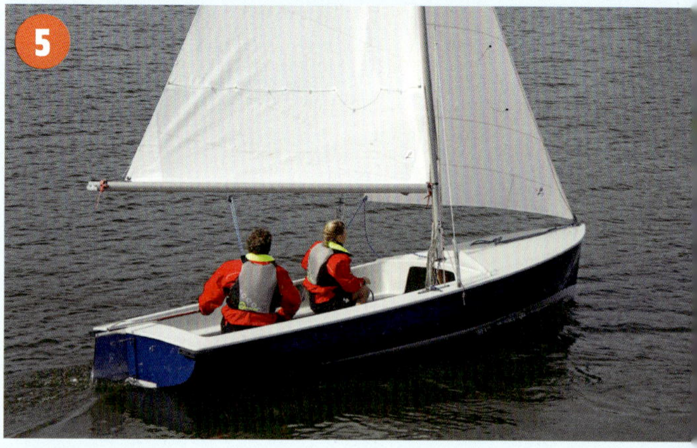

gebremst oder es fährt achteraus. Das Backhalten der Fock bewirkt, dass der Bug in eine gewünschte Richtung gedreht wird. Fock back an Backbord: Boot treibt nach Steuerbord und umgekehrt.

Merke

Beim Ablegen sind immer vier Dinge auf einer Seite: Steuermann, Ruderblatt, backgehaltene Fock und Steg.

Ablegen vom Steg

Bereits vor dem Achteraussegeln sitzt der Steuermann auf der zukünftigen Luvseite. Der Vorschoter drückt das Boot ab. Dabei ist das Ruder mittschiffs, also gerade. Wenn alle Hindernisse passiert sind, legt man Ruder, stellt die Fock back und wartet, bis das Boot in die gewünschte Richtung gedreht wird. Bei gutem Wind geht das sehr schnell! Nimmt das Boot Fahrt voraus auf, wird die Fock auf die Leeseite genommen und bauchig geführt, damit die Jolle schnell Fahrt aufnehmen kann. Der Steuermann hat die Pinne bereits mittschiffs genommen und konzentriert sich auf seinen neuen Kurs.

Kommandotafel Ablegen vom Steg

Klar bei Vorleine!
Vorleine ist klar!
Vorleine los!
Fock back an ...bord!
Über die Fock!
Schoten an ...bord!

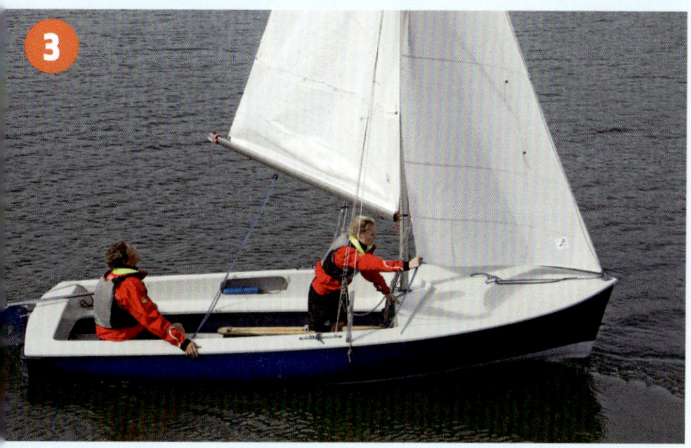

1 Das Boot liegt im Wind. Die Vorschoterin löst die Vorleine und schiebt das Boot achteraus. Der Steuermann sitzt bereits auf der zukünftigen Luvseite.

2 Die Fock wird am Schothorn angefasst ...

3 ... und weit backgehalten, der Steuermann unterstützt die Drehbewegung und legt das Ruder zur gleichen Seite.

4 Wenn die Rückfahrphase vorbei ist, wird die Fock übergeholt ...

5 ... , und das Boot nimmt Fahrt auf in die gewünschte Richtung.

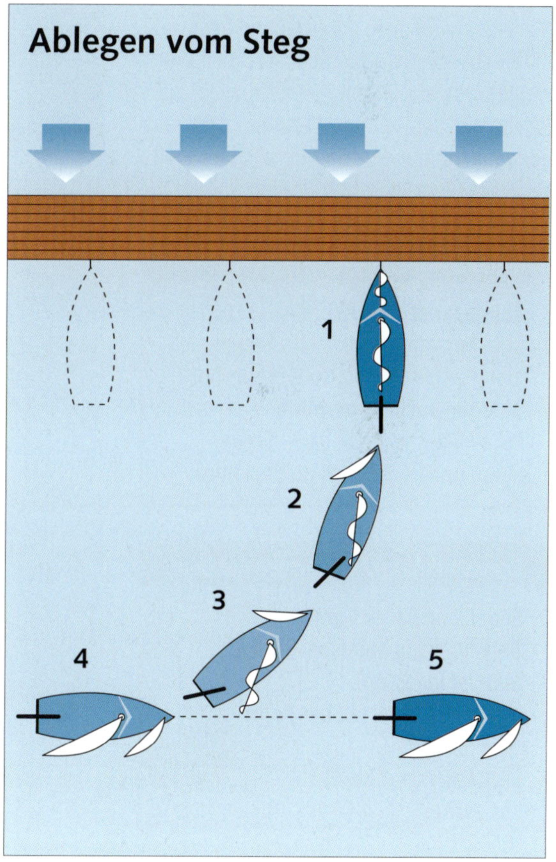

Ablegen von der Boje

Häufig wird man mitten in einem Bojenfeld liegen und muss sich vorher genau überlegen, über welchen Bug man abfallen will, um sich von anderen Booten oder irgendwelchen Hindernissen freizuhalten. Damit der Bug beim Loswerfen nicht mit der Boje kollidiert, muss sie beim Ablegen über Backbord-Bug an Steuerbord kurzstag geholt werden, also jeweils auf der gegenüberliegenden Seite.
Die Bojenleine gleich loswerfen, wenn der Bug abzufallen beginnt, sonst könnte er vom Bojengeschirr wieder zurückgerissen werden. Manchmal wird man, um sich überhaupt freihalten zu können, das Boot weit achteraus treiben lassen müssen.
Ist die auf Slip belegte Vorleine nicht lang genug, muss mit dem backgehaltenen Großsegel achteraus gesegelt werden.

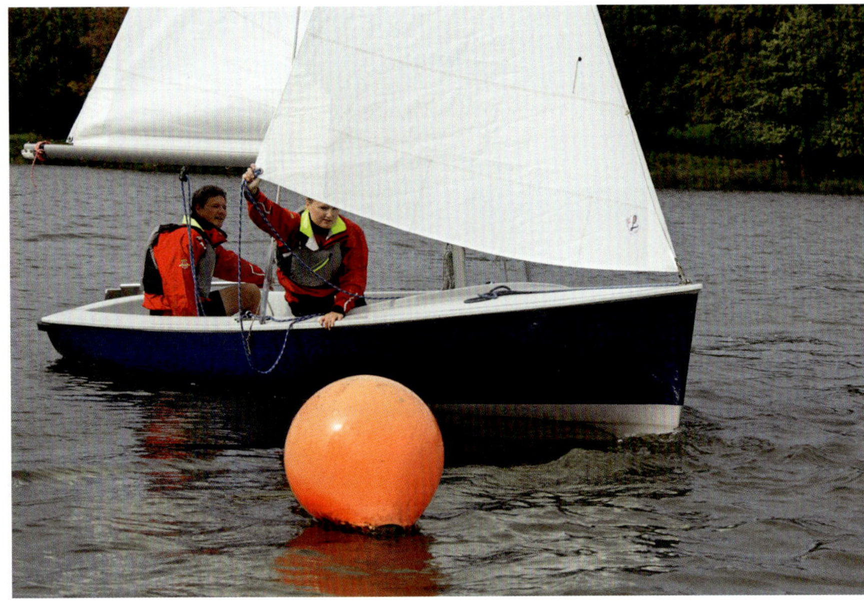

Ablegen mit backgehaltener Fock

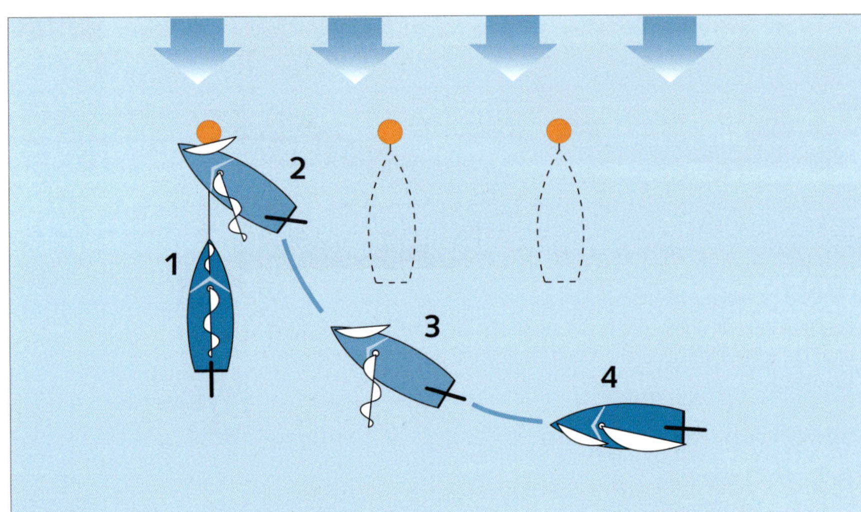

Merke

Ablegen nach Backbord:
Boje kurzstag, Fock back, Steuermann und Ruderblatt an Steuerbord.
Ablegen nach Steuerbord:
Boje kurzstag, Fock back, Steuermann und Ruderblatt an Backbord.

Kommandotafel Ablegen von der Boje

Segel sind bereits gesetzt:
Boje kurzstag holen an ...bord!
Boje ist kurzstag!
Klar zum Loswerfen der Boje!
Boje ist klar!
Fock back an ...bord!
Los vorne!
Boje ist los!
Über die Fock!
Schoten an ...bord!

DER AUFSCHIESSER

Ein Segelboot kann man nur abstoppen, indem man in den Wind schießt oder aufschießt, das heißt hart anluvt, bis das Boot mit dem Bug im Wind steht.

Merke

Aufgeschossen wird in den wahren Wind, der achterlicher einfällt als der scheinbare, mit dem man segelt. Man unterschätzt deshalb leicht beim Ruderlegen und Andrehen den Winkelbogen, den der Bug zu durchmessen hat, bis er im wahren Wind liegt.

Mit einem Aufschießer legt man überall dort an, wo man in Lee genügend Raum hat. Es wird ein gedachter Punkt angesteuert, dort die Fock geborgen, das Boot in den Wind gedreht und mit loser Großschot auslaufen gelassen. Der Abstand des Drehpunktes von der Anlegestelle muss so bemessen sein, dass das verbleibende Fahrtmoment des Bootes gerade ausreicht, um mit killendem Großsegel an den Steg (Festmachepfahl oder Boje) zu kommen. Das Geschick bei einem Anlegemanöver liegt darin, diese Auslaufstrecke richtig einzuschätzen. Sie ist abhängig von Windstärke, Seegang, Bootsgewicht und Ruderausschlag.

Allgemein gilt:

- Je größer und schwerer das Boot ist, umso länger ist aufgrund der größeren Masseträgheit der Auslauf.
- Je stärker der Wind und bewegter die See ist, umso kürzer ist der Auslauf.
- Je härter die Ruderlage beim Aufschießen, besonders auf Jollen, umso stärker ist die Bremswirkung und umso kürzer ist daher der Auslauf.

Der Nahezu-Aufschießer

Er ist ein modifizierter Aufschießer. Der Drehpunkt liegt nicht mehr genau in Lee, sondern etwa drei Bootslängen rechts oder links vom Ziel. Das Boot läuft mit killenden Segeln auf einem Am-Wind-Kurs, entweder über Steuerbord- oder Backbord-Bug aus.

- Besonders wichtig beim Nahezu-Aufschießer ist, dass Fock- und Großschot völlig losgegeben werden und nicht haken, damit die Segel frei nach Lee auswehen können.
- Der Vorteil des Nahezu-Aufschießers: Merkt man, dass der Auslauf zu kurz bemessen war, kann man durch kurzes Holen der Schoten wieder etwas mehr Fahrt aufnehmen und sich auf diese Weise an das Ziel heranarbeiten.

Am wirkungsvollsten ist das Pumpen mit dem Großsegel: Dazu fasst man in die gefierte Großschot und holt das Segel an. Sobald das Boot Fahrt aufnimmt, muss die Schot wieder gelöst werden, sonst treibt das Boot ab. Dieser Vorgang ist beliebig oft wiederholbar.

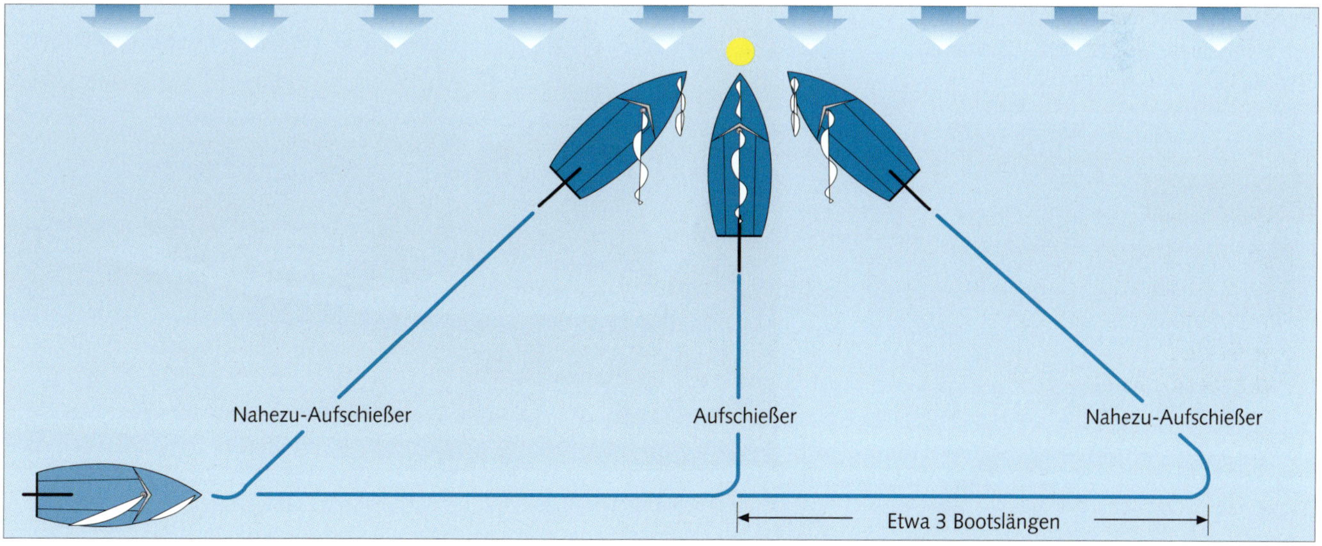

ANLEGEN

Anlegen am Steg

Die Crew bespricht rechtzeitig das Anlegemanöver, damit der Vorschoter Zeit genug hat, Festmacher, Fender und einen Bootshaken bereit zu legen. Als Anlaufkurs zum Aufschießer empfiehlt sich die Segelstellung halber Wind. So segelt man bei entsprechender Windrichtung fast parallel zum Steg. Man kann den zukünftigen Liegeplatz aussuchen und die Auslaufstrecke gut abschätzen. In einigen Revieren empfiehlt es sich, die Fock zu bergen, damit ein ungestörtes Arbeiten auf dem Vordeck möglich ist. Der Nachteil: Klappt der Aufschießer nicht, kann die Fock nicht für das schnelle Backhalten genutzt werden. Der Vorschoter hat alle Hände voll zu tun: Fender rausholen, Fock loswerfen und mit der Vorleine in der Hand an Land oder auf den Steg springen. Der Steuermann hat die Möglichkeit, die Auslaufstrecke zu beeinflussen: Je stärker er Ruder legt, desto mehr bremst er das Boot und umgekehrt. Eine weitere Bremsmöglichkeit ist das Backhalten des Großsegels.

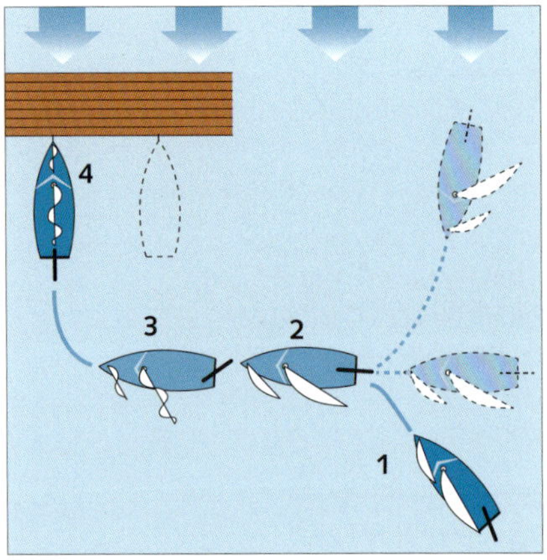

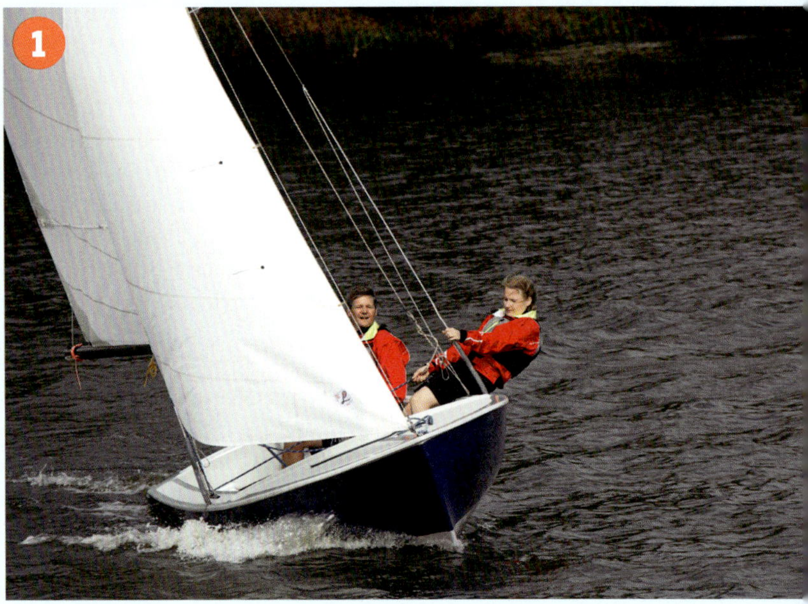

1 Der Steuermann sucht den Liegeplatz aus …

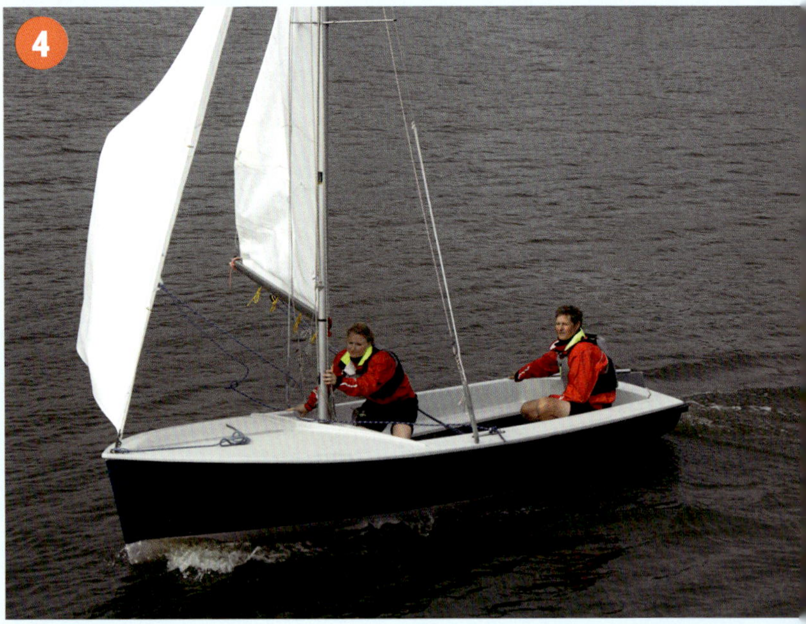

4 Die Schoten werden losgeworfen. Der Aufschießer wird eingeleitet.

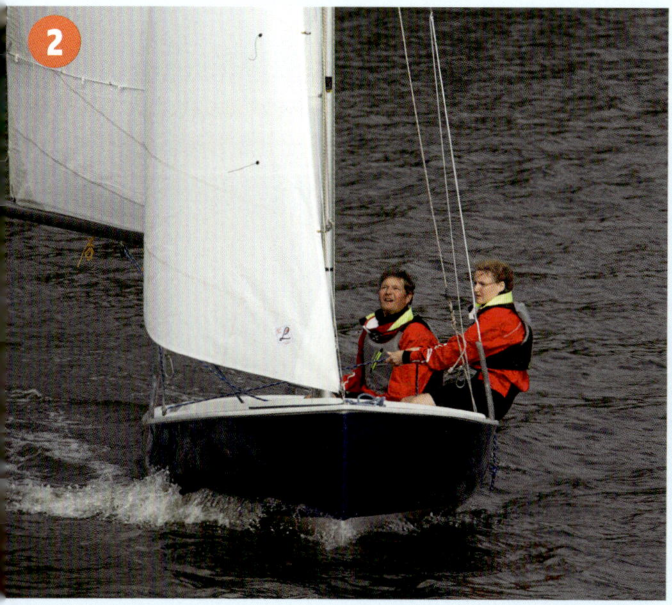

2 … und fällt ab auf Halbwind.

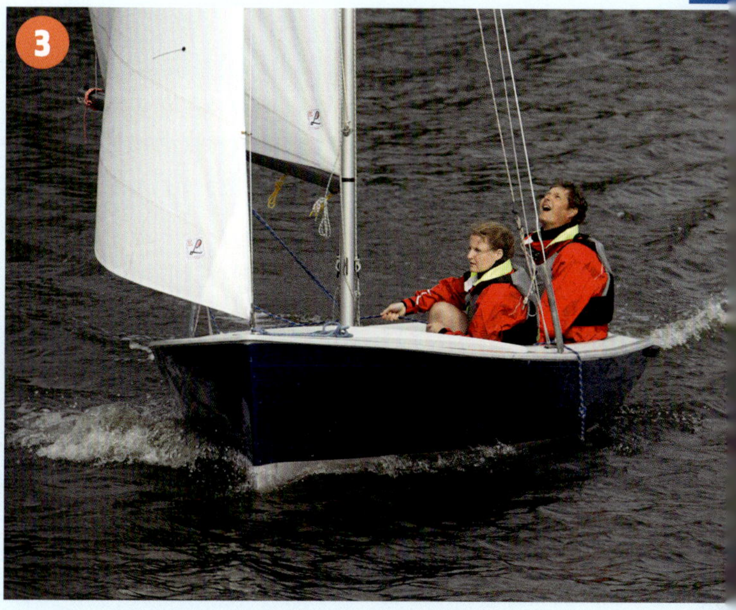

3 Er kontrolliert die Segelstellung und den Querabstand.

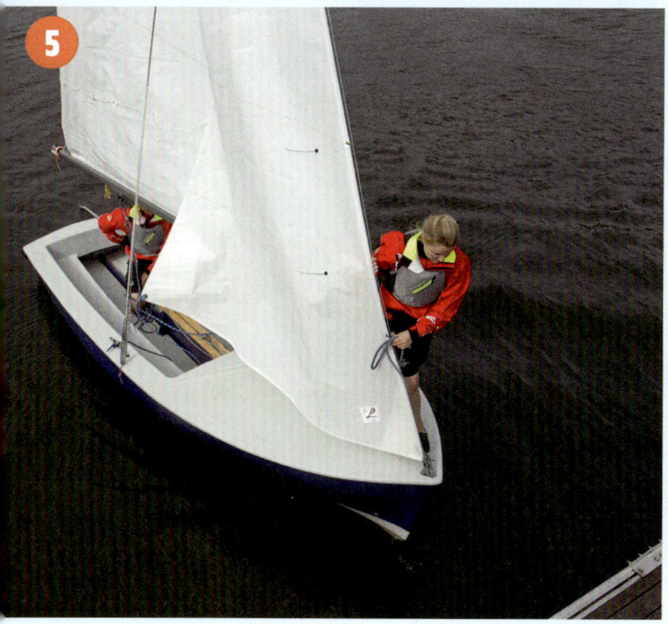

5 Das Boot läuft aus, der Vorschoter ist mit Vorleine in der Hand auf das Aussteigen vorbereitet.

Kommandotafel Anlegen am Steg

Klar zum Anlegen!
(Klar zum Bergen des Vorsegels!)

(Vorsegel ist klar zum Bergen!)
(Hol nieder Vorsegel!)
Los die Großschot!
Klar zum Bergen des Großsegels!

Großsegel ist klar zum Bergen!
Hol nieder Großsegel!
Klar Deck überall!

Typische Anfängerfehler

Das Boot steht beim Aufschießer nicht genau im Wind, die Schoten sind nicht ganz losgeworfen, der Vorschoter steigt beim Anlegen ohne die Vorleine aus.

Anlegen an der Boje

Das Manöver ist im Prinzip das gleiche wie beim Anlegen am Steg, eignet sich aber vorzüglich zum Üben, weil es bei einem mit zu viel Fahrt verpatzten Manöver nicht gleich kracht, sondern man elegant vorbeilaufen, abfallen und einen neuen Versuch unternehmen kann. Der Steuermann sollte sich schon vor dem Einleiten des Aufschießers darüber im Klaren sein, zu welcher Seite er anschließend abdrehen will: Wegdrehen nach Backbord – Boje an Steuerbord und umgekehrt.
Bei einem gekonnten Manöver kommt das Boot so dicht vor der Boje zum Stehen, dass man sie mit der Hand greifen kann. Zu viel Fahrt beim Auslaufen lässt sich mit dem am Baum backgehaltenen Großsegel abstoppen. Das setzt eine gut eingespielte Crew voraus. Das Bergen der Fock vor dem Anlegen ist durchaus üblich. Damit ist ein ungestörtes Arbeiten auf dem Vorschiff gewährleistet. Eine verhakte oder backstehende Fock könnte zudem das Boot von der Boje wegdrehen.

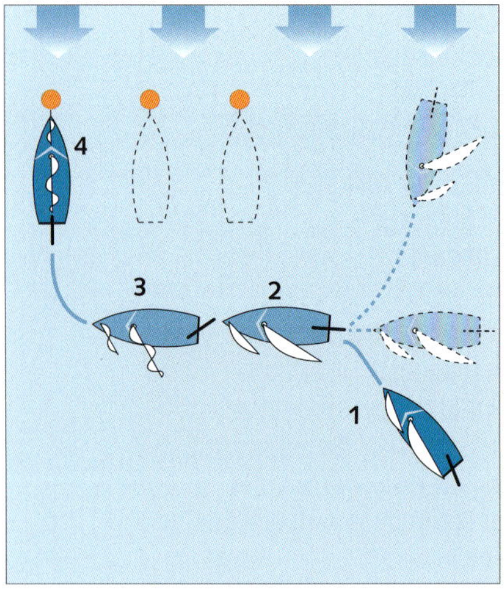

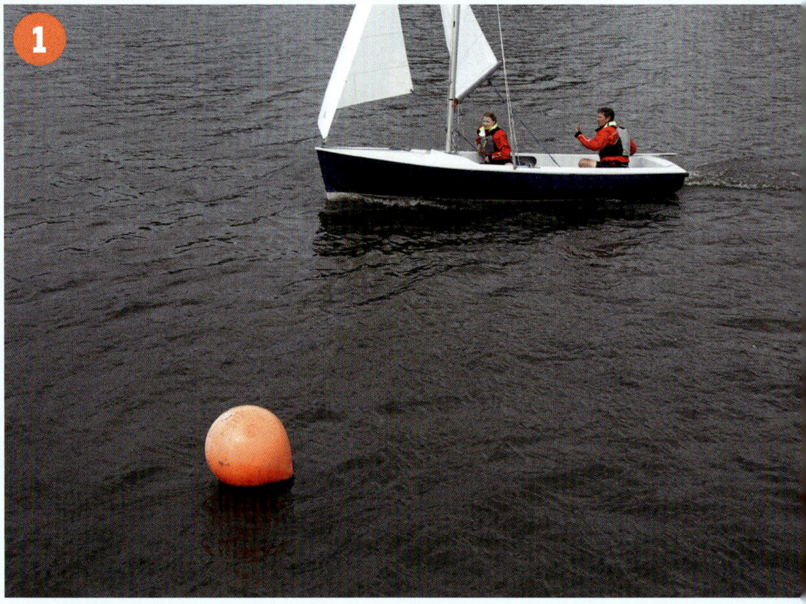

1 Anlaufkurs und Aufschießer vorbereiten.

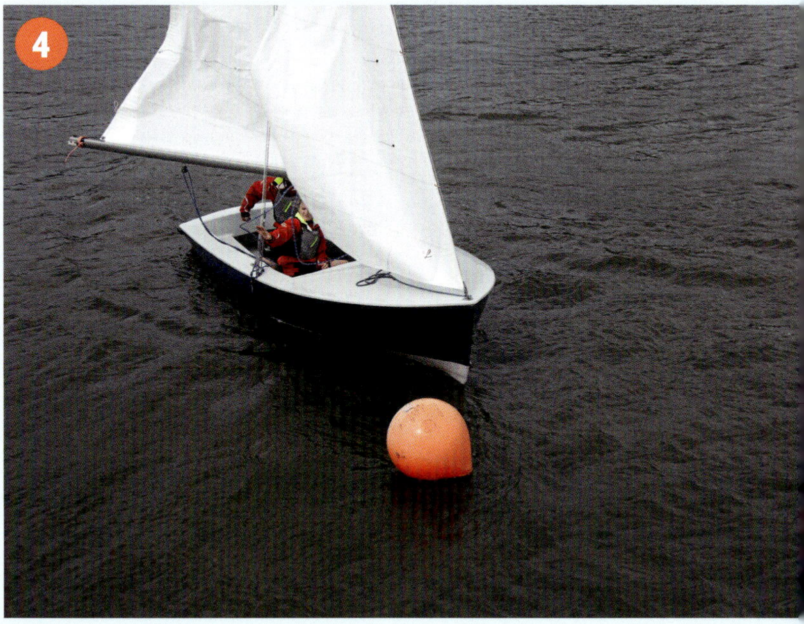

4 Der Vorschoter weist den Kurs zur Boje …

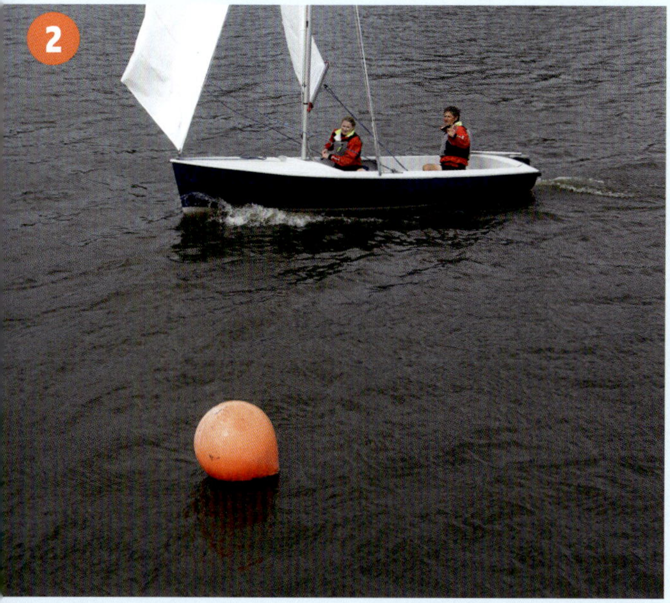

2 Schoten loswerfen.

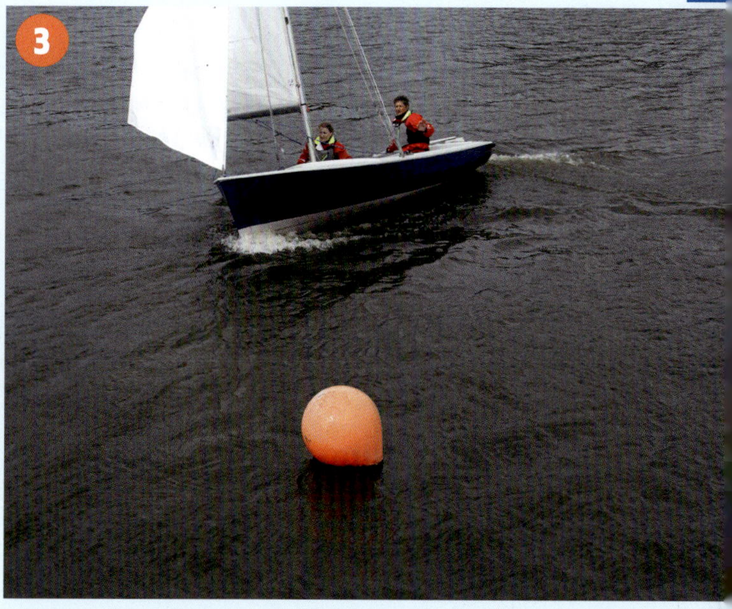

3 Aufschießer einleiten, stark Ruder legen.

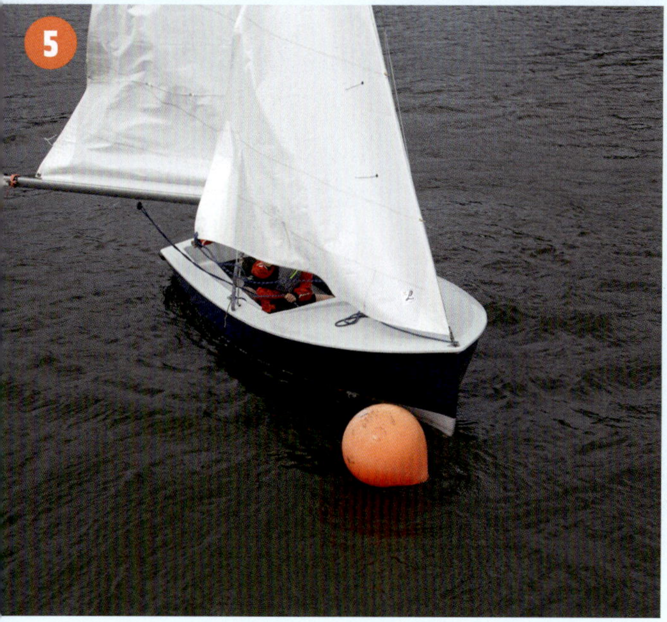

5 … und diese wird sicher gefasst.

Kommandotafel Anlegen an der Boje

Klar zum An-die-Boje-Gehen!
(Klar zum Bergen des Vorsegels!)
(Vorsegel ist klar zum Bergen!)
(Hol nieder Vorsegel!)
Los die Großschot!
Boje ist gefasst!
Klar zum Bergen des Großsegels!
Großsegel ist klar zum Bergen!
Hol nieder Großsegel!
Klar Deck überall!

Anlegen vor dem Wind

Steht der Wind direkt auf die Anlegestelle, wird vorher in Luv der Anlegestelle mit hinreichendem Abstand ein Aufschießer oder Nahezu-Aufschießer gefahren und das Großsegel schnell geborgen. Dann Fock back und abfallen und vor dem Wind auf die Anlegestelle zulaufen. Hat das Boot genügend Fahrt, um auslaufend den Steg zu erreichen, auch die Fock bergen. Bei viel Wind wird sie gleich nach der Drehung geborgen. Selbst dann wird es meist nicht möglich sein, das Boot völlig zum Stillstand zu bringen, weil es auch unter dem nackten Rigg noch Fahrt macht. Deshalb muss auf dem Vorschiff eines leichteren Bootes jemand bereitstehen, um mit Bootshaken, Fendern oder von Hand den möglichen leichten Anprall aufzufangen. Auf einem schwereren Boot ist die Fahrt nur mit ein oder zwei Achterleinen abzustoppen, die mit einer Bucht um die Boxenpfähle genommen werden.
Eine andere Methode ist, vor der Anlegestelle einen Aufschießer zu machen und sich achteraus an den Steg treiben zu lassen.

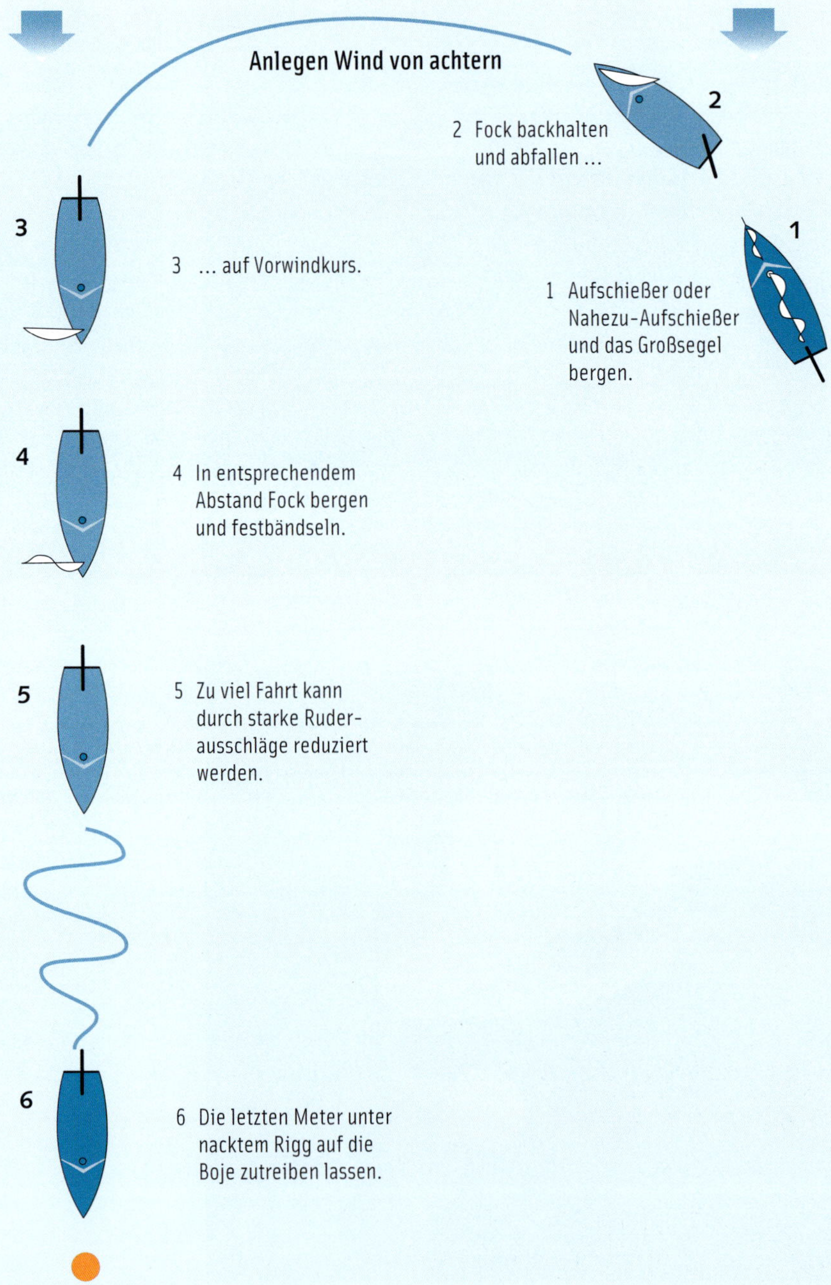

FESTMACHEN

Festgemacht wird längsseits oder in einer Stegbox, je nach den örtlichen Gegebenheiten.
Beim Längsseitsliegen wird zusätzlich zur Vor- und Achterleine eine Vor- und Achterspring ausgebracht. Die Spring fesselt das Boot. Es kann sich nicht mehr in der Längsrichtung bewegen oder mit Bug oder Heck abscheren, wie es sonst durch Wind oder Strom verursacht wird.
Zwischen Rumpf und Steg oder Pier kommen schützende Fender. Sie müssen so fixiert werden, dass sie sich nicht auf den Steg oder an Deck schieben können und somit nutzlos werden. Beim Ablegen sind sie sofort hereinzunehmen. Es gilt als unseemännisch, mit außenbords baumelnden Fendern zu segeln.
In der Stegbox werden zwei Vor- und Achterleinen ausgebracht, die genügend Spiel haben müssen, damit das Boot nicht in den Leinen hängt. Die Vorleinen sollten möglichst breit auseinander festgemacht werden, dann wirken sie wie ein Federsatz und das Boot ruckt bei Schwell nicht so stark in die Leinen. Die Achterleinen sollten über Kreuz festgemacht werden, damit das Boot nicht zu weit seitlich ausweichen kann.
Die Bezeichnung der Leinen bezieht sich auf das Vor- und Achterschiff. Die Achterleinen können also zu den Achterpfählen führen, aber ebenso gut zum Steg, wenn das Boot mit dem Heck zum Steg liegt.
Die Länge der Festmacher wird nicht vom Steg, sondern von Bord aus reguliert. Überschüssiges Tauwerk wird an Deck als Schnecke aufgeschossen.
An der Boje wird häufig nur mit einer Vorleine festgemacht. Das Boot kann so frei um sein Bojengeschirr schwojen, wenn Schwert und Ruderblatt aufgeholt werden.
Klar Deck überall! nach dem Festmachen bedeutet: alles ordentlich stauen und verstauen. Schwert und Ruderblatt aufholen, damit sie beim Dümpeln des Bootes nicht hin- und herschlagen und Schwertkasten und Ruderkopf nicht übermäßig beanspruchen.
Die Pinne festsetzen, die Fallen vom Mast abspreizen, damit sie bei Wind nicht ruhestörend klappern. Ein offenes Boot möglichst mit einer Persenning abdecken, wenn es längere Zeit liegen bleiben soll.

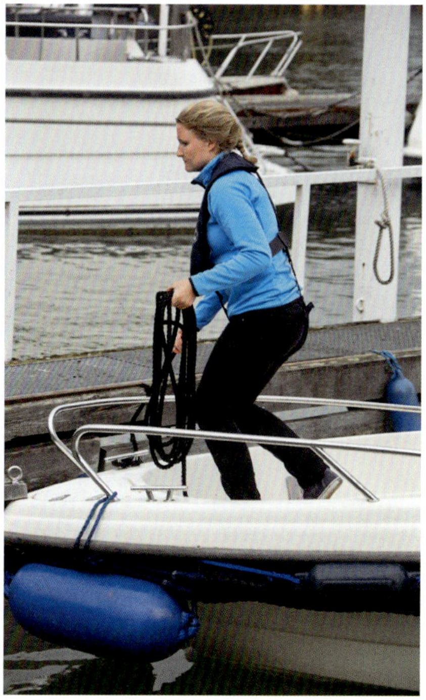

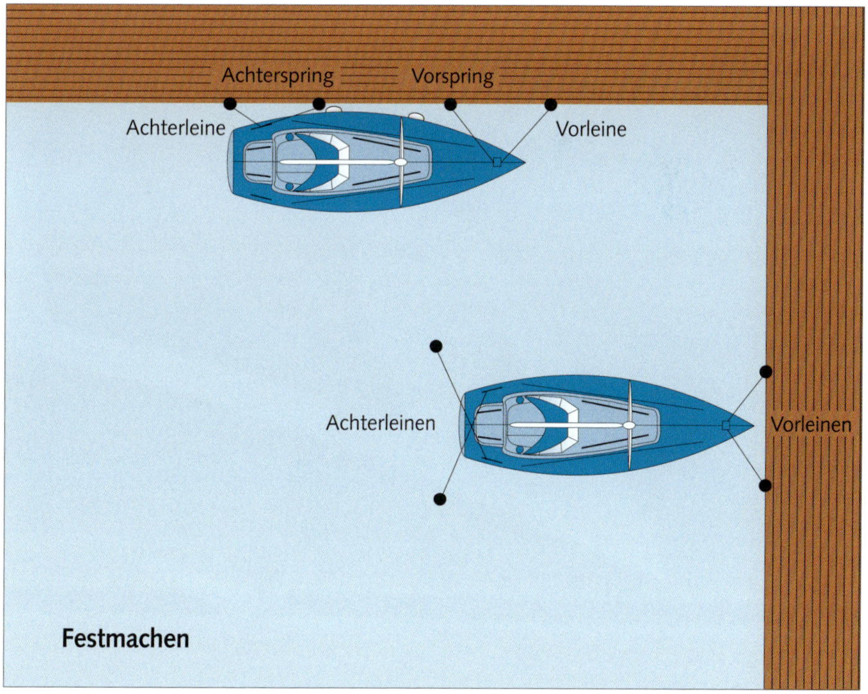

SEGELN AM WIND

Die Segelstellung

Ein Bild, das man auf fast jedem Revier beobachten kann: Zwei Boote segeln annähernd am Wind. Während eins davonzieht, scheint das andere geradezu auf dem Wasser zu kleben. Der Grund ist meist immer derselbe: zu dicht gefahrene Segel. Der Am-Wind-Kurs verlangt ein hohes Maß an seglerischem Fingerspitzengefühl. Die richtige Segelstellung muss ausprobiert werden.

Man holt den Großbaum so weit dicht, dass sein Ende, die Nock, etwa über Ecke Heck steht. Jetzt sich vorsichtig so hoch an den Wind herankneifen, bis das Vorliek des Großsegels zu killen beginnt – in diesem Fall leicht nach Luv einfällt. Dann gerade so weit abfallen, dass diese Erscheinung wieder verschwindet. Nun den Stand von Groß- und Vorsegel miteinander in Einklang bringen. Das Vorsegel so dicht holen, dass der Abwind das Großsegel im Vorliekbereich nach Luv beutelt. Dann die Vorschot behutsam fieren, bis die Falten oder Beutel wieder verschwinden. So sind die Segel für den Am-Wind-Kurs optimal getrimmt.

Hat man die ideale Einstellung von Vor- und Großsegel zueinander gefunden, möglichst nicht mehr mit den Schoten arbeiten, sondern kleinen Richtungsänderungen des Windes durch leichte Kurskorrekturen mit dem Ruder begegnen.

Denn da der Wind in seiner Richtung meist etwas schwankt, muss das Herankneifen häu-

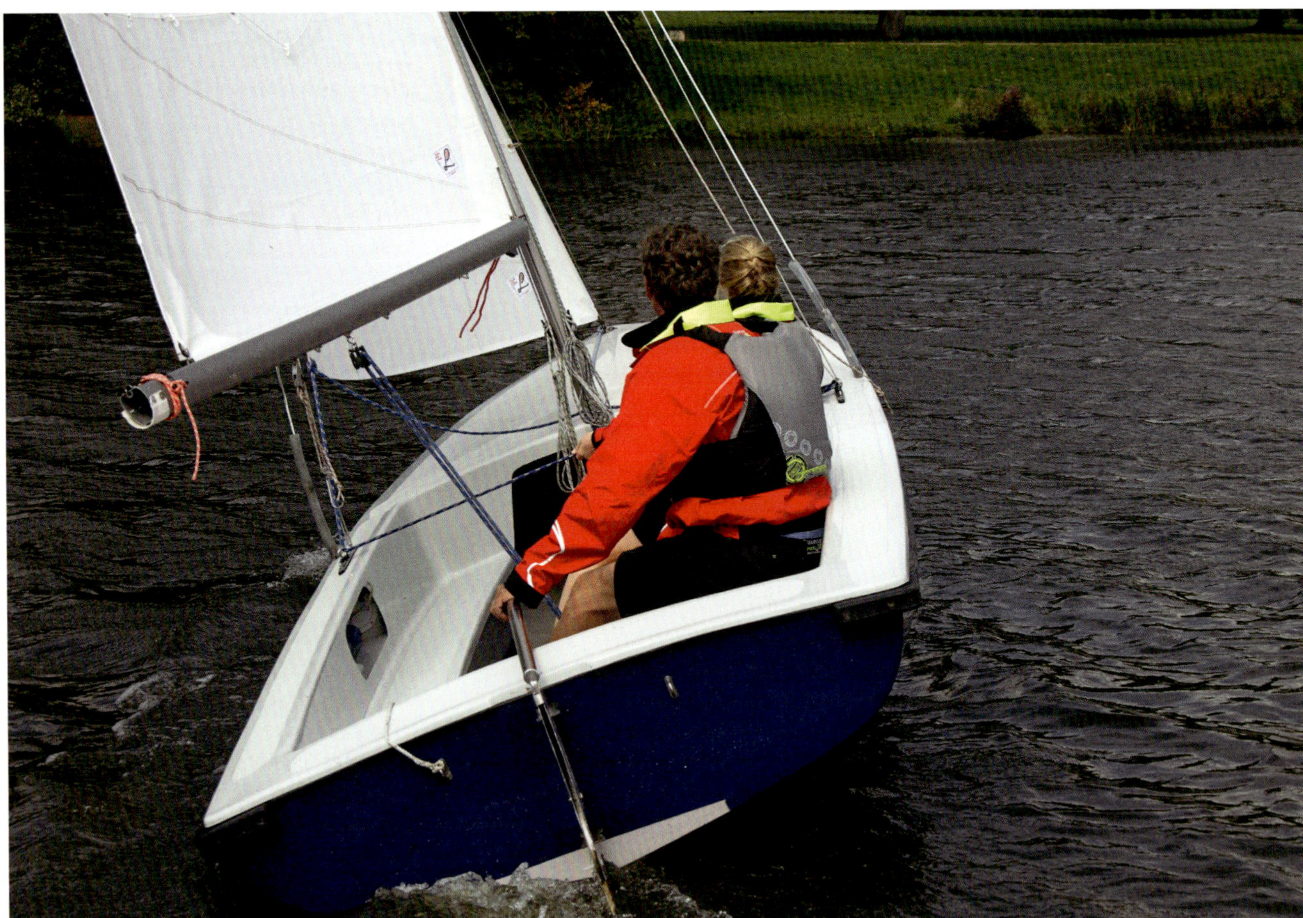

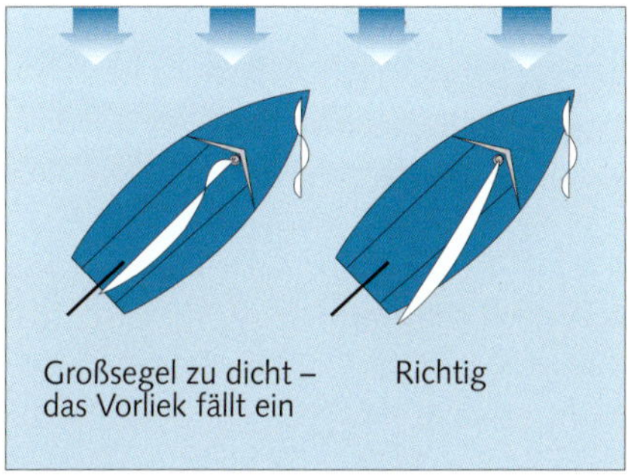

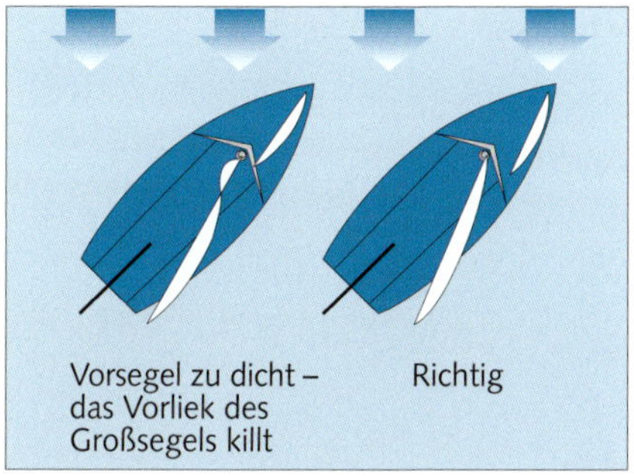

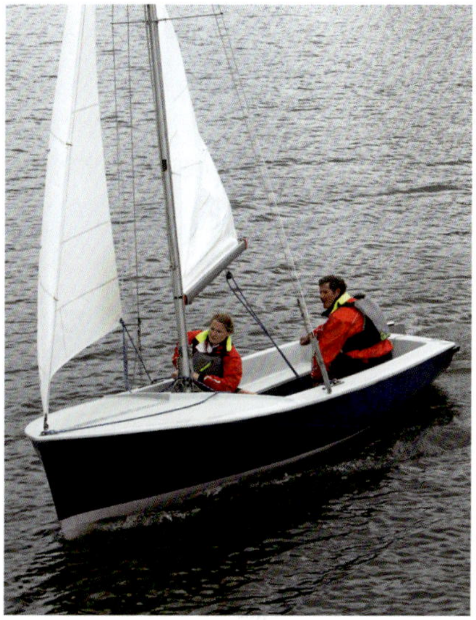

Typischer Anfängerfehler: Der Steuermann achtet zu sehr auf seinen Kurs und die Fock. Das Großsegel ist zu weit gefiert. Es killt und bremst, das Boot verliert an Fahrt. Die Großschot muss angeholt werden, damit das Boot wieder Fahrt aufnimmt.

figer wiederholt werden. Diese Windschwankungen sind auch verantwortlich dafür, wenn die Segel eben noch einwandfrei standen, plötzlich aber das Achterliek des Vorsegels anfängt zu killen, ohne dass man seinen Kurs geändert hätte. Der Wind hat geschralt. Um nicht im Wind stehen zu bleiben, sofort entschlossen abfallen, bis die Segel erneut voll stehen.

Aber nicht nur die Richtung des Windes schwankt, sondern auch die Windstärke. Wind besteht meist – zumindest auf Binnenrevieren – aus einer Folge mehr oder minder stark ausgeprägter Böen. Beim Einfallen einer Bö aber raumt der Wind, und zwar aus folgendem Grund: Der sprunghaft anwachsende wahre Wind bewirkt nicht sofort auch eine Erhöhung der Bootsgeschwindigkeit und damit des Fahrtwindes, weil die Masseträgheit des Bootes erst überwunden werden muss. Also fällt der scheinbare Wind zunächst achterlicher ein als bisher. Nimmt dann der Fahrtwind zu, weil das Boot schneller wird, nimmt auch der scheinbare Wind zu und kommt vorlicher. Er schralt wieder.

Man läuft am Wind wie an einer unsichtbaren Grenzlinie entlang. Versucht man, über sie hinaus anzuluven, beginnen die Segel zu killen und das Boot läuft nicht mehr. Das merkt man natürlich sofort.

Kaum bemerkt wird jedoch von einem nicht so erfahrenen Steuermann, wenn er zu weit abfällt. Das Boot läuft dann auch nicht mehr richtig, weil jetzt die Segel zu dicht gefahren werden. Sie werden nicht mehr optimal angeströmt. Im Gegenteil: Es kommt zu einer fahrthemmenden Verwirbelung der Luftströmung am Segel.

Eine gute Orientierungshilfe ist in diesem Fall der Verklicker auf dem Masttopp. Er sollte immer genau parallel zum Kopfbrett des Großsegels stehen.

Einem Raumen des Windes kann man auf zweierlei Weise begegnen:

- Kurs halten und die Schoten etwas fieren, man läuft dann höhere Geschwindigkeit, oder
- anluven und Höhe gewinnen, um einen Kurs zu steuern, der näher an ein Ziel im Wind heranführt.

Grundsätzlich gilt:

- langsam und vorsichtig anluven, um nicht zu übersteuern, aber:
- schnell und entschlossen abfallen, um durch das Killen der Segel nicht allzu viel Fahrt zu verlieren.

Die Schwertstellung

Am Wind ist die seitliche Abdrift am größten. Ihr entgegen wirkt das Schwert. Deshalb muss es auf Am-Wind-Kurs vollständig gefiert werden.

Wird das Schwert auf diesem Kurs aufgeholt, rutscht das Boot zur Seite weg, aber die Krängung wird geringer, weil dem Winddruck auf die Segel nur ein geringer Gegendruck des Lateralplans gegenübersteht. Daraus resultiert:

- je mehr Abdrift, desto weniger Krängung, aber auch:
- je mehr Krängung, desto mehr Abdrift.

Bei starker Krängung verringert sich ebenfalls die Lateralfläche durch die starke Neigung des nur noch teilweise eingetauchten Schwertes und Ruderblattes. Dies macht deutlich, wie auf ballastlosen Schwertbooten Abdrift und Krängung in besonderem Maße voneinander abhängig sind. Das zeigt sich auf keinem Kurs so stark wie auf dem Am-Wind-Kurs.

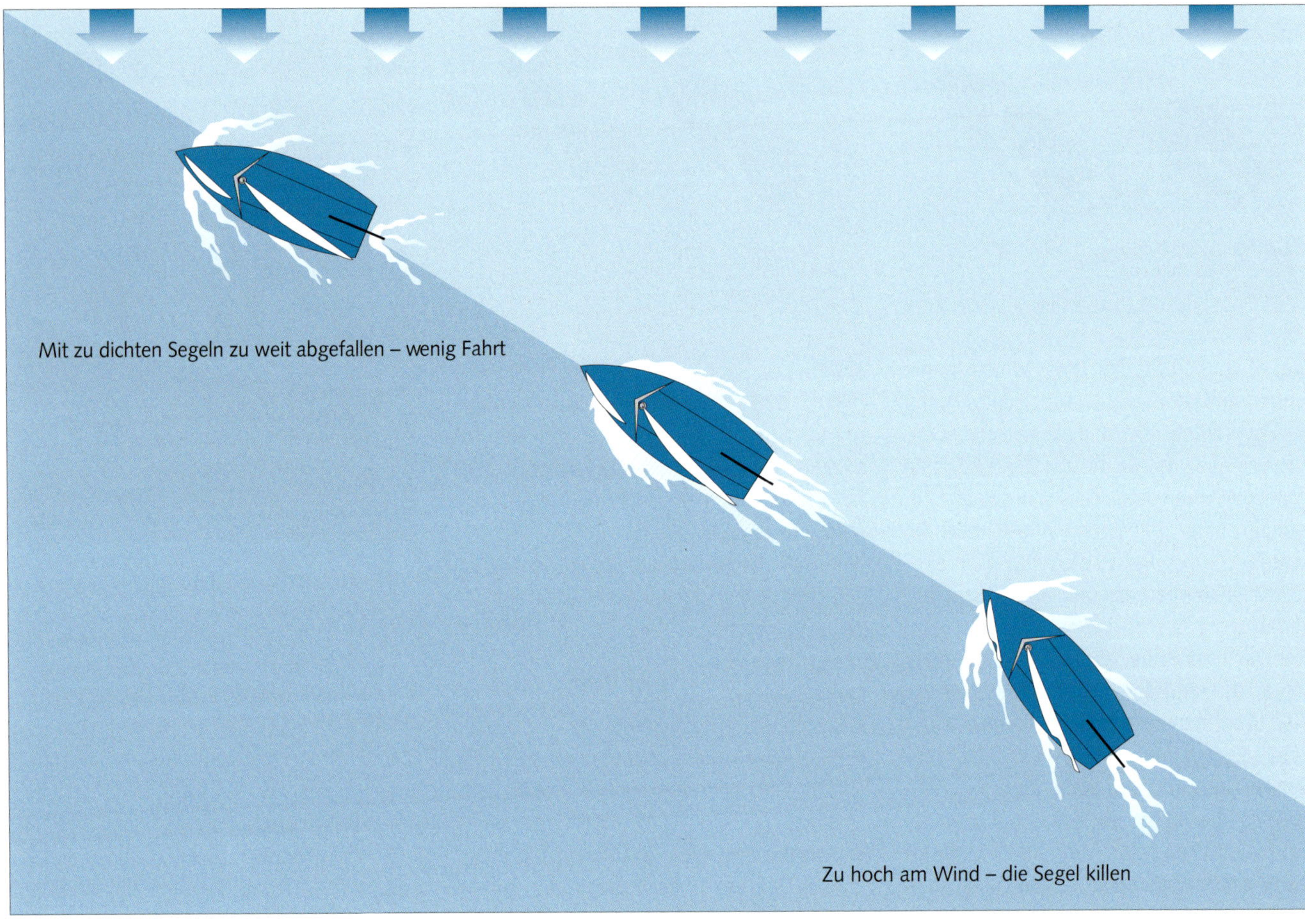

Die Position der Crew

Eine Jolle muss so aufrecht wie möglich gesegelt werden. Einmal, um die Abdrift so gering wie möglich zu halten. Zum anderen verringert sich bei Krängung, durch die seitliche Neigung des Riggs, die angestellte Segelfläche. Und das bedeutet: verringerte Fahrt.

Um aufrecht oder wenigstens nahezu aufrecht zu segeln, muss eine Jolle von ihrer Crew ausgeritten werden. Bei kräftiger Brise, indem sie sich weit heraushängt – oder der Vorschoter ins Trapez steigt. Bei weniger Wind, indem sie ihr Gewicht mehr zur Mittschiffsebene hin verlagert.

Die richtige Sitzposition von Steuermann und Vorschoter hängt von den Windverhältnissen ab.

- Leichter Wind: das Gewicht vor die Bootsmitte verlagern.

Dadurch kommt das breite Unterwasserschiff hinten etwas aus dem Wasser. Der Spiegel kann sich nicht festsaugen, und die Reibungswiderstand erzeugende benetzte Oberfläche wird kleiner.

- Kräftiger Wind: Die Crew konzentriert ihr Gewicht ungefähr im zweiten Drittel der Bootslänge.

So wird das Vorschiff entlastet und kann die Wellen besser nehmen.

Außerdem wirkt der auf diese Weise weiter nach achtern verlagerte Lateraldruckpunkt der Luvgierigkeit entgegen, die durch die stärkere Krängung zwangsläufig einsetzt.

SEGELN MIT HALBEM UND RAUMEM WIND

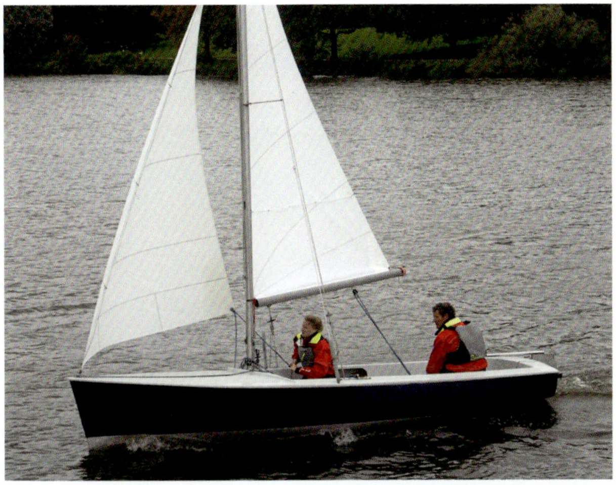

Mit halbem Wind …

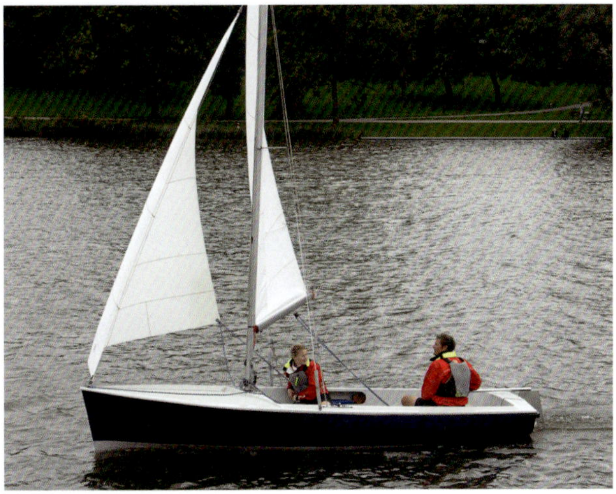

… und raumschots.

Die Segelstellung

Auf Halb-Wind-Kurs ist es meist noch möglich, das Großsegel optimal anzustellen. Auf raumeren Kursen geht das oft nicht mehr, weil Segel und Baum an Wanten und Saling anliegen.

- Das Großsegel so weit fieren, dass das Vorliek gerade noch nicht killt.

Häufiger Fehler: Das Vorsegel wird zu dicht gefahren. Die Vorschot ebenfalls so weit fieren, dass das Vorliek gerade noch nicht killt.

- In Böen nicht anluven – wie am Wind –, sondern abfallen.

Das Boot wird dadurch schneller, der scheinbare Wind an Bord weniger, obwohl der wahre Wind zugenommen hat. Im Übrigen richtet sich die Segelstellung nach dem zu steuernden Kurs. Schralen und Raumen wird nicht mehr mit dem Ruder korrigiert, weil man seinen anliegenden Kurs unbeirrt durchhalten kann, sondern mit den Schoten. Der Verklicker dient als verlässliche Orientierungshilfe für die Stellung des Großsegels.

Es sind dies die Kurse, auf denen der Baum zu steigen beginnt und das Großsegel verwindet. Der Segler spricht von Twist. Ein verwundenes (twistendes) Segel aber büßt erheblich an Wirksamkeit ein. Deshalb muss spätestens jetzt der Baumniederholer steif durchgesetzt werden.

Die Schwertstellung

Je raumer der Wind kommt, umso geringer wird die Abdrift. Entsprechend kann das Schwert aufgeholt werden, etwa zur Hälfte.

Dadurch verringern sich die benetzte Oberfläche und der Reibungswiderstand im Wasser. Das Boot wird schneller. Auch das Ruderblatt kann etwas aufgeholt werden.

Die Position der Crew

Um aufrecht zu segeln und größtmögliche Geschwindigkeit zu laufen, muss eine Jolle in Böen – zumindest auf Halb-Wind-Kurs – ebenfalls ausgeritten werden. Auch das Trapez kann auf diesem Kurs voll zum Einsatz kommen. Im Übrigen gilt für die Gewichtsverteilung der Crew das Gleiche wie beim Segeln am Wind.

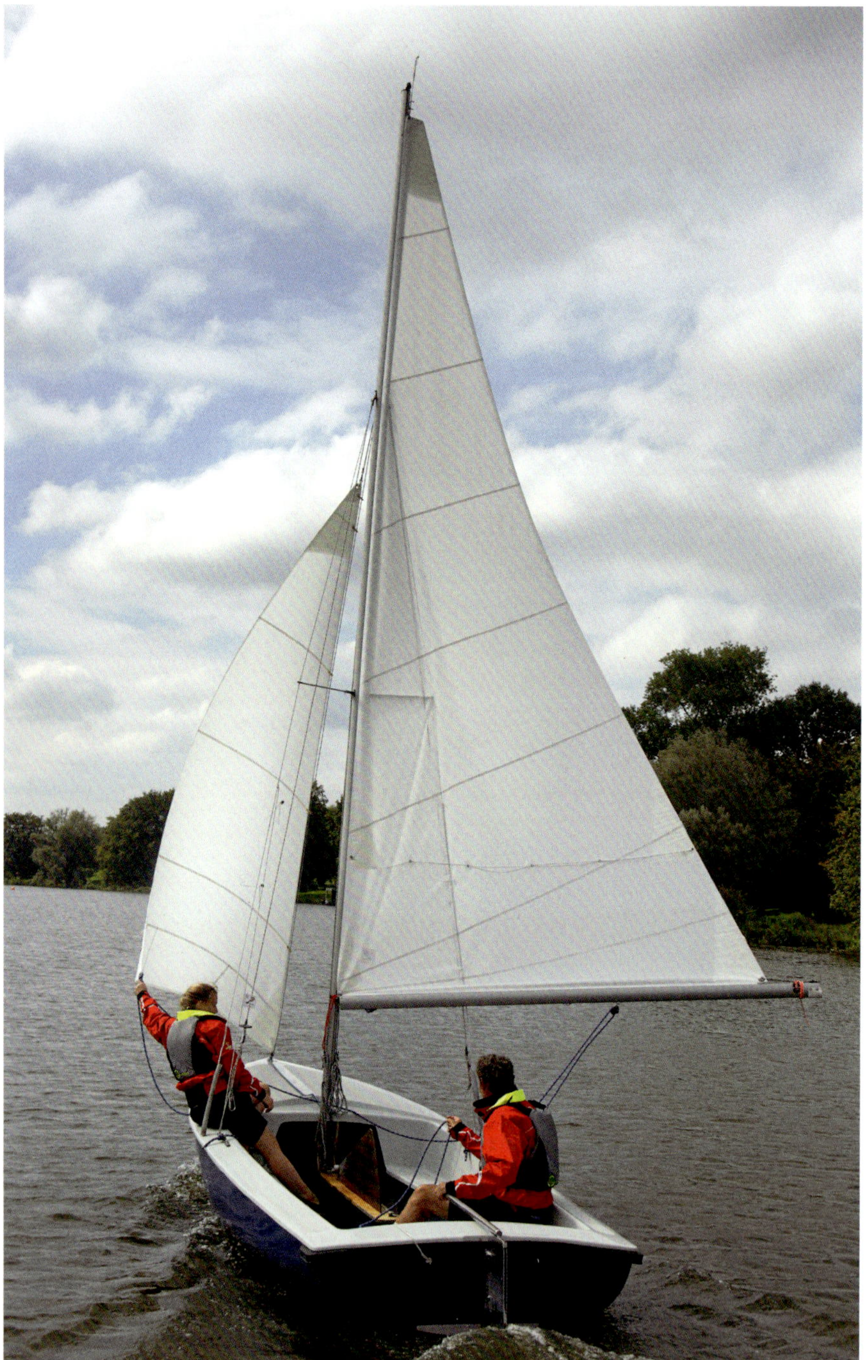

SEGELN VOR DEM WIND

Die Segelstellung

Der Wind kommt genau von achtern. Das Großsegel ist auf Steuerbord oder Backbord vollständig aufgefiert. Die Fock wird auf die gegenüberliegende Seite genommen – man nennt das auch Schmetterling – und entweder herausgehalten oder mit Bootshaken oder Paddel ausgebaumt. Dieser Kurs ist ideal für den Gebrauch eines Spinnakers.

Schulmäßig sitzt der Steuermann dem Großsegel gegenüber, während der Vorschoter den Baum in Lee sichert.

Vom Steuermann verlangt dieser Kurs bei frischem und besonders bei böigem Wind wache Aufmerksamkeit. Wenn er auf die Luvtendenz beim Einfallen einer Bö nicht sofort mit Gegenruder reagiert, kann ihm das Boot leicht aus dem Ruder laufen und mit einer »Patenthalse« das Großsegel auf die andere Seite herumschlagen. Dabei ist mit Jollen eine Kenterung möglich, auf größeren Booten Bruch im Rigg. Außerdem besteht auf Jollen immer die Gefahr, den Baum beim Übergehen an den Kopf zu bekommen.

Bei stärkerem Wind neigt das Boot zum Geigen, einem rhythmischen Krängen nach Luv und Lee. Auch dabei kann es leicht zu einer Patenthalse kommen.

Ein nicht so versierter Steuermann sollte deshalb bei mehr Wind lieber einen etwas raumeren Kurs steuern, auf dem nicht ständig die Gefahr einer Patenthalse droht. Gegebenenfalls muss er vor dem Wind kreuzen, sein Ziel mit zwei oder mehr Raumschots-Schlägen anlaufen.

Die Schwertstellung

Auch vor dem Wind gibt es eine leichte Abdrift. Sie wird zwar nicht mehr durch den quer gerichteten Winddruck aufs Segel erzielt, sondern durch die ungleiche Verteilung der Vortriebskräfte rechts und links vom Mast. Deshalb auch »platt vorm Laken« das Schwert etwas gefiert lassen, zumal es auch dem Geigen entgegenwirkt.

- Auf keinen Fall auf Vor-dem-Wind-Kurs das Ruderblatt aufholen, weil die geringe verbleibende Fläche in einer plötzlichen Bö vielleicht nicht mehr genügend Ruderwirkung hat, um rechtzeitig zu reagieren.

Die Position der Crew

Krängung braucht auf diesem Kurs nicht mehr ausgeglichen zu werden. Um das Großsegel besser beobachten zu können und im Griff zu haben, wird der Steuermann in Luv sitzen, der Vorschoter zum Ausgleich vorne am Mast in Lee, mit der Hand den Großbaum sichernd.

- Auf diesem Kurs ist der scheinbare Wind – wahrer Wind minus Fahrtwind – merklich geringer als der wahre Wind. Deshalb besteht eine gewisse Gefahr, bei auffrischendem achterlichem Wind die Windstärke beträchtlich zu unterschätzen und zu lange zu viel Segel zu führen. Luvt man dann an, wird man mitunter recht überrascht sein, wie stark es bläst und das Boot wegkrängt.

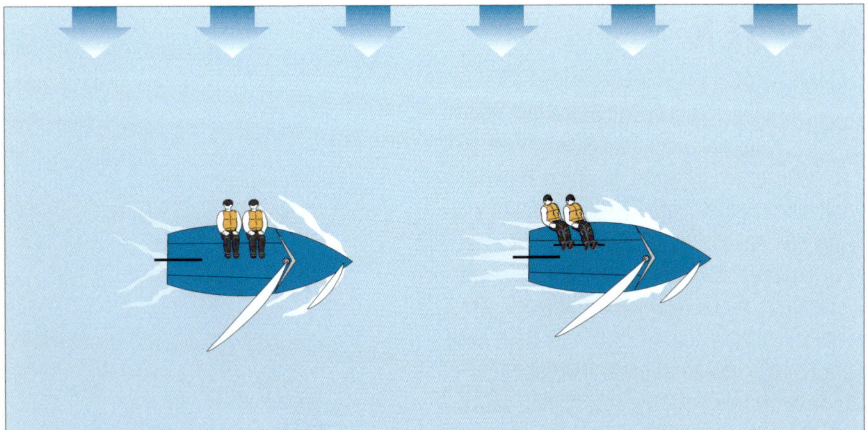

Ansetzen zum Gleiten: Schoten kurz dichtholen und nach achtern rutschen

GLEITEN

Alle modernen Jollen kommen – zumindest auf Raumschots-Kursen – ins Gleiten. Eine frische Brise vorausgesetzt, schieben sie sich langsam auf ihre Bugwelle, die Heckwelle reißt ab und wandert achteraus. Die vom Wasser benetzte Bodenfläche wird kleiner, dadurch verringert sich der Reibungswiderstand. Und plötzlich wird das Boot spürbar schneller. Es gleitet und kann jetzt ein Mehrfaches seiner Rumpfgeschwindigkeit erreichen.

Man spürt, wenn eine Jolle zum Gleiten ansetzen will, weil der Ruderdruck nachlässt. Die Besatzung rutscht nun weiter nach achtern, als sie normalerweise sitzt, um das Vorschiff zu entlasten. Meist genügt dann ein kurzes, aber nicht zu ruckweises Holen der Großschot, um das Boot aus Verdrängerfahrt in Gleitfahrt übergehen zu lassen.

Der Ruderdruck ist jetzt vollständig aufgehoben.

Meist wird es in einer Bö sein, dass die Jolle zum Gleiten ansetzt. Beginnt die Bö nachzulassen, etwas anluven und die Großschot behutsam weiter dichtholen. Dadurch erhöht sich die Geschwindigkeit des scheinbaren Windes, und das Boot wird weitergleiten. In der nächsten Bö dann wieder leicht abfallen und die Schoten etwas fieren.

Voraussetzung für Gleitfahrt ist, dass das Boot ganz oder nahezu aufrecht gesegelt wird. Deshalb ermöglicht ein Trapez viel länger – oder manchmal überhaupt erst – zu gleiten. Sowie die Jolle stärker krängt, sich also die angestellte Fläche des Segels verkleinert, wird sie in Verdrängerfahrt zurückfallen.

- Ursachen, die Gleitfahrt verhindern können:
  - Die Crew sitzt zu weit vorne.
  - Das Großsegel verwindet sich stark (der Baumniederholer muss mehr durchgesetzt werden).
  - Das Schwert ist nicht – zumindest halb – aufgeholt worden.

WENDEN

Wenden heißt, mit dem Bug durch den Wind gehen, oft auch als über Stag gehen bezeichnet. Wichtig ist, dass das Boot dabei genügend Fahrt behält und nicht mit dem Bug im Wind stehen bleibt, rückwärts treibt oder auf den alten Bug zurückfällt. Deshalb das Ruder nicht ruckartig und hart einschlagen, sondern langsam und weich. Sonst liegt das Ruderblatt schon quer, bevor das Boot überhaupt andrehen konnte, und stoppt gleich zu Anfang die Fahrt erheblich. Die Ruderlage muss sich dem Drehmoment des Bootes anpassen und darf ihm nicht vorauseilen. Ist das Boot auf die neue Lee-Seite abgefallen, sanft Gegenruder legen, um das Drehmoment aufzuheben. Geht ein Boot schwer durch den Wind – wie beispielsweise leichte Katamarane –, lässt man die Vorschot belegt und die Fock backkommen. Sie wird erst auf das Kommando »Über die Segel!« losgeworfen.

Wird die neue Lee-Fockschot zu früh dichtgeholt, kann sich die Fock backstellen und das Boot auf den alten Bug zurückfallen lassen. Hat sie jedoch erst voll Wind gefangen, ist sie, ohne Winsch, selbst auf kleineren Booten kaum noch dicht zu bekommen.

Kommandotafel Wenden

Klar zum Wenden!
Ist klar!
Ree!
Über die Segel!

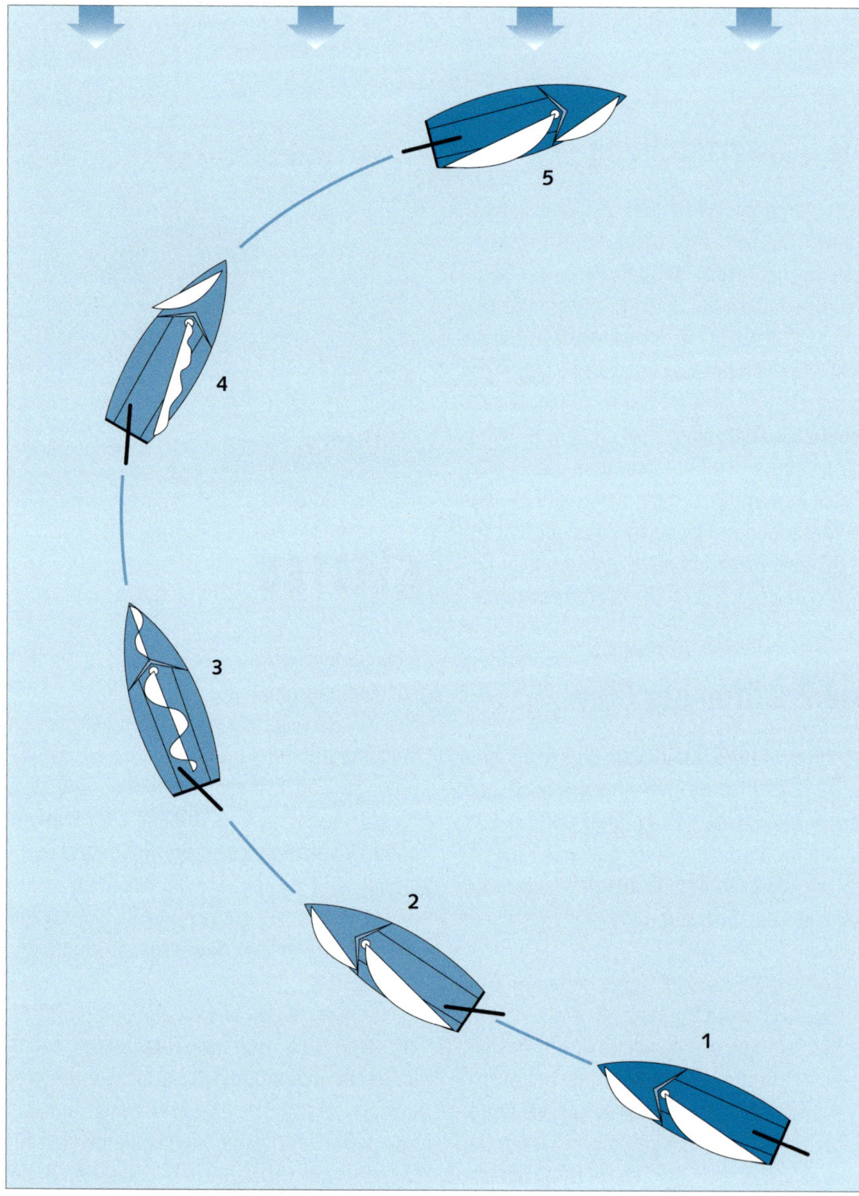

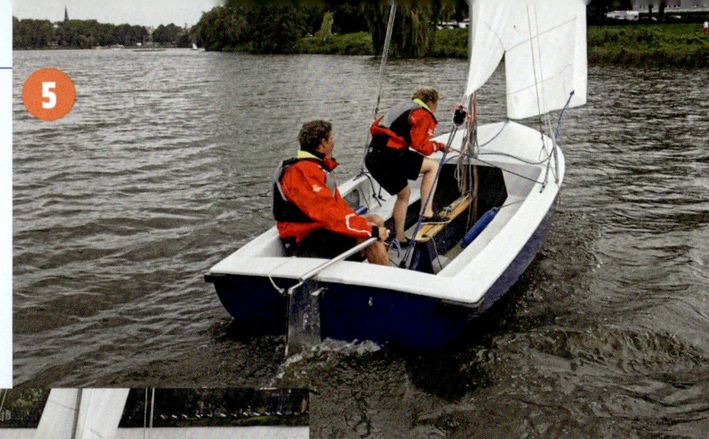

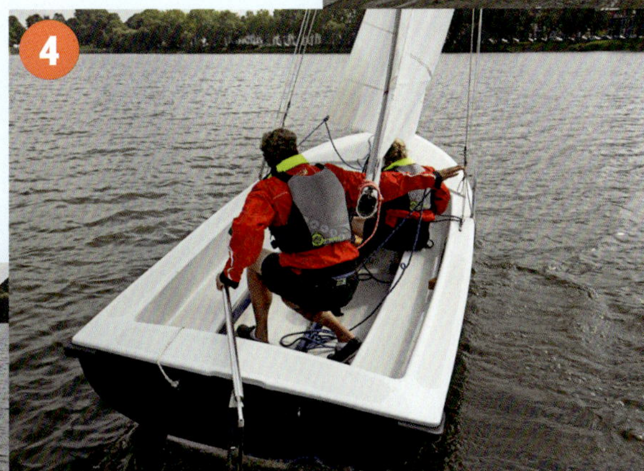

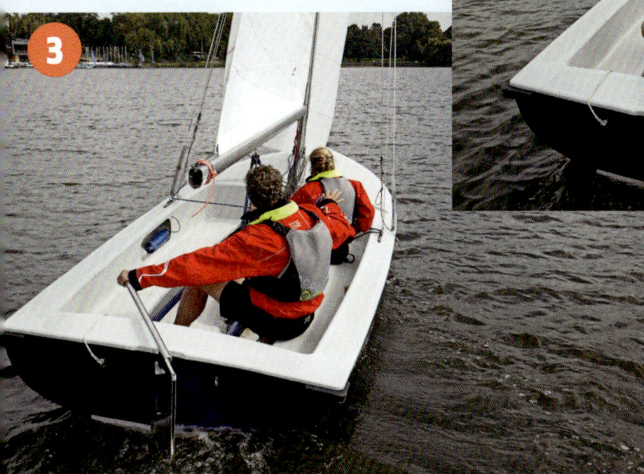

1 Anlaufen (hier im Bild) auf Backbord-Bug.

2 Gleichmäßig und leicht Ruder legen. Vorschoter bereitet Fockschoten und Gewichtsausgleich vor.

3 Das Boot liegt im Wind, das Ruder bleibt gelegt, die Fock weiterhin back.

4 Das Großsegel füllt sich, der Steuermann wechselt hinter dem Rücken die Ruderhand, der Vorschoter macht Gewichtsausgleich und nimmt die Fock auf die neue Leeseite.

5 Pinne mittschiffs, Sitzpositionen einnehmen und Schoten kontrollieren. Ablaufen über Steuerbord-Bug.

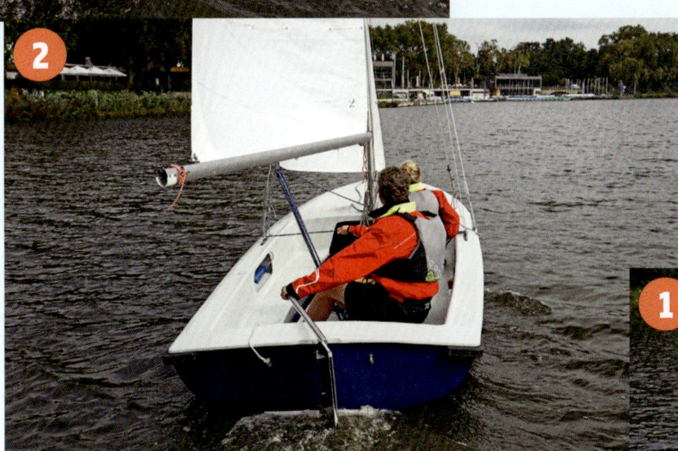

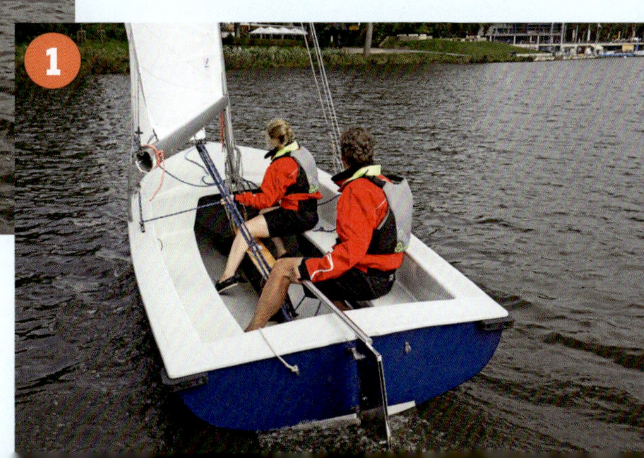

HALSEN

Halsen heißt, mit dem Heck durch den Wind gehen.

Zunächst so weit abfallen, bis das Boot genau vor dem Wind segelt. Die Großschot entsprechend auffieren. Dann die Schot gleichmäßig dichtholen, bis der Baum mittschiffs steht. Das Ruder langsam und leicht so weit legen, dass der Baum von selbst übergeht. Nun blitzschnell die Schot fieren. Sie muss sofort nachgeben, wenn Kraft darauf kommt. Der Steuermann muss bei »Rund achtern!« darauf gefasst sein, dass das Boot durch das übergehende Großsegel schlagartig eine scharfe Drehtendenz nach der neuen Luvseite hin erhält. Wenn er in diesem Augenblick nicht Gegenruder – auch Stützruder genannt – gibt, gerät es gleich darauf mit der noch angeholten Großschot quer zum Wind. Die nach außen gerichtete Zentrifugalkraft kommt hinzu, und das Boot kann kentern.

Unbedingt das Boot so lange vorm Wind halten, bis die Großschot auf der neuen Leeseite bis in die Stellung vor dem Wind aufgefiert worden ist. Erst danach kann wieder angeluvt, die Großschot entsprechend angeholt und auf den gewünschten Kurs gegangen werden.

Kommandotafel Halsen

Klar zum Halsen!
Ist klar!
Fier auf die Schoten!
Hol dicht die Großschot!
Rund achtern!
Fier auf die Großschot!
Hol an die Schoten ...Wind!

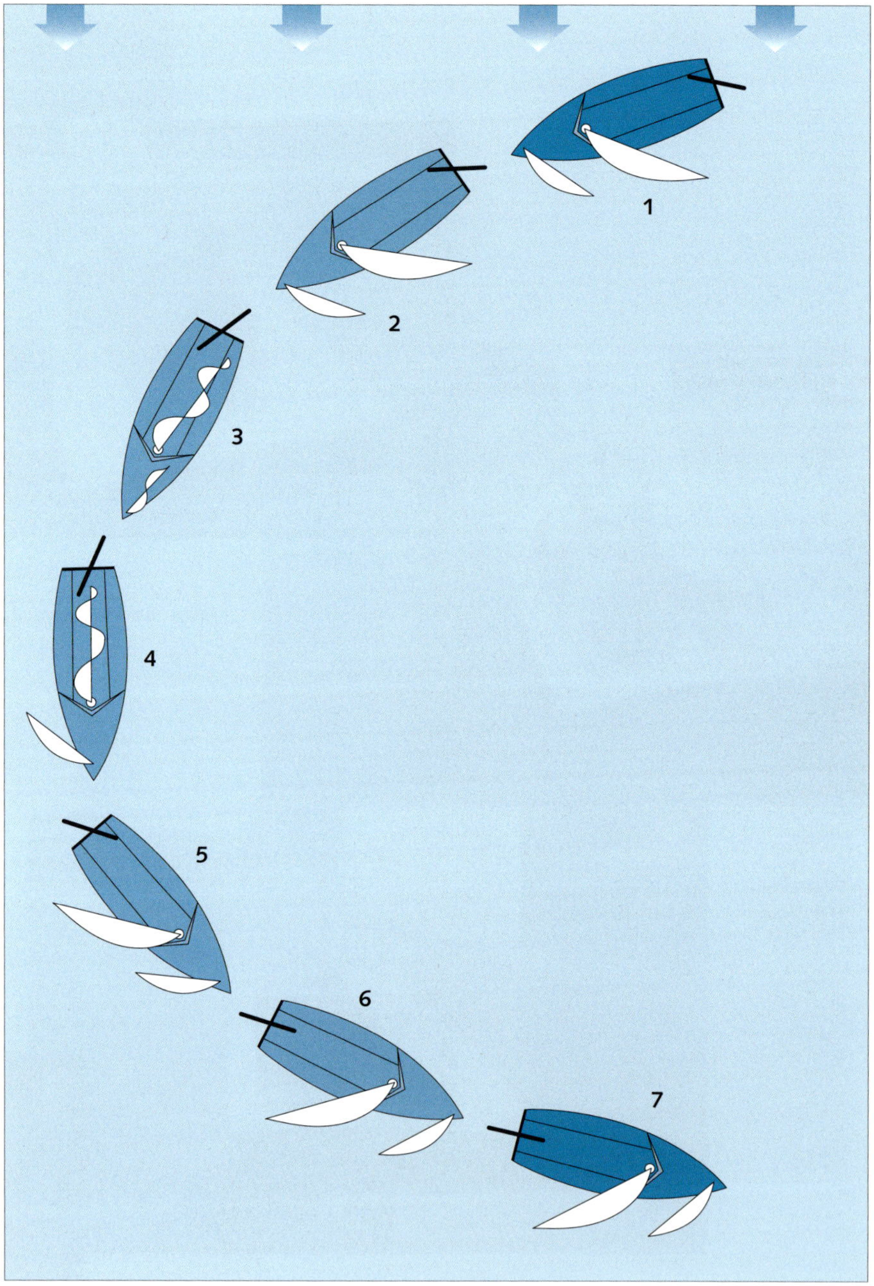

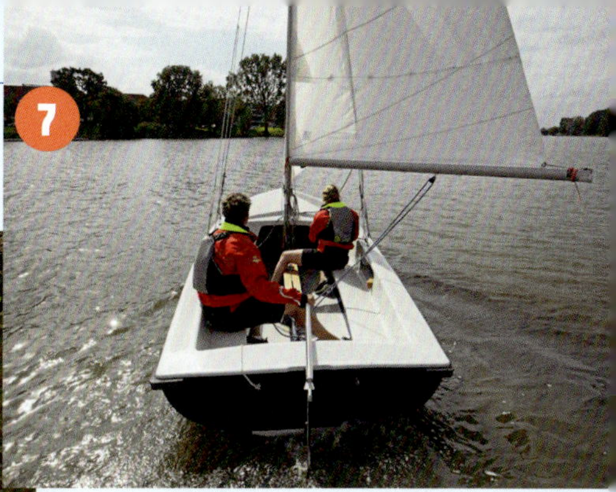

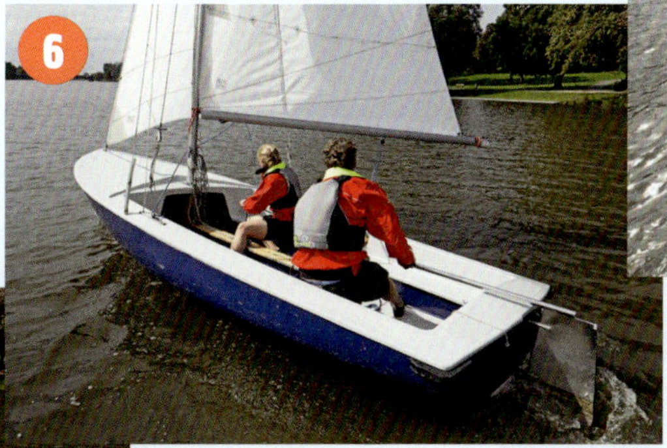

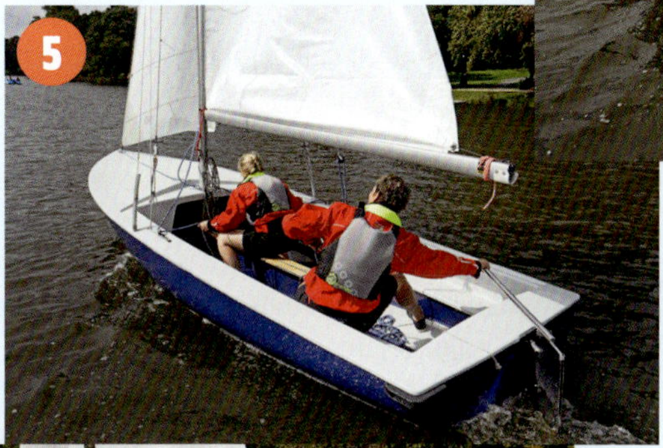

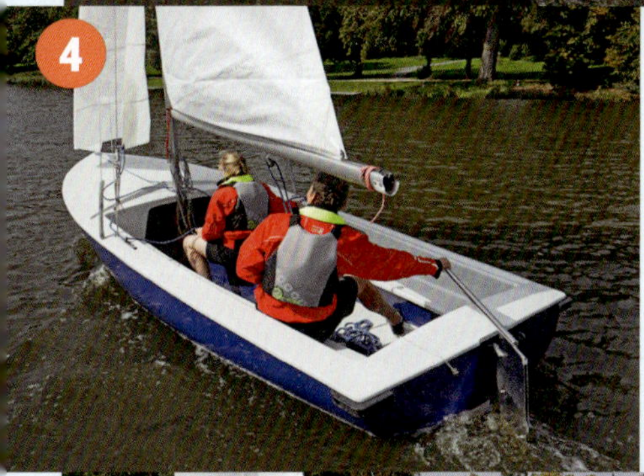

1 Raumschots-Kurs auf Backbord-Bug. Der Steuermann sitzt in Luv, der Vorschoter sorgt für Gewichtsausgleich.

2 Die Großschot ist gefiert, der Steuermann klemmt die Pinne zwischen die Beine und beginnt mit dem Dichtholen der Großschot.

3 Das Boot nimmt Fahrt auf, die Großschot schnell dichtholen und weiter abfallen …

4 … hinsetzen und auf das Stützruder vorbereiten. Die Fock wechselt die Seite.

5 Rund achtern! Der Baum schwingt hinüber, die Großschot schnell fieren und Stützruder als Gegenbewegung zum starken Anluven geben.

6 Die Großschot ist gefiert, der Pinnendruck kompensiert.

7 Neuer Kurs: Raumer Wind auf Steuerbord-Bug.

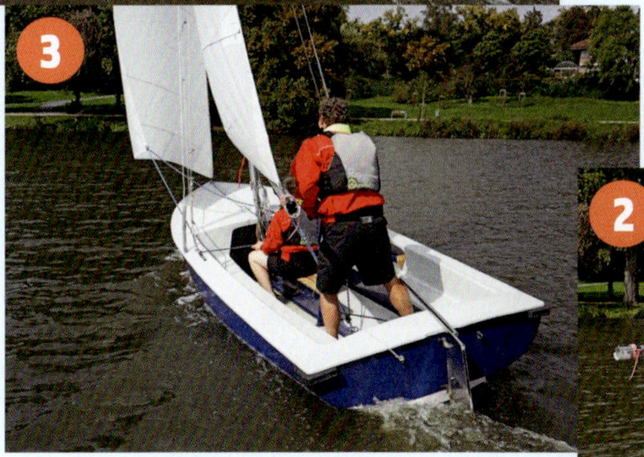

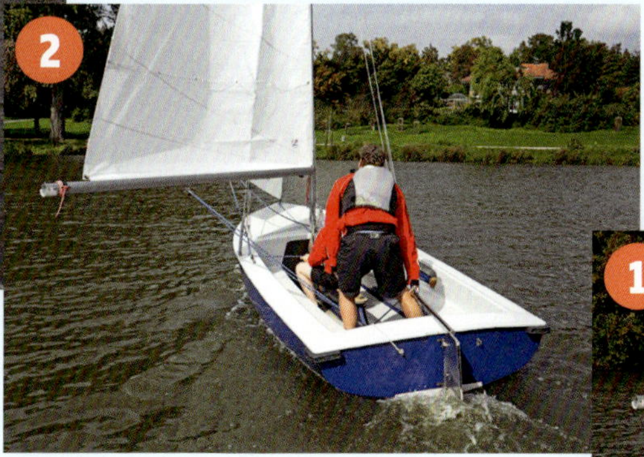

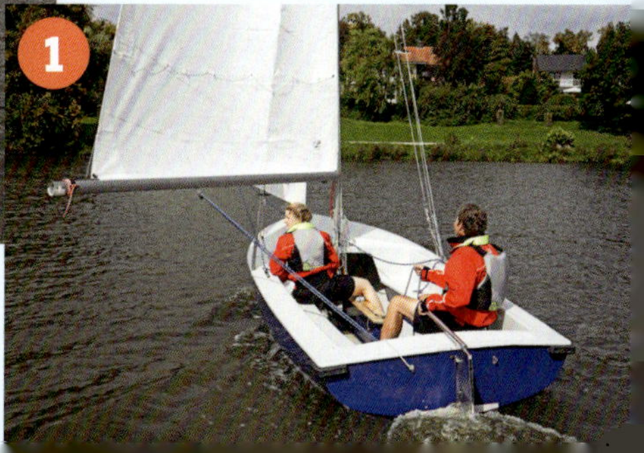

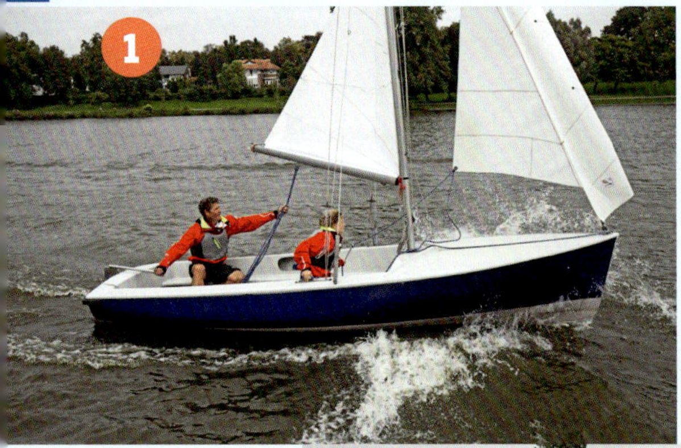

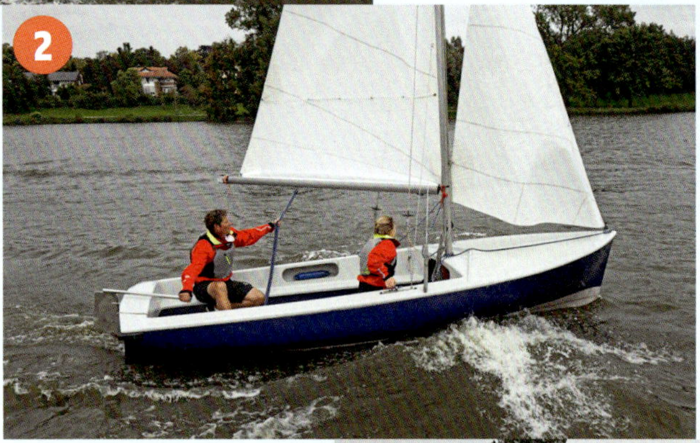

Die Regattahalse

Als Regattahalse bezeichnet man die Methode, auf Jollen und kleinen Kielbooten mit leichten Bäumen beim Schiften die Großschot einfach gefiert zu lassen. Der Steuermann sitzt in Lee, greift oben um die Schot und nimmt das Segel von Hand, mit etwas Schwung, auf die andere Seite rüber. Das Stützruder darf natürlich auch hierbei nicht vergessen werden. Der Vorschoter muss darüber hinaus für den richtigen Gewichtsausgleich sorgen.

Die Regattahalse ist aber nur bei leichteren Winden praktikabel und etwas für erfahrene Segler.

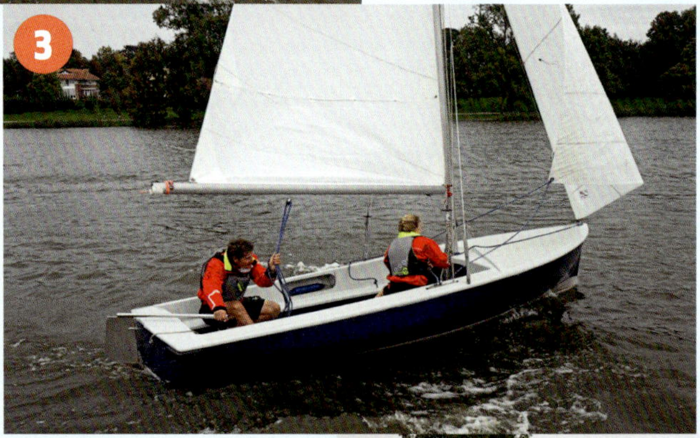

1 Platzwechsel auf Raumschots-Kurs, Ruder legen, Großschot umfassen …

2 …Vorschoter auf den Schwertkasten …

3 … die Fock herüberholen und das Großsegel kontrolliert …

4 … auf die neue Leeseite werfen, das Stützruder sollte nicht fehlen.

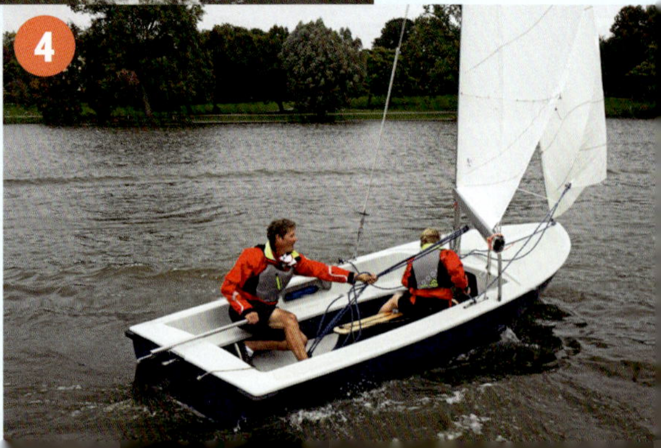

Die Gefahrenhalse

Sie wird vom Ausgangskurs am Wind gefahren. Sie geht von der Annahme einer gefährlichen Situation aus, die einen abrupten Kurswechsel nach Lee verlangt, weil in Luv kein Raum zum Wenden ist. Eine Situation, wie es sie in engen Fahrwassern, Hafenbecken, aber auch beim Regattasegeln häufiger gibt.

Die Großschot wird kurz losgegeben und hart Lee-Ruder gelegt. Das Boot beginnt mit einer scharfen Drehung fast auf der Stelle. Der Steuermann muss zur neuen Luvseite gewechselt haben, bevor das Großsegel mit dem Schiften beginnt. Beim Schiften sofort kräftig Stützruder legen und die Schot ausrauschen lassen. Erst nachdem die Großschot voll aufgefiert worden ist, wieder anluven, die Schoten anholen und auf Kurs gehen.

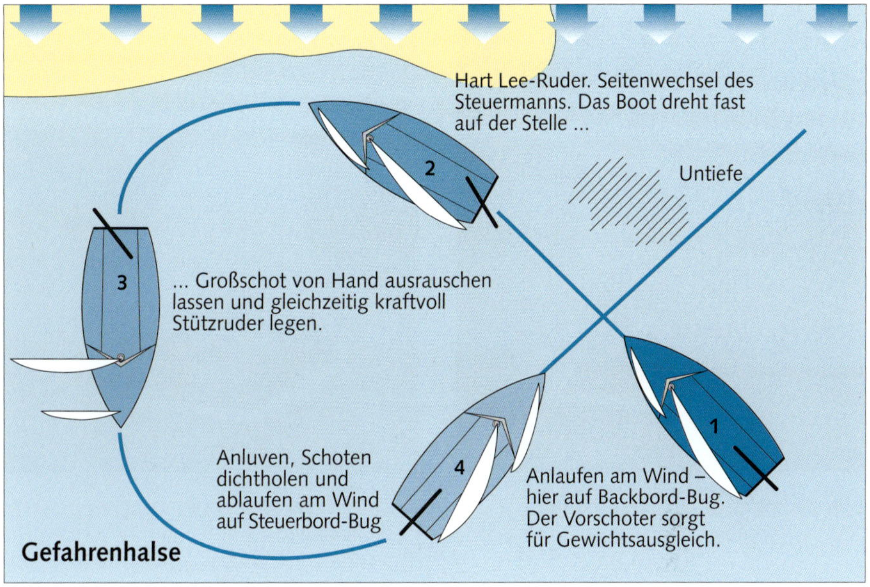

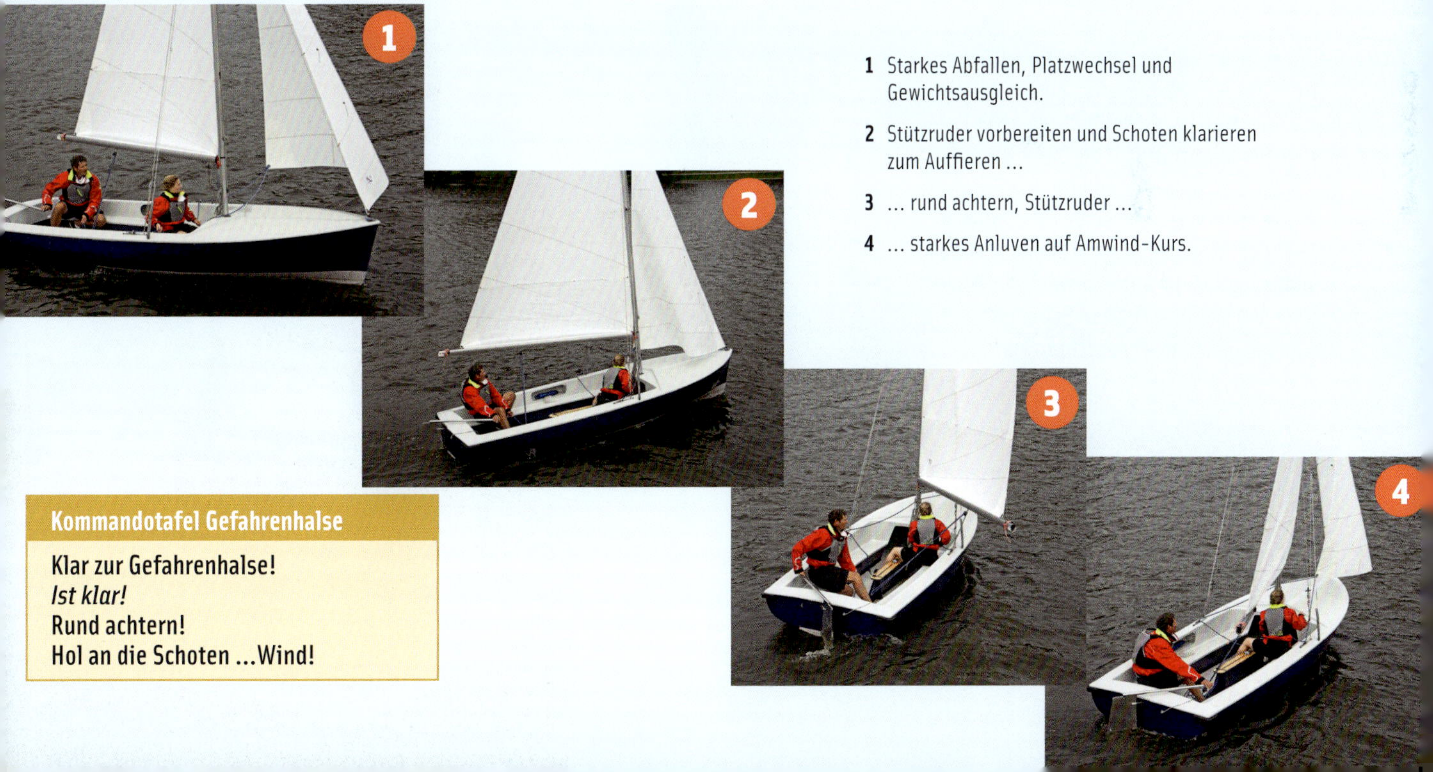

1 Starkes Abfallen, Platzwechsel und Gewichtsausgleich.

2 Stützruder vorbereiten und Schoten klarieren zum Auffieren …

3 … rund achtern, Stützruder …

4 … starkes Anluven auf Amwind-Kurs.

Kommandotafel Gefahrenhalse

Klar zur Gefahrenhalse!
Ist klar!
Rund achtern!
Hol an die Schoten …Wind!

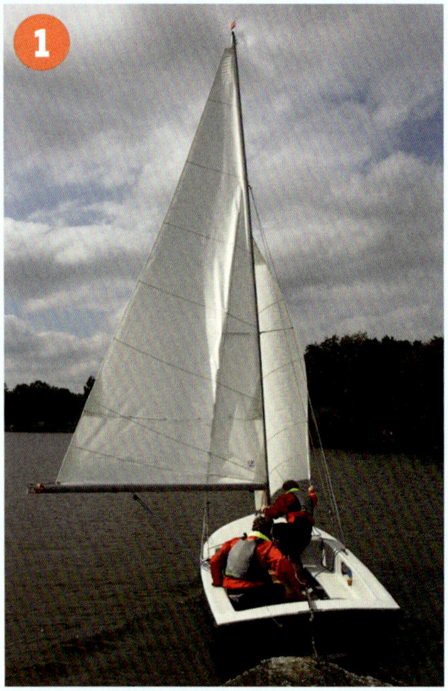

1 Vor dem Wind, Wind von Steuerbord.

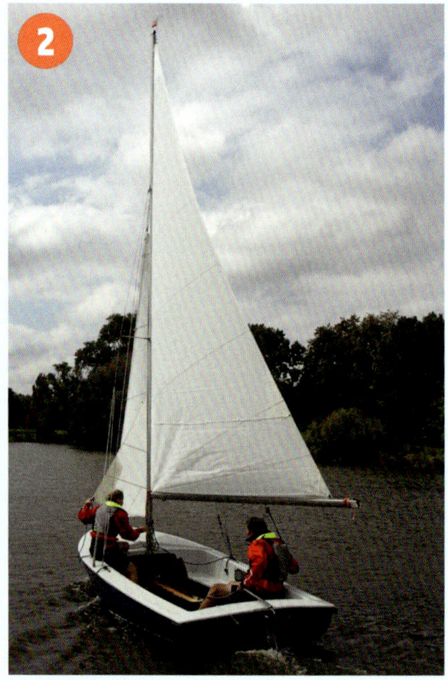

2 Platzwechsel der Crew, Großsegel kontrolliert herumwerfen.

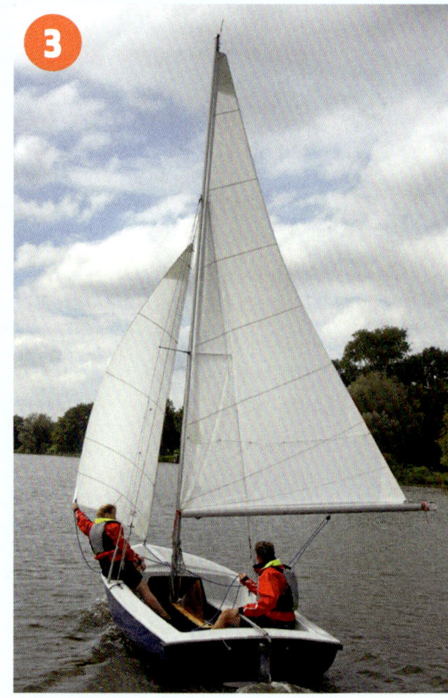

3 Vor dem Wind, Wind von Backbord.

SCHIFTEN

Schiften bedeutet das Wechseln der Segelseite unter Beibehaltung des Kurses vor dem Wind. Schiften ist auch die Phase beim Halsen, in der das Großsegel die Seite wechselt, der Baum also herumschwingt.
Das Wechseln der Segelseite kann notwendig sein bei Winddrehungen, aber auch beim Regattasegeln, um zum Beispiel die Bahnmarken auf der bevorteilten Seite ansteuern zu können oder das Wegerecht zu erzwingen.

Kommandotafel Schiften

Klar zum Schiften!
Ist klar!
Hol dicht die Großschot!
Rund achtern!

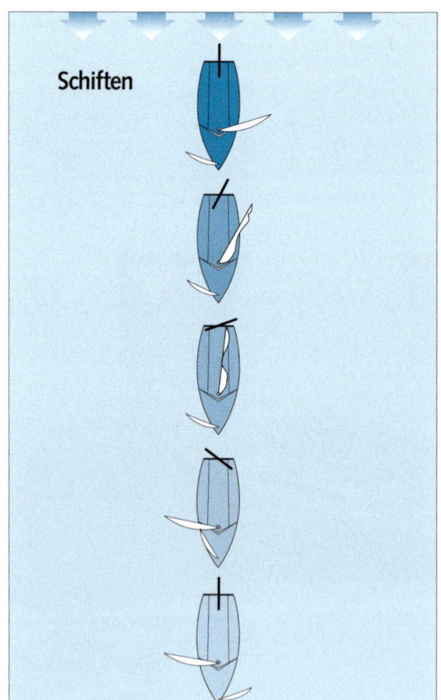

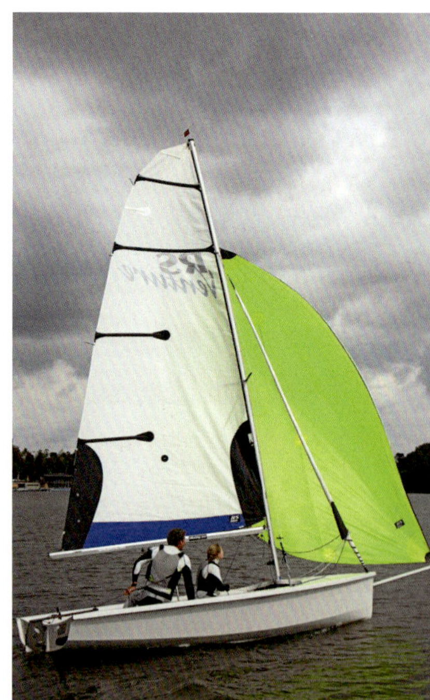

DIE Q-WENDE

Erscheint bei starkem Wind das Halsen zu riskant, kann man sich mit der Q-Wende helfen. Statt mit dem Heck durch den Wind zu gehen, wird vom Raumschots-Kurs aus angeluvt bis an den Wind, dann regulär gewendet und wieder gleichmäßig abgefallen. So entsteht ein Bogen, bei dem man sein eigenes Kielwasser kreuzt und am Startpunkt des Manövers wieder herauskommt. Deshalb nutzt man die Q-Wende auch als Rettungsmanöver beim Mensch-Über-Bord-Manöver.

Kommandotafel Q-Wende

Klar zur Q-Wende!
Ist klar!
Ree!
Über die Segel!
Fier auf die Schoten ...Wind!

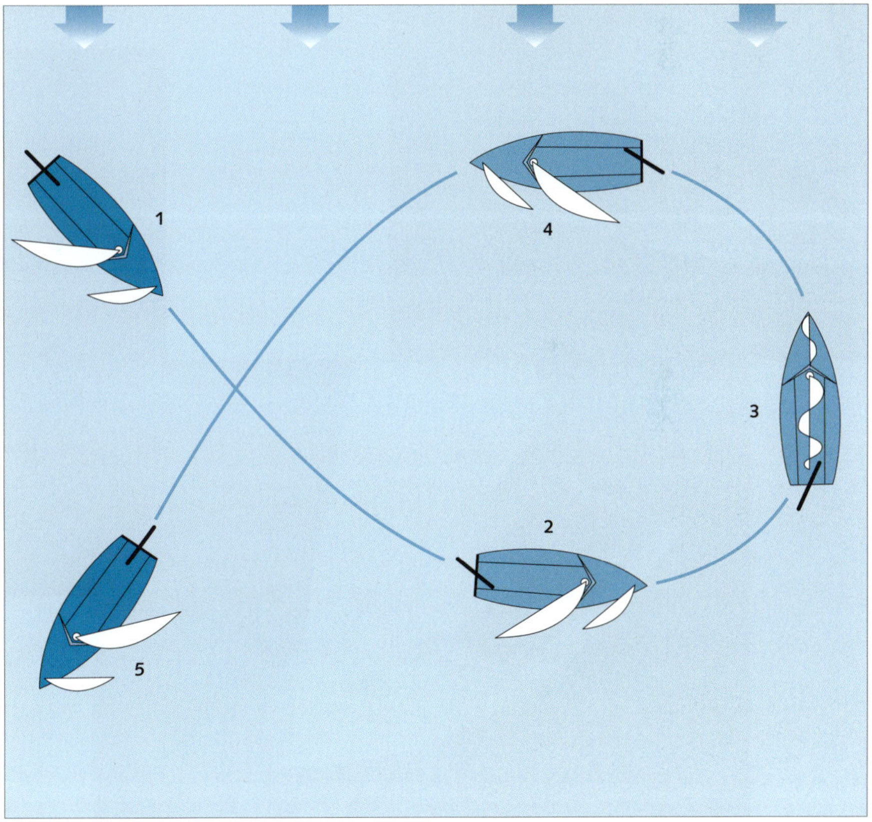

Typische Anfängerfehler Q-Wende

Ansetzen zum Wenden aus einem raumeren Kurs, bevor das Boot am Wind läuft. Wenn nicht gleichzeitig die Schoten dichtgeholt werden, verliert man bei dem langen Andrehen zu viel Fahrt. Aus dem Wenden wird ein Aufschießer.
Zu harte Ruderlage bremst zu stark: Das Boot bleibt im Wind liegen.
Das Boot segelt mit zu wenig Fahrt zu hoch am Wind: Es »verhungert« in der Wende.
Die Fockschot wird zu früh losgeworfen: Das Vorsegel killt fahrthemmend, statt noch Vortrieb zu liefern beziehungsweise das Drehmoment zu verstärken.
Zu weites Abfallen nach dem Wenden mit für einen Am-Wind-Kurs dichtgeholten Schoten.

Typische Anfängerfehler Halsen

Die Großschot wird schon dichtgeholt, obwohl das Boot noch nicht vor dem Wind liegt: Das Segel geht nicht über, starke Drehtendenz nach Luv.
Nach »rund achtern« kein Stützruder gegeben: bei stärkerer Brise akute Kentergefahr.
Zu hart und lange Stützruder gelegt: Das Boot fällt auf den alten Bug zurück, der Großbaum schlägt zurück. Kentergefahr und gefährlich fürs Rigg.
Das Schwert ist vollständig gefiert, dadurch erhöht sich die Kentergefahr erheblich.

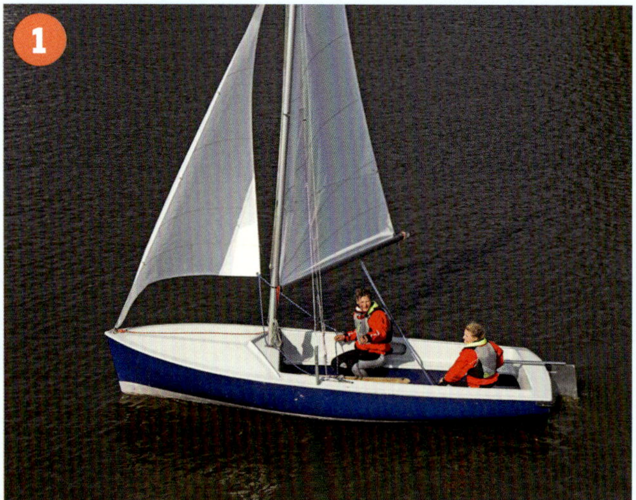

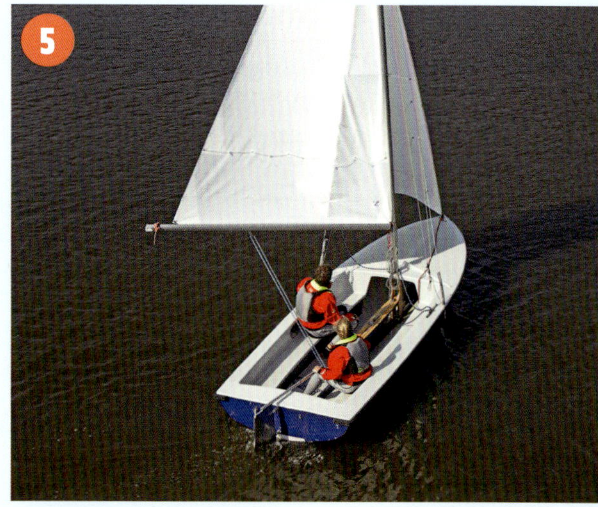

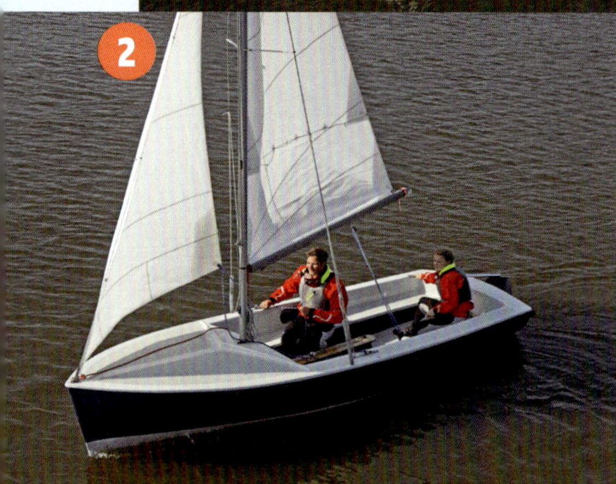

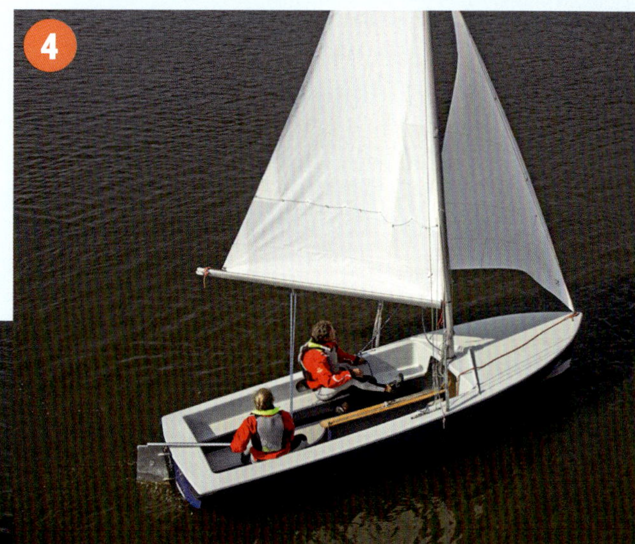

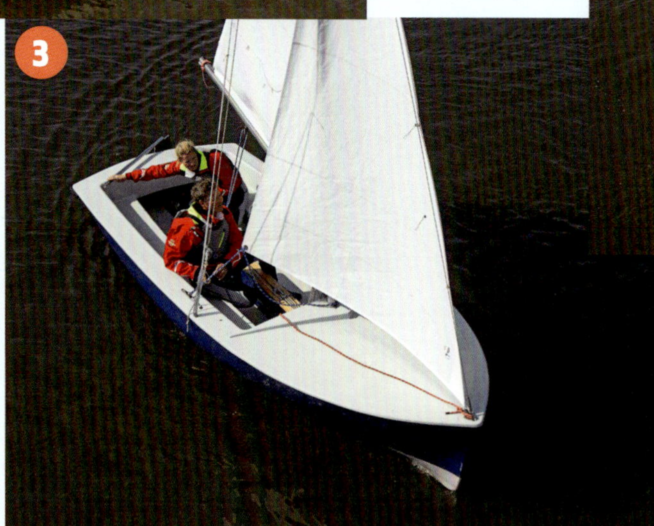

1 Raumer Wind auf Steuerbord-Bug, Vorschoter macht Gewichtsausgleich.

2 Anluven, Schoten mitführen, Fahrt im Schiff behalten.

3 Wenden mit anschließendem Abfallen …

4 … auf Raumschots-Kurs.

5 Raumer Wind auf Backbord-Bug.

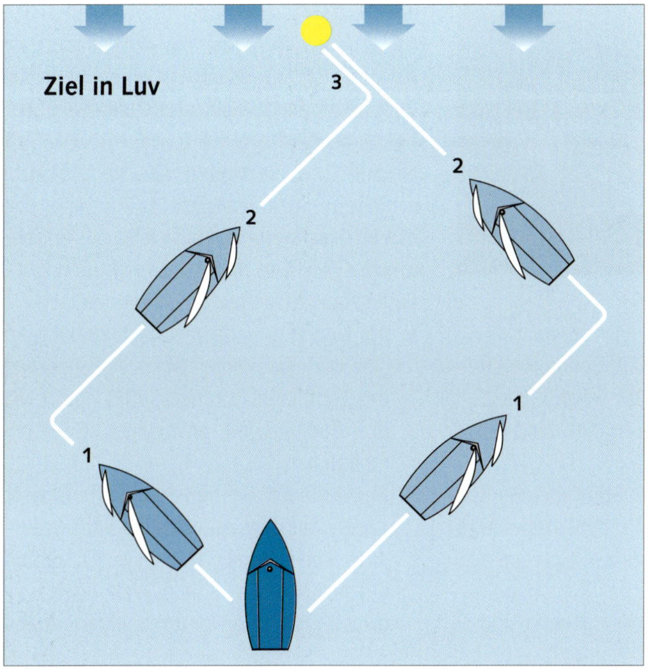

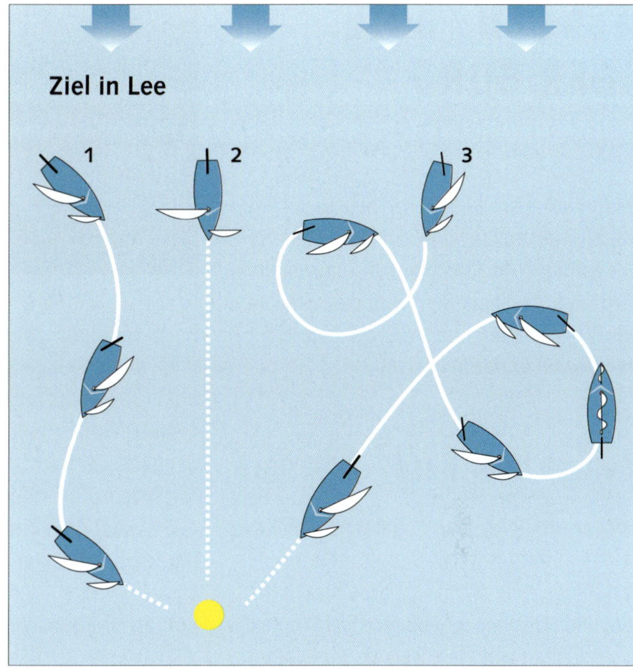

KREUZEN

Kreuzen heißt, abwechselnd über Backbord- und Steuerbord-Bug segelnd, im Zickzackkurs an ein Ziel gelangen, das in Luv liegt.

Schlag ist der jeweils auf einem Bug zurückgelegte Weg. Allgemein gilt, so hoch wie möglich am Wind zu segeln. Sobald eine Bö einfällt, anluven, um mehr Höhe herauszuschinden.

Wenn der Wind schralt, man also abfallen muss, ist es meist günstiger, sofort zu wenden, weil man nun auf dem neuen Bug mehr Höhe laufen, vielleicht das Ziel sogar fast anliegen kann.

Man kann mit wenigen langen oder mit mehreren kurzen Schlägen aufkreuzen. Bei konstant aus einer Richtung wehendem Wind kommt man mit langen Schlägen schneller an, weil jedes Wenden Fahrtverlust bringt. Bei einer häufiger schwankenden Windrichtung sollte man sich mit seinen Schlägen besser nicht allzu weit von der Windachse entfernen.

Im Allgemeinen gilt:

Beim Aufkreuzen dann wenden, wenn das Ziel querab liegt. Nur vor dem letzten Schlag direkt auf das Ziel zu sollte man es stets achterlicher als querab haben. Sonst wird man es unter Umständen noch nicht anliegen können, weil das Boot beim Wenden etwas zurückgefallen ist oder aber weil Abdrift durch Strömung oder Wind stärker waren als geglaubt.

Ziel in Lee

Liegt das Ziel, das man erreichen möchte (z. B. eine Boje oder Steg), in Lee, so hat man drei Möglichkeiten:

1. Durch mehrere Halsen sich diesem Ziel zu nähern. Katamarane »kreuzen« grundsätzlich raumschots mit Speed nach Lee. Auch erfahrene Regattasegler mit Gennaker-Jollen nutzen diese Manöverfolge. Auf Raumwind-Kurs gleiten die Jollen mit hoher Geschwindigkeit.
2. Platt vor dem Wind segeln (Schmetterling). Nicht ganz ungefährlich für Anfänger bei stärkerem Wind. Regattaboote, die mit Spinnaker segeln, fahren »platt vorm Laken« mit guter Geschwindigkeit. Die Strecke zur Boje ist die kürzeste, dafür ist die Geschwindigkeit relativ gering.
3. Eine Folge von Q-Wenden. Die sicherste, aber auch zeitaufwendigste Art nach Lee zu »kreuzen«.

MENSCH / BOJE ÜBER BORD

Der Ruf »Mensch über Bord« besagt auf See, dass sich jemand in unmittelbarer Lebensgefahr befindet. Um jede Verwechslung mit dem Ernstfall auszuschließen, wird das schulmäßige Üben dieses Ernstfalls als Boje-über-Bord-Manöver bezeichnet.

Mensch über Bord – was tun?

Ist aber wirklich jemand über Bord gefallen, ist das auf einer leicht und schnell manövrierfähigen Jolle nicht allzu problematisch. Boot und Schwimmer bleiben in Sichtkontakt. Es wird kaum viel mehr Zeit als eine Minute vergehen, und das Boot ist wieder bei ihm. Anders sieht es auf einer (größeren) Kielyacht aus, die mehr Raum und Zeit für ihre Manöver benötigt.

Beim Ruf »Mensch über Bord« sofort

- abfallen
- Rettungsboje mit Leine nachwerfen,
- ein Crewmitglied bestimmen, das nichts weiter zu tun hat, als den über Bord Gefallenen im Auge zu behalten.

Das Manöver

Das Mensch-über-Bord-Manöver ist eines der wenigen Segelmanöver, bei denen es katastrophale Folgen haben kann, wenn man sie nicht sicher beherrscht. Wenn beispielsweise ein An- oder Ablegemanöver mal nicht so richtig klappt, so zeugt dies zwar von mangelnder Seemannschaft, ist aber im Vergleich mit einem misslungenen Mensch-über-

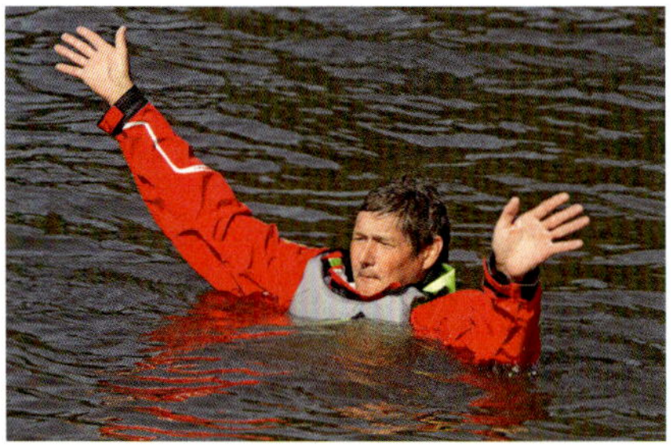

Bord-Manöver verzeihlich. Deshalb kann dieses Manöver gar nicht oft genug als Boje-über-Bord-Manöver geübt werden. Insbesondere unter erschwerenden Wind- und Seegangsverhältnissen.

Nach dem Ruf »Mensch / Boje über Bord!« gilt es, mit dem Boot auf schnellstem Wege innerhalb kürzester Zeit zum Ausgangspunkt zurückzukehren und dort das Boot zum Stehen zu bringen. Versuche mit verschiedenen Bootsklassen haben gezeigt, dass das Nahezu-in-den-Wind-Schießen die beste Methode ist, bereits nach wenigem Üben das Boot an einem gewünschten Punkt zum Stehen zu bringen.

Es gibt zwei Versionen des Nahezu-Aufschießens. Grundsätzlich sollte man das direkte, schnellere Manöver (1) fahren. Allerdings gilt es dabei, den richtigen Zeitpunkt zum Aufschießen zu erkennen.

- Anluven zum Nahezu-Aufschießer, wenn sich Mann oder Boje etwa in Verlängerung des Großbaums befindet. Das sind etwa drei Bootslängen, bevor man den Mann querab hat.
- Nur wenn der richtige Zeitpunkt verpasst wurde: auf dem anliegenden Halb-Wind-Kurs weitersegeln (Manöver 2). Befindet sich Mensch / Boje querab, noch etwa drei Bootslängen unter leichtem Anlu-

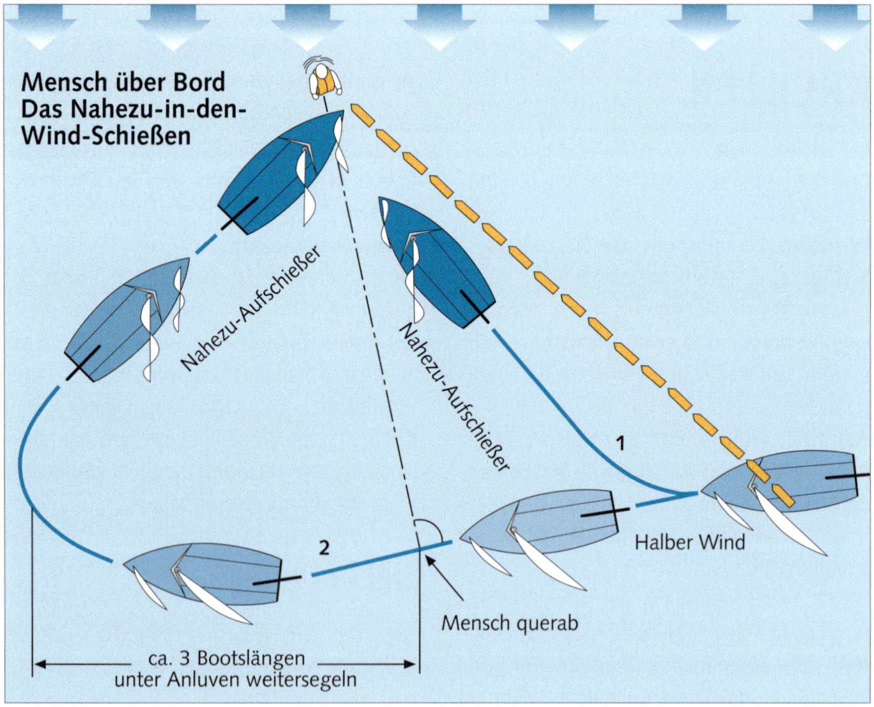

ven weiterlaufen, wenden und auf dem anderen Bug den Nahezu-Aufschießer fahren. Weiterlaufen und wenden bedeuten natürlich immer einen Zeitverlust.

- Der Vorteil des Nahezu-Aufschießers: Durch kurzes Holen und Fieren der Schoten lässt sich der Auslauf des Bootes beeinflussen (beim Direkt-Aufschießer nicht).

Meistens wird es bei hartem Wind geschehen, dass jemand außenbords geht. Eine Situation also, in der Halsen zu riskant sein kann. Zumal noch allgemeine Nervosität und die um den über Bord Gefallenen geschwächte Crew einkalkuliert werden müssen. Deshalb sind schulmäßige Rettungsmanöver folgendermaßen zu fahren:

Kommandotafel Mensch über Bord

Boje (Mensch) über Bord an Stb/Bb!
Boje (Mensch) über Bord an Stb/Bb!
Fier auf die Schoten auf raumen Wind!
Klar zur Q-Wende!
Ist klar!
Ree!
Über die Segel!
Fier auf die Schoten auf halben Wind!
Los die Schoten!
Boje (Mensch) ist gefasst!

- Ausgangskurs am Wind bis halber Wind – sofort auf Kurs raumer Wind gehen, dann Q-Wende, wieder Halbwind-Kurs bis zum Nahezu-Aufschießer.
- Ausgangskurs raumer Wind bis vor dem Wind – entweder auf Raumwind-Kurs bleiben beziehungsweise vom Vor-dem-Wind-Kurs aus anluven auf raumer Wind, dann Q- Wende, wieder Halbwind-Kurs bis zum Nahezu-Aufschießer.

Anschließend sollte sich der über Bord Gefallene auf der Luvseite des Bootes befinden.

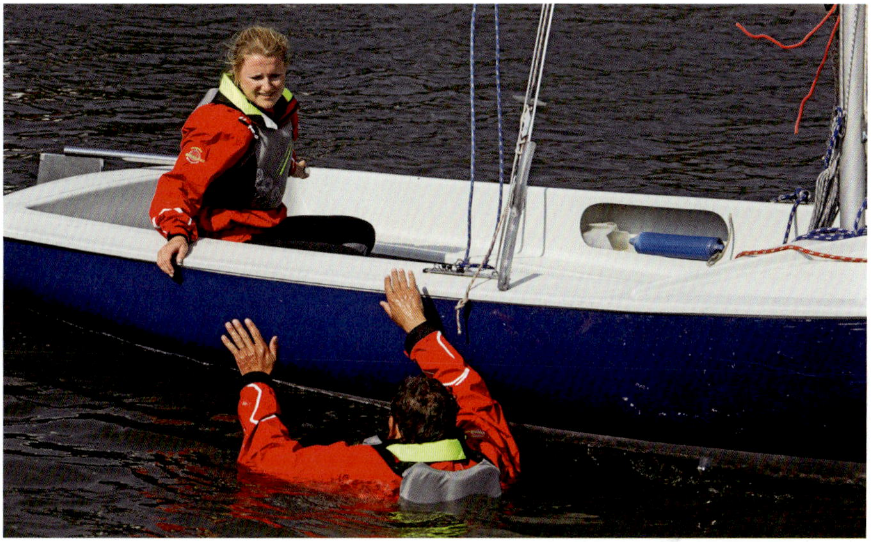

Das Boot soll so zum Stehen gebracht werden, dass sich Mensch (oder Boje) etwa in Höhe der Wanten oder des Cockpits befindet. Es gibt nämlich einen entscheidenden Unterschied zwischen dem schulmäßigen Boje-über-Bord-Manöver und dem realistischen Mensch-über-Bord-Manöver, auch auf Jollen. Schulmäßig wird das Manöver zu zweit gefahren. In der Segelpraxis jedoch muss meistens einer allein zurechtkommen, denn seine »zweite Hand« ist ja außenbords gegangen. Er hat neben Pinne und Großschot also auch noch die Fockschoten zu bedienen. Das macht deutlich, wie wichtig es ist, das Boot nicht vor, sondern neben der »Boje« zum Stehen zu bringen. Andernfalls müsste sich der »Einhandsegler« nach vorne begeben, Ruder und Schoten verlassen und könnte während der Bergung keinen Einfluss mehr auf die weiteren Bewegungen des Bootes nehmen.

Typische Anfängerfehler

Schoten haken (Großschotklemme ist selbsttätig eingerastet, Kinken vor der Leitöse in der Vorschot): Das Boot »segelt« mit zu viel Fahrt an der Boje vorbei.
Falscher Abstand von der Boje. Kein Nahezu-Aufschießer.

Mensch an Bord

Auf einer Jolle ist das An-Bord-Nehmen im Allgemeinen ziemlich unkompliziert. Man zieht den Betroffenen über das Heck ins Cockpit. Eine Achterleine oder auch die Schot mögen ihm hilfreich sein. Übernehmen an der Seite in Lee ist kaum möglich. Die Jolle könnte dabei kentern, außerdem behindern Segel und Großschot.

Auf Kielyachten wird es problematischer. Hier beginnen die eigentlichen Schwierigkeiten jetzt erst. Aufnehmen kann man nur über die Seite. Am besten wahrscheinlich in Lee, weil die Freibordhöhe dort etwas geringer ist, denn der Winddruck auf Rumpf und Rigg übt stets eine leichte Krängung nach Lee aus.

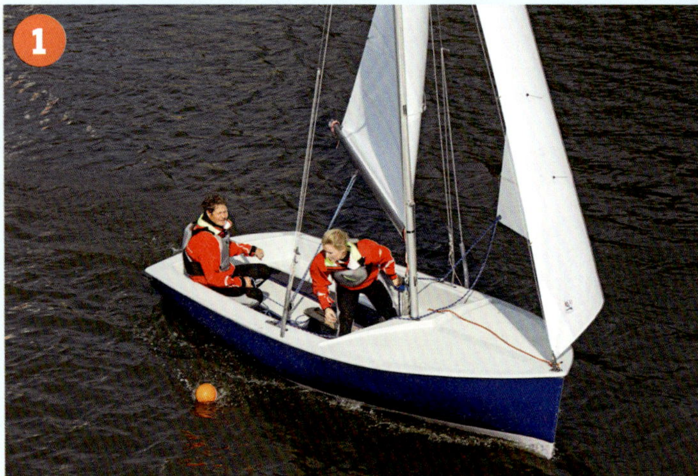

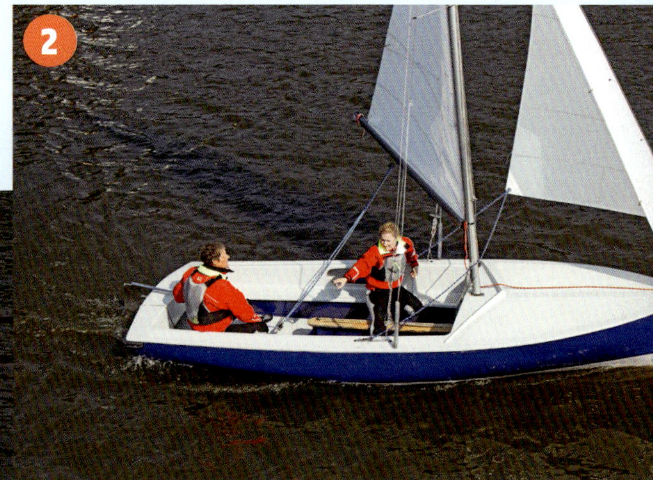

1 Boje über Bord an Steuerbord!

2 Schnelles Abfallen auf raumen Wind, Boje beobachten!

3 Drei Bootslängen segeln …

4 … und die Q-Wende einleiten.

5 Über die Segel und sofortiges Abfallen …

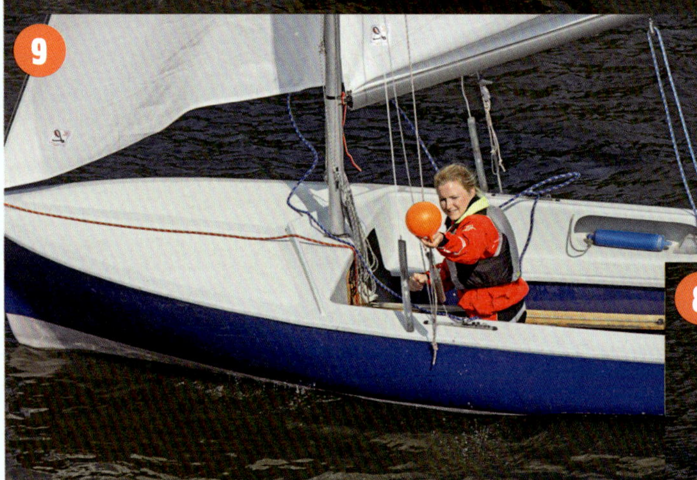

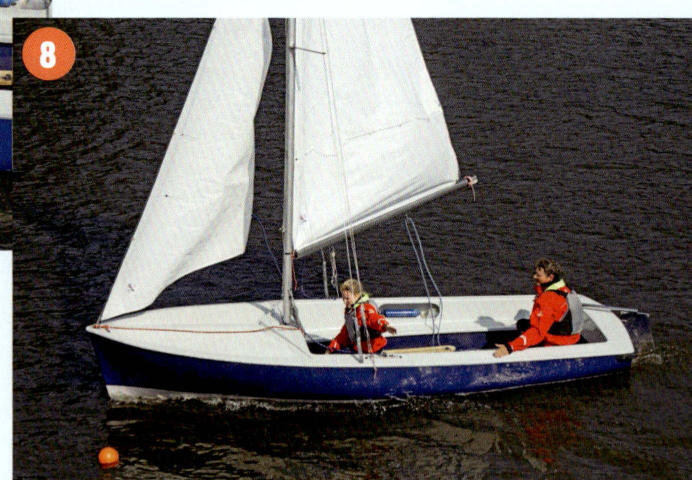

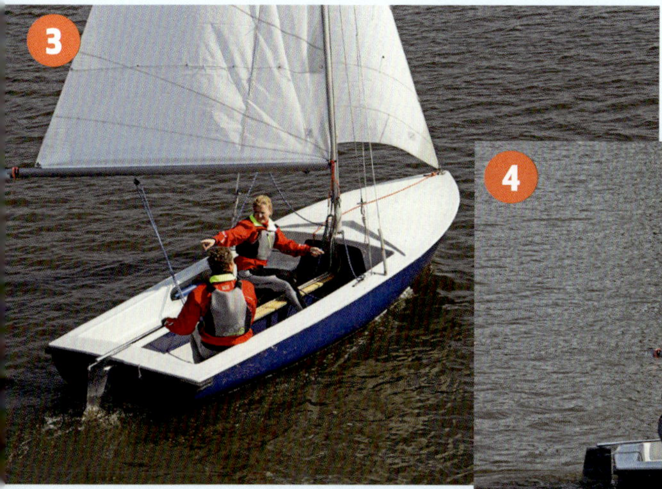

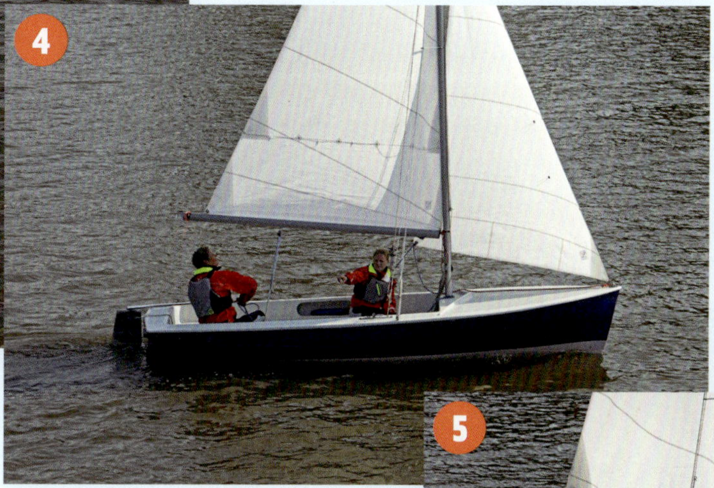

6 … auf Halbwind-Kurs.

7 Wenn die Baumpeilung steht und die Boje in Verlängerung des Baumes liegt …

8 … Schoten loswerfen, den Nahezu-Aufschießer einleiten und mit Minimalfahrt unter Anweisung des Vorschoters die Boje ansteuern.

9 Aufnehmen der Boje in Luv.

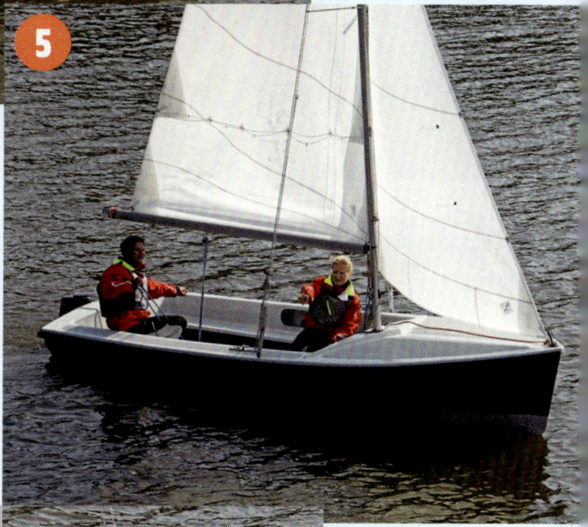

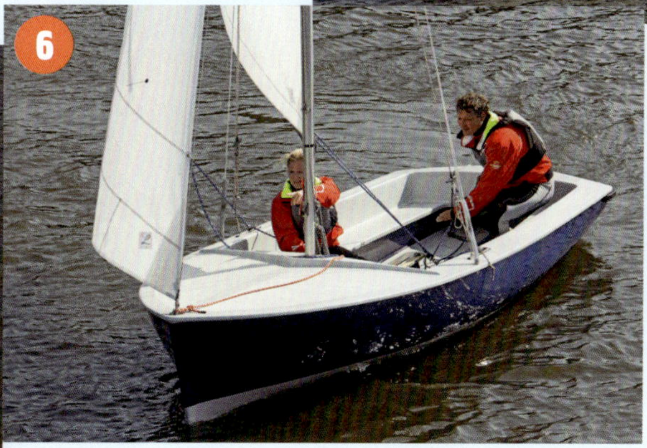

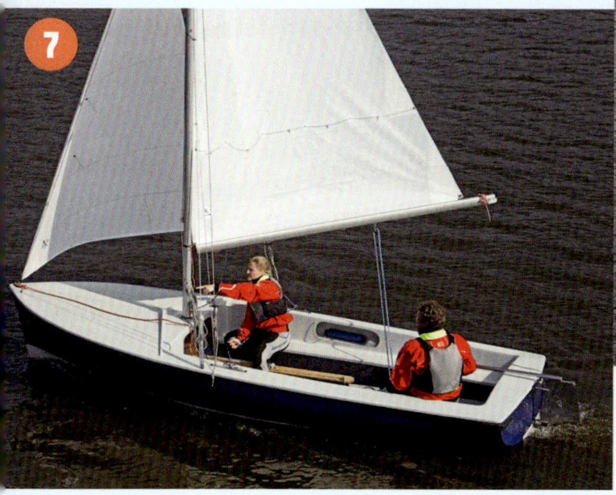

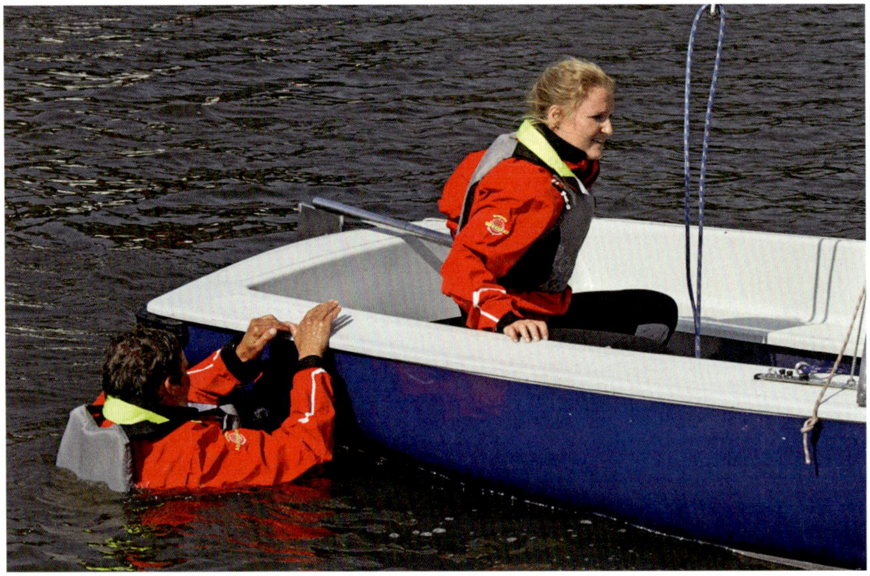

Mensch an Bord – auf einer Jolle im Allgemeinen ziemlich unproblematisch. Er hangelt sich an der Scheuerleiste von Höhe Wanten zum Heck oder wird vom Cockpit aus dorthin gezogen und hievt sich am Cockpitsüll aufs Achterdeck. Achtgeben, dass die Schoten nirgends haken, damit die Segel nicht plötzlich Wind fangen und das Boot in einer Bö Fahrt aufnimmt.
Auf einer Jolle ohne Eindeckung achtern wird man vielleicht einen Fußgurt greifen können, um sich über den Spiegel zu ziehen und ins Cockpit zu wälzen. Wenn die Kleidung richtig voll Wasser gesogen ist, kann der Einstieg doch recht beschwerlich werden.

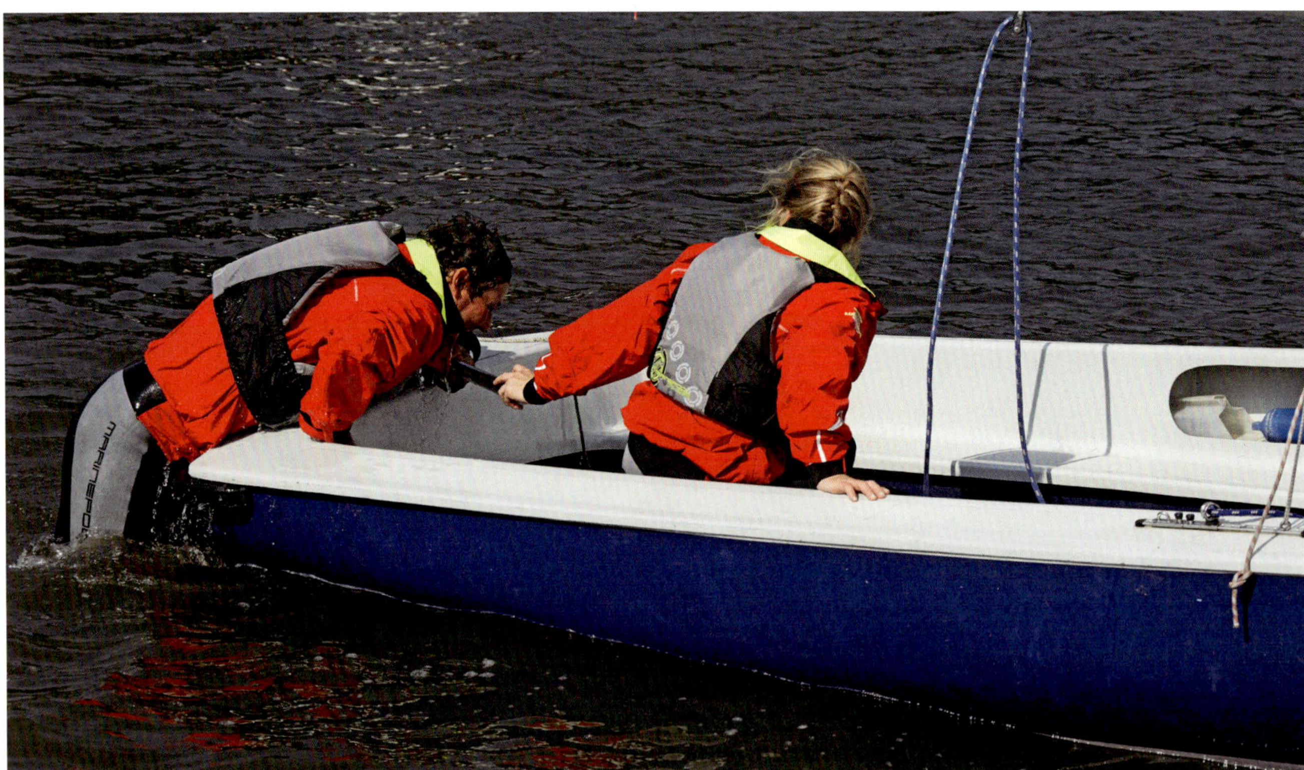

VERHALTEN IM STURM

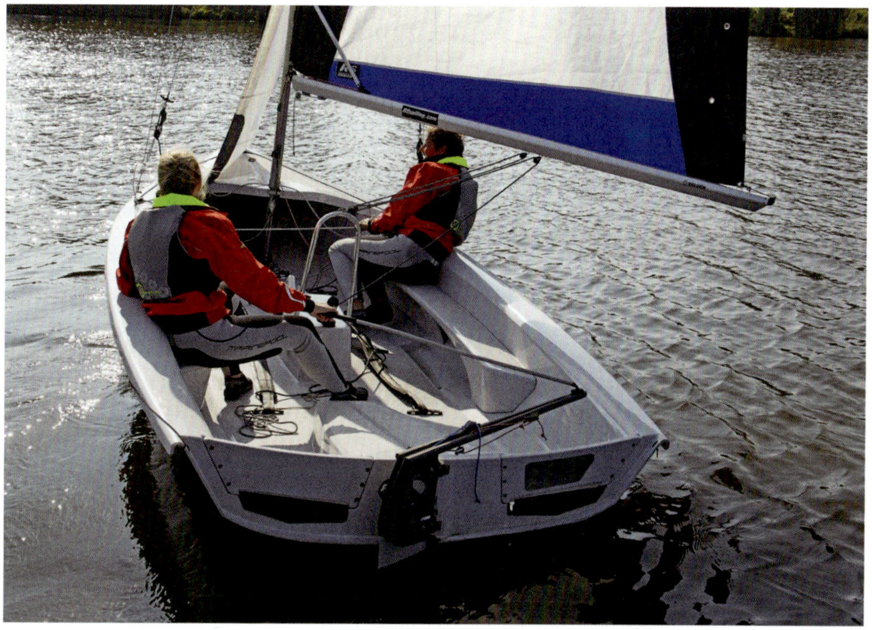

Beiliegen:
Unter Beiliegen versteht man, ein Boot unter Segeln relativ ruhig und kontrolliert nahezu auf der Stelle zu halten. Bei Sturm eignet sich dieses Manöver sehr gut, um Böen abzuwettern. Man sollte dabei allerdings immer genug Platz nach Lee haben.
Vor dem Beiliegen – das ist die endgültige Position – kommt das Beidrehen:
Die Crew macht eine Wende, die Fock wird aber nicht losgeworfen, sondern back stehen gelassen. Das Großsegel muss ganz gefiert werden, es sollte killen und im Windschatten der Fock stehen. Der Steuermann gibt nach der Wende Luvruder, um die Abdrift des Bootes nach Lee auszugleichen.

Bei einer Sturmwarnung legt man gar nicht erst ab, sondern verkneift sich das Segeln, bis eine Wetterbesserung eingetreten ist. Das Sturmwarnsystem für den Bodensee ist auf den Seiten 16 und 17 ausführlich dargestellt. Jeder Wassersportler muss die Standorte und Signale der Starkwind- und Sturmwarnungen kennen!
Besonders gefährlich sind plötzlich aufkommende Wärmegewitter. Sofort bei den ersten Anzeichen versuchen, das geschütztere Ufer zu erreichen. Das ist jenes, hinter dem das Gewitter aufzieht. Aber nicht immer gelingt es, dem aufkommenden Sturm zu entrinnen. Was dann tun?

- 1. Maßnahme: Rettungswesten anlegen.
- 2. Maßnahme: Reffen und versuchen, hoch am Wind weiter zu segeln, um möglichst viel Raum nach Luv zu gewinnen. Wenn das auf einer Jolle nicht möglich ist, das Großsegel bergen.
- 3. Maßnahme: Alles »seefest« zurren. Auf einer Jolle heißt das, alles so stauen und festbändseln, dass es im Falle einer Kenterung nicht verloren geht.

Das Abwettern von Böen

Man erkennt die Bö schon von Weitem an der dunkleren Kräuselung des Wassers. In der Bö raumt der scheinbare Wind, weil die Windgeschwindigkeit zunimmt. Und so pariert man eine Bö:

Am Wind: Voll ausreiten und kurz anluven oder die Großschot fieren, ohne sie dabei ausrauschen zu lassen.

- Sofort nach Durchzug der Bö wieder abfallen beziehungsweise die Großschot dicht. Sonst würde das Boot womöglich im Wind liegen, zumindest die Fahrt und damit seine Stabilität weitgehend einbüßen und der nächsten Bö widerstandslos ausgesetzt sein. Das aber hieße eine fast sichere Kenterung.

Raumschots: Gegenruder geben zum Ausgleich der Luvgierigkeit und die Großschot fieren und / oder leicht abfallen. Gewicht nach achtern.

- Nicht anluven!

Vorm Wind: Leicht Gegenruder geben, um die Luvgierigkeit auszugleichen, im Übrigen genau Kurs halten.

- Nicht zu hart Gegenruder legen, das führt unweigerlich zu einer Patenthalse. Das kann Kenterung oder Bruch im Rigg bedeuten.

Die Gefahr einer Patenthalse ist auf einem Vorm-Wind-Kurs stets latent vorhanden, bei Starkwind aber besonders groß. Da hilft dann auch die sogenannte Baumsicherung wenig, denn der ungeheure Druck, mit dem der Baum herüberschlägt, ist nicht aufzuhalten. Deshalb sicherheitshalber lieber einen raumeren Kurs laufen.

KENTERN UND AUFRICHTEN

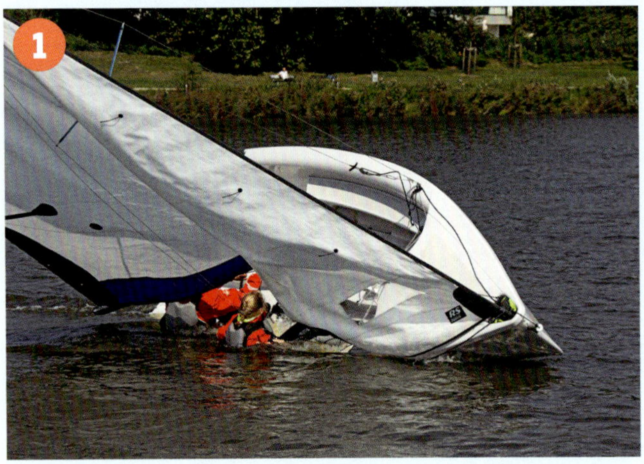

1 Meist kentern Jollen nach Lee, die Crew wird dabei oft ins Großsegel katapultiert …

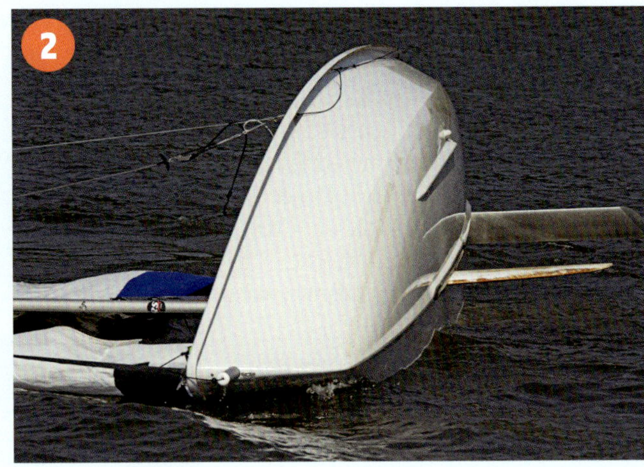

2 … oder sie schwimmt in einer Luftblase unter dem Großsegel.

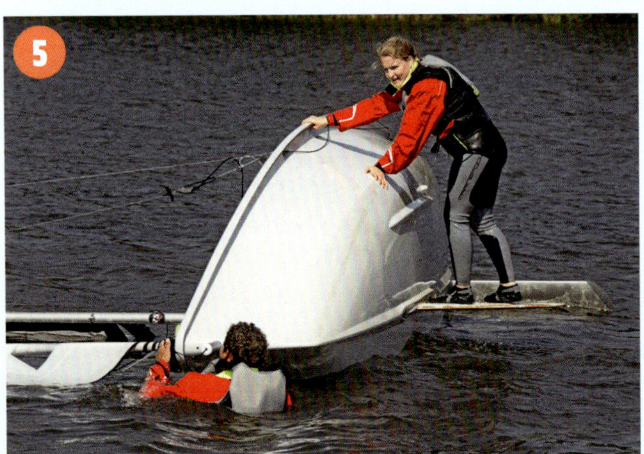

5 … und das Boot weiter in den Wind drehen.

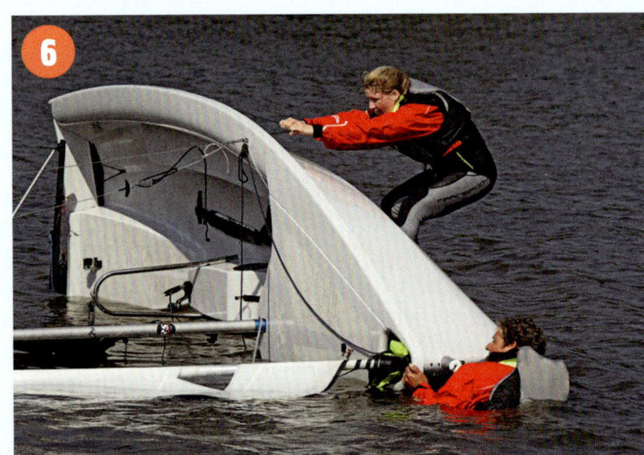

6 Die Kenterleine fassen, mit dem ganzen Körpergewicht wippen, und das Boot aufrichten.

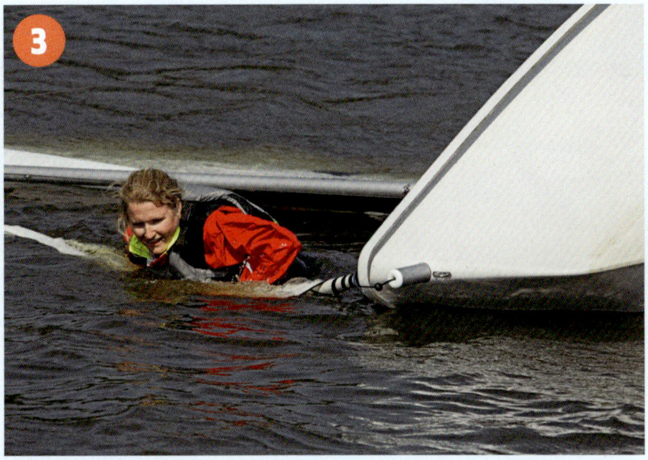

3 Erste Maßnahme: Bug in den Wind drehen und Richtung Schwert orientieren.

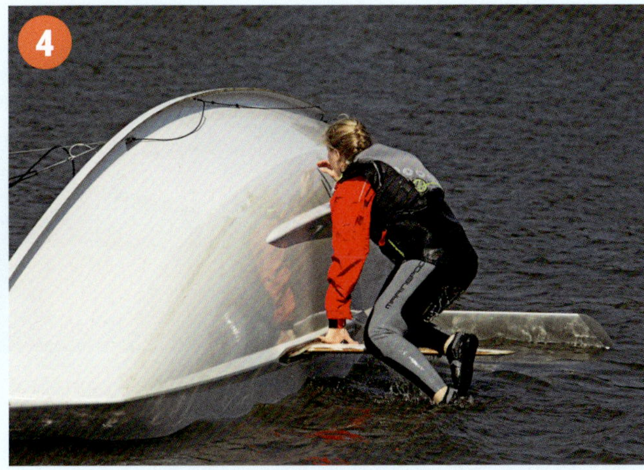

4 Auf das Schwert klettern …

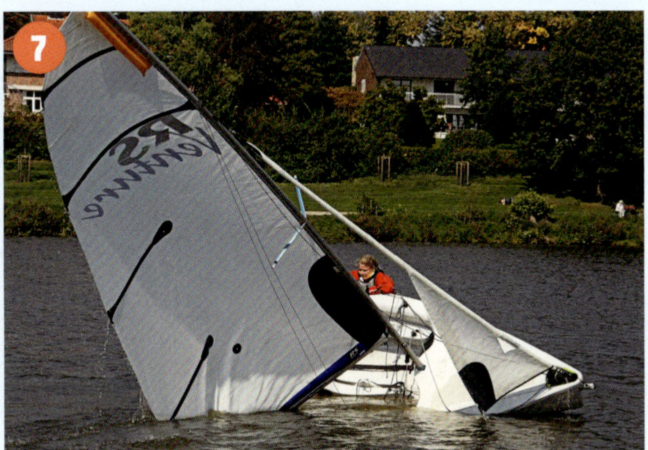

7 Den Masttopp (hier mit Kentersack, der das Durchkentern verhindert) aus dem Wasser hebeln. In der Aufwärtsbewegung des Bootes schnell über das Seitendeck einsteigen.

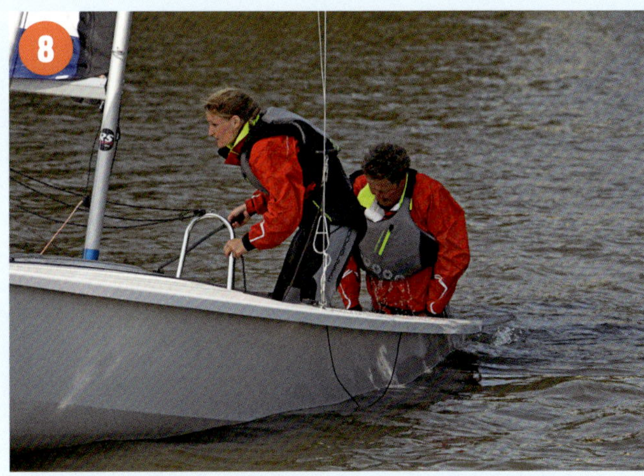

8 Anschließend klettert das zweite Crewmitglied übers Heck an Bord. Lenzer öffnen, Schoten klarieren und das Boot raumschots leer segeln. Ohne Lenzer muss die Crew pützen.

KENTERN UND AUFRICHTEN

Alle Schwertboote können kentern. Drei Ursachen sind es, auf die sich die meisten Kenterungen nach Lee zurückführen lassen:

- Ungeschicktes Halsen.
- Zu starkes Anluven in einer Bö auf Am-Wind-Kurs.
- Zu schnelles, hartes Anluven in Böen auf Raumschots-Kurs.

Kentern nach Luv geschieht seltener und hat meistens zwei Ursachen:

- Wenn die Besatzung auf Am-Wind-Kurs weit in Luv sitzt und in einer starken Bö die Großschot plötzlich und zu weit auffiert.
- Wenn auf Raumschots-Kurs eine schräg von achtern unter dem Heck durchlaufende Welle das Boot stark nach Luv krängt, läuft es nach Lee aus dem Ruder. Die draußen hängende Besatzung wird nun durchs Wasser geschleift – das Boot kentert.

Moderne Leichtbaujollen kentern verhältnismäßig schnell, können aber von einer erfahrenen Crew innerhalb kürzester Zeit wieder aufgerichtet werden und nehmen dabei kaum Wasser auf.

Was tun nach dem Kentern?

Zunächst feststellen, ob sich der Mitsegler nicht irgendwo am Boot oder im laufenden Gut verfangen hat. Ist jemand unters Segel geraten, zum Achterliek hinschwimmen. Meist befindet sich unter dem Segel eine Luftblase. Das nasse synthetische Tuch schließt völlig luftdicht ab.

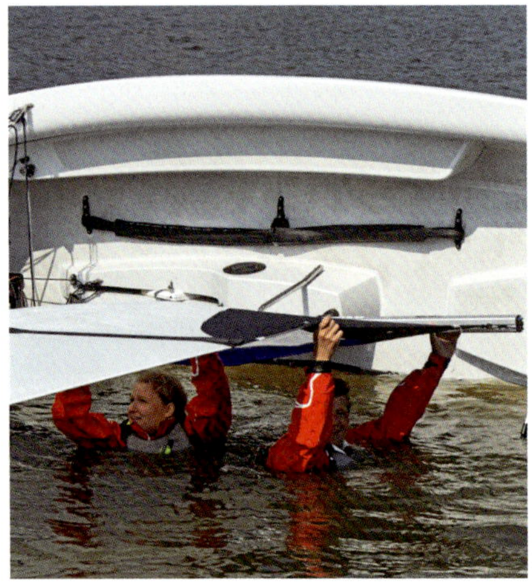

Häufig hilft auch das Hochdrücken des Baumes, um Luft zu bekommen.

Ist die Crew mit sich selbst klar, verhindern, dass das Boot durchkentert, indem man sich an das Schwert hängt oder den Masttopp hochdrückt.

Vor dem Aufrichten die Schoten – sofern sie belegt waren – aus den Klemmen nehmen. Sonst könnten die Segel Wind fangen und das Boot sich allein davonmachen. Möglichst immer mit einer Leine (Schot) Verbindung zum Boot halten.

Den Bug in den Wind zu drehen ist unerlässlich beim Kentern nach Luv. Sonst fasst der Wind unter das angeliftete Segel und wirft das Boot gleich zur anderen Seite um. Nach einer Lee-Kenterung erleichtert der Bug im Wind das Aufrichten.

Schwerer gebaute Fahrtenboote haben eine höhere Eigenstabilität und kentern deshalb nicht so schnell. Wenn sie aber gekentert sind, ist das Aufrichten ohne fremde Hilfe kaum möglich. Was bleibt also zu tun, wenn es geschehen ist?

- Rittlings auf die aufschwimmende Bootsseite setzen. Ist das Boot um 180° durchgekentert, auf den Bootsboden setzen. Um die Aufmerksamkeit auf sich zu lenken, wiederholt die Arme langsam halbkreisförmig bis in die Höhe des Kopfes bewegen. Gilt als Notzeichen. Natürlich auch bei in Schwierigkeiten geratenen Surfern.
- Aufschwimmendes Zubehör wie Paddel, Ruder, Pütz oder Ähnliches nur bergen, wenn sie in greifbarer Nähe schwimmen.

Merke

Grundsätzlich niemals das Boot nach dem Kentern verlassen. Auch nicht, um eventuell Hilfe herbeizuholen. Erfahrungsgemäß werden die Entfernungen bis zum Ufer meist erheblich unterschätzt und die eigenen Kräfte überschätzt, besonders bei Wellen und niedriger Wassertemperatur. Außerdem ist ein treibendes Boot viel leichter von Rettern auszumachen als ein Schwimmer.

Kommt ein Motorboot zu Hilfe – oder eine Segelyacht unter Motor –, unbedingt darauf achten, dass nichts im Wasser schwimmt – Schoten, Leinen, Kleidungsstücke –, was in den Propeller kommen könnte. Gegebenenfalls das Motorboot durch Zuruf davor warnen.

Typische Anfängerfehler

Nach dem Kentern rittlings oder bäuchlings auf der »hohen Kante« hängen bleiben (statt sofort auf das Schwert hinunterzurutschen), das führt häufig zum Durchkentern (Mast nach unten).
Aufrichten quer zum Wind nach Lee: Das Boot kentert sofort zur anderen Seite.
Die Schoten sind nicht gelöst. Es gibt keine Leinenverbindung zum Boot.

SEGELN IM STROM

Auf Flüssen und anderen strömenden Gewässern ist beim Segeln nicht nur die Abdrift durch den Wind einzukalkulieren, sondern Kurs und Geschwindigkeit werden ganz erheblich vom Strom beeinflusst.

- In Fahrtrichtung mitlaufender Strom erhöht die Fahrt des Bootes um seine eigene Geschwindigkeit.

Läuft beispielsweise das Boot mit 4 Knoten (kn), der Strom mit 2 kn, ergibt sich eine Fahrt von 4 + 2 = 6 kn.

- Gegenanlaufender Strom reduziert die Fahrt eines Bootes um seine eigene Geschwindigkeit (4 – 2 = 2 kn).

Die **Fahrt durchs Wasser** ist in beiden Fällen gleich. Es ist die Geschwindigkeit des Bootes gegenüber dem vorbeiströmenden Wasser. Nur sie kann man mit dem Log, dem Bootstachometer, messen.

Die **Fahrt über Grund** hingegen unterscheidet sich beträchtlich. Es ist die Geschwindigkeit des Bootes gegenüber dem Grund. Sie beträgt in diesem Beispiel einmal 2 kn und einmal 6 kn.

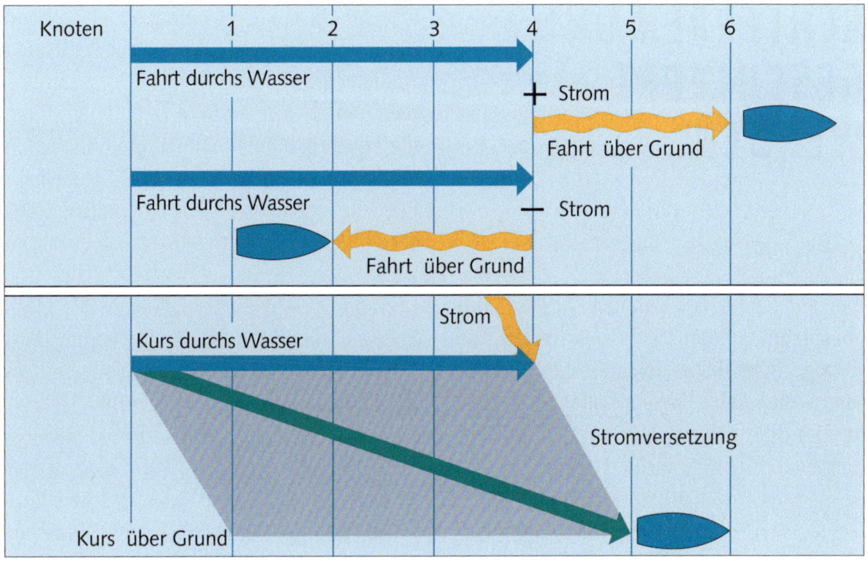

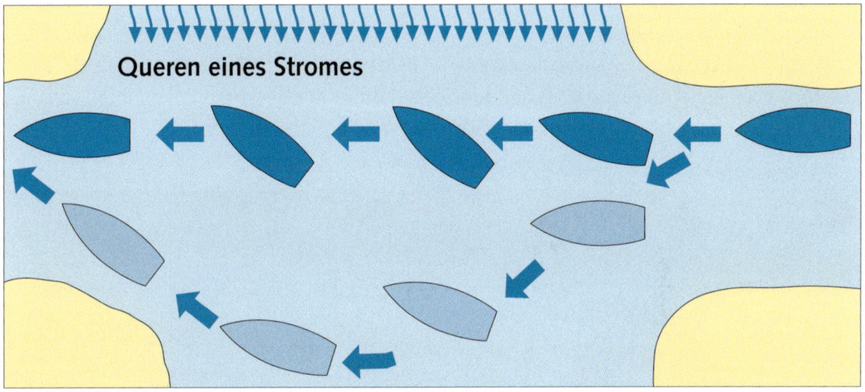

Beim Kreuzen eines strömenden Gewässers führt der direkte Kurs durchs Wasser zur sogenannten Hundekurve.
Je nach Stärke der Strömung muss mehr oder weniger nach Stromluv vorgehalten werden.

Die Stromversetzung

In beiden Beispielen aber wird das Boot vom Strom nicht oder nicht nennenswert aus seinem Kurs versetzt. Das geschieht jedoch, wenn Stromrichtung und Kurs einen Winkel bilden. Bei dwars setzendem Strom ist die Stromversetzung am größten. Ferner ist sie abhängig von der Stärke des Stromes.

Jetzt muss deutlich zwischen dem gesteuerten **Kurs durchs Wasser** und dem tatsächlich gelaufenen **Kurs über Grund** unterschieden werden, der das Boot immer in Stromlee vom Ziel bringt. Richtet man also bei einem mehr oder minder stark quer setzenden Strom den Bug genau aufs Ziel, würde man einen bogenförmigen Kurs über Grund laufen, eine sogenannte Hundekurve. Deshalb den Kurs durchs Wasser gegen den Strom vorhalten.

Die Stromrichtung lässt sich an Bojen, Ankerliegern oder Ähnlichem erkennen.

- Im tiefen Wasser, zur Flussmitte hin, ist die Strömung am stärksten. Deshalb bei Talfahrt im tieferen Wasser bleiben, bei Bergfahrt die flachen Ufer mit geringerer Strömung ausnutzen.

SCHLEPPEN UND GESCHLEPPT WERDEN

Wer auf den Haken genommen, das heißt geschleppt werden will, schwenkt einen Tampen oder die in Buchten bereitgehaltene Schleppleine. Ist ein Schlepper gefunden worden, heißt es auf einer Jolle: Segel bergen und Schwert hoch.

Verhalten auf dem Schlepper

Ist der Schlepper ein Segler, nimmt er die Schleppleine in Lee über. Da sich ein treibendes Boot in einem Winkel von etwa 50° zum Wind anstellt, läuft der Schlepper hoch am Wind an. Er braucht in Höhe des Havaristen nur die Schoten zu fieren, um zum Stillstand zu kommen, in Ruhe die Leine zu übernehmen und bei sich an Bord zu belegen. Dann die Schoten anholen und langsam die Leine steiffahren. Danach weiter abfallen, um mehr Fahrt aufzunehmen und die anfängliche Masseträgheit des Schleppanhangs zu überwinden.

Läuft die Schleppleine auf dem geschleppten Boot an Steuerbord am Vorstag vorbei, wird sie auf der Achterklampe des Schleppers an Backbord belegt – oder umgekehrt.

- Ist der Schlepper ein Motorboot oder ein Segler mit starker Maschine, muss er seine Fahrstufe der Rumpfgeschwindigkeit des geschleppten Bootes anpassen, sonst kann es kentern.

Der Schlepp durch Berufsschiffe ist deshalb für ein kleineres Boot immer risikoreich, denn sie müssen Geld verdienen und können auf die Rumpfgeschwindigkeit ihres Anhangs keine Rücksicht nehmen.

Verhalten auf dem geschleppten Boot

Ist eine Vorschiffsklampe vorhanden, zunächst nur mit einem Rundtörn belegen, um beim Anschleppen elastisch nachgeben zu können und ein hartes Einrucken der Leine zu vermeiden. Auch lässt sich der anfängliche Geschwindigkeitsunterschied zwischen Schlepper und Geschlepptem durch leichtes Nachgeben ausgleichen. Dann den Tampen der Schleppleine mit Webeleinstek auf Slip am Mast belegen, um notfalls schnell loswerfen zu können.

Im Seegang die Leinenlänge so bemessen, dass sich beide Boote immer in der gleichen Wellenphase befinden. Besatzung nach achtern, damit das Boot nicht giert, das Vorschiff entlastet wird und der Bug nicht unterschneidet.

Ist keine Vorschiffsklampe vorhanden, wird die Schleppleine am Vorstag festgemacht.

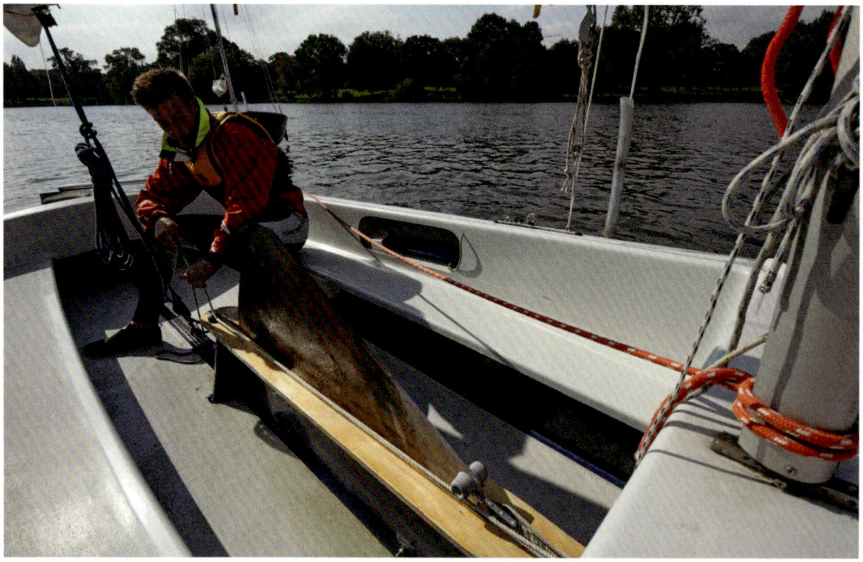

Ein aufgeholtes Schwert verhindert ein Querschlagen beim Schleppen.

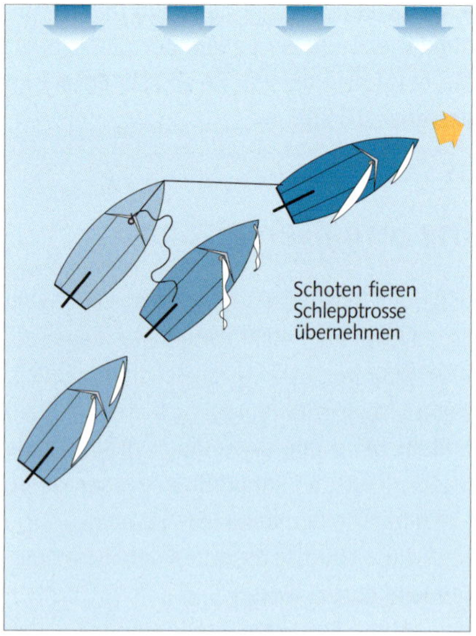

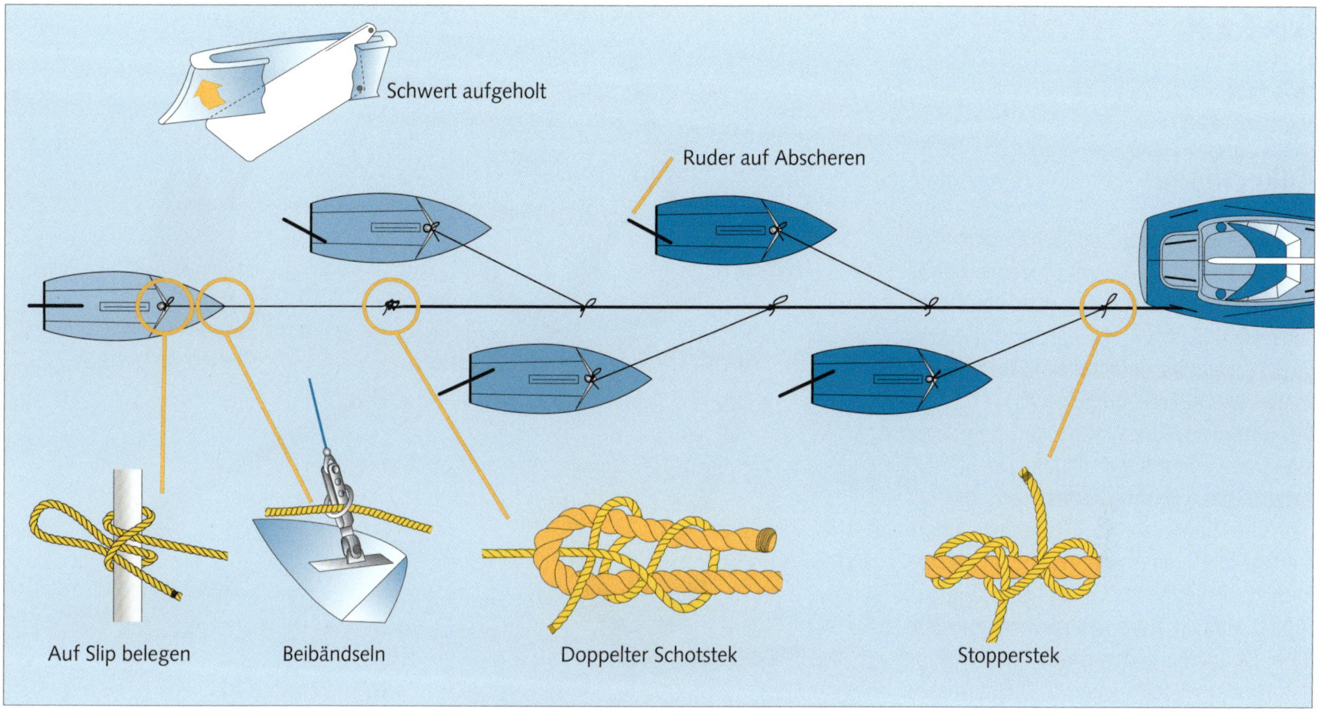

- Beim Motorschlepp sich seitlich vom Schlepper halten, damit man aus dem unruhigen Schraubenwasser heraus ist. Muss das Motorboot plötzlich stoppen, läuft die Jolle seitlich vorbei und kollidiert nicht mit dem Heck des Schleppers. Kurven nicht schneiden, sondern immer den Außenradius nehmen, auch wenn man dabei die Heckwelle des Schleppers queren muss.
- Bei schnellerem Motorschlepp ist es meist sinnvoll, das Ruderblatt ebenfalls aufzuholen und die Pinne mittschiffs zu laschen. Das Boot folgt dann unmittelbar der Zugrichtung der Schleppleine. Ein unbeabsichtigt harter Ruderausschlag könnte sonst eventuell zu einer Kenterung führen oder zumindest zum Bruch der Vorschiffsklampe.

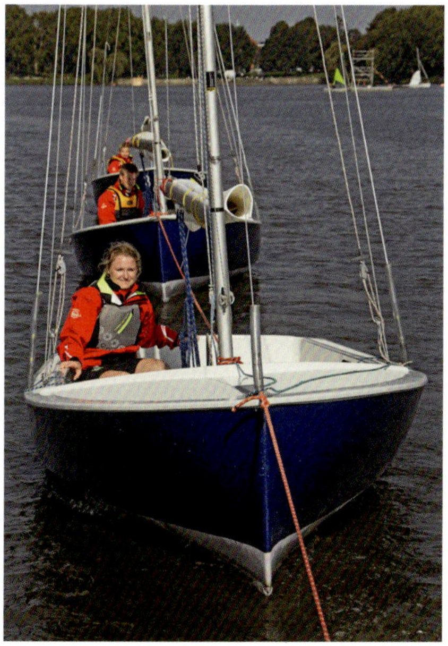

Der Schleppverband

Sollen mehrere Boote an einer Schlepptrosse geschleppt werden, machen sie abwechselnd auf Lücke mit Stopperstek fest, die schweren Boote vorn. Nebeneinander festgemacht, würden sich die Bootskörper gegenseitig ansaugen.

Auf dem letzten Boot am Tampen wird die Schleppleine wie beim Einzelschlepp belegt. Auf den seitlich angesteckten Booten darf sie nicht am Vorstag beigebändselt werden, auch nicht auf einer weit vorne sitzenden Vorschiffsklampe belegt werden, denn der Bug muss abscheren können, um geradeaus zu laufen. Bewirkt wird das Abscheren durch Gegenruder.

ANKER

Ankertypen

Ein Anker dient dazu, ein Schiff sicher am Grund festzuhalten. Geradezu lebensrettend kann er werden, wenn eine havarierte oder sonstwie manövrierunfähige Yacht auf eine Untiefe oder eine gefährliche Küste zutreibt. Es gibt zwei Ankerkonzeptionen:
Gewichtsanker, ihre Wirksamkeit beruht vor allem auf ihrem hohen Eigengewicht, und **Patent-** oder **Leichtgewichtsanker,** die bei gleichem Gewicht eine bedeutend höhere Zugfestigkeit oder Haltekraft aufweisen. Anders ausgedrückt, bei gleicher Zugfestigkeit können sie erheblich leichter sein. Beim Eingraben in den Grund ist allerdings das Leichtgewicht wieder ein gewisses Handikap.

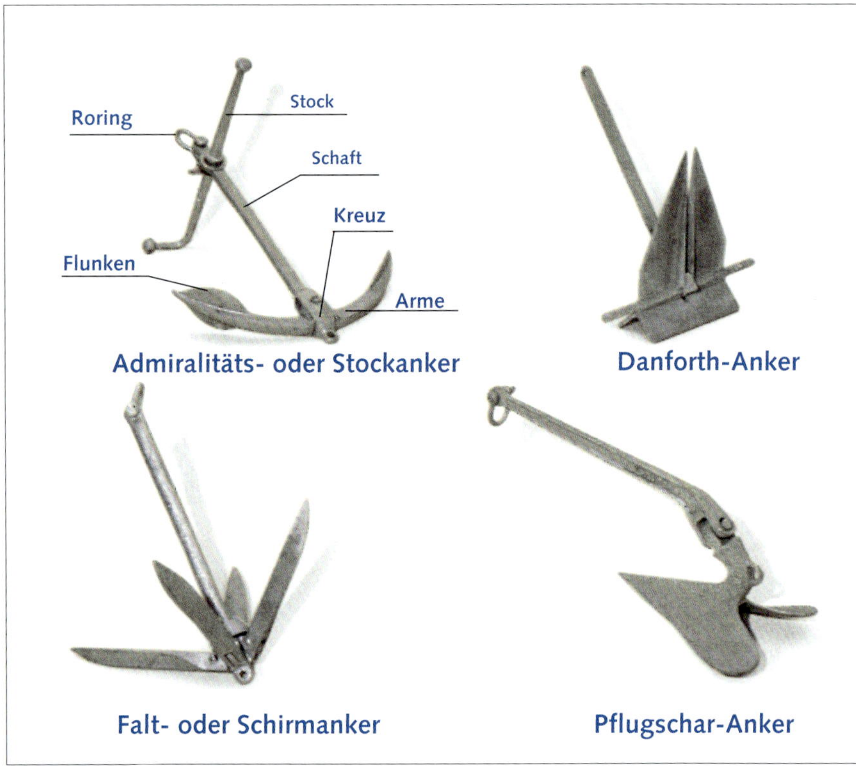

Admiralitäts- oder Stockanker
Danforth-Anker
Falt- oder Schirmanker
Pflugschar-Anker

Der **Stock-** oder **Admiralitätsanker** ist ein Gewichtsanker. Er fasst gut auf steinigem, tonigem und verkrautetem Grund und gilt als der beste Allround-Anker. In sandigem Boden hält er das 7- bis 10-Fache seines Gewichtes.
Nachteile: Er ist verhältnismäßig schwer und unhandlich. Ein Arm steht am Grund immer hoch. Leicht können beim Ankern oder Schwojen Kette oder Trosse daran unklar kommen und den Anker ungewollt ausbrechen.

Der **Danforth-Anker** lässt sich beigeklappt hervorragend stauen. Er hat eine mindestens dreimal so große Haltekraft wie ein Stockanker. Schwere Danforth-Anker machen sogar häufig Schwierigkeiten beim Ausbrechen.
Nachteil: Er hält nicht gut auf stark verkrautetem oder steinigem Grund.
Der **Pflugschar-** oder **CQR-Anker** gilt als derjenige mit der größten Haltekraft unter allen bekannten Yachtankerarten. Er zählt ebenso wie der Danforth zu den stocklosen Patentankern.
Nachteil: Er fasst schlecht in verkrautetem oder tonigem Grund.

Der **Schirm-** oder **Faltdraggen** ist ein kleinerer Anker, mehr für Jollen oder Beiboote geeignet. Die Arme lassen sich an den Schaft klappen und dort sichern. Er ist beliebt wegen seines geringen Platzbedarfs.
Nachteil: Mindestens ein Arm steht immer hoch und kann mit der Ankerleine unklar kommen.

Es gibt noch diverse ebenfalls bewährte Ankertypen wie Bruce-, Heuss-, Baas-, D'Hone- oder Bügelanker.
Grundsätzlich gilt: Ein Anker kann, wenn es um seine Haltekraft auf unterschiedlichen Ankergründen geht, nicht schwer genug sein. Grenzen setzt ihm die Muskelkraft der Crew oder die Zugkraft des Ankerspills.

Ankerleine und Ankerkette

Je länger die Kette oder Trosse ist, umso besser hält der Anker. Auf Jollen genügt im Allgemeinen eine Ankerleine (Trosse). Wird auf Kajütbooten – um Gewicht zu sparen – eine Leine verwendet, muss zwischen Anker und Trosse ein Kettenvorlauf von mindestens

6 m geschäkelt werden. Der Kettenvorlauf zieht durch sein Eigengewicht den Ankerschaft herunter, verstärkt durch seine Haftreibung auf dem Grund die Effektivität des Ankers und verhindert ein hartes Einrucken der Yacht in die Ankertrosse. Das könnte den Anker wieder ausbrechen. Auf felsigem Grund schützt der Kettenvorlauf die Leine vorm Schamfilen (Scheuern).

Es gibt auch geflochtene Leinen mit einer Bleiseele. Sie gelten als guter Kompromiss für leichtere Yachten.

Auch eine Leine sollte stets am Anker angeschäkelt und nicht etwa mit einem Roringstek am Ankerroring angesteckt werden. Er hält in glattem synthetischem Tauwerk nicht sicher und verringert die Reißfestigkeit der Leine um etwa 50 %.

Der Ankerplatz

Ein Ankerplatz sollte sorgfältig ausgewählt werden. Er sollte möglichst in strömungsfreiem Wasser und gegen Wind geschützt liegen – auch Winddrehungen einkalkulieren – und guten Ankergrund haben. Ausgesprochen schlecht sind steinige, stark verschlammte und verkrautete Böden.

- Ein Ankerplatz darf nicht innerhalb eines Fahrwassers liegen. Er muss weit genug von anderen Booten entfernt sein, damit alle einen vollen Kreis um ihren Anker schwojen
können, wenn sich Wind- oder Stromrichtung ändert.
- Verboten ist Ankern in der Fahrrinne, auf Kanälen, unter Brücken und Hochspannungsleitungen, an Wendestellen, in Hafeneinfahrten, in der Fahrlinie von Fähren und auf Wasserski-, Wassermotorrad- oder Kitesurfstrecken.

Als goldene Grundregel gilt: Ankern auf Flüssen nur im Notfall. Festmachen an Land ist sicherer.

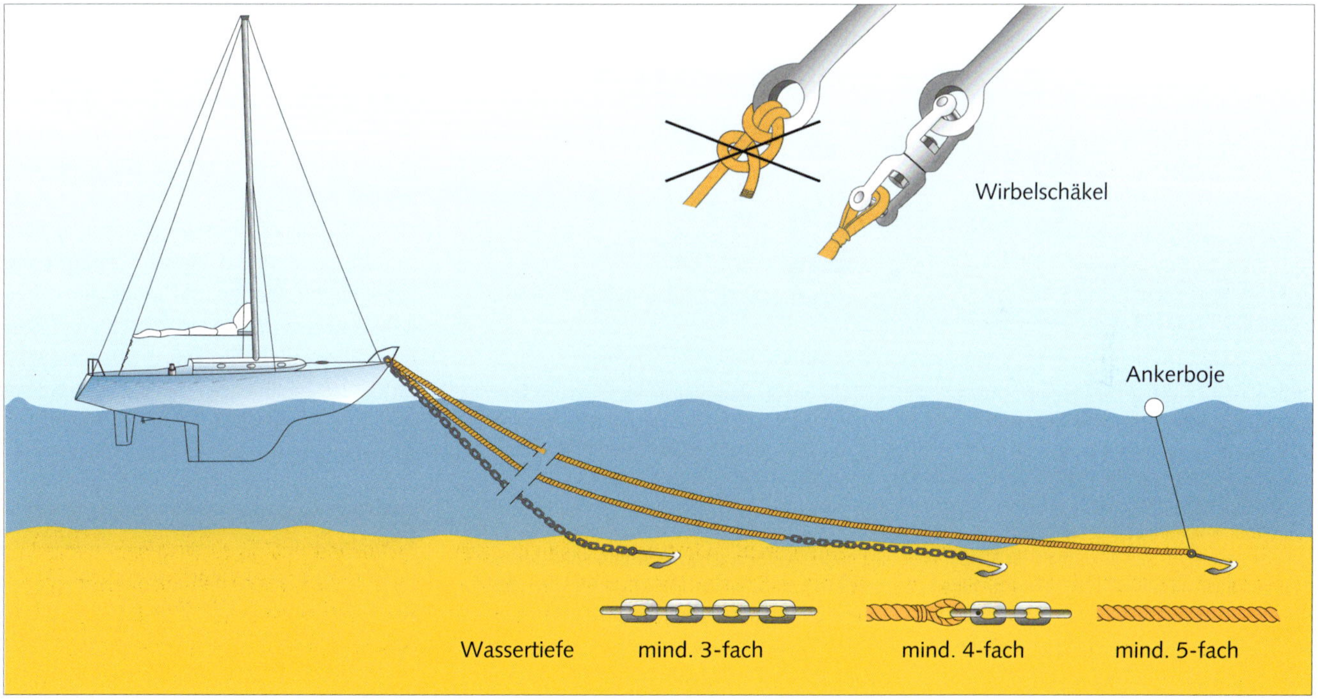

Wie lang soll die Ankerleine sein?
Ankern mit Kette: mindestens das 3-Fache der Wassertiefe.
Ankern mit Leine und Kettenvorlauf: mindestens das 4-Fache der Wassertiefe.
Ankern nur mit Leine: mindestens das 5-Fache der Wassertiefe.
Diese Angaben – so werden sie in der Führerscheinprüfung verlangt – gelten für stilles Wasser und Windstille.
In strömendem Gewässer und auf großen Wasserflächen, auf denen höhere Wellen entstehen, sind vorsichtshalber Längen mindestens vom 4-, 6- und 10-Fachen der Wassertiefe zu wählen.

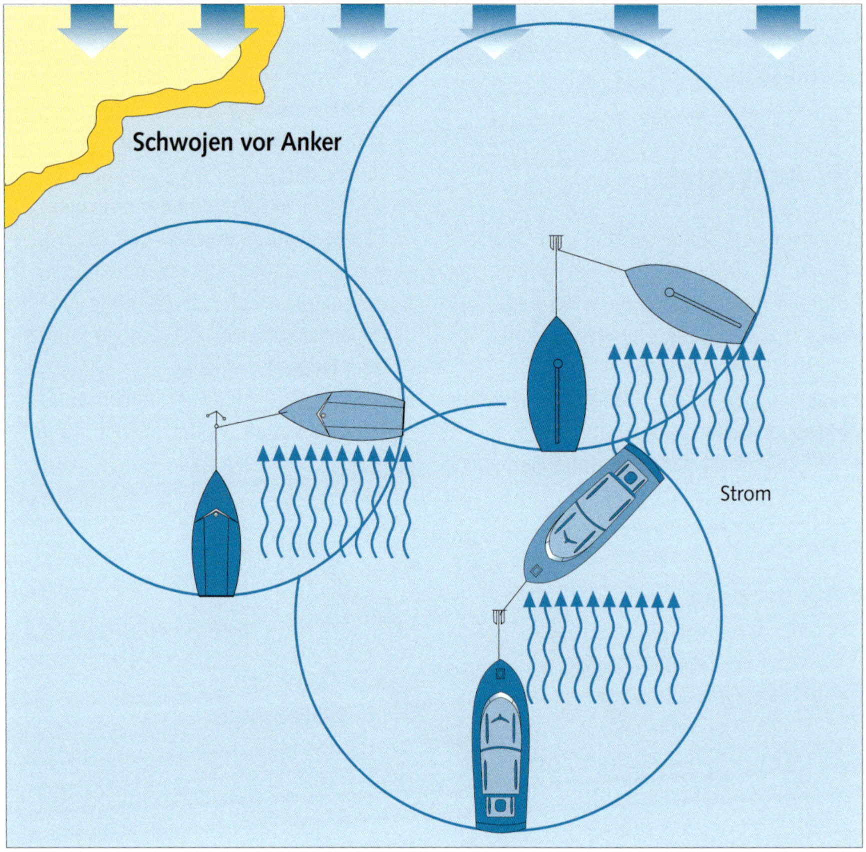

Abstand halten

Steht nur Strom oder Wind aus einer Richtung, schwojen alle Boote in die gleiche Richtung und kommen sich nicht zu nahe. Steht aber beispielsweise Strom gegen Wind, können Ankerlieger recht unterschiedliche Positionen einnehmen, bedingt durch unterschiedliche Über- und Unterwasserschiffsformen. Das eine Boot stellt sich mehr in Wind-, das andere mehr in Stromrichtung. Ebenfalls zu beachten: Ein Boot, das vor Bug- und Heckanker liegt, schwojt nicht mit, sondern bleibt bei Richtungsänderungen von Wind und Strom annähernd am selben Platz.
Auf alle Fälle sollte der Ankerplatz für Kielboote so ausgewählt werden, dass bei Winddrehungen ausreichend Abstand zum Ufer und damit genügend Wassertiefe vorhanden ist. Bei Schwertjollen empfiehlt es sich, Schwert und Ruderblatt aufzuholen, damit das Boot ruhiger vor Anker liegt.

ANKERMANÖVER

Das Ankern

Liegt der Ankerplatz fest, die Fock bergen und auf dem Vorschiff den Anker klarieren. Nachsehen, ob Kette oder Trosse auch tatsächlich im Kettenkasten oder an einer Klampe belegt und der Splint bei Stockankern gesichert ist. Die Trosse klar zum Ausrauschen an Deck in Buchten nebeneinander auslegen.
Mit langsamer Fahrt am Wind den Ankerplatz anlaufen, dort in den Wind drehen oder, bei Strom, gegen den Strom und das Boot auslaufen lassen.
Das Kommando »Fallen Anker!« darf erst dann gegeben werden, wenn das Boot beginnt, achteraus zu treiben. Andernfalls könnte die Trosse direkt auf den Anker fallen und mit Stock oder Flunken unklar kommen. Niemals die Trosse einfach über Bord werfen, sondern auf kleinen Booten Hand über Hand ausgeben. Auf größeren Booten mit schwerem Ankergeschirr gebremst über eine Ankerwinde. Die Trosse öfter mal einrucken lassen, um das Eingraben des Ankers zu unterstützen.
Aufpassen, dass niemand in der Trosse steht.

Merke

Der Rudergänger entscheidet, wann der Anker über Bord gegeben werden soll, nicht der Mann auf dem Vorschiff.

Erst wenn der Anker wirklich gefasst hat, das Großsegel bergen, um so lange bei einem möglicherweise erforderlichen neuen Ankermanöver sofort manövrierfähig zu sein.

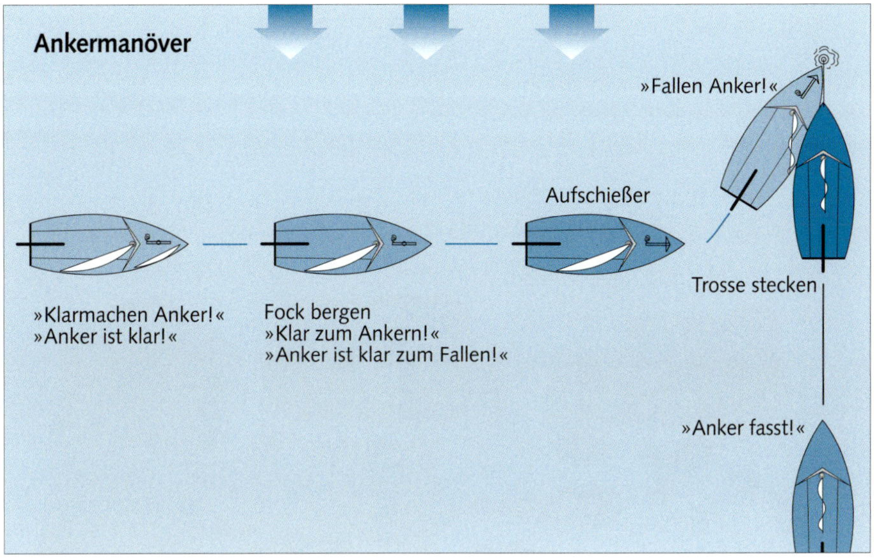

Kommandotafel Ankern

Klarmachen Anker!
Anker ist klar!
Klar zum Bergen des Vorsegels!
Vorsegel ist klar zum Bergen!
Hol nieder Vorsegel!
Klar zum Ankern!
Anker ist klar zum Fallen!
Fallen Anker!
Anker fasst!
Klar zum Bergen des Großsegels!
Großsegel ist klar zum Bergen!
Hol nieder Großsegel!
Peilen – loten – klaren!
Peilung steht – alles klar!

Wenn vorhanden, feste Marken peilen und beobachten, ob die Peilung steht, das heißt sich nicht gegenüber dem eigenen Standort verändert. Erst dann kann man sicher sein, dass der Anker nicht schliert. Um ganz sicherzugehen, sollte die Peilung stündlich kontrolliert werden, unbedingt aber in Gewässern mit Ebbe und Flut, wenn der Tidenstrom kentert.

Lotungen rings ums Schiff, um festzustellen, ob man nicht gerade an einem unterseeischen Steilhang ankert, dienen des Weiteren der Sicherheit.

Schliert der Anker, mehr Trosse stecken. Nützt das nichts, unverzüglich ankerauf gehen und ein neues Manöver fahren.

Ankerlichten

Die Situation ist die gleiche wie beim Ablegen von der Boje. Das Boot ist unmittelbar nach dem Ankerlichten manövrierunfähig. Deshalb muss es genügend Leeraum haben zum Achteraustreiben und um Fahrt aufzunehmen.

Das Manöver: Großsegel setzen, Fock klar zum Setzen oder – auf einer Jolle stets – ebenfalls setzen, aber beizeisen, um bei der Arbeit auf dem Vorschiff nicht behindert zu werden. Langsam an der Trosse zum Anker verholen, bis sie kurzstag steht, das heißt keine Lose mehr hat, also in einem Winkel von etwa 45° zum Anker verläuft. Von diesem Augenblick an muss man damit rechnen, dass der Anker nicht mehr sicher hält.

Ruder zur gewünschten Luvseite legen und warten, bis das Boot auf die Leeseite schwojt. Nun den Anker so schnell wie möglich holen, damit er nicht noch einmal am Grund hakt und den Bug wieder zurückreißt. Fock ausreißen und back, um weiter abzufallen und Fahrt am Wind aufzunehmen. Den Anker auswaschen, an Deck holen und klarieren.

Nicht immer lässt sich der Anker leicht aus dem Grund brechen. Auf kleineren Booten ohne Ankerwinde alle aufs Vorschiff, damit der Bug tiefer eintaucht, dann die Ankertrosse so steif wie möglich holen und belegen. Nun alle aufs Achterschiff. Der Auftrieb des austauchenden Bugs erzeugt eine erhebliche Kraft, die meistens groß genug ist, den Anker aus dem Grund zu brechen.

Sollte sich der Anker jedoch hinter Felsen, eingespülten Wrackteilen oder Ähnlichem verhakt haben, nützt diese Methode nichts. Dann ist gut dran, wer Schnorchel und Taucherbrille dabeihat, um hinabzutauchen und seinen Anker von Hand zu klarieren.

Yachten mit Hilfsmotor werden das Ankerlichten sicherheitshalber unter Maschine besorgen und den Anker mit Maschinenkraft ausbrechen, indem sie langsam über den Anker hinwegfahren.

Kommandotafel Ankerlichten

Klar zum Ankerlichten!
Anker kurzstag holen!
Anker ist kurzstag!
Anker auf!
Anker ist los!
Reiß aus die Fock! – Fock back an ...bord!

SICHERHEITS-AUSRÜSTUNG

Es ist selbstverständlich, dass jeder an Bord bei unsicherer Wetterlage eine Rettungsweste anlegt. Kinder tragen sie ständig. Im Gegensatz zur Schwimmweste, die nur als Schwimmhilfe dient, ist die Rettungsweste ohnmachtsicher. Das heißt, sie dreht einen Bewusstlosen in eine stabile Rückenlage und hält sein Gesicht über Wasser. Es gibt ohnmachtsichere Feststoffwesten, wie sie hauptsächlich auf Jollen getragen werden, und luftgefüllte Westen, die durch CO_2-Patronen aufgeblasen werden (Wartungsintervalle beachten).

Die Bodensee-Schifffahrts-Ordnung verlangt eine Rettungsweste von mindestens 100 N (Newton) Auftrieb. Sie gilt als nur bedingt ohnmachtsicher. Für Kinder unter 12 Jahren sind spezielle Kinderwesten mit Kragen vorgeschrieben. Für Motorboote mit mehr als 30 kW (40 PS) und Kielboote wird, zusätzlich zu der Rettungsweste für jedes Besatzungsmitglied, ein Rettungskragen von mindestens 100 N Auftrieb mit einer mindestens 10 m langen Schwimmleine verlangt.

Die Schwimmleine am Rettungskragen dient auch als Schleppwiderstand, damit er bei Wind nicht so schnell abgetrieben wird. Eine ideale Lösung ist eine Leinenspule am Heck, von der eine lange Schwimmleine jederzeit klar abrollen kann.

Auch Stand-Up-Paddler müssen persönliche Auftriebsmittel mitführen, wenn sie außerhalb der 300-m-Uferzone fahren.

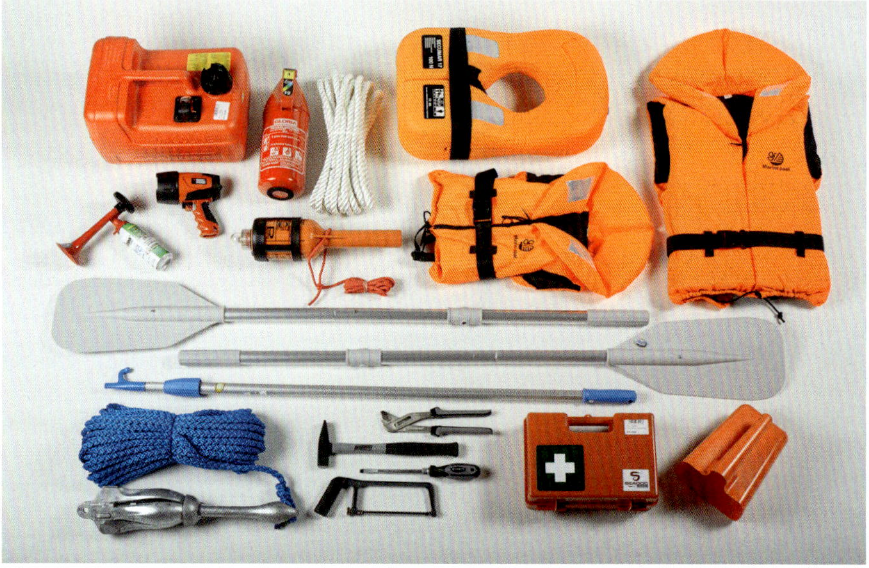

Die für Motor- und Segelboote amtlich vorgeschriebene Sicherheitsausrüstung

1 Anker mit ausreichender Leine
1 Bootshaken
2 Festmacheleinen
2 Paddel
1 manuelle Lenzeinrichtung (Pütz oder Handpumpe)
1 rote Notflagge (60 × 60 cm)
je 1 Rettungsweste für jedes Besatzungsmitglied
1 Rettungskragen mit Schwimmleine
1 Kompass
1 Verbandskasten
Werkzeug für kleinere Reparaturen an Bord
1 2-kg-Feuerlöscher für Innenborder über 4,4 kW, Außenborder über 7,4 kW und Boote mit Koch- und Heizeinrichtungen

nicht auf dem Foto abgebildet:
1 Mundsignalhorn
1 weiße Notleuchte (360°) (Taschenlampe gilt nicht)

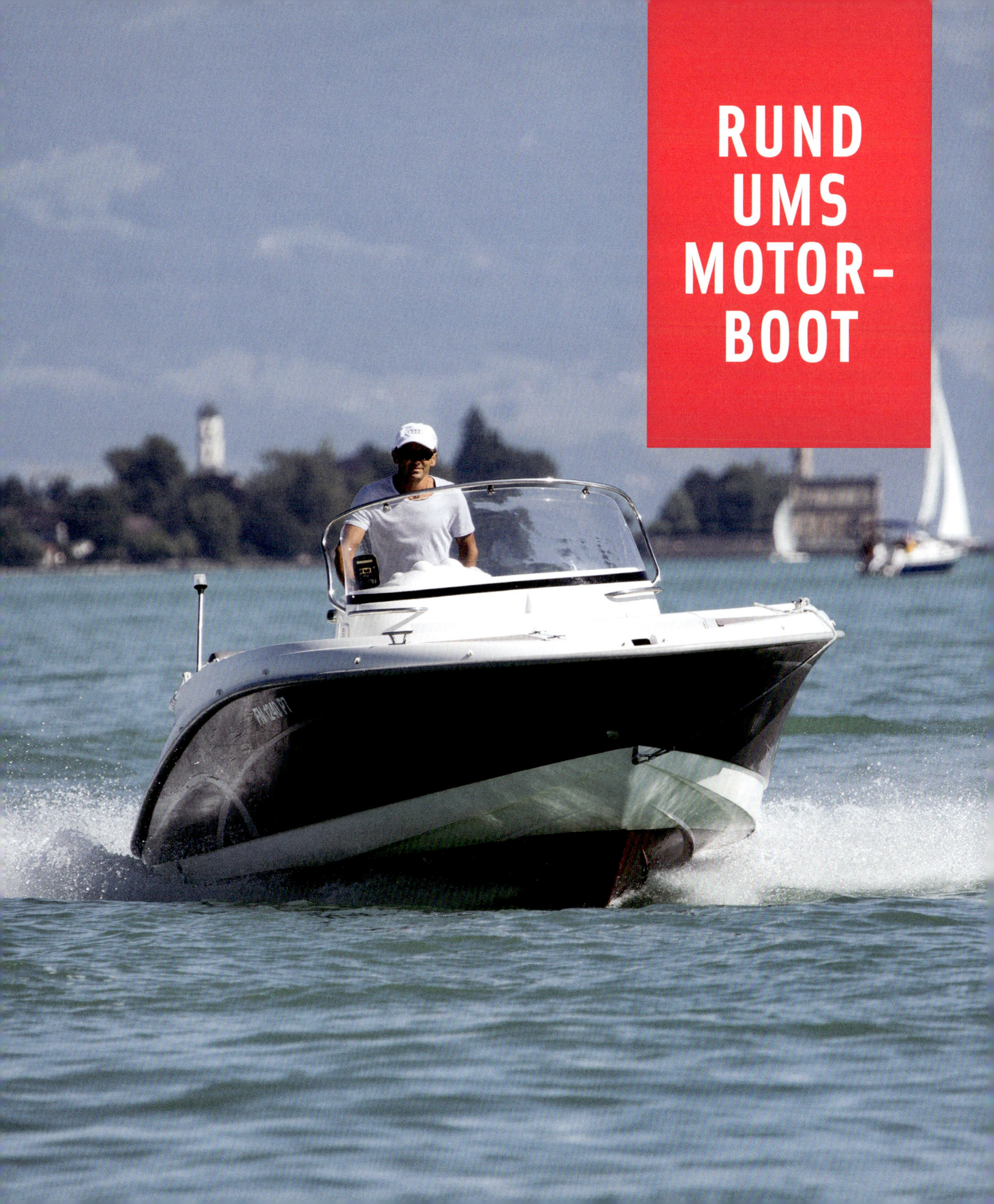

RUND UMS MOTOR-BOOT

BOOTSTYPEN

Groß ist das Angebot von Motorboottypen. Ihre Bezeichnung erfolgt nach gewissen charakteristischen Baumerkmalen oder der Art der Motorisierung.

Schlauchboote, sofern nach DIN 7870 gebaut, sind robuste, vollwertige Sportboote. Den Bootskörper bilden luftgefüllte Schläuche. Sie sind mindestens in zwei Kammern unterteilt. Länge bis etwa 6,00 m.

Eine Weiterentwicklung sind Schlauchboote mit einem starren (Kunststoff-) Boden, die sogenannten Ribs.

Außenborder-Sportboote haben ein eingedecktes Vorschiff und zwei oder vier Sitzplätze. Länge ebenfalls bis zu etwa 6,00 m. Ab dieser Größenordnung beginnen die **Innenborder-Sportboote.** Sie haben einen Einbautank, im Übrigen aber unterscheidet sich ihr Interieur kaum von dem der Außenborderboote. Im Übergangsbereich wird oft das gleiche Boot in einer Außen- und Innenborderversion angeboten. Länge bis etwa 6,80 m, Motorisierung bis zu etwa 125 kW (170 PS).

Daycruiser haben eine flache Schlupfkajüte mit wenig Wohnkomfort. Länge bis etwa 7,20 m, Motorisierung bis zu etwa 146 kW (200 PS), mit ein oder auch zwei Maschinen.

Kajütboote besitzen eine geschlossene Kajüte, in der sich oft auch der Steuerstand befindet. Zu der üblichen Vorderkajüte kann auch eine Achterkajüte kommen. Häufig gibt es einen zweiten Fahrstand auf dem Dach, die sogenannte Flybridge. In diese Kategorie, gelegentlich auch als Motorkreuzer bezeichnet, fallen Boote zwischen 7,50 und 12,00 m Länge. Sie können mit ein oder zwei Motoren, mit Benzinern oder Dieseln bestückt sein.

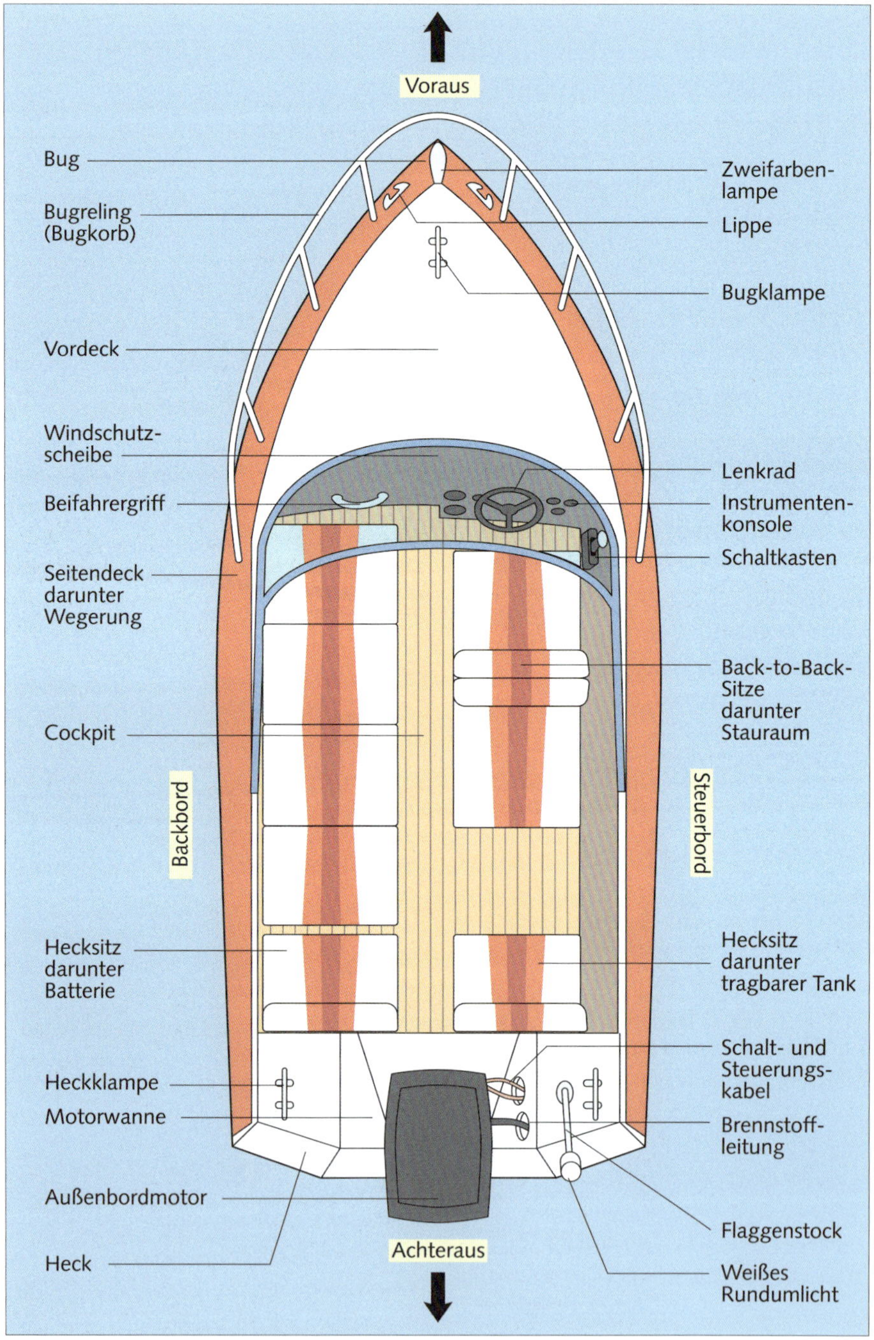

Layout eines Außenborderbootes.

Verdränger und Gleiter

Es gibt im Motorbootbau zwei grundsätzliche Konstruktionsprinzipien: den schnellen über die Wasseroberfläche dahingleitenden Gleiter und den langsamen durchs Wasser pflügenden Verdränger.

Die Rumpf- oder Grenzgeschwindigkeit eines jeden Bootes ergibt sich aus der Länge der Wasserlinie (LWL). Man rechnet:

- Wurzel aus der LWL in Metern × 4,5 = Geschwindigkeit in Stundenkilometern (km/h). Beispiel: LWL 5 m, max. Geschwindigkeit = 10 km/h
- Wurzel aus der LWL in Metern × 2,43 = Geschwindigkeit in Knoten (kn) = Seemeilen pro Stunde. Beispiel: LWL 5 m, max. Geschwindigkeit = 5,5 kn

Die so errechnete Rumpfgeschwindigkeit kann ein Verdränger nicht überschreiten. Er bleibt Gefangener seines eigenen Wellensystems.

- Vorteile eines Verdrängers: Er kann seine Höchstgeschwindigkeit mit einer geringen Motorisierung erreichen und ist dementsprechend sparsam im Verbrauch.

Gleiter, mit einer flachen oder V-förmigen Bodenform und einem sogenannten Abrissheck, können ihrem Wellensystem entrinnen und ein Mehrfaches ihrer Rumpfgeschwindigkeit erzielen. Je leichter das Boot im Verhältnis zu seiner Motorisierung ist, umso schneller kommt es in Gleitfahrt.

- Nachteile des Gleiters: Bei rauem Wasser schlägt er ziemlich hart, sodass die Geschwindigkeit kaum oder gar nicht ausgefahren werden kann. Er braucht eine starke Motorisierung, um überhaupt ins Gleiten zu kommen. Entsprechend hoch ist der Verbrauch. In Revieren mit Geschwindigkeitsbegrenzungen – wie dem Bodensee – fährt er absolut unwirtschaftlich.

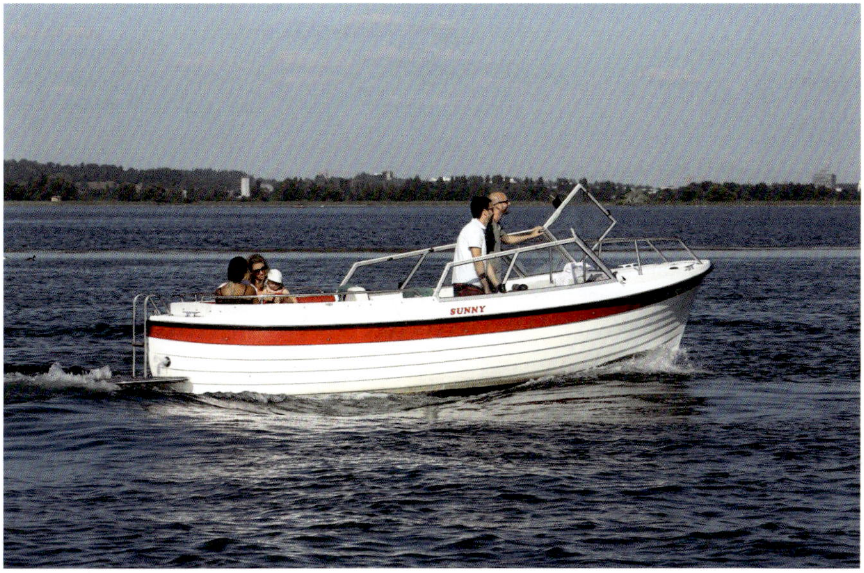

Verdränger: langsam, aber sparsam im Verbrauch.

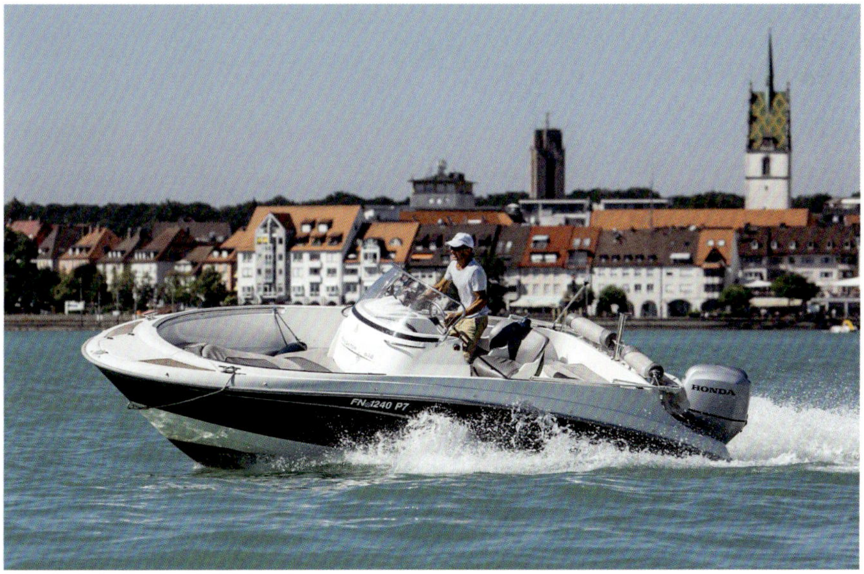

Gleiter: springt in schneller Fahrt über die Wellen.

MOTORENKUNDE

Auf Yachten ist ein Hilfsmotor unerlässlich. Beispielsweise dürfen Schleusen nur unter Motor angelaufen, Kanäle nur unter Motor passiert werden, und in den meisten Häfen ist das Segeln verboten.

Benzin- und Dieselmotor

Auch unter den Bootsmotoren gibt es Benzin- oder Ottomotoren und Dieselmotoren.
Benzinmotoren saugen ein Benzin-Luft-Gemisch an, das von einer elektrischen Zündkerze gezündet wird. Kraftstoffeinspritzung ist heute gängige Praxis.
Dieselmotoren saugen nur Luft an, die durch hohe Verdichtung so stark erhitzt wird, dass sich das eingespritzte Dieselöl von selbst entzündet. Unter dem Gesichtspunkt der größeren Sicherheit ist der Dieselmotor als Einbaumaschine vorzuziehen.

Zweitakter und Viertakter

Unter den Benzinmotoren gibt es Zweitakter und Viertakter.
Wesentlicher Unterschied:

- Der Zweitakter arbeitet mit einem Benzin-Öl-Gemisch, das die notwendige Schmierung besorgt.
- Der Viertakter verbrennt reines Benzin. Das Öl befindet sich in einer separaten Ölwanne und wird durch eine Ölpumpe an alle zu schmierenden Teile gefördert. Der Viertakter erfordert eine Ölkontrolle und gelegentlichen Ölwechsel.

Der Außenbordmotor

Der Außenborder ist der Hilfsmotor für alle Boote, auf denen nicht genügend Platz zum Einbau eines Motors vorhanden ist. Die gängigsten Modelle der verschiedenen Hersteller sind Viertakt-Benzinmotoren mit direkter Kraftstoffeinspritzung. Für kleinere Jollen, Schlauchboote und Yachten sind tragbare Motoren bis ca. 15 PS üblich. Die Modellpalette erstreckt sich jedoch mittlerweile bis zu Motoren mit 300 PS, vorzugsweise für den Rennsport- und Freizeitbereich.
Zweitakt-Außenborder sind nur noch auf dem Gebrauchtmarkt zu finden, denn sie erfüllen bei Neuzulassungen nicht mehr die Abgasnormen und Vorschriften für den Bodensee. Eine aktuelle Liste der laut Bodensee-Schifffahrtsordnung für den Bodensee zugelassenen Benzin- und Dieselmotoren ist im Internet unter www.bodenseekreis.de einzusehen.

- Vorteile des Außenborders: Er wird einfach an den Spiegel gehängt und mit zwei Klemmschrauben befestigt. Beim Segeln kann er hochgeklappt werden, sodass Schaft und Propeller keinen störenden Wasserwiderstand bilden.

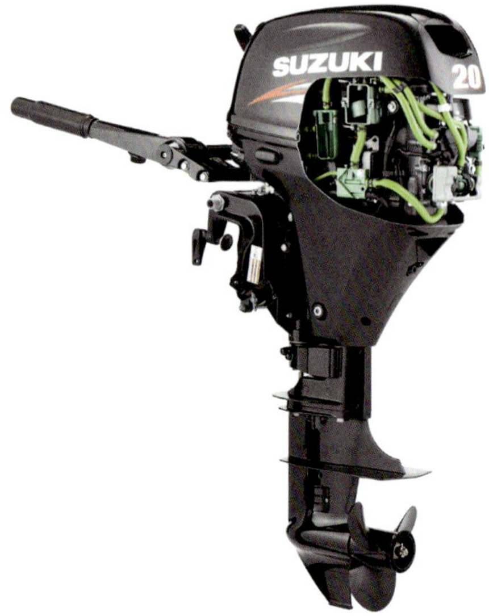

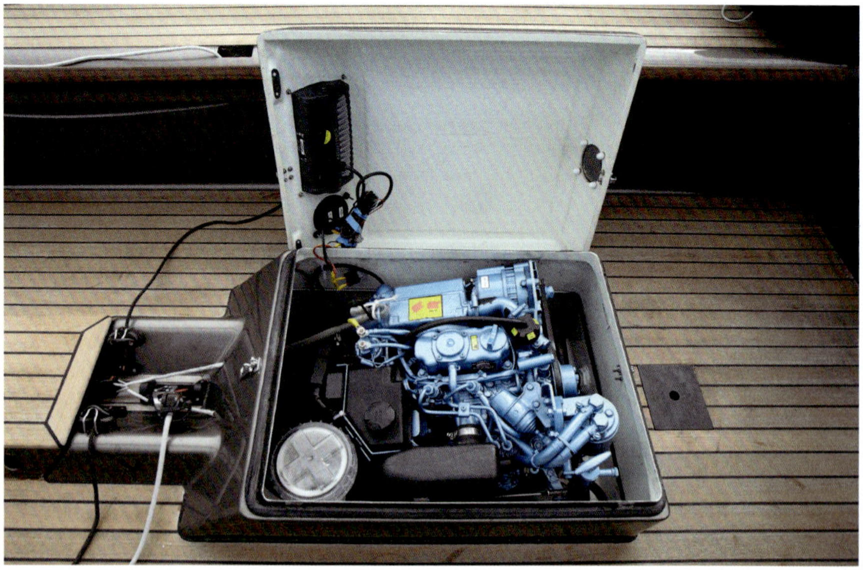

Bei kleineren Yachten wird eine Einbaumaschine häufig unter den Cockpitboden verbaut.

Bei der Auswahl eines Motors muss auf die richtige Schaftlänge geachtet werden. Sie muss zum Bootstyp passen, damit der Propeller tief genug ins Wasser gebracht werden kann und optimaler Schub gewährleistet ist. Den Außenbordmotor gibt es in den verschiedensten Schaftlängen: Länge S ca. 38 cm, L ca. 51 cm, XL ca. 64 cm und XXL ca. 76 cm.

Außenborderbedienung

Kleinere Motoren, die über keinen elektrischen Anlasser verfügen, werden mit einem Seil gestartet. Vorab muss eine Verbindung zum Tank hergestellt, die Entlüftungsschraube geöffnet, ggf. der Choke-Knopf gezogen und die Kippvorrichtung gesperrt werden. Stärkere Motoren werden über eine Bordbatterie gestartet. Die heutigen Modelle haben eine Startsperre, mit der sich der Motor nur im Leerlauf starten lässt. Bei laufendem Motor sollte der seitliche Austritt des Kühlwasserstrahls kontrolliert werden.
Vorm Hochkippen und Stauen des Außenborders die Benzinleitung abnehmen und den Motor so lange laufen lassen, bis er abstirbt.

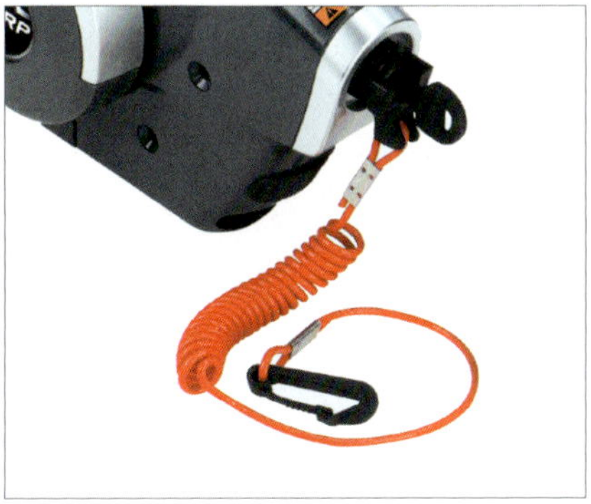

Quickstopp – ein Muss für jeden Außenborderfahrer. Angeklippt verbindet er Mensch und Schaltkasten oder Motor. Beim Sturz (über Bord) wird die Zündung unterbrochen, und der Motor kommt sofort zum Stillstand.

Dann sind Vergaser und Schwimmerkammer leer. So tropft kein Benzin aus dem Vergaser ins Wasser oder Boot.

Die Batterie

Auf Sportbooten sind Bleiakkus üblich. Sie sollten wartungsfrei sein, damit das lästige Kontrollieren und Nachfüllen von destilliertem Wasser, wie man es von älteren KFZ-Batterien kennt, entfällt. Diese sind ebenfalls mit Säure gefüllt, aber hermetisch abgeschlossen und versiegelt. Die beim Ladevorgang entstehenden Gase kondensieren. Somit reguliert sich der Wasserstand in den geschlossenen Zellen von selbst. Die beim Überladen entstehenden Gase werden durch ein Überdruckventil abgeleitet. Dieser Flüssigkeitsverlust kann wegen des geschlossenen Systems nicht ersetzt werden. Eine nachhaltige Beschädigung ist möglich.
Bleiakkus müssen immer einen **Mindestladezustand** aufweisen. Die volle Spannung von 2 Volt/Zelle sollte niemals unter 1,75 Volt (Tiefenentladung) absinken. Eine weitere Entladung zerstört die Platten. Der Ladezustand einer geschlossenen Batterie lässt sich schwer feststellen. Man sollte deshalb immer den Hinweisen des Batterieherstellers folgen.

- Beim Aufladen den Batterieraum gut belüften. Besonders in der letzten Ladephase können explosive Gase (Knallgas) entweichen.
- Pole und Polklemmen stets sauber halten und mit Vaseline einfetten.
- Die Batterie sicher haltern. Eine losgerissene Batterie kann erhebliche Schäden verursachen.
- Die Batterie sollte aus Sicherheitsgründen durch einen Hauptschalter vom Bordnetz getrennt werden können.

Landstrom

Ein Landanschluss bietet Komfort für Crew und Schiff: Kühlung, Warmwasser, Heizung und Aufladen der Bordbatterie. Er erfordert ein gesondertes Schaltpaneel (klare Trennung von Bord- und Landstrom) und besondere Sicherheitsmaßnahmen zum Schutz vor Stromschlag wie

- Schutzschalter und
- Fehlerstromschalter (FI-Schalter).

Die Schaltung

Mit der **Einhebel-Schaltung** werden Gas und Getriebe gleichzeitig bedient. Da der Weg von voraus auf zurück oder umgekehrt immer über Neutral = Standgas führt, sind grobe Schaltfehler weitgehend ausgeschlossen. Empfehlenswert ist trotzdem ein kurzes Innehalten auf Neutral, damit die Drehzahl reduziert wird.
Bei der mittlerweile sehr seltenen und nur noch bei alten Motoren vorzufindenen **Zweihebel-Schaltung** sind Gas und Getriebe getrennt. Vor dem Schalten muss das Gas zurückgenommen werden. Geschaltet wird nur mit Standgas, will man sein Getriebe nicht in kürzester Zeit verschleißen.

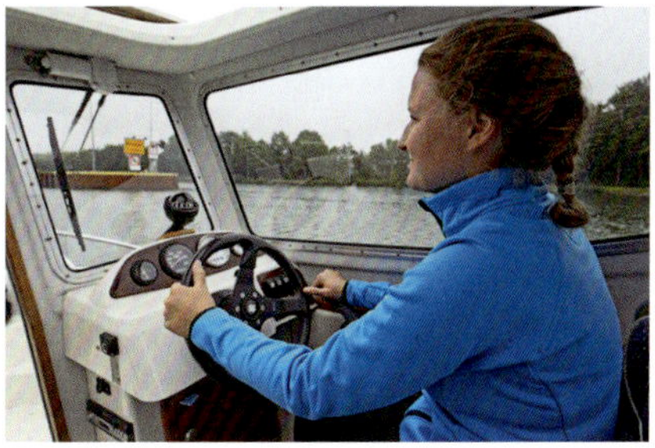

ELEKTROANTRIEB

Als Ersatz oder in Kombination mit Verbrennungsmotoren werden auf dem Wasser zunehmend Elektroantriebe verwendet. Die Technik ist heute so gut ausgereift, dass vom kleinen, tragbaren Flautenschieber bis zum Wasserskiboot in Gleitfahrt alles elektrisch betrieben werden kann. Der positive Umwelteinfluss ist unmittelbar spürbar, denn ein Elektroantrieb erzeugt keine Abgase und ist deutlich leiser. Daher ist diese Antriebsform in diversen Revieren bereits heute vorgeschrieben, Tendenz steigend. Für den Bodensee ist bei der Landesregierung Baden-Württembergs ein Verbrenner-Verbot in der Diskussion, das nach jetziger Planung im Jahr 2035 und im ersten Schritt für Neuzulassungen kommen soll.

Die Wahrscheinlichkeit ist demnach relativ groß, dass ein Skipper oder eine Skipperin ihre Fähigkeit auch auf einem Boot mit elektrischem Antriebssystem unter Beweis stellen darf.

Die Handhabung ist ähnlich, dennoch gibt es einige Spezialitäten, mit denen man sich vorab vertraut machen sollte:

- Wie ist ein elektrisches Antriebssystem aufgebaut? Was sind Gemeinsamkeiten und wo liegen die Unterschiede zu Antrieben mit Verbrennungsmotoren?
- Was muss bei der Planung und im Betrieb beachtet werden?
- Welche Sicherheitseinrichtungen gibt es?

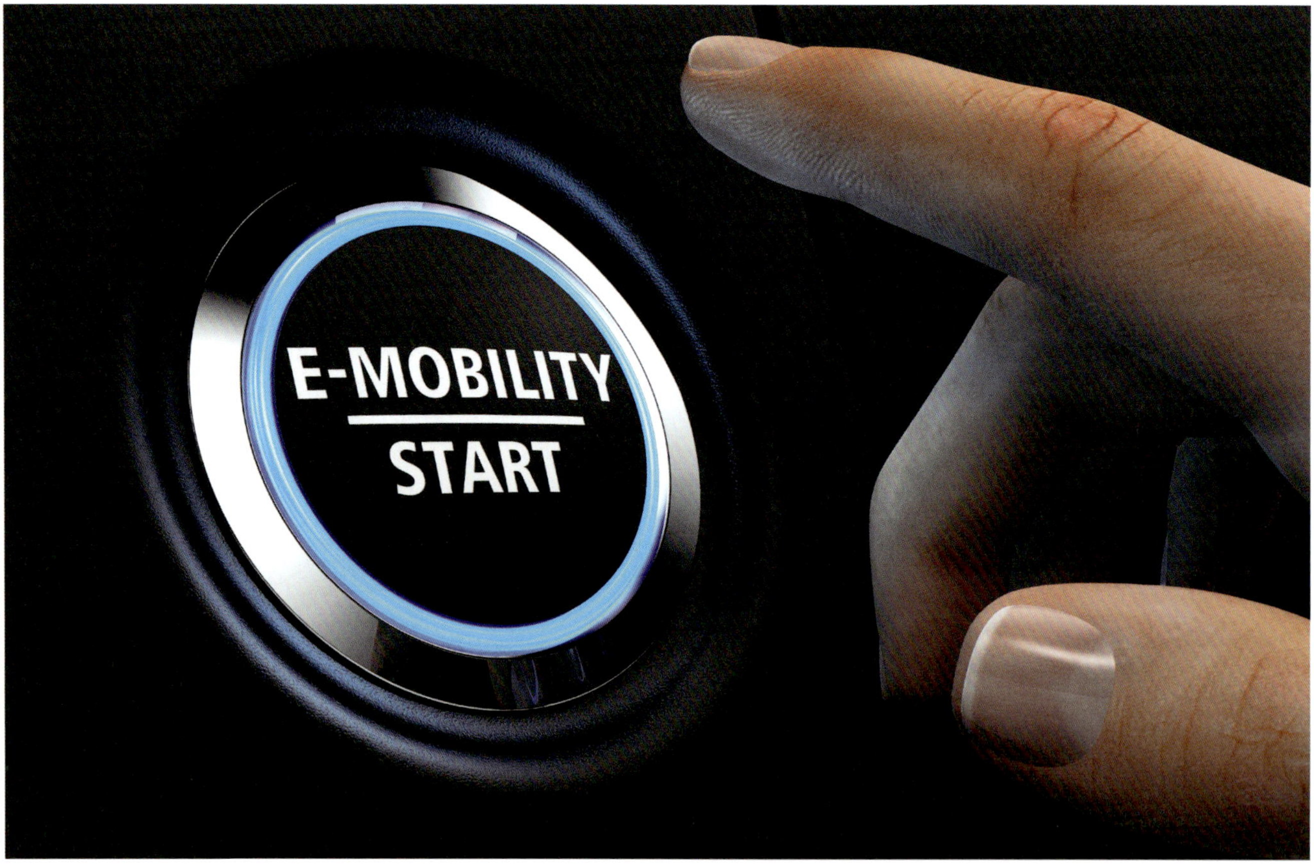

Die E-Mobilität ist auf dem Wasser bereits angekommen.

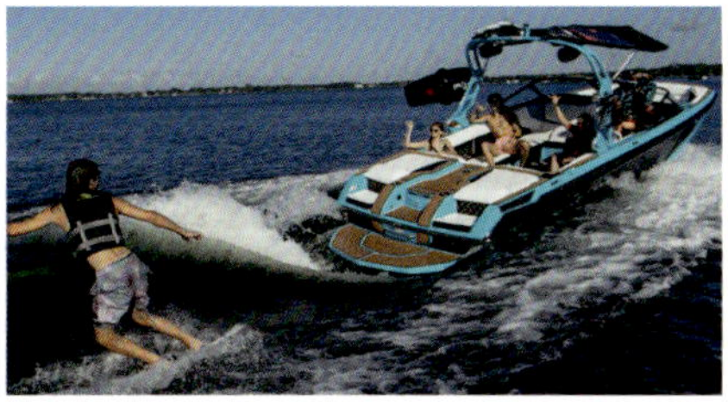

Wasserskifahren elektrisch ist kein Traum, sondern bereits Realität.

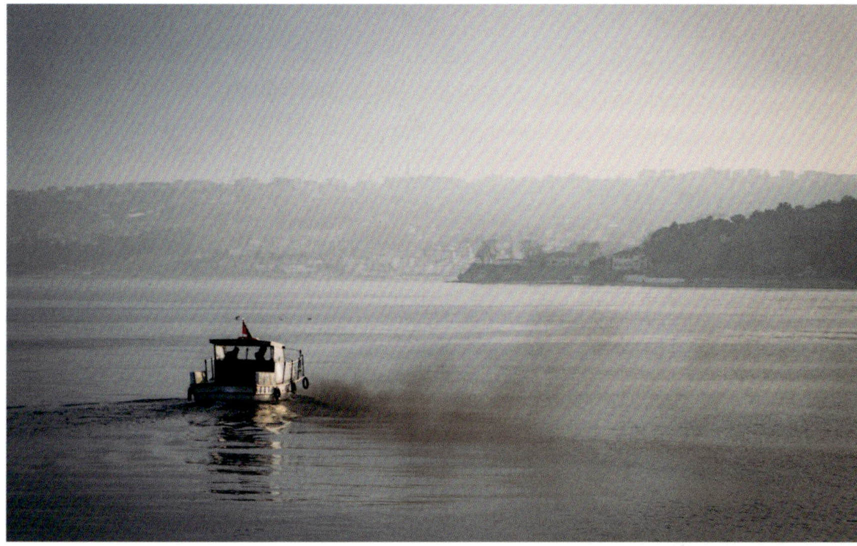

Bootfahren mit dem Verbrennungsmotor verursacht sichtbare und hörbare Emissionen, die mit einem E-Antrieb vermieden werden können.

Unterschiede und Gemeinsamkeiten

Die Kraftübertragung eines elektrischen Antriebsystems erfolgt auf die gleiche Weise wie bei einem Verbrennungsmotor, nur dass die Drehbewegung durch einen Elektromotor erzeugt wird. Damit wird eine Schiffswelle, ein Saildrive oder ein Z-Antrieb angetrieben, die schlussendlich einen Propeller im Wasser bewegen.

Die Kraft, mit der die Welle und damit der Propeller gedreht wird, nennt sich Drehmoment. Bei einem Verbrennungsmotor hängt das Drehmoment stark von der Drehzahl ab. Bei geringer Drehzahl ist das Drehmoment relativ gering, steigt zu einem Maximum an und fällt anschließend wieder etwas ab.

Die Drehmomentkurve des Elektromotors fällt deutlich flacher aus, so dass er das maximale Drehmoment bereits bei sehr geringer Drehzahl zur Verfügung stellt. Dieses bedeutet deutlich mehr Schub bei geringer Drehzahl, was sich besonders in der Manövrierfähigkeit bei kleiner Geschwindigkeit bemerkbar macht.

Der Verbrennungsmotor ist mit diversen Verlusten behaftet, so dass von der Leistung, die der Motor aus dem Brennstoff erzeugt, nur ein Bruchteil am Propeller als Vortrieb ankommt.

Der Elektromotor hat aufgrund seiner Physik einen deutlich besseren Wirkungsgrad. Von der Energie, die er aus seinen Akkus bezieht, wird deutlich mehr in Schub und damit Vortrieb umgesetzt. Als erste Annährung kann man davon ausgehen, dass die

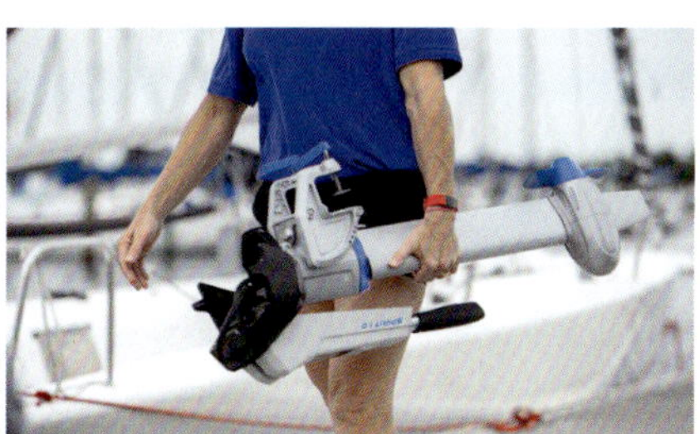

Tragbarer Elektro-Außenborder als Flautenschieber für Segelboote.

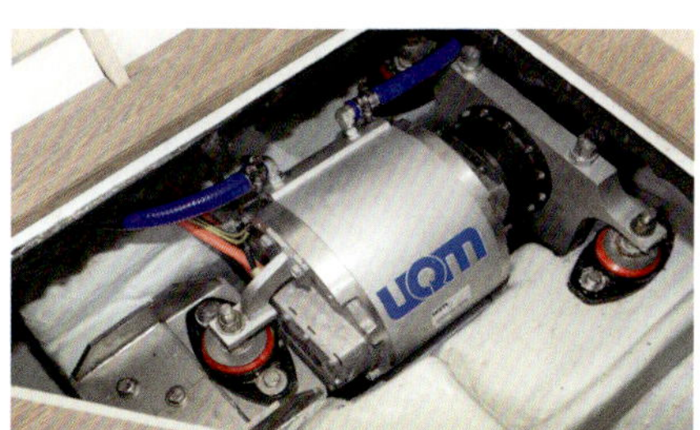

Die Installation eines Elektromotors ist überschaubar und der Wartungsaufwand sehr gering.

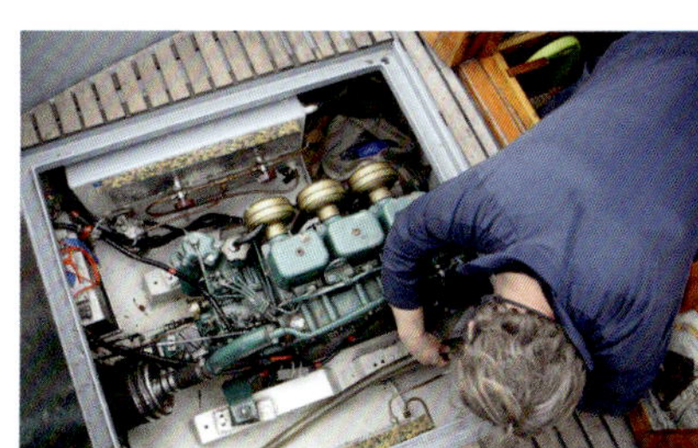

Ein Verbrennungsmotor braucht viel Platz für seine umfangreiche Infrastruktur, verbunden mit einem hohen Wartungsaufwand.

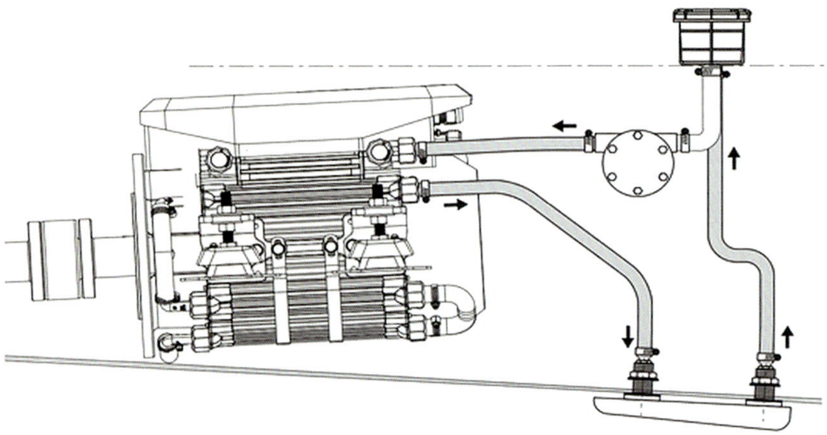

Eine einfache Kielkühlung reicht, um auch bei größeren E-Antrieben die Wärme abzuführen.

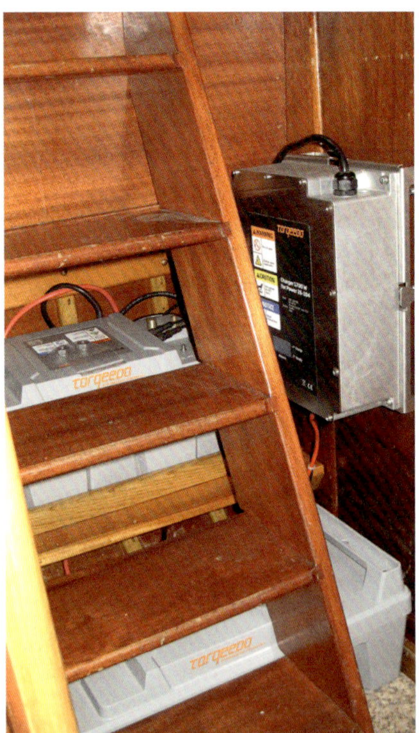

Zwei Lithium-Ionen Batterien sowie das Schnelladegerät, die an geeigneter Stelle an Bord montiert wurden.

Leistung eines Verbrennungsmotors in PS geteilt durch zwei die Leistung des Elektromotors in kW entspricht. Somit erklärt sich, warum Boote mit einem Elektromotor in der Betriebsart S1 (Dauerbetrieb) bereits ab 7,5 kW führerscheinpflichtig sind, während bei Verbrennungsmotoren diese Regelung erst bei 15 PS eintritt.

An einem Verbrennungsmotor ist eine Lichtmaschine installiert. Diese sorgt dafür, dass die Starter- und Verbrauchsakkus während der Fahrt geladen werden, um z.B. Kühlschrank, Navigationslichter, Pumpen etc. betreiben zu können. Ein Elektroantrieb hat diese Einrichtung nicht, so dass beim Betrieb der genannten Verbraucher vorausschauend geplant werden muss. Dieses kann bedeuten, dass z.B. der Kühlschrank vorzeitig abgestellt wird, um in der Dämmerung sicher genügend Strom für die Navigationslichter zu haben.
Es gibt zwar die Möglichkeit, die Bordnetzakkus über einen Batterie-zu-Batterie-Lader aus dem Antriebsakku zu laden, dieses geht jedoch zu Lasten der verfügbaren Reichweite.

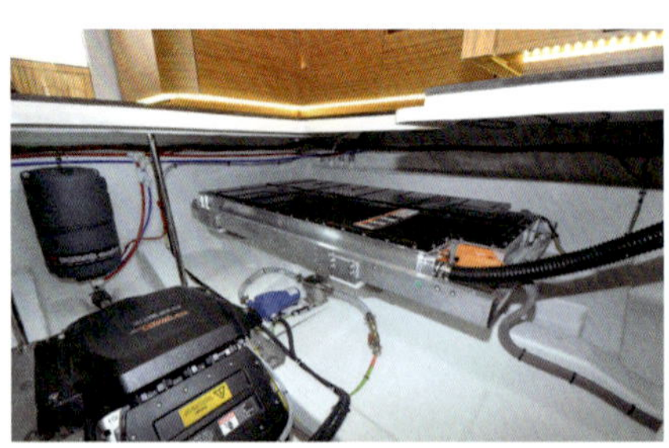

Eine 50 kW Deep Blue Antriebseinheit von Torqeedo mit einer BMW I3 Batterie, die übersichtlich im Motorraum untergebracht sind.

Der schlechtere Wirkungsgrad des Verbrennungsmotors führt zu deutlich mehr Abwärme, die häufig für die Heizung und Wassererwärmung an Bord verwendet wird. Diesen Luxus findet man bei einem Elektroantrieb nicht, da die Abwärme dieser Systeme zu gering ist.

Ein elektrisches Antriebssystem ist bei korrekter Installation im Gegensatz zum Verbrennungsmotor praktisch wartungsfrei. Es sind weder das Einwintern noch der periodische Ölwechsel sowie die regelmäßige Inspektion erforderlich.

Komponenten eines elektrischen Antriebsystems

Elektrische Antriebssysteme gibt es als kompakte Außenbordmotoren mit integriertem Akku sowie als fest installiertes Antriebssystem. Diese Installation ist grundsätzlich überschaubarer als die Anlage eines Verbrennungsmotors, da der Elektroantrieb deutlich kompakter ist, kein Wendegetriebe benötigt, kein Kraftstoffsystem hat und ein deutlich überschaubareres Kühlsystem verwendet wird.

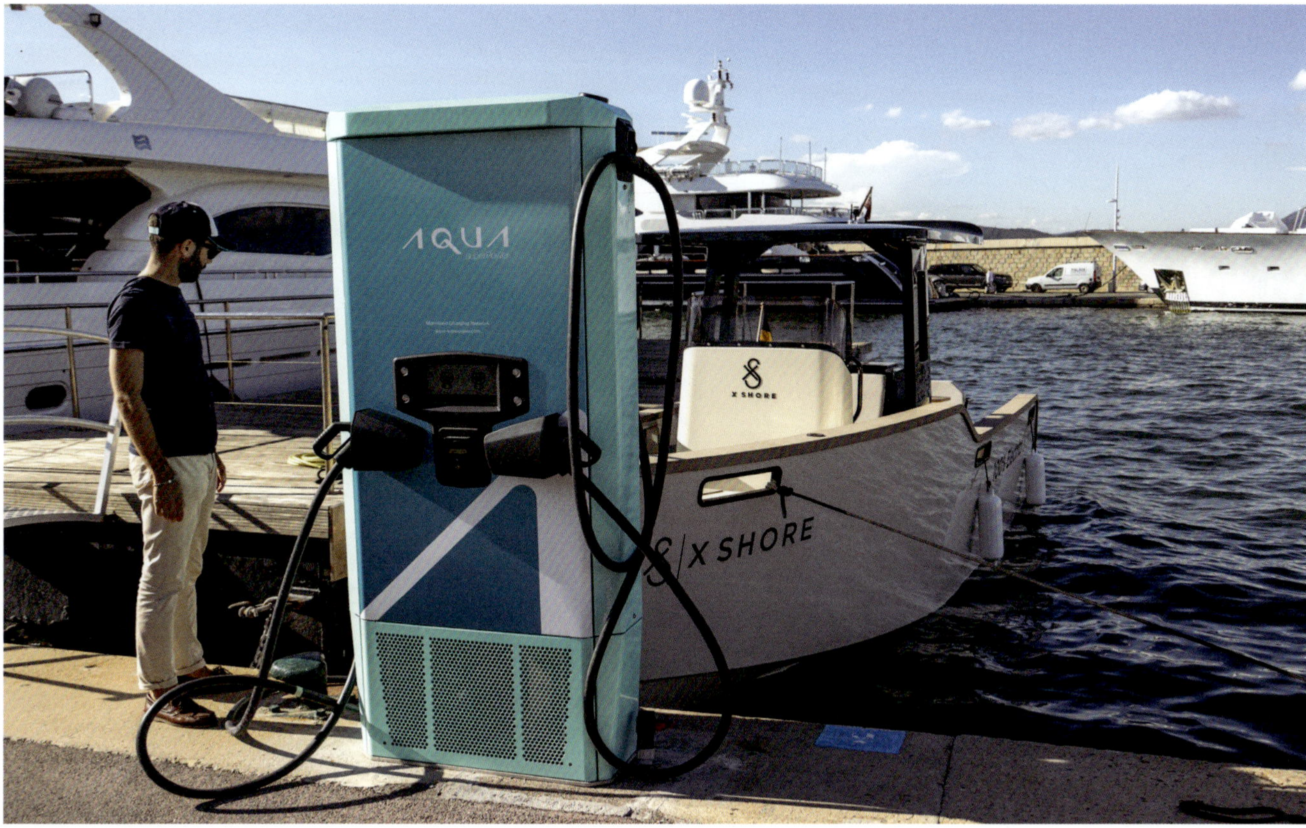

Schnelladesäulen wie diese sind am Wasser noch selten anzutreffen.

Die Kernkomponenten sind der Elektromotor mit Geschwindigkeitsregeleinrichtung, der Energiespeicher (Akku), die Ladeeinrichtung sowie die Bedien- und Überwachungseinrichtungen. Abhängig von der erforderlichen Leistung arbeiten die Systeme mit Schutzkleinspannung bis zu 48 V oder mit höheren Spannungen von mehreren hundert Volt. Als geschlossene Systeme kommt der Nutzer nicht mit spannungsführenden Teilen in Berührung.
Die Kühlung des Motors sowie der Elektronik erfolgt über Luft oder bei größeren Systemen über Wasserkühlung. Die Kühlsysteme sind im Gegensatz zum Verbrenner jedoch deutlich einfacher aufgebaut und werden häufig als geschlossene Systeme wartungsfrei ausgeführt.

Energiespeicher und Reichweitenplanung

Eine besondere Bedeutung hat der Antriebsakku, der die notwendige Energie für den Vortrieb speichert. Grundsätzlich wird dieser über den Landanschluss geladen, so dass während der Fahrt keine nennenswerte Ladung z.B. über Solarpanele erfolgen kann. Während ein gefüllter Brennstofftank mit einem Verbrennungsmotor mehrere Tage oder Wochen reichen kann, muss mit der elektrischen Energie sorgfältig geplant werden.
Die im Akku gespeicherte Energie wird meistens in Wattstunden (Wh) oder in Ampérestunden (Ah) angegeben. Ein Akku mit 4 kWh (= 4'000 Wh) kann theoretisch einen 4 kW Antrieb bei Volllast eine Stunde betreiben.
Entscheidend für die reale Reichweite ist die Stromentnahme und somit die abgeru-

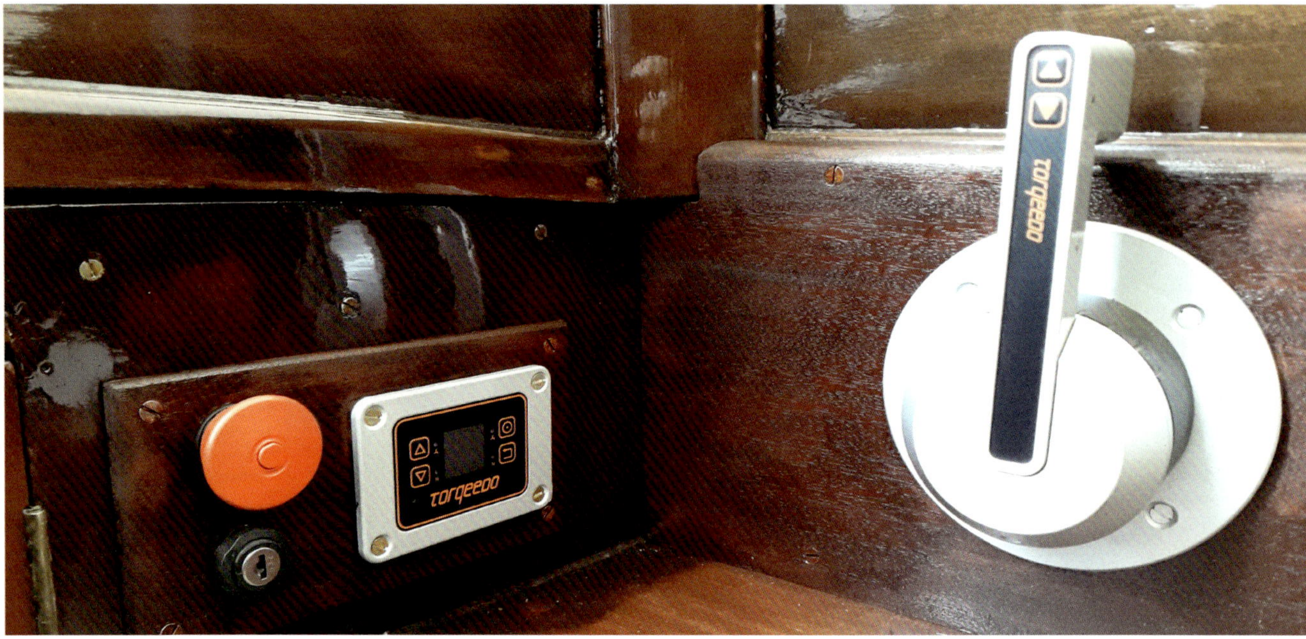

Fahrthebel, Notstop-Taster sowie Betriebs- und Warnanzeige sind zwingender Bestandteil für den Betrieb eines elektrischen Antriebssystems an Bord.

fene Leistung. Die Leistung um das Boot zu bewegen, hängt in dritter Potenz mit der Geschwindigkeit zusammen: um die doppelte Geschwindigkeit zu erreichen wird demnach die achtfache Leistung benötigt. Hat das Boot seine Rumpfgeschwindigkeit erreicht, so wird die zusätzliche Leistung praktisch nur noch in Wellen und nicht in Vortrieb umgesetzt.

Als Skipper muss man somit besondere Aufmerksamkeit auf die »richtige« Geschwindigkeit legen, um sicher am Ziel anzukommen. Äußere Einflüsse wie Wind und Strom müssen hierbei berücksichtigt werden, die ggf. die Geschwindigkeit reduzieren und somit die Fahrtzeit verlängern oder mehr Leistung erfordern.

Bei der Routenplanung sollte ebenfalls berücksichtigt werden, wo und wie die Akkus wieder aufgeladen werden können und wieviel Zeit hierfür zur Verfügung steht. Schnelladesäulen, wie man sie für Elektroautos an Land kennt, sind für Wasserfahrzeuge noch die Ausnahme. In der Regel führt das Boot das eigene Ladegerät mit, was somit den maximalen Ladestrom bestimmt. Zusätzlich muss berücksichtigt werden, wieviel Strom der Landanschluss am Liegeplatz zur Verfügung stellt. Bei einer Standard-Absicherung von 10 A können maximal 2'300 W abgerufen werden, was bei einer 48 V Antriebsanlage in etwa einem Ladestrom von 40 A entspricht. Ladestrom multipliziert mit der Zeit minus 10% ergibt in etwa die Energiemenge, die während der Ladung gespeichert werden kann. Als Skipper muss man demnach wissen, wie groß der Energiespeicher an Bord ist und wieviel Ladestrom das installierte Ladegerät liefern kann.

Bedienung und Manövriereigenschaften

Die Bedieneinrichtungen für das elektrische Antriebssystem besteht mindestens aus

- einem **Fahrthebel** für die Vorgabe der Drehzahl- und Drehrichtung
- einem gelb/orangenen **Notausschalter**
- einem **Batteriehauptschalter**
- einer **Systemanzeige** mit Informationen über Systemstatus, Drehzahl, Leistung, Kapazität, und prognostizierte Reichweite.

Mit dem Seeklarmachen sollte sich der Skipper mit der Lage und der Funktion dieser Bedieneinrichtungen vertraut machen.

Im Gegensatz zum Verbrenner gibt es beim Elektroantrieb keinen Leerlauf. Die Anlage wird über einen Schalter eingeschaltet (ent-

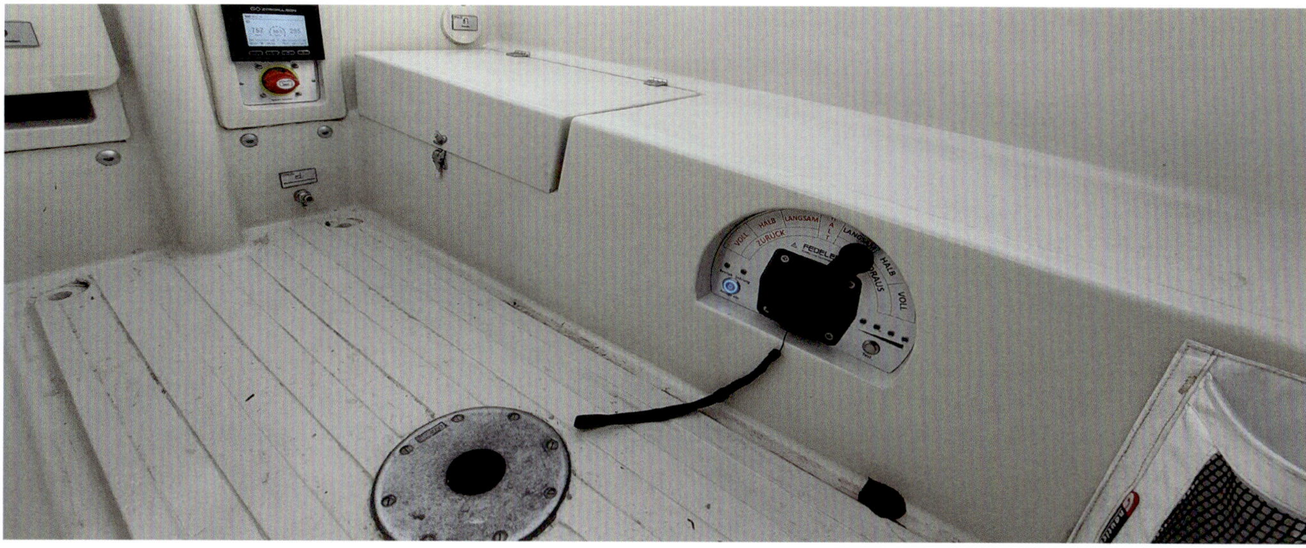

In die Backskiste eingelassenen Fahrthebel und Systemanzeige von ePropulsion sowie Notaus im Cockpit eines Segelboots.

spricht dem gestarteten Motor im Leerlauf) und erzeugt keinerlei Geräusche. Gelegentlich ist nur ein leises Surren des Ventilators des Geschwindigkeitsreglers zu hören, wenn dieser nicht im Motor integriert ist. Der Skipper kann sich also ohne störende Nebengeräusche und Abgase mit seiner Crew abstimmen. Zu beachten ist jedoch, dass man nicht von anderen gehört wird bzw. andere Fahrzeuge mit E-Antrieb auch nicht akustisch wahrnehmen kann. Man fährt also praktisch geräuschlos, zügig an die Pier, wo sonst das Knattern des Diesels die Position und die Absicht angezeigt hat. Klare Kommandos und Hinweise, ob und wenn ja in welche Richtung die Schraube noch dreht, sind mehr als angebracht.

Der Fahrthebel kann im Gegensatz zu einem Verbrennungsmotor eine Verriegelung in Neutralstellung haben, die durch Drücken oder Herausziehen des Hebels überwunden wird. Da der Elektromotor grundsätzlich ohne Getriebe mit dem Propeller verbunden wird gibt es auch nicht die Funktion, die Drehzahl im ausgekuppelten Betrieb zu verändern. Hierfür besteht aber auch keine Notwendigkeit.

Der E-Antrieb erzeugt bei geringer Drehzahl deutlich mehr Schub. Gibt man mit dem Gashebel wie vom Verbrenner gewohnt einen kurzen Schub, so steigt durch das hohe Drehmoment die Drehzahl unverzüglich an und das Boot bewegt sich ungewohnt schnell und heftig. Dieser Effekt ist selbst bei kleinen Motoren spürbar. Wenig Schub reicht bereits aus, um das Boot in die gewünschte Richtung zu manövrieren.

Muss beim Anleger das Boot mit Rückwärtsfahrt aufgestoppt werden, so gelingt dieses Manöver deutlich schneller.

Bei viel Wind sollten die An- und Ablegemanöver zügig durchgeführt werden. Auch hier kann die ungewohnt starke Beschleunigung zu einem Gelingen beitragen, vorausgesetzt man kennt sein Boot und die Manövriereigenschaften.

Daher sollte jeder Skipper sich unter ruhigen Bedingungen mit den Manövriereigenschaften vertraut machen.

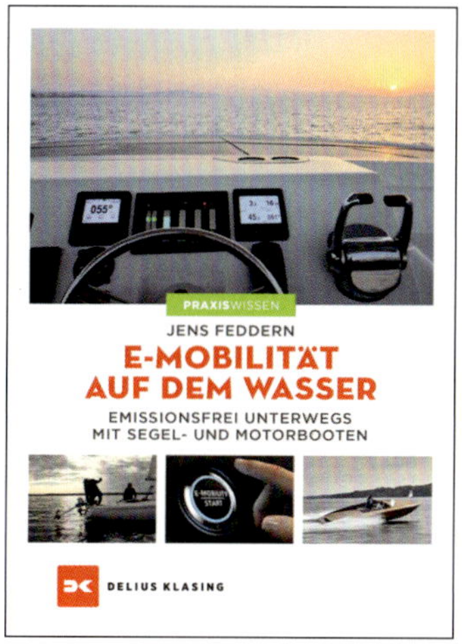

Weitere Informationen zu diesem Thema im Fachbuch »E-Mobilität auf dem Wasser«.

DER PROPELLER

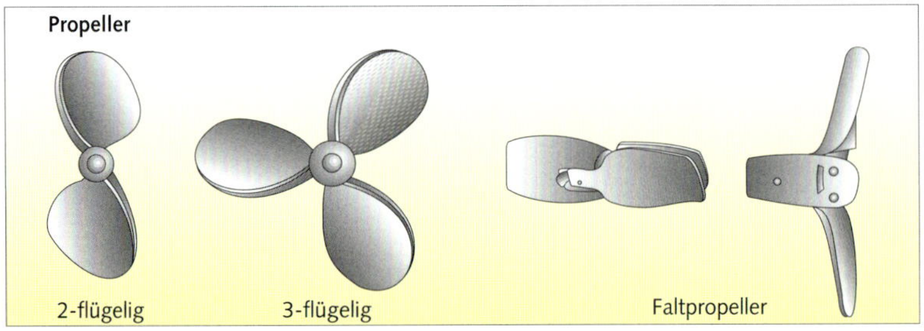

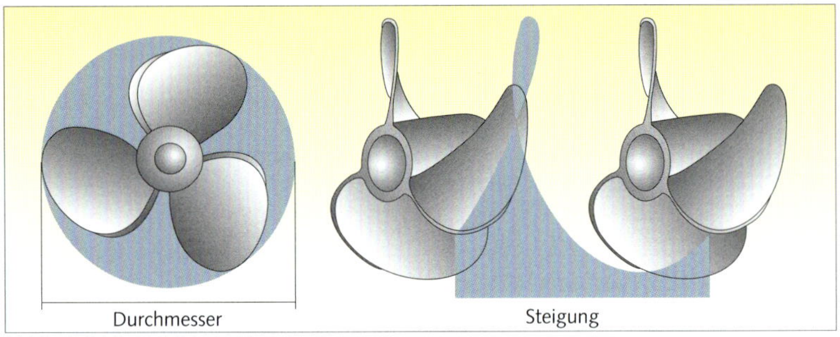

Es gibt Propeller mit 2, 3 und 4 Flügeln als **Falt- oder Verstellpropeller**. Auf Segelyachten bevorzugt man einen zweiflügeligen Faltpropeller, dessen Flügel beim Segeln schnabelartig zuklappen und so den geringsten Wasserwiderstand haben.

- Ihr Nachteil: Die Schubkraft ist nicht so groß wie die eines vergleichbaren feststehenden Propellers. Sie arbeiten ziemlich schlecht bei Achterausfahrt.

Bei Verstellpropellern kann die Steigung, der Anstellwinkel der Propellerflügel, unterschiedlichen Belastungen und Fahrstufen angepasst werden. Ein Wendegetriebe entfällt, weil die Propellerflügel einfach auf Fahrt achteraus umgestellt werden.

- Der Nachteil: Die Verstellmechanik ist störanfälliger als ein Wendegetriebe.

Es ist unbedingt darauf zu achten, dass der Propeller zum Motor, zum Boot und zu dessen Verwendungszweck passt.

Durchmesser und Steigung

Der Propeller enthält üblicherweise zwei Angaben, beispielsweise 9½ × 8 (Zoll) oder 255 × 240 (mm).

Die erste Zahl gibt den Propellerdurchmesser an, den Durchmesser des Kreises, den die Außenkanten der Propellerflügel bei einer Umdrehung beschreiben.

Die zweite Zahl bezeichnet die **Steigung**, den Weg, den ein Propeller bei einer Umdrehung in einem festen Medium – ähnlich einer Schraube im Holz – zurücklegen würde. Propeller unterschiedlichen Durchmessers können durchaus die gleiche Steigung haben und umgekehrt.

- Schubpropeller für Segelyachten müssen unterquadratisch sein. Das heißt, der Durchmesser muss größer sein als die Steigung, die erste Zahl auf dem Propeller also größer als die zweite sein.
- Beim überquadratischen Propeller ist der Durchmesser kleiner als die Steigung. Man braucht ihn für leichte, schnelle Motorboote.
- Mit einem falschen Propeller kommt der Motor bei Vollgas entweder nicht auf volle Drehzahl (Steigung zu hoch) oder aber er dreht zu hoch (Steigung zu gering).

Linksgängig und linksdrehend

Wenn ein Propeller, von hinten gesehen, bei Vorausfahrt des Bootes linksherum – also entgegen dem Uhrzeigersinn – dreht, ist er linksgängig. Ein in Vorausfahrt rechtsherum drehender Propeller ist rechtsgängig.

Da bei Achterausfahrt der Propellerdrehsinn umgekehrt wird, dreht ein linksgängiger dann rechtsherum, ein rechtsgängiger entsprechend linksherum. Die meisten Einbaumotoren von Segelyachten haben linksgängige Propeller. Das ist für Manöver unter Motor wichtig zu wissen. (Motoryachten dagegen haben vorwiegend rechtsgängige Propeller.)

Der Radeffekt

Ein Propeller liefert nicht nur den erwünschten Vortrieb, den Schub in Vorausrichtung. Er wandert auch immer etwas zur Seite, so als liefe er wie ein Rad auf dem Grund. Deshalb nennt man diese Erscheinung auch Radeffekt. Dabei nimmt der Propeller das Heck über sich spürbar in diese Richtung mit.

- Ein linksgängiger Propeller versetzt dementsprechend das Heck bei Vorausfahrt immer etwas nach links. Ein rechtsgängiger nach rechts. Bei Achterausfahrt, wenn also der Propeller in entgegengesetzter Richtung dreht, tritt genau der umgekehrte Effekt ein. Aber in verstärktem Maße.

DAS KÜHLSYSTEM

Wie die meisten Außenborder werden auch fast alle Einbaumotoren wassergekühlt. Grundsätzlich ist zu unterscheiden zwischen der Einkreis- und der Zweikreiskühlung.

Bei der **Einkreiskühlung** – auch direkte Kühlung genannt – wird von einer Pumpe ständig Seewasser durch den Kühlkreislauf des Motors und des Auspuffs gepumpt.

- Der Vorteil: geringer Platzbedarf, nur eine Pumpe.
- Der Nachteil: Bei einer Störung der Kühlung zerstört die schlagartig ansteigende Temperatur in kürzester Zeit den Motor.

Bei der **Zweikreiskühlung** ist der Motor an einen geschlossenen Süßwasserkreislauf angeschlossen, der in einem von Seewasser durchflossenen Wärmetauscher heruntergekühlt wird.

- Der Vorteil: Bei einer Störung – Ausfall einer Pumpe oder Verstopfen der Ansaugventile – steigt die Temperatur nur langsam an, und man wird den Motor wohl immer rechtzeitig abstellen können.
- Der Nachteil: mehr Platzbedarf und eine zweite Pumpe.

GASANLAGEN

Flüssiggasanlagen (Butan, Propan) erfreuen sich an Bord von Kajütbooten wachsender Beliebtheit. Da die Gase schwerer als Luft und in Verbindung mit Luft höchst explosiv sind, kommt der vorschriftsmäßigen Installation große Bedeutung zu. Anlage und Gasbehälter müssen der DIN EN ISO 10239 und den **»Technischen Regeln für Flüssiggasanlagen auf Motoryachten und Segelbooten«** entsprechen (Arbeitsblatt G 608).

- Die Anlage darf erstmalig nur in Gegenwart des Installateurs in Betrieb genommen werden. Dieser überprüft, ob alle Leitungen und Anschlüsse dicht sind. Weitere Funktionsüberprüfungen müssen alle zwei Jahre stattfinden. Die Prüfbescheinigung ist an Bord mitzuführen.
- Gasflaschen sind möglichst an Deck, geschützt vor Sonneneinstrahlung, zu installieren. Unter Deck nur in einem von außen zugänglichen gasdichten Raum mit Abfluss außenbords in Bodenhöhe.
- Es dürfen nur Geräte (Kocher etc.) mit Zündsicherung eingebaut werden.
- Nach Gebrauch immer alle Hähne und das Flaschenventil schließen. Alle Verbindungsstellen regelmäßg auf Undichtigkeiten überprüfen.
- Bei Gas im Boot: Gaszufuhr absperren, lüften, keine elektrischen Schalter betätigen, nicht Funk oder Handy benutzen.

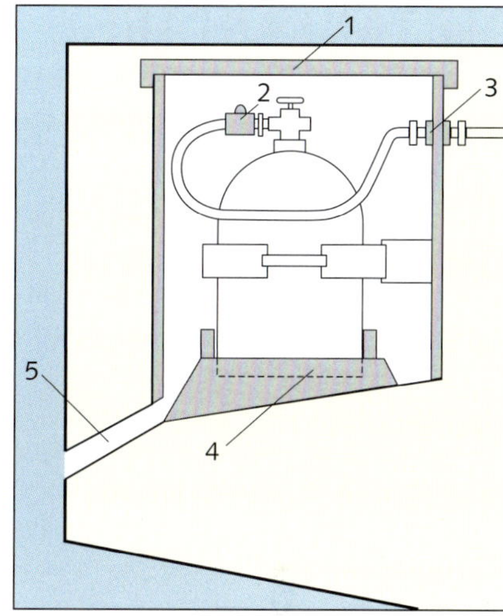

Gasflascheneinbau

1 Von den übrigen Räumen abgeschotteter Kasten
2 Sicherheitsdruckregler
3 Gasdichte Schottverschraubung
4 Sichere Halterung der Flasche
5 Abfluss außenbords über der Wasserlinie

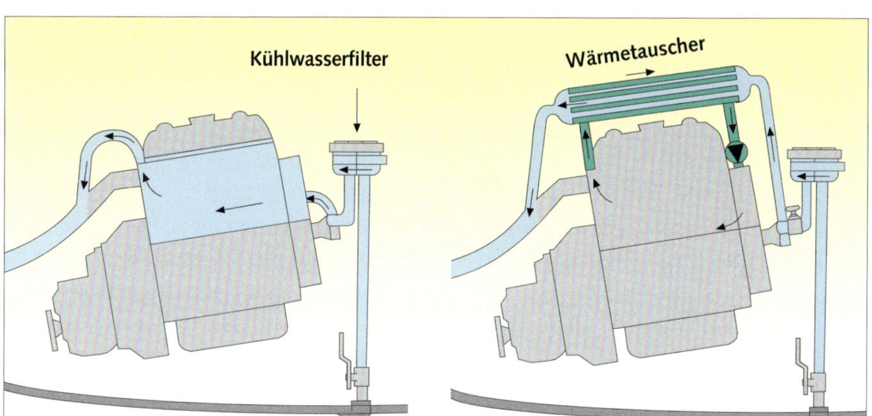

Das Prinzip einer Ein- und Zweikreiskühlung
Das Seewasser (blau) durchläuft das innere Kühlsystem (links). – Das Seewasser (blau) durchläuft den Wärmetauscher und kühlt darin das Süßwasser (grün) des inneren Kreislaufs herunter (rechts).

DIE TANKANLAGE

Da auslaufendes Benzin in Verbindung mit Luft ein hochexplosives Gemisch bildet, sind an Tankanlagen hohe Sicherheitsanforderungen zu stellen.

- Der Tank sollte sich in einem abgeschotteten Bootsteil befinden, damit sich der Treibstoff bei einem Leck nicht im gesamten Boot verteilt. Der Tank muss so sicher eingebaut sein, dass er sich bei heftigen Schiffsbewegungen im Seegang nicht losreißen kann. Direkt am Tank muss ein Absperrhahn sitzen, damit bei einem Bruch in der Leitung der Treibstoff nicht in die Bilge läuft. Auch wenn der Motor nicht benutzt wird, sollte der Absperrhahn geschlossen werden.
- Die Einfüllöffnung muss an Deck liegen und ringsum absolut dicht sein, damit übergelaufener Kraftstoff nicht unter Deck fließen kann.
- Die Tankentlüftung muss so nach außenbords geführt sein, dass dort entweichende Gase nicht ins Boot gelangen können. Sie sollte möglichst ein Zündgitter (Flammenschutz) haben.
- Die gesamte Tankanlage muss geerdet sein.

Dieseltanks dürfen nie ganz leer gefahren werden, weil sonst Luft angesaugt wird, die den Motor zum Stehen bringt. Die Entlüftung der Anlage ist zeitraubend und schwierig.

Außenbordertanks sind transportabel. Ein Bajonettverschluss verbindet die flexible Schlauchleitung mit dem Motor. Mit einem Gummiball wird vorm Anlassen Benzin vom Tank in das Kraftstoffsystem gepumpt. Der Tank muss rutschfest und kippsicher gehaltert werden. Die meisten Außenbordertanks haben eine Entlüftungsschraube. Sie muss vor dem Anlassen geöffnet und wieder zugedreht werden, wenn der Motor längere Zeit abgestellt bleibt. Einige Tanks haben eine selbsttätige Entlüftungsautomatik.

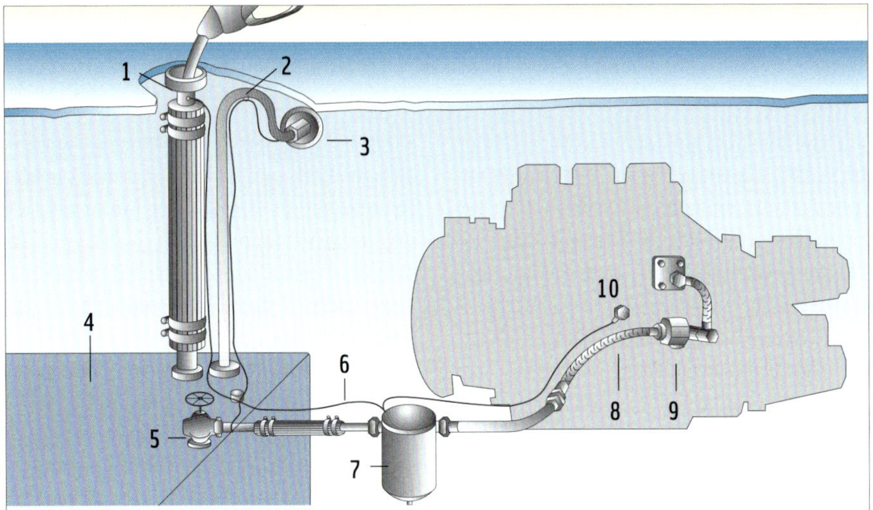

Tankanlage

Im Prinzip sind alle Tankanlagen vom Einfüllstutzen bis zur Förderpumpe annähernd gleich:

1. Einfüllstutzen mit elastischer Schlauchverbindung zum Tank
2. Schwanenhals
3. Tankentlüftung mit Zündgitter
4. Tank
5. Absperrhahn am Tank
6. Erdung von Tank und Leitungen zur Masse (Motor)
7. Wasserabscheider
8. Flexible Schlauchverbindung
9. Kraftstoff-Förderpumpe
10. Einspritzpumpe beim Diesel, Vergaser beim Benzinmotor

Tanken

Die meisten Explosionsunfälle geschehen unmittelbar nach dem Tanken, weil sich im Boot Benzindämpfe gebildet hatten. Das Einschalten der Zündung liefert dann oft den zündenden Funken. Deshalb beim Betanken:

- Fenster und Luken dicht.
- Motor aus, nicht rauchen, keine elektrischen Schalter betätigen.
- Metallischen Kontakt zwischen Tankpistole und Einfüllstutzen herstellen.

Nach dem Tanken:

- Luken und Fenster auf.
- Verschütteten Treibstoff aufwischen.
- Einige Minuten lang das Lüftergebläse im Motorraum laufen lassen (sollte eigentlich vor jedem Start der Maschine geschehen).

Außenbordertanks nie an Bord füllen oder umfüllen. Mobile Tanks eignen sich bestens zum Betanken an Land.

Ist einmal Benzin in die Bilge gelaufen, mit Lappen oder mechanischer Lenzpumpe aufnehmen und anschließend die Bilge kräftig mit Wasser durchspülen. Lappen und verunreinigtes Wasser in einem Behälter sammeln und an Land entsorgen.

BRANDSCHUTZ

geeignet	A	B	C	D
Amtliche Brandklassen-einteilung	Brände fester Stoffe, hauptsächlich organischer Natur, die normalerweise unter Glutbildung verbrennen, z. B. Holz, Papier, Stroh, Kohle, Textilien, Gummi	Brände von flüssigen oder flüssig werdenden Stoffen z. B. Benzin, Öle, Fette, Lacke, Harze, Wachse, Teer, Äther, Alkohol, Kunststoffe	Brände von Gasen, z. B. Methan, Propan, Wasserstoff, Acethylen, Stadtgas	Brände von Metallen, z. B. Lithium, Natrium, Kalium, Aluminium und deren Legierungen, Magnesium
Glutbrandpulverlöscher	geeignet	geeignet	geeignet	geeignet
CO_2-Löscher		geeignet		
Schaumlöscher	geeignet	geeignet		

Ein Brand an Bord eines Motorbootes ist niemals vollständig auszuschließen. Deshalb müssen Feuerlöscher einsatzklar an Bord jedes Bootes sein und regelmäßig, mindestens alle zwei Jahre, fachgerecht gewartet werden. Für den Bodensee vorgeschrieben ist mindestens ein 2-kg-Löscher für Boote mit Einbaumaschinen über 4,4 kW (6 PS) und Außenbordmotoren über 7,4 kW (10 PS) und für Boote mit Koch- und Heizeinrichtungen. Für Brennstofftanks von mehr als 100 l Inhalt muss je 100 l ein zweiter oder größerer Feuerlöscher an Bord sein.

ABC-Pulverlöscher (Yacht-Glutbrandpulverlöscher sind nicht für Brandklasse D geeignet) arbeiten mit einem sogenannten antikatalytischen Effekt. Schwelbrände können nicht nachzünden. **Nachteil:** Das abgelöschte Material wird nicht abgekühlt. Es gast weiter.

CO_2-Löscher greifen in die chemische Reaktion des Verbrennungsprozesses ein und unterbrechen sie. Sie löschen weitgehend rückstandsfrei. **Nachteil:** Sammelt sich das Gas in schlecht belüfteten Räumen, besteht die Gefahr einer CO_2-Vergiftung.

Schaumlöscher bilden eine geschlossene Oberfläche, die den Brandherd zusätzlich abkühlt und erneutes Aufflackern des Feuers verhindert. **Nachteil:** Erhebliche Rückstände.

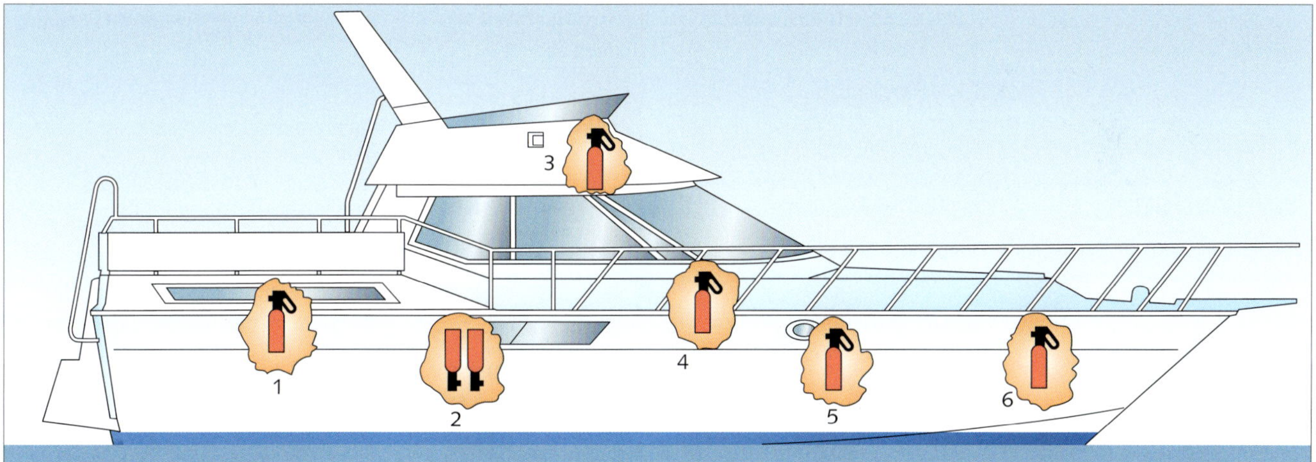

Strategisch wichtige Punkte, an die je nach Größe der Yacht ein Feuerlöscher gehört

1 Ein 2-kg-Löscher in der Achterkajüte, ein zweiter im Waschraum, wenn dort ein Gas-Durchlauferhitzer installiert ist.

2 Im Motorraum fest eingebaute CO_2-Löschanlage, eventuell im Tankraum eine zweite.

3 Ein 2-kg-Löscher am Fahrstand auf der Flybridge.

4 Ein 6-kg-Löscher im Salon am Fahrstand.

5 Ein 6-kg-Löscher für die Pantry und Hauptkajüte.

6 Ein 2-kg-Löscher in der Vorschiffskabine (alles Pulverlöscher).

Motorüberwachung

CHECKLISTE	
Vor dem Starten	▶ Motorraumgebläse laufen lassen oder Luk auf ▶ Ölstand in Motor und Getriebe kontrollieren ▶ Seeventil für Kühlwassereintritt öffnen ▶ Tankabsperrhahn öffnen
Nach dem Anlassen	▶ Den kalten Motor nicht auf hohe Drehzahl hochfahren ▶ Kontrollleuchten für Ladestrom und Öldruck beobachten, erlischt eine nicht, Motor abstellen und Ursache feststellen ▶ kontrollieren, ob der Motor seine Leerlaufdrehzahl einhält und normale Betriebstemperatur erreicht hat ▶ Kühlwasseraustritt kontrollieren
Während der Fahrt	▶ Stopfbuchse kontrollieren ▶ Temperatur und Öldruck kontrollieren ▶ Ölstand im Getriebe
Nach der Fahrt	▶ Getriebe auf Leerlauf ▶ Kraftstoff- (außer Diesel) und Kühlwasserhähne schließen ▶ gegebenenfalls Fettpresse der Stopfbuchse nachdrehen ▶ Batteriehauptschalter aus

Motorstörung

Eine Störung kann je nach Motorart – Außenborder, Benzin-Einbaumaschine, Diesel – sehr unterschiedliche Ursachen haben. Deshalb können hier nur ein paar allgemeine Hinweise gegeben werden. Auf jeden Fall ist bei Störungssuche genau nach der Betriebsanleitung vorzugehen.

STÖRUNG	MÖGLICHE URSACHE
Motor stirbt ab beim Einlegen des Ganges	Fremdkörper, Plastiktüten oder Angelschnur, im Propeller – das Getriebe blockiert wegen fehlender Schmierung (passiert, wenn beim Segeln die Propellerwelle lange mitdreht und keine separate Ölversorgung hat)
Die Drehzahl steigt, die Geschwindigkeit nimmt ab	Die Kraftübertragung zwischen Motor und Propeller ist unterbrochen: Getriebe- oder Wellenschaden, Scherstift am Propeller ist gebrochen, Rutschkupplung defekt, Propeller verloren
Motor läuft normal, Geschwindigkeit nimmt ab	Der Propeller ist stark verbogen oder beschädigt nach Kollision mit Treibgut
Drehzahl und Geschwindigkeit nehmen ab	Der Propeller hat sich Angelschnur, Plastikfolie oder Ähnliches eingefangen
Die Temperatur übersteigt die Grenzwerte	Thermostat defekt, Seeventil geschlossen, Seewasserfilter verstopft, Impellerpumpe defekt, Verlust von Kühlwasser, Keilriemen der Wasserpumpe zu lose oder gerissen
Die Kontrolllampe der Stromversorgung erlischt nicht	Lichtmaschine defekt, Regler der Lichtmaschine defekt, Keilriemen der Lichtmaschine zu lose oder gerissen
Die Ölkontrollleuchte erlischt nicht	Zu wenig Motoröl, Druckschalter defekt, Öldruckpumpe defekt
Außenborder stottert und bleibt stehen	Mobiler Tank: Entlüftungsschraube nicht geöffnet Einbautank: Benzinhahn nicht geöffnet

FAHREN MIT DEM MOTOR-BOOT

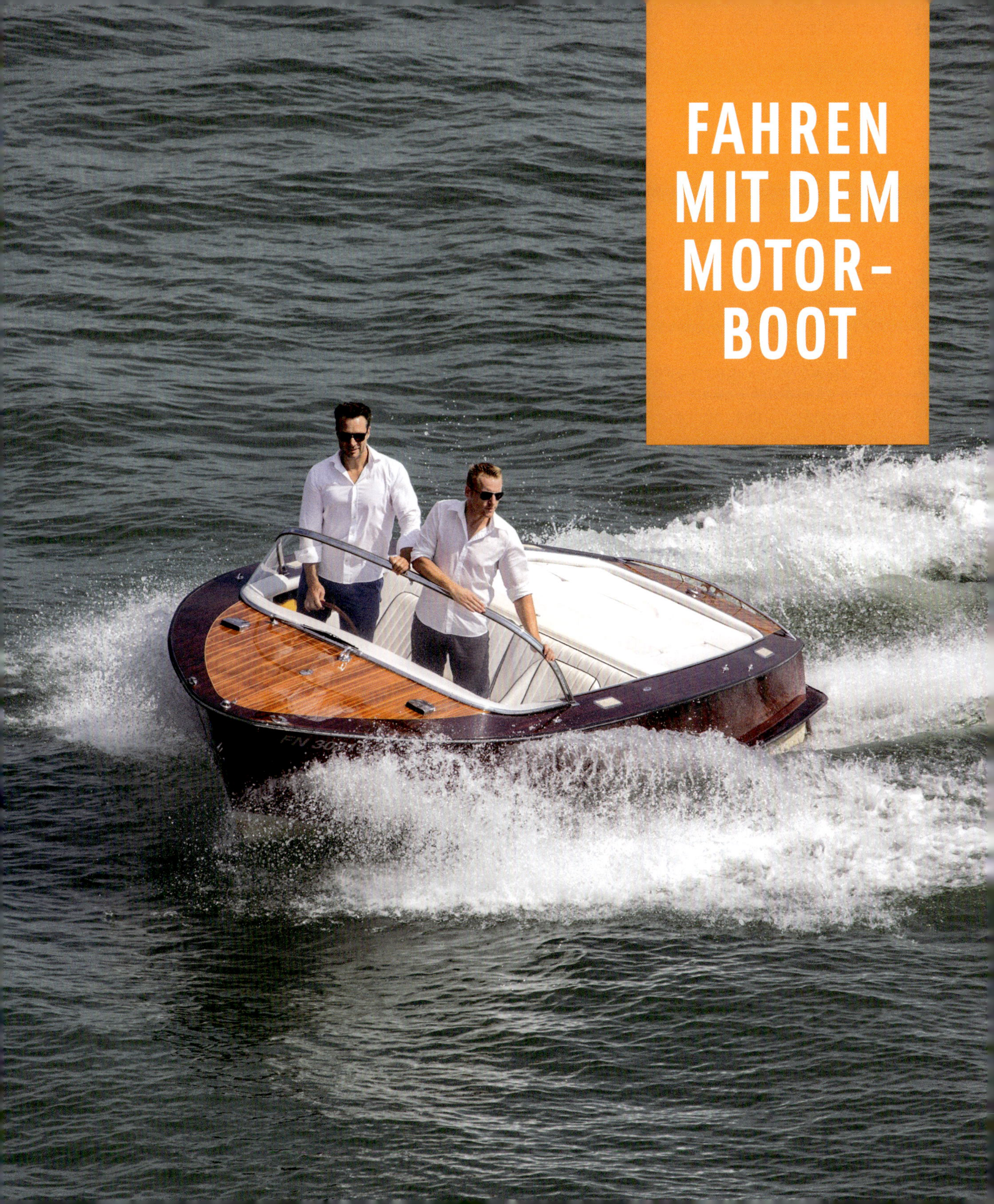

ABLEGEN

Das Ablegen ist völlig problemlos, wenn weder Wind weht noch Strom steht und vorn und hinten genügend Raum zum Manövrieren ist: Starten, den Motor kurz warm laufen lassen, die Leinen loswerfen, einkuppeln und das Boot, je nach der Situation, mit Voraus- oder Achterausfahrt vom Steg weg- oder aus der Stegbox herausziehen. So ideal aber sind die Verhältnisse meistens nicht. Je höher die Aufbauten, umso windanfälliger wird eine flachgehende Motoryacht und umso schwieriger wird das Ablegemanöver. Ähnliche Schwierigkeiten wie der Wind verursacht Strom.

Die hier gezeigten Ablegemanöver werden mit Steuerpropellern (Außenborder- oder Z-Antrieben) gefahren. Da bei diesen Antrieben der Radeffekt des Propellers durch die Trimmflosse weitgehend oder gänzlich neutralisiert ist, spielt der Drehsinn des Propellers kaum eine Rolle. Mit welcher Motordrehzahl das jeweilige Boot solche Manöver am besten absolviert, muss vorher ausprobiert werden. Steuerpropeller verlangen etwas Fingerspitzengefühl.

Boote mit starrer Welle und Ruder reagieren etwas anders, können aber den Radeffekt für

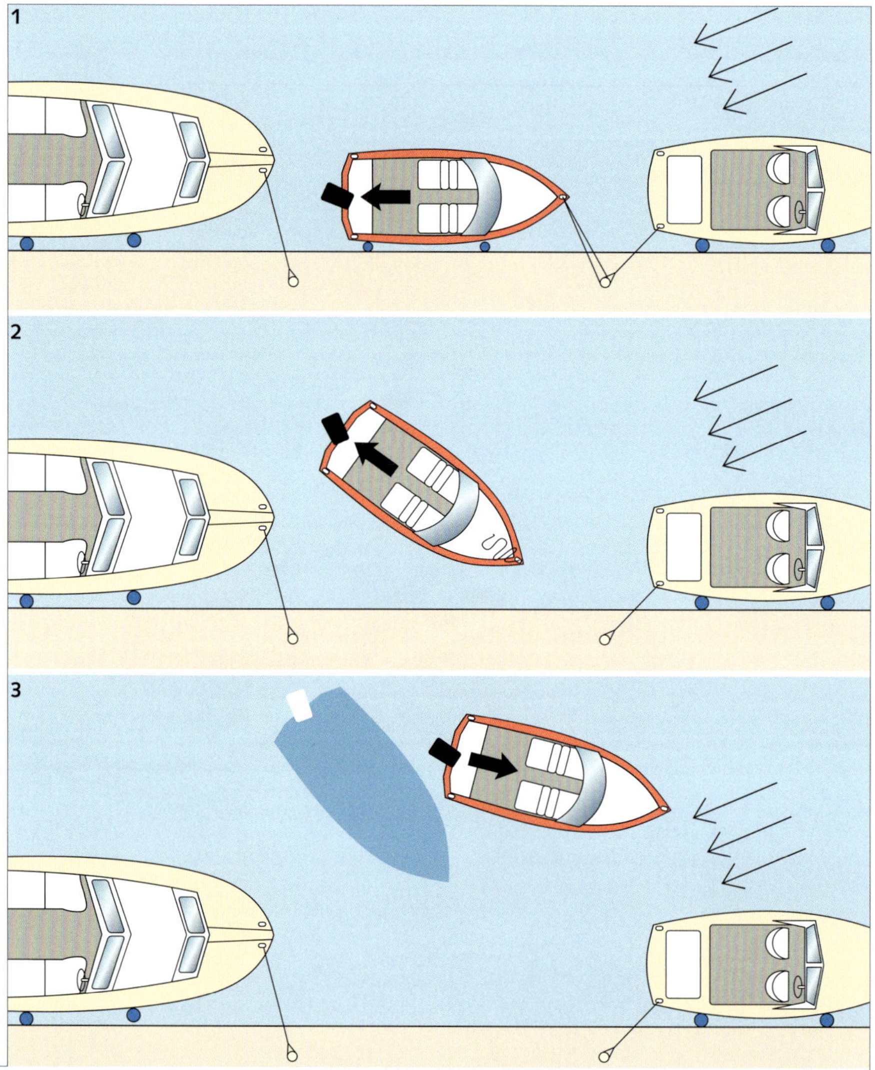

Ablegen vom Steg – Wind schräg von vorn

1 Achterleine los, Vorleine auf Slip, Fender noch draußen lassen. Den Antrieb zum freien Wasser hin einschlagen. Rückwärtsgang einkuppeln. Vorleine los.

2 Das Boot zieht achteraus vom Steg weg, bis es etwa die Position …

3 … erreicht. Maschine stopp. Antrieb weiterhin eingeschlagen lassen. Maschine voraus und auf Kurs gehen.

Bei ablandigem Wind ist das Manöver erheblich einfacher. Das Vor- oder Achterschiff – je nachdem ob der Wind mehr von vorne oder von hinten kommt – mit dem Bootshaken oder den Beinen kräftig absetzen. Absetzen mit den Händen ist gefährlich, weil dabei der Körperschwerpunkt außenbords kommt. Wenn Bug oder Heck etwa 15° bis 20° vom Steg abgeschoren sind, Antrieb mittschiffs und mit langsamer Fahrt voraus, beziehungsweise achteraus das Boot vom Steg wegziehen. Würde man sofort den Antrieb einschlagen, könnten Bug oder Heck leicht mit dem Steg kollidieren.

Merke

Merke: Mit Steuerpropellern bei Richtungsänderungen erst Ruder legen, dann einkuppeln und Gas geben.

ihre Manöver wirkungsvoll nutzen. Sie haben eine ausgesprochene »Schokoladenseite«. Es ist die Backbordseite bei rechtsgängigen Propellern.

Ablegen von der Boje

Beim Ablegen von einer Boje das Boot mit ausgekuppeltem Propeller – die Vorleine auf Slip – so weit achteraus sacken lassen, dass man sicher sein kann, vom Bojengeschirr klar zu sein. Erst dann die Leine loswerfen, den Propeller einkuppeln und auf Kurs gehen.

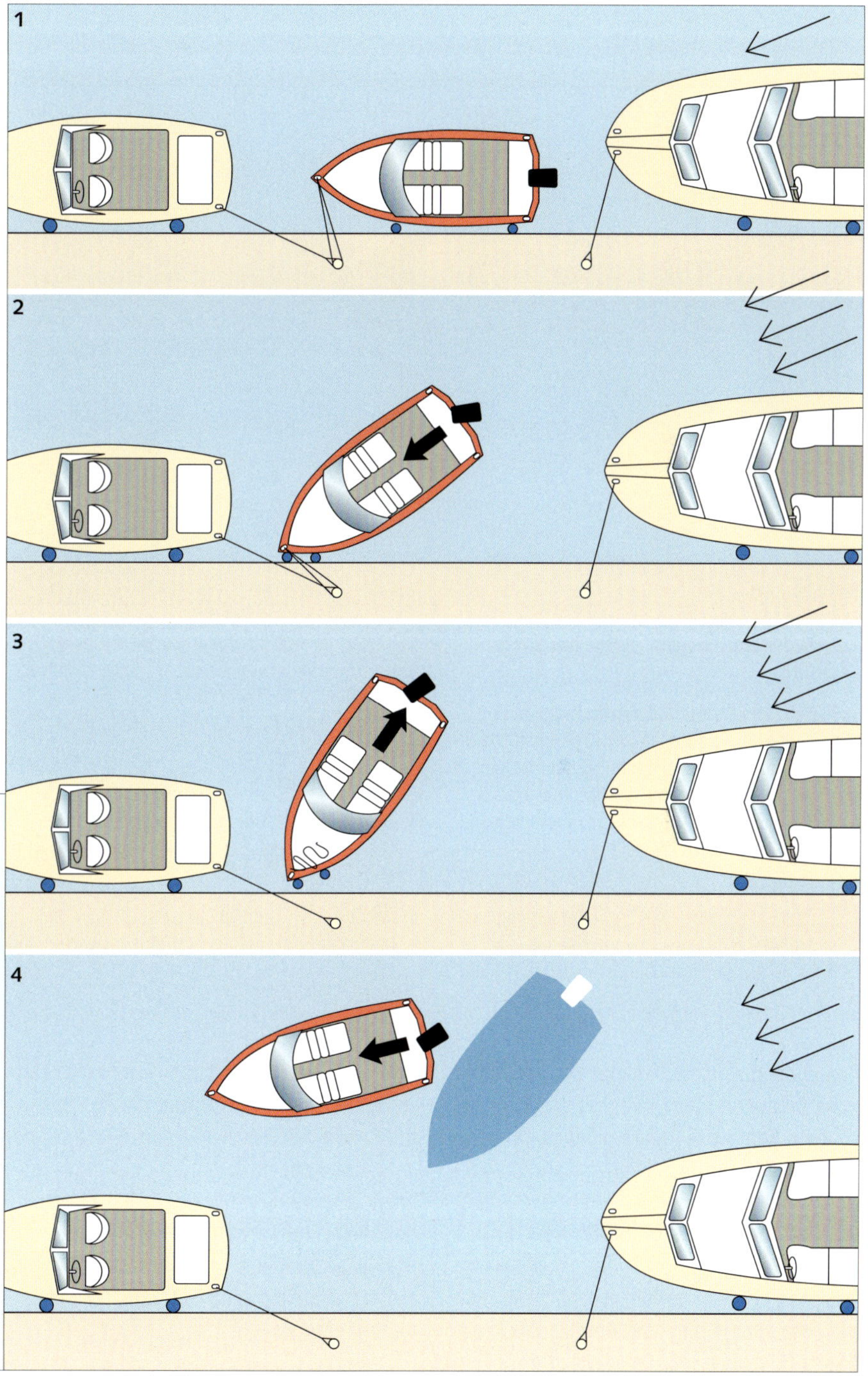

Ablegen vom Steg – Wind schräg von hinten

1 Vorleine los, aber die vordere Spring belegt lassen. Am Bug solide Fender ausbringen.

2 Antrieb zum Steg hin einschlagen und mit der Maschine langsam voraus gehen. Gegebenenfalls die Spring etwas fieren, damit sie genügend Spiel hat, sodass sich der Bug am Steg herumziehen kann.

3 Liegt das Boot mit dem Heck ungefähr im Wind, Maschine stopp. Antrieb mittschiffs. Die Spring loswerfen und …

4 … Fahrt achteraus aufnehmen. Die weiteren Manöver hängen von dem zur Verfügung stehenden Raum und der Lage des Steges zum freien Wasser ab. Entweder das Boot weiter achteraus ziehen oder aber nach Steuerbord oder Backbord mit Fahrt voraus ablaufen und auf Kurs gehen.

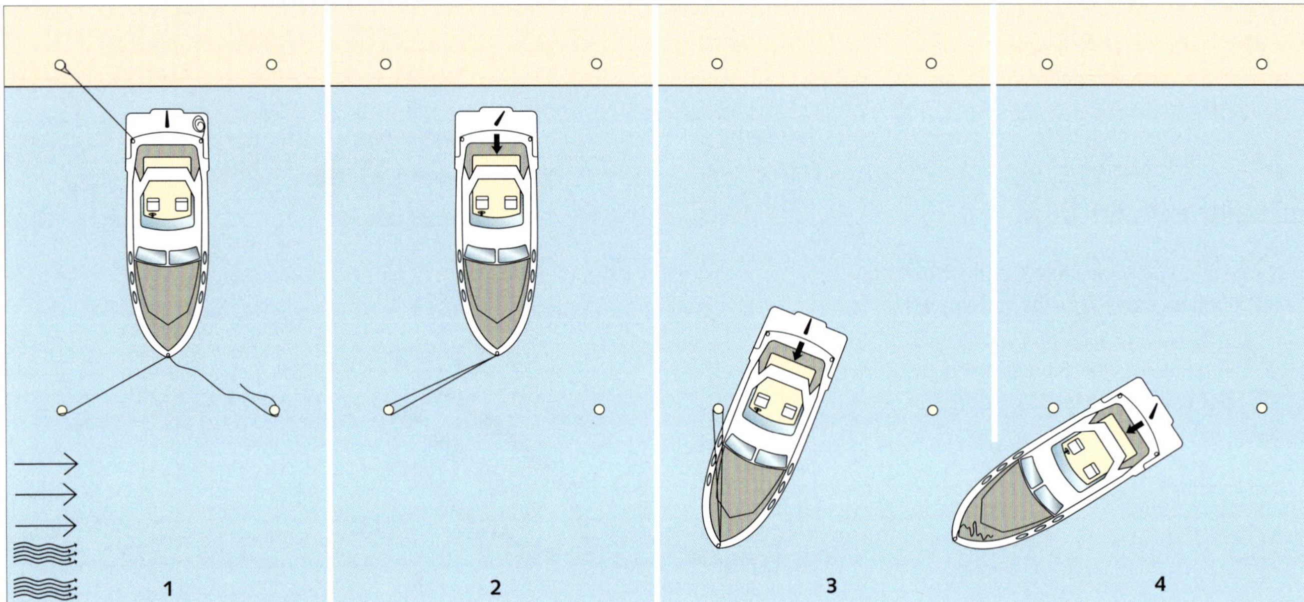

Verlassen einer Stegbox – Wind oder Strom seitlich

1 Den Motor starten, die Achterleine in Lee loswerfen. Die Leinen in Luv fieren und das Boot an den Lee-Pfahl holen oder treiben lassen. Lee-Vorleine los. Das Boot an den beiden Luv-Leinen nach Luv rüberholen und die Vorleine auf Slip belegen.

2 Die Achterleine los und schnell einholen, damit sie nicht in den Propeller kommt. Den Antrieb leicht nach Lee einschlagen, um dem Wind- oder Stromdruck auf das Achterschiff entgegenzuhalten. Langsame Fahrt voraus. Die Vorleine steif halten und nur so weit fieren, wie es für die Vorausbewegung des Bootes erforderlich ist. Nicht den Bug nach Lee abscheren lassen.

3 Die Vorleine ist auf etwa $^{2}/_{3}$ der Bootslänge gefiert, das Heck frei vom Lee-Pfahl. Maschine stopp.

4 Antrieb zum Drehpfahl hin einschlagen und langsame Fahrt voraus. Vorleine loswerfen und schnell einholen, damit sie nicht in den Propeller gerät. Auf Kurs gehen.

Dieses an einer Leine kontrollierte Ausscheren aus einer schmalen Stegbox ist auch mit großen Yachten bei allen Wind- und Stromverhältnissen möglich und sicher. Bei Booten mit starrer Welle ist noch der Radeffekt einzukalkulieren. Er erfordert beim Verholen zum Drehpfahl entweder gar keinen oder einen stärkeren Rudereinschlag, je nachdem, welches die Luvseite ist.

Bootsliegeplätze sind knapp. Das verständliche Bemühen aller Hafenbetreiber ist es, so viele Boote wie irgend möglich unterzubringen. Das führte zunehmend zur Einrichtung sogenannter Stegboxen mit jeweils zwei Pfählen zum Festmachen von Vor- beziehungsweise Achterschiff. Oft ist die Gasse zwischen den Pfahlreihen recht schmal, und man hat wenig Spielraum zum Manövrieren. Deshalb ist das Ein- und Auslaufen in die Box für einen noch nicht so versierten Fahrer manchmal schon etwas nervig. Besonders mit einem Boot mit starrer Welle, bei dem der Radeffekt berücksichtigt werden muss, und bei Seitenwind. Er hat die unangenehme Eigenschaft, das Boot gegen die Pfähle zu drücken und querzustellen. Ein sicheres Manöver kann man dann nur mit Leinenhilfe fahren.

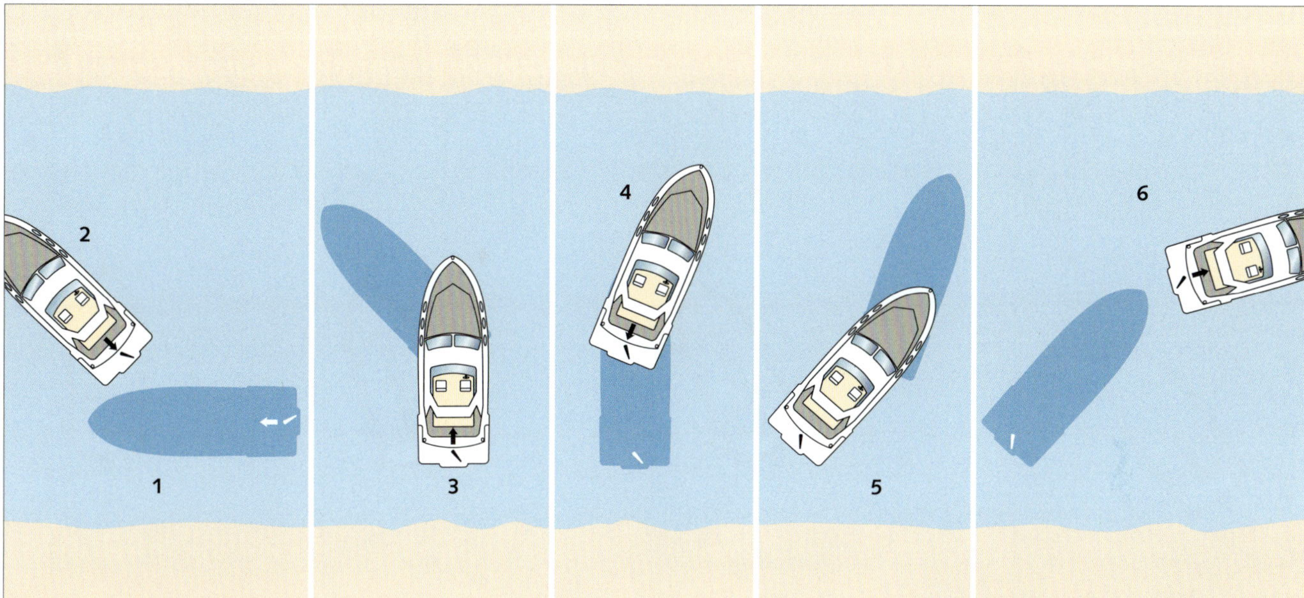

WENDEN AUF ENGEM RAUM

Dieses Manöver muss man unbedingt mit einem Boot mit starrer Welle beherrschen. Es ist stets nach der Seite einzuleiten, nach der der Propeller dreht. Also bei einem rechtsgängigen nach Steuerbord, weil der Propeller achteraus dann entgegen der Propellerrichtung dreht und so den größten Radeffekt bewirkt. Der aber ermöglicht überhaupt erst ein Wendemanöver auf einem Raum, der enger ist als der Drehkreisdurchmesser des Bootes bei Vorausfahrt.

Zwei grundsätzliche Verhaltensweisen offenbart dieses Wendemanöver, die für alle anderen Manöver einkalkuliert und richtig genutzt werden müssen:

- Auf kräftiges, kurzes Vorausgehen bei Ruderlage reagiert das Boot unmittelbar mit einer Drehung, entsprechend der Ruderlage. Es nimmt aber kaum Fahrt auf.
- Kräftiges, kurzes Achterausgehen bewirkt einen starken Heckausschlag in Drehrichtung des Propellers (Radeffekt), während das Ruder überhaupt keine Wirkung zeigt. Das Boot kommt dabei zunächst zum Stillstand und nimmt danach keine nennenswerte Achterausfahrt auf.

Grundsätzlich gilt: Bei Fahrt achteraus ist die Ruderwirkung bei geringem Rudereinschlag besser als bei starkem Einschlag.

Zweimaschinen-Yachten werden auf engem Raum durch Vorausgehen mit dem einen und Achterausgehen mit dem anderen Motor gewendet. Das Ruder bleibt in Mittschiffslage. Mit geschickt dosierter unterschiedlicher Drehzahl auf den Motoren lässt sich das Boot auf der Stelle drehen. Die rückwärts gehende Maschine hat jeweils die größere Drehwirkung.

1 Mit einem rechtsgängigen Propeller Anlauf auf der linken Seite mit langsamer Fahrt. Hart Steuerbord-Ruder. Das Boot dreht in Position …

2 … Voll zurück, bis die Fahrt aus dem Boot ist und es achteraus zu gehen beginnt. Das Ruder bleibt auf Steuerbord liegen. Es hätte jetzt ohnehin keine Wirkung. Das Boot dreht allein durch den Radeffekt des rückwärts gehenden Propellers etwa in Position …

3 … Stopp. Voll voraus, um die Achterausfahrt abzubremsen, bis das Boot etwa Position …

4 … erreicht hat. Voll zurück. Das Ruder bleibt weiter in Steuerbordlage. Der Radeffekt des rückwärtsgehenden Propellers drückt das Heck etwa in Position …

5 … Stopp. Mit $^1/_2$ Gas voraus. Ruder mittschiffs und auf Kurs gehen.

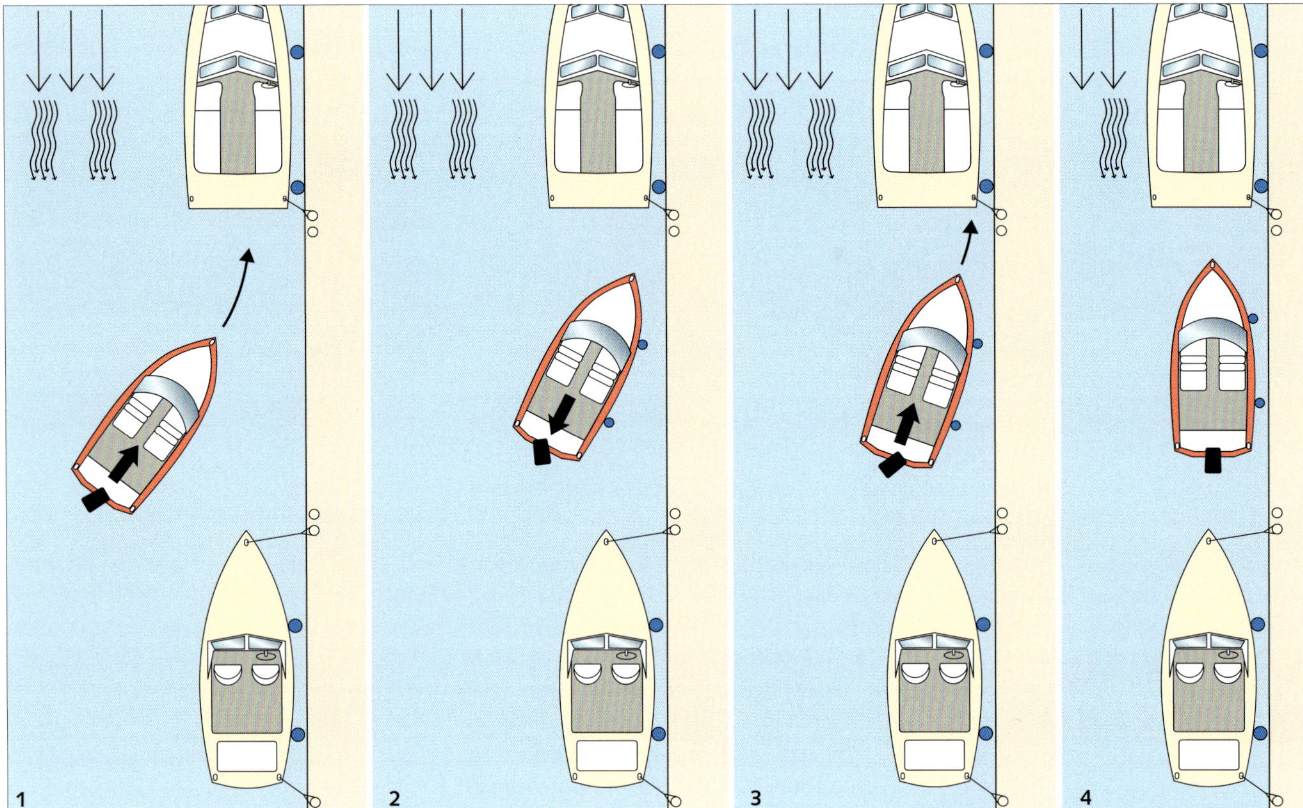

Anlegen längsseits gegen Strom und Wind

1 In so spitzem Winkel wie möglich bis auf eine knappe halbe Bootslänge den Liegeplatz anlaufen. Abdrehen.

2 Antrieb zum Steg einschlagen. Rückwärtsgang einlegen. Das Boot wird zunächst abgestoppt und beginnt dann mit dem Heck achteraus in Richtung Steg zu ziehen.

3 Maschine stopp. Antrieb entgegengesetzt einschlagen. Maschine voraus. Das Heck schwingt zum Steg, das Boot nimmt Fahrt voraus auf.

4 Antrieb mittschiffs. Maschine stopp. Wird das Boot nicht sofort von Strom oder Wind aufgestoppt, einen leichten Pull rückwärts, und stehen.

ANLEGEN

Motorboote haben keine Bremsen. Aufgestoppt werden kann die Fahrt nur durch einen kurzen Gasstoß achteraus (beziehungsweise voraus). Grundsätzlich sollte, wenn irgend möglich, stets gegen den Strom oder Wind angelegt werden.

Wenn beide aus entgegengesetzten Richtungen kommen, gegen den, der den stärksten Einfluss auf das Boot hat. Strom (Wind) von vorn stoppt das Boot auf natürliche Weise ab, während Strom (Wind) von hinten beim Anlegen unerwünschten Schub voraus erzeugt. Starker seitlicher Wind kann es unmöglich machen, längsseits an einen Steg heranzugehen.

Beim Anlegen kann sich unter Umständen der Radeffekt des Propellers recht günstig auswirken. Beim längsseits Anlegen mit rechtsgängigem Propeller ist Backbord die sogenannte Schokoladenseite.

Legt man zum Abstoppen der Fahrt den Rückwärtsgang ein, holt der Radeffekt das Heck

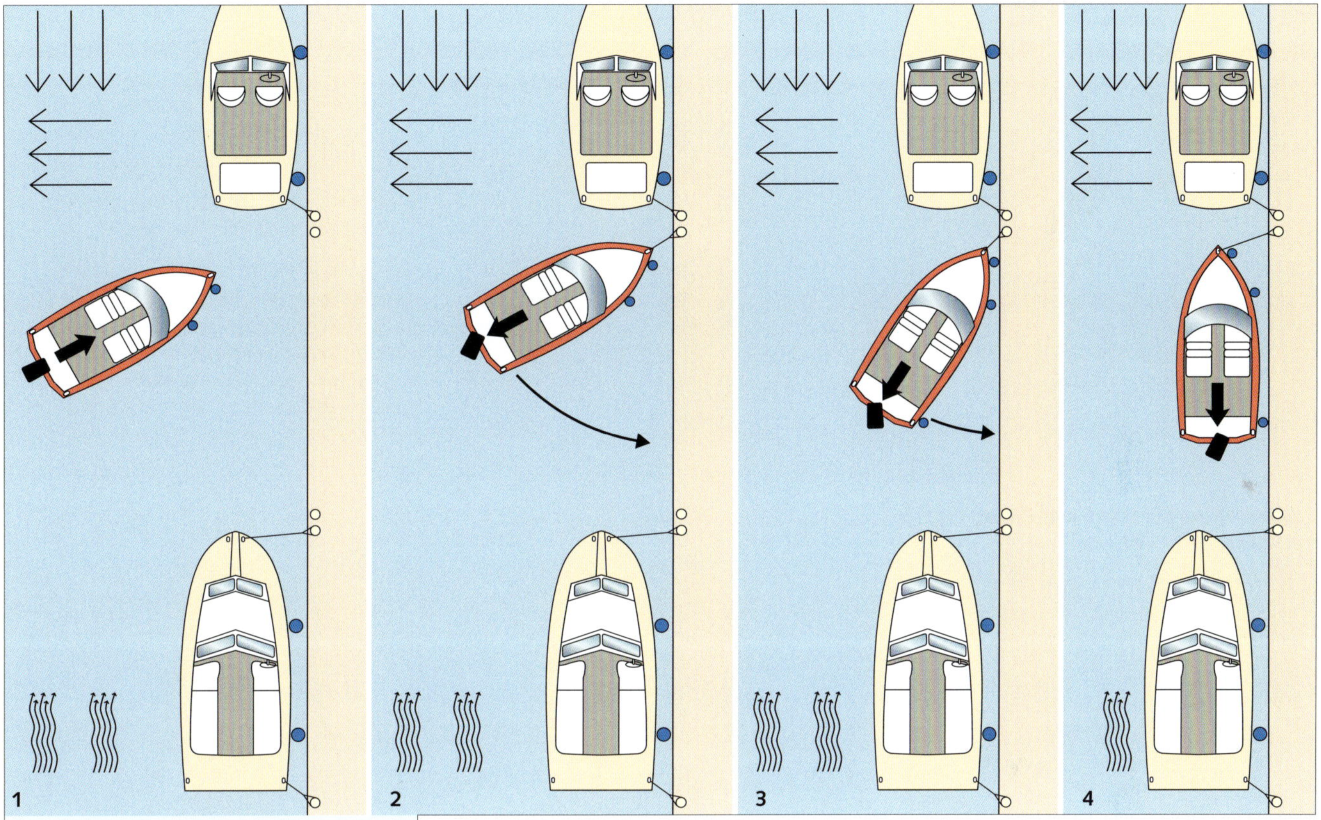

Anlegen längsseits nicht möglich

Entweder steht Wind gegen Strom parallel zum Steg oder es bläst ein kräftiger Wind vom Steg her.

1 Im steilen Winkel den Steg anlaufen. Am Bug kräftige Fender ausbringen. Maschine stopp oder kurz zurück. Vorleine an Land.

2 Antrieb zum Steg einschlagen, Maschine langsam zurück.

3 Das Heck wird zum Steg gezogen, das Abscheren des Bugs durch die Vorleine verhindert. Die Leine nur so weit fieren, dass der Bug drehen kann.

4 Liegt das Boot annähernd parallel zum Steg, kurz Gegenruder geben, um die Drehbewegung aufzufangen. Maschine stopp. Achterleine festmachen.

fast automatisch an den Steg heran. Auch bei Z-Antrieben kann manchmal ein Radeffekt auftreten, wenn auch niemals so ausgeprägt wie bei einer starren Welle.

- Alle Manöver grundsätzlich nur mit so viel Gas fahren, wie erforderlich ist, um manövrierfähig zu sein.
- Leinenmanöver niemals aus der Hand fahren, sondern stets einen Törn um eine Klampe oder einen Poller nehmen.

Anlegen an der Boje

Aufpassen, dass man nicht das Bojengeschirr überfährt und in den Propeller bekommt. Deshalb eine Boje stets von Lee anlaufen.

- In stehenden Gewässern gegen den Wind an die Boje herangehen, da sie in Windrichtung liegt.
- In strömenden Gewässern gegen den Strom an die Boje herangehen, weil er ihre Lage bestimmt und nicht der Wind. Es sei denn, der Strom ist nur schwach und dagegen steht ein starker Wind.

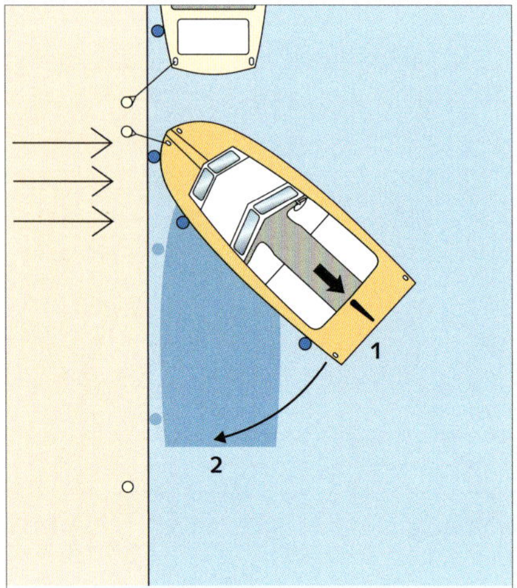

Anlegen gegen ablandigen Wind (Strom)
mit starrer Welle und Ruder

Wenn möglich mit der »Schokoladenseite« anlegen, also mit einem rechtsgängigen Propeller an der Backbordseite.

1 Im Winkel von etwa 45° anlaufen. Das Vorschiff gut abfendern. Vorleine an Land. Ruder mittschiffs – es hat keine Wirkung – und mit der Maschine voll zurück gehen.

2 Der Radeffekt holt das Heck an den Steg.

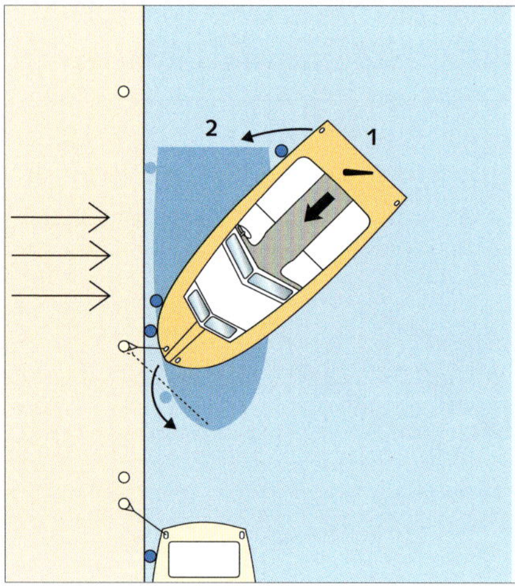

Anlegen gegen ablandigen Wind (Strom)
mit der ungünstigen Seite

1 Im Winkel von etwa 45° anlaufen, Vorschiff gut abfendern, Vorleine an Land. Ruder zum Wasser, langsame Fahrt voraus.

2 Das Heck wird durch die zur Vorspring werdende Vorleine an den Steg geholt.

Würde man in diesem Fall mit der Maschine zurückgehen, würde das Heck durch den Radeffekt vom Steg weggezogen. Das Ruder bliebe ohne Wirkung. Hier wird der Unterschied zwischen einem Steuerpropeller und einer starren Welle mit Ruderblatt besonders deutlich.

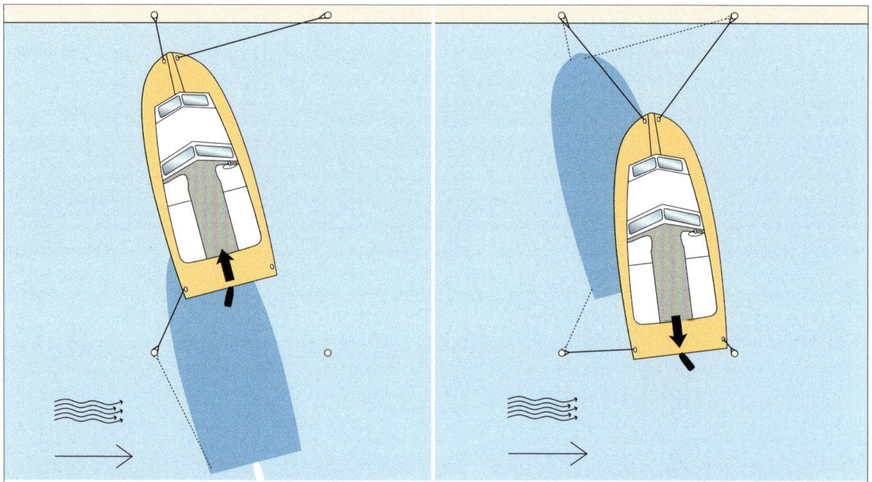

Einlaufen in eine Stegbox bei seitlichem Strom (Wind) mit Z-Antrieb

1 In spitzem Winkel den Luv-Pfahl anlaufen, Antrieb leicht nach Luv einschlagen und eine Achterspring ausbringen. Fahrt voraus. Die Spring entsprechend dichtholen, damit das Heck nicht ausscheren kann.

2 Mit Luv-Ruder den seitlichen Strom oder Winddruck aufs Achterschiff ausgleichen. Maschine stopp. Zunächst die Luv-Vorleine an Land festmachen.

Dann die Lee-Leine ausbringen. Beide Vorleinen auf Slip setzen, sodass sie von Bord aus gefiert werden können.

3 Antrieb zum Lee-Pfahl, mit der Maschine achteraus gehen und das Heck zum Lee-Pfahl ziehen. Maschine stopp. Lee-Achterleine ausbringen. Vor- und Achterleinen von Hand regulieren, bis das Boot richtig in seiner Box liegt. Maschine aus.

MENSCH / BOJE ÜBER BORD

Fällt jemand bei Fahrt unter Motor über Bord, müssen zwei Dinge sofort erfolgen: **Hartruderlage** zu der Seite, an der die Person über Bord gegangen ist und das **Auskuppeln** der Schraube (Gang raus!). Das Heck dreht weg und die Verletzungsgefahr wird vermieden. Wenn das Heck frei ist, wird ein Bogen gefahren, der sich je nach Boots-/Schiffstyp nach seinem Antrieb richtet. Bei starrer Welle sollte stets der Radeffekt und der daraus resultierende kleinere Drehkreis berücksichtigt werden. Die Person wird in der Regel immer gegen den Wind mit möglichst geringer Fahrt angesteuert. Ein Crewmitglied beobachtet die Person und weist dem Steuermann laut und deutlich deren Richtung.

Der Propeller wird beim an Bord nehmen ausgekuppelt. Möglich ist auch das Ausschalten der Zündung, wenn die Person/Boje an der Stelle an Bord genommen wird, an der sich die Schaltung befindet. Damit soll die unkontrollierte Fahrtaufnahme des Bootes vermieden werden.

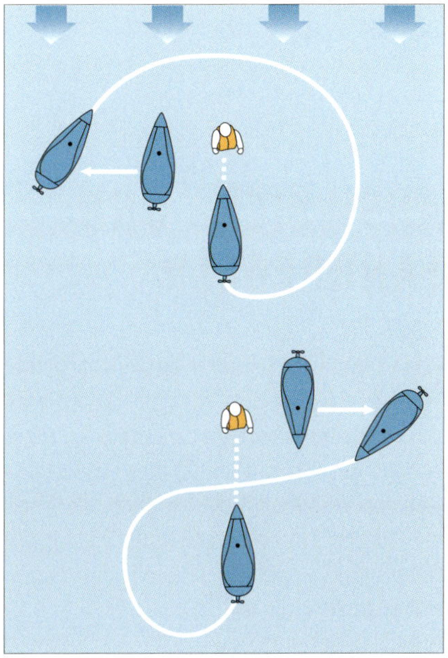

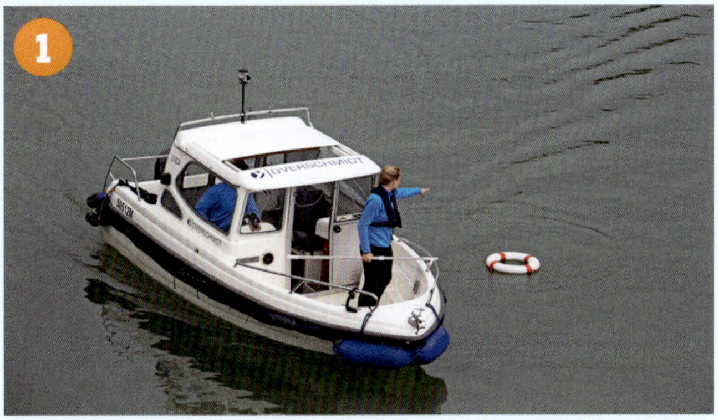

1 Boje über Bord an Backbord, hart Backbordruder, Gang raus, Heck dreht weg …

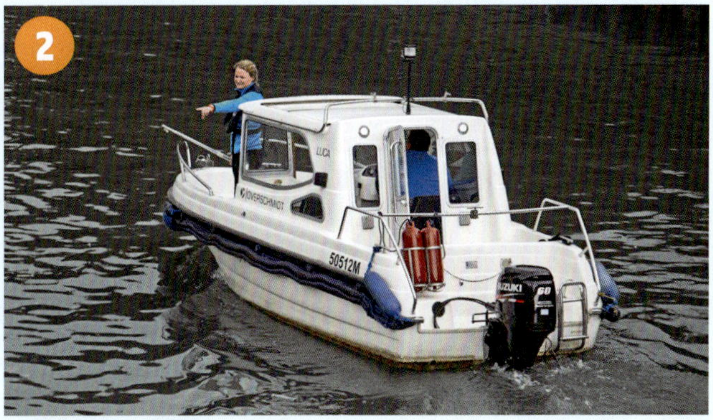

2 Bogen nach Backbord einleiten, Boje beobachten …

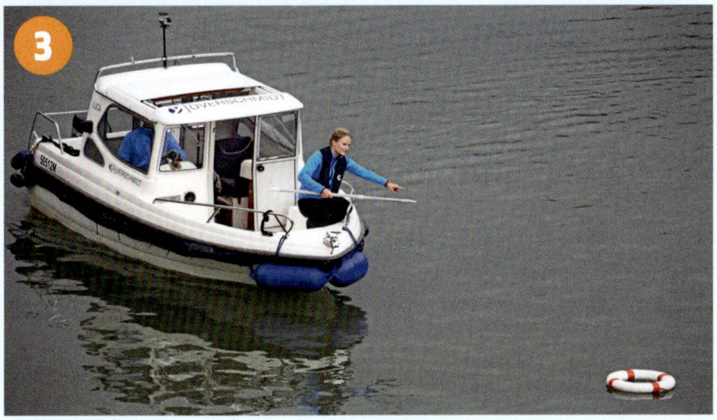

3 Boje gegen den Wind ansteuern, Einweisen …

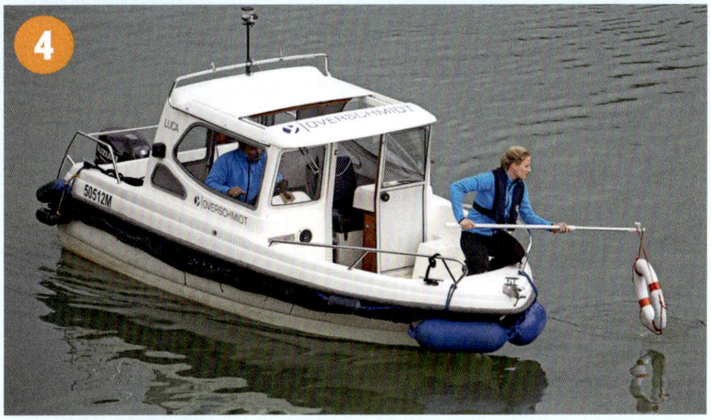

4 … und an Bord nehmen.

AUSWEICH- UND FAHRREGELN

Wer – wie auch immer – ausweichpflichtig ist, muss seinen Kurs rechtzeitig und entschlossen ändern und das andere Boot hinter seinem Heck passieren. Ist dies aus irgendwelchen Gründen nicht möglich, so muss er – durch ein entsprechendes Kursänderungssignal – unmissverständlich anzeigen, wie er ausweichen will.
Grundsätzlich gilt:

- Sportboote (»Vergnügungsfahrzeuge«) haben Vorrangschiffen (grüner Ball), Schleppverbänden und Berufsfischern (weißer Ball) auszuweichen.
- Motorboote (Fahrzeuge mit Maschinenantrieb) – auch Segelboote unter (mitlaufender) Maschine zählen dazu – untereinander:

Auf Gegenkurs müssen beide nach rechts (Steuerbord) ausweichen. Auf sich kreuzenden Kursen gilt, rechts vor links, wie im Straßenverkehr.
Polizei, Rettungsboote, Öl- und Feuerwehr haben keine Vorrechte. Erst im Einsatz, wenn sie das blaue Funkellicht eingeschaltet haben, gelten sie als Vorrangschiffe, denen alle anderen ausweichen müssen.

- Segelboote untereinander: Bekommen sie den Wind von verschiedenen Seiten, hat Vorfahrt, wer mit Wind von Steuerbord (rechts) segelt.

Bekommen beide Boote den Wind von der gleichen Seite, hat das Leeboot Vorfahrt vor dem in Luv befindlichen.

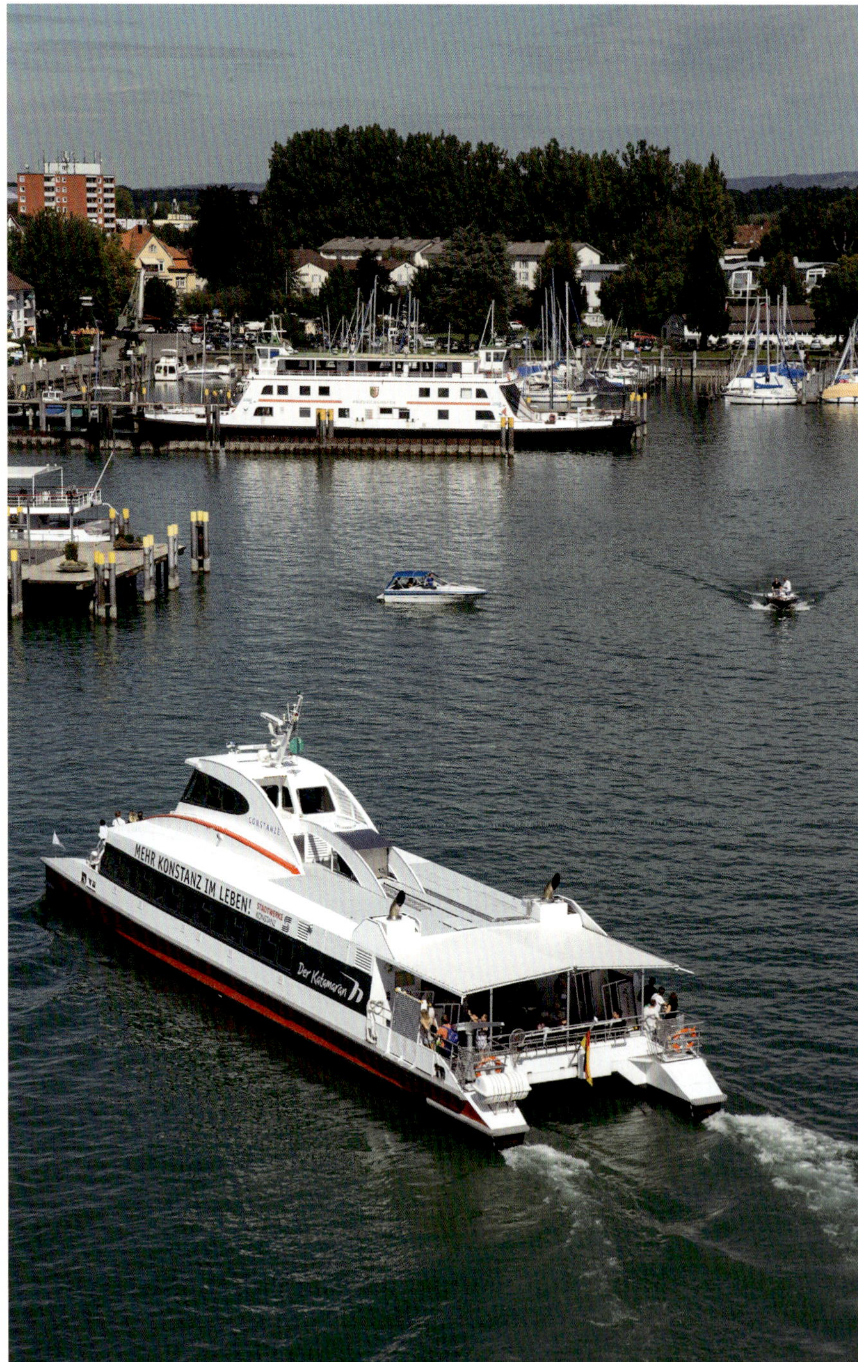

An Anlegestellen und im Hafenbereich kann es manchmal turbulent zugehen. Die Berufsschifffahrt hat aber immer Vorrang!

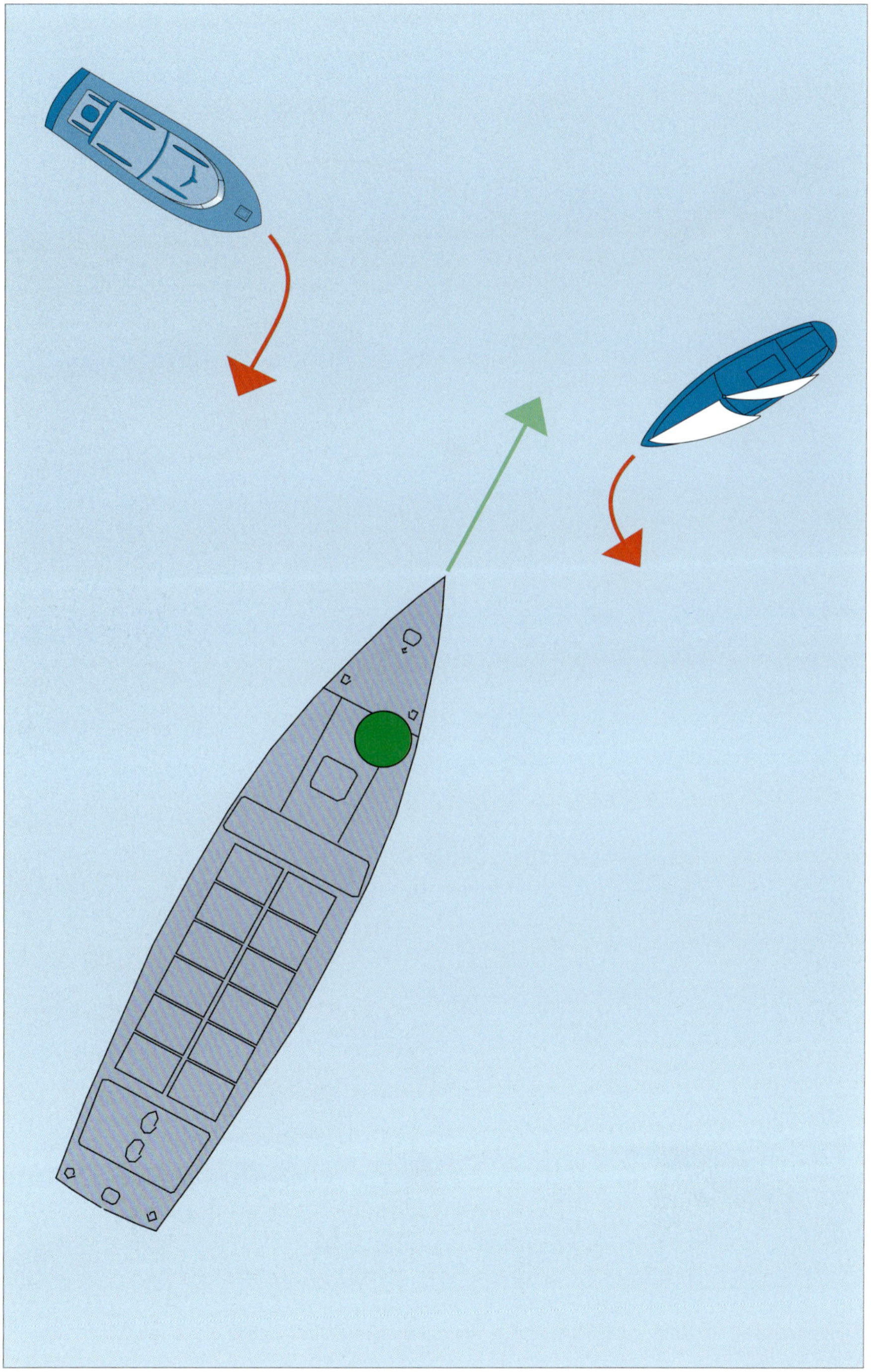

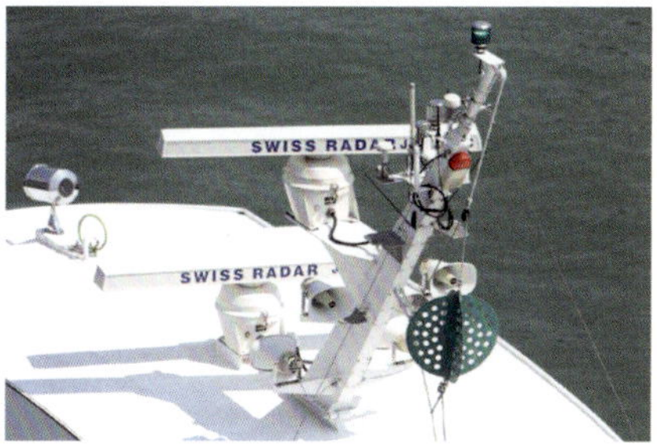

Vorrangschiffe (grüner Ball) haben grundsätzlich immer Vorfahrt.

Merke

Merke: Wind von rechts (Steuerbord) vor Wind von links (Backbord). L(e)e vor L(u)v.

Segelt ein Leeboot auf Steuerbordbug, und kann es nicht mit Sicherheit ausmachen, auf welchem Bug das Luvboot segelt, so muss es ihm ausweichen.

Windsurfer gelten als Segelboote und unterliegen den gleichen Ausweichregeln.

- Motor-, Segel- und Ruderboote untereinander:

Das Motorboot muss dem Segelboot und dem Ruder- oder Tretboot ausweichen.

Das Ruder- oder Tretboot muss dem Segelboot ausweichen. Der Segler muss jedoch einkalkulieren, dass Ruderer oder Paddler die Ausweichregeln nicht kennen und annehmen, sie hätten Vorfahrt.

Erkennt man, dass der andere seiner Ausweichpflicht nicht oder nur so ungenügend nachkommt, dass die unmittelbare Gefahr eines Zusammenstoßes (Kollision) besteht, muss man selbst ausweichen und unverzüglich das **Manöver des letzten Augenblicks** einleiten. Man bringt sein Boot auf einen sicheren Parallelkurs in Fahrtrichtung zum Ausweichpflichtigen.

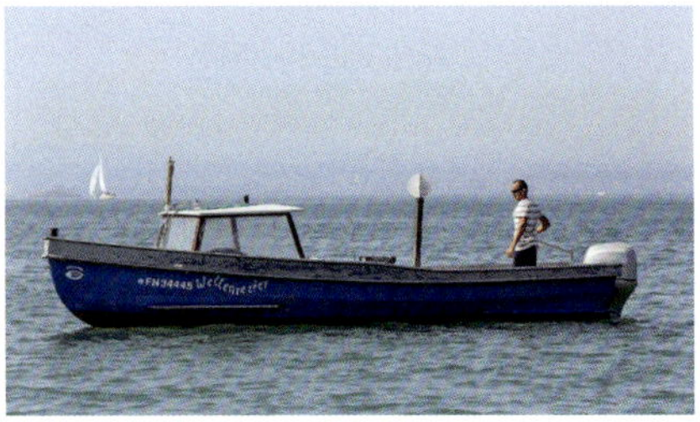

Berufsfischer (weißer Ball): 50 beziehungsweise 200 m Abstand halten.

Mindestabstände Gegenüber Vorrangschiffen, Schleppverbänden und Berufsfischern mit dem weißen Ball haben alle Übrigen einen Mindestabstand von 50 m einzuhalten. 200 m beträgt der Mindestabstand **hinter** Berufsfischern.
Wasserskiläufer und ihr schleppendes Boot müssen von allen anderen Booten und von Badenden mindestens 50 m Abstand halten.

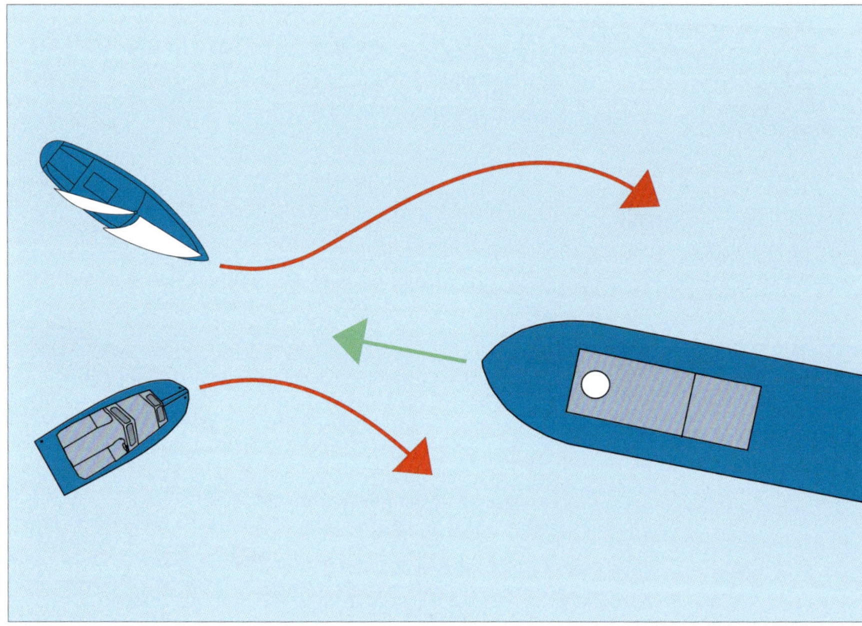

Berufsfischer (weißer Ball) vor Segel- und Motorbooten.

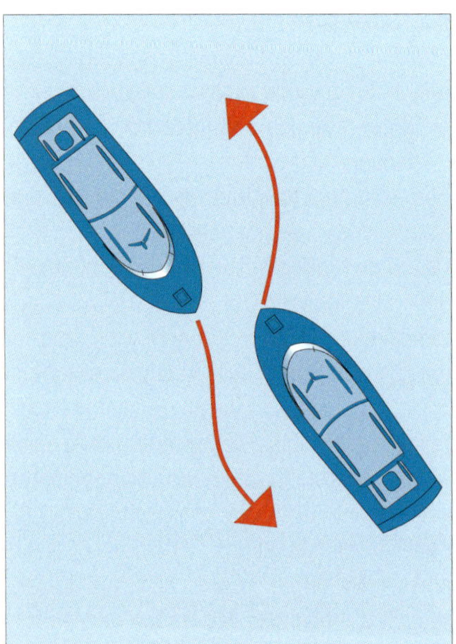

Motorboote – beide nach Steuerbord.

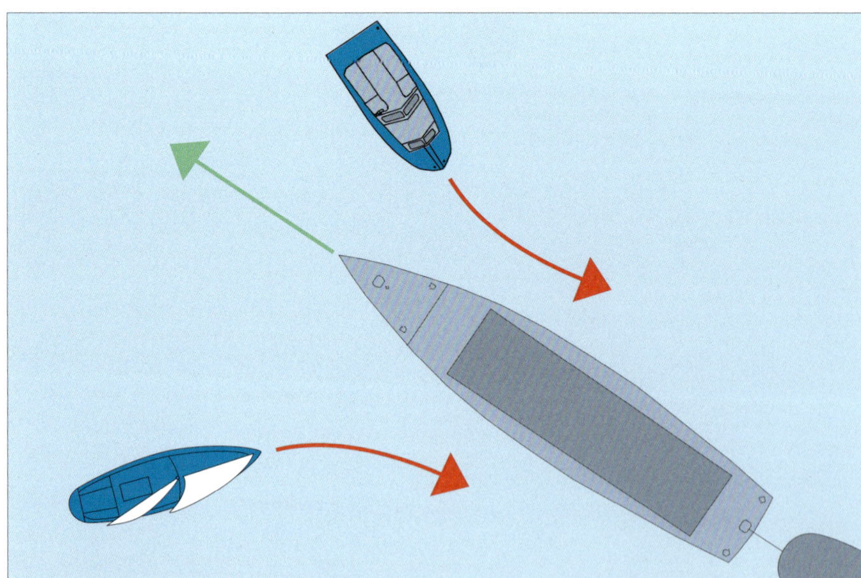

Schleppverband vor Motor- und Segelbooten. Aber: Schleppverband bestehend aus Sportbooten hat kein Wegerecht.

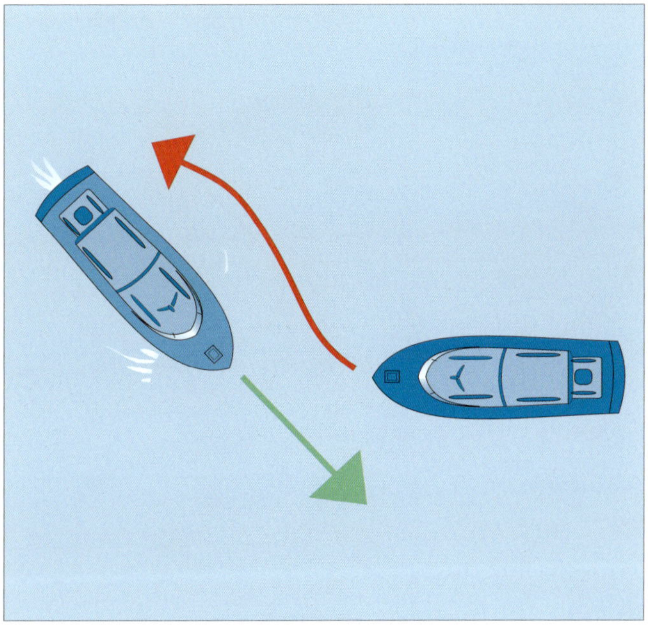

Motorboote – rechts vor links.

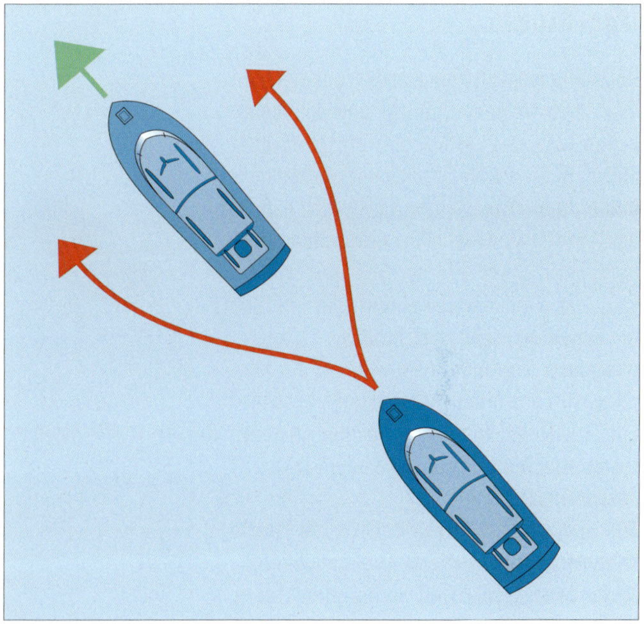

Überholen – rechts oder links.

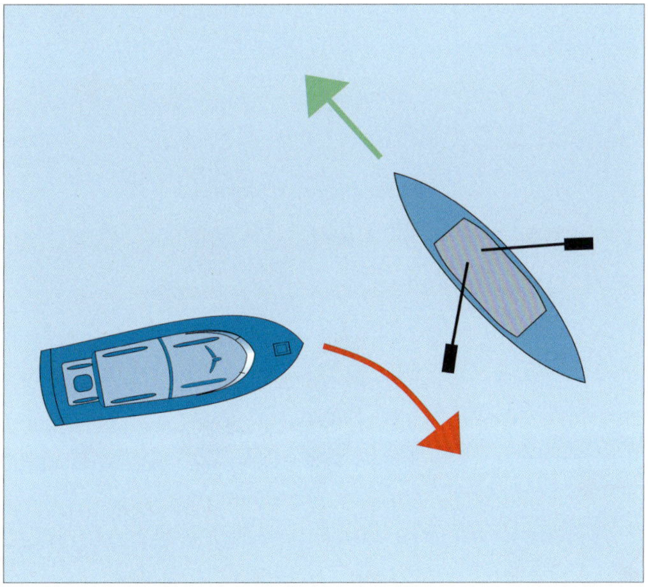

Motorboot weicht Ruderboot.

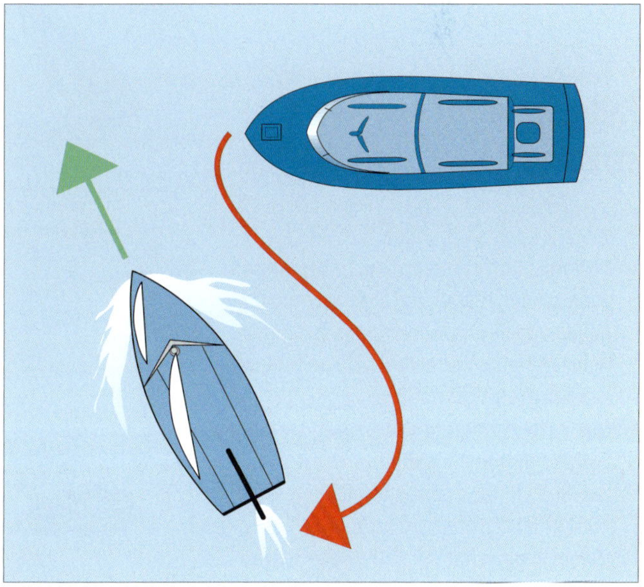

Motorboot weicht Segelboot.

Überholen

Überholer müssen grundsätzlich ausweichen. Also auch in dem ziemlich unwahrscheinlichen Fall, dass ein Segler ein Motorboot überholt. Sie können rechts oder links überholen, wenn sie sich vergewissert haben, dass dieses Manöver ohne Gefährdung oder Behinderung anderer durchgeführt werden kann. Der Vorausfahrende muss das Überholen gegebenenfalls erleichtern.

Ausnahme: Vorrangschiffe. Kommt ein Vorrangschiff von hinten auf, hat beispielsweise ein langsamer Segler auszuweichen und nach rechts oder links (Steuerbord oder Backbord) abzudrehen.

Ein- und Ausfahrt Häfen Auslaufende Schiffe haben grundsätzlich Vorfahrt gegenüber einlaufenden. Ausnahmen bilden einlaufende Vorrangschiffe, Schleppverbände und Schiffe in Not. Sie haben Vorfahrt.

Fahrregeln auf den Rheinstrecken

Es besteht Rechtsfahrgebot.

- Vorrangschiffe haben auch hier allen anderen gegenüber Vorfahrt. Schleppverbände und Berufsfischer hingegen genießen hier keine Vorrechte mehr gegenüber der Sportschifffahrt.
- Die Ausweichregeln der Segler untereinander gelten hier ebenfalls nicht. Sie haben sich nach den Ausweichregeln der Maschinenschiffe zu richten.

Bei **Begegnungen** hat der Talfahrer (flussabwärts) Vorfahrt, weil der Bergfahrer (flussaufwärts) leichter auf der Stelle manövrieren kann.

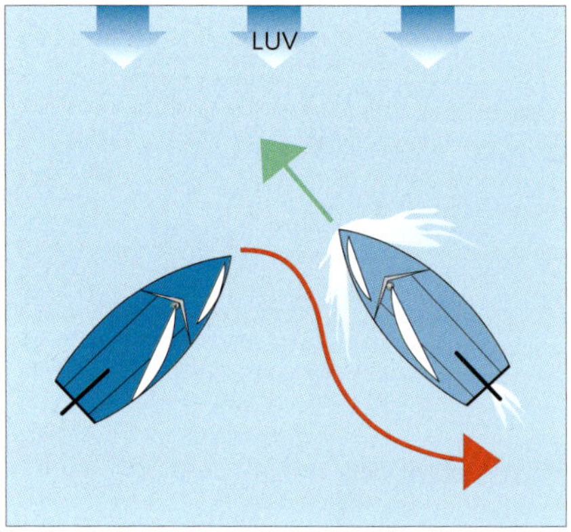

Wind von Backbord weicht Wind von Steuerbord.

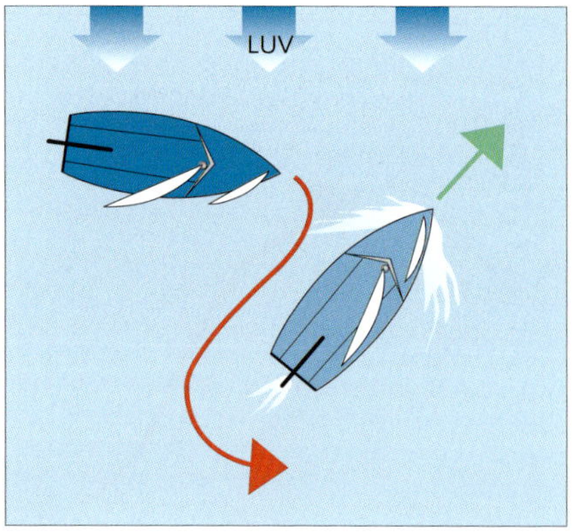

Luvboot weicht Leeboot.

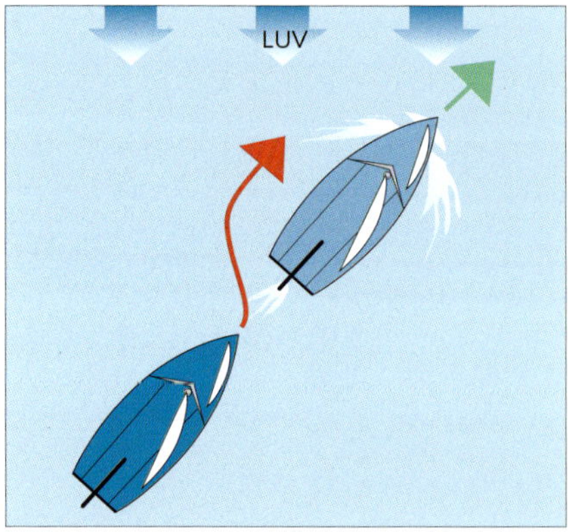

Segelboote – Überholen in Luv.

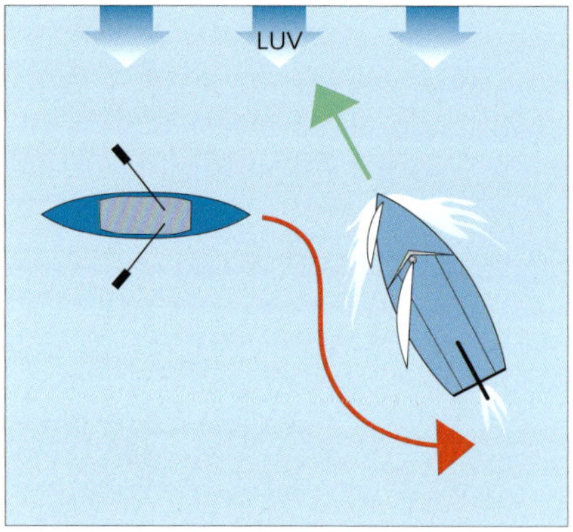

Ruderboot weicht Segelboot.

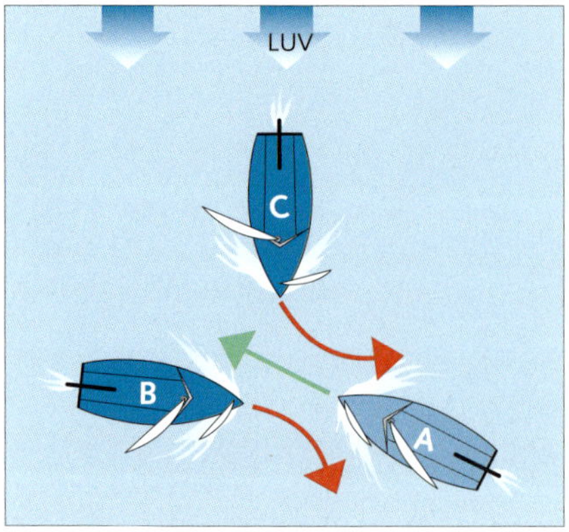

Segelboot A ist kurshaltepflichtig.

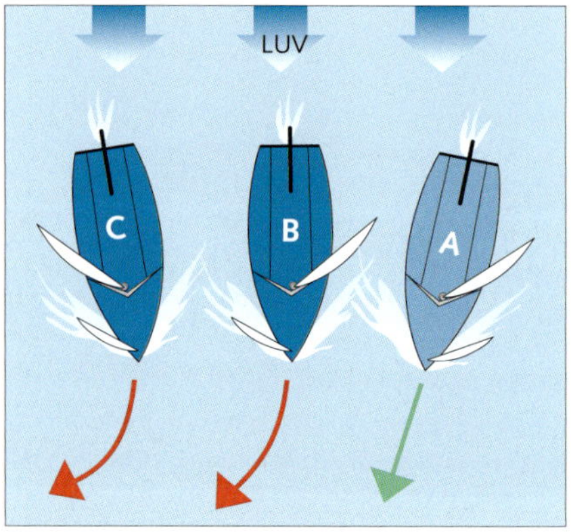

Segelboot A ist kurshaltepflichtig.

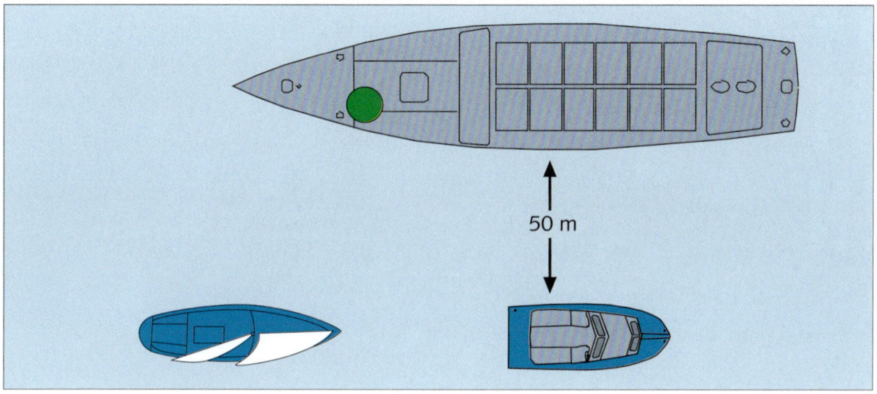

Mindestabstand von Vorrangschiffen (grüner Ball), Schleppverbänden und Berufsfischern (weißer Ball): 50 m.

- Verboten ist das Begegnen oder Überholen in unmittelbarer Nähe von oder unter Brücken. Es sei denn, das Fahrwasser bietet hinlänglich Raum, um gefahrlos aneinander vorbei zu kommen. Andernfalls muss der Bergfahrer unterhalb der Brücke warten.

Queren: Schiffe, die den Rhein queren – Ruderboote ausgenommen –, haben den Tal- und Bergfahrern auszuweichen.

Alle querenden Schiffe müssen vom Bug eines zu Tal fahrenden Vorrangschiffes 200 m, vom Bug eines bergfahrenden 100 m Abstand halten.

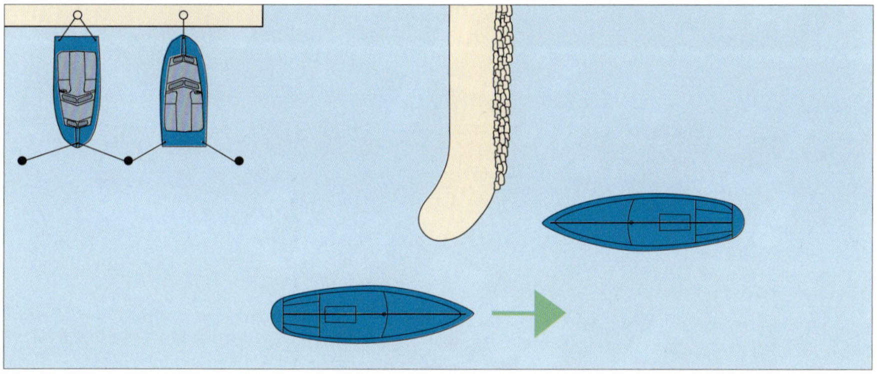

Häfen: Wer von draußen kommt muss warten, ausgenommen Vorrangschiffe, Schleppverbände und Schiffe in Not.

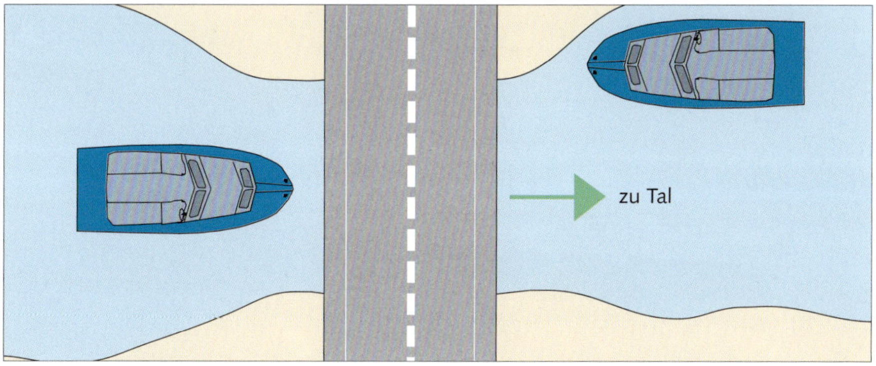

Auf den Rheinstrecken: Der Bergfahrer muss an engen Passagen warten.

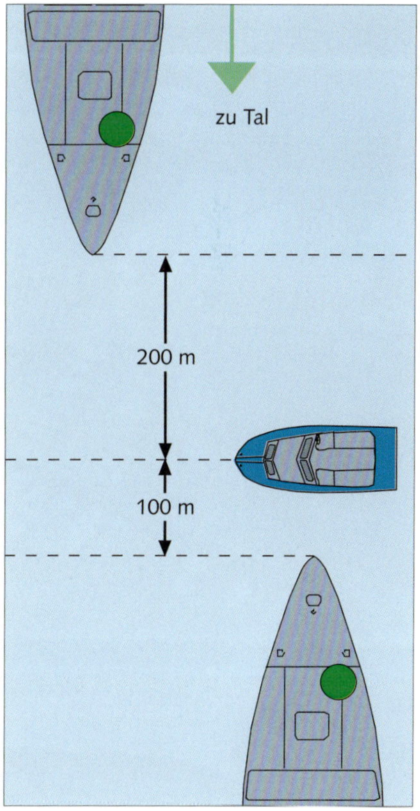

Beim Queren: 100 bzw. 200 m Abstand von berg- und talfahrenden Vorrangschiffen halten.

DIE PRÜFUNGS-FRAGEN MIT ANTWORTEN

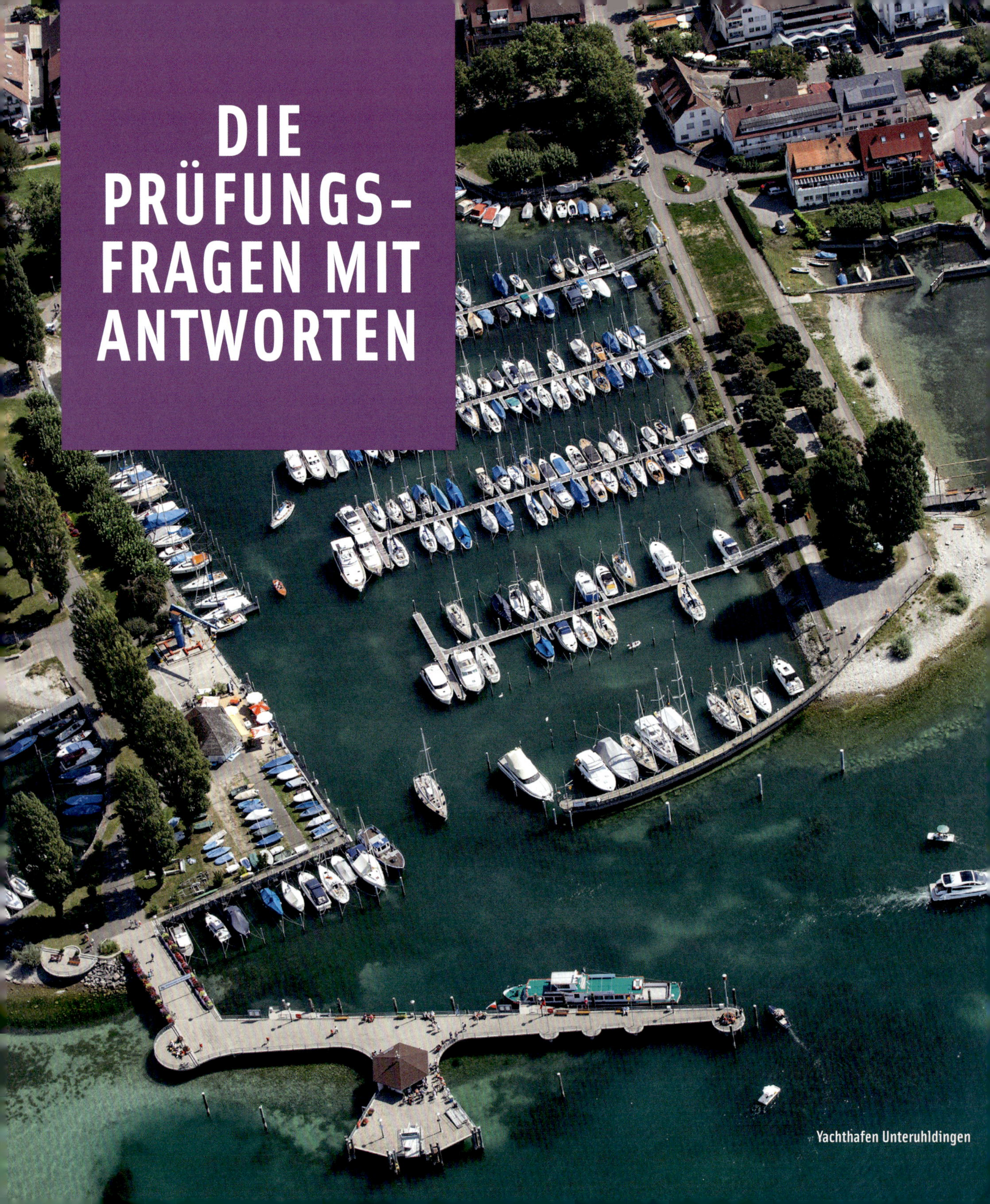

Yachthafen Unteruhldingen

THEORIEPRÜFUNG

Geprüft wird im sogenannten Single-Choice-Verfahren (Ankreuzsystem): Unter drei vorgegebenen Antworten ist die eine richtige anzukreuzen. Unser Fragen- und Antwortenkatalog enthält jeweils nur die richtige Antwort, auf die allein Sie sich konzentrieren müssen. Jede richtige Antwort wird mit Punkten gewertet. Für jedes Prüfungsgebiet gibt es eine Mindestpunktzahl, die erreicht werden muss. Erreicht man sie auf einem der Prüfungsgebiete nicht, muss man die gesamte Prüfung wiederholen. Frühestens nach vier Wochen, spätestens innerhalb von 12 Monaten. Für die Beantwortung der Prüfungsfragen des Allgemeinen Teiles stehen 60 Minuten zur Verfügung, für die Segelfragen 20 Minuten.
So, und nun können Sie anhand der nachstehenden Fragen und richtigen Antworten Ihren Wissensstand überprüfen. Das geht nach der altbewährten Methode: Zunächst die Antworten abdecken und erst nachsehen, wenn man's beim besten Willen nicht weiß.

Allgemeines · Zulassung · Bau und Ausrüstung

A + D

1	**Welche allgemeinen Pflichten hat ein Schiffsführer im Sinne der Bodensee-Schifffahrts-Ordnung zu erfüllen, ohne dass sie im Einzelnen geregelt sind?**	☒ Allgemeine Sorgfaltspflicht, keine Behinderung und Gefährdung anderer
2	**Dürfen Sie von den Vorschriften der Bodensee-Schifffahrts-Ordnung abweichen?**	☒ Ja, zur Abwendung einer unmittelbaren Gefahr
3	**Welche Urkunden hat der Schiffsführer an Bord mitzuführen, wenn es die Bodensee-Schifffahrts-Ordnung verlangt?**	☒ Zulassungsurkunde, Bootsausweis, Schifferpatent, Radarpatent
4	**Mit welchen Maßnahmen kann der Sportbootfahrer zur Reinhaltung des Bodensees beitragen?**	☒ Keine wassergefährdenden Stoffe und Abfall in den Bodensee einbringen
5	**Wie hat sich ein Schiffsführer, der an einem Unfall beteiligt war, zu verhalten?**	☒ Angaben über seine Person und über die Art der Beteiligung ermöglichen
6	**Welchen Abstand müssen Sie bei Längsfahrten mit dem Motorboot (ausgenommen Boote mit Elektroantrieb bis 2 kW) vom Ufer einhalten?**	☒ Mindestens 300 m
7	**Was müssen Sie beim Reinigen Ihrer Wasserfahrzeuge beachten?**	☒ Nur mit Wasser reinigen
8	**Welche Anforderungen werden an die Maschinenanlage auf Ihrem Fahrzeug hinsichtlich des Umweltschutzes gestellt?**	☒ Lärm- und Abgasgrenzwerte einhalten
9	**Welche Fahrzeuge sind »fahrend« oder »in Fahrt« befindlich?**	☒ Fahrzeuge, die weder unmittelbar noch mittelbar vor Anker liegen, am Ufer festgemacht oder festgefahren sind
10	**Welche Fahrzeuge sind »stillliegend«?**	☒ Fahrzeuge, die unmittelbar oder mittelbar vor Anker liegen oder am Ufer festgemacht sind
11	**Innerhalb welcher Frist ist der Verkauf eines registrierten oder zugelassenen Wasserfahrzeuges der zuständigen Behörde zu melden?**	☒ Innerhalb von zwei Wochen
12	**Muss bei Verlegung des Liegeplatzes in den Bereich einer anderen für die Zulassung zuständigen Behörde die Ausstellung einer neuen Zulassungsurkunde beantragt werden?**	☒ Ja, innerhalb von 2 Monaten
13	**Welche Angaben sind der zuständigen Behörde beim Verkauf eines Wasserfahrzeuges zu machen?**	☒ Anschrift des Erwerbers und zukünftiger Standort
14	**Welche Pflichten zur Hilfeleistung bei der Rettung von Menschen und in Seenot geratener Fahrzeuge bestehen für den Schiffsführer und seine Besatzung?**	☒ Unverzüglich Hilfe leisten
15	**Welche Fahrgeschwindigkeit darf mit Wasserfahrzeugen auf dem Bodensee höchstens gefahren werden?**	☒ 40 km/h

16	**Welche Geschwindigkeitsbeschränkungen für Vergnügungsfahrzeuge gelten auf den Rheinstrecken »Alter Rhein« und »Seerhein«?**	☒ 10 km/h
17	**Ist das Wasserskifahren auf den Rheinstrecken erlaubt?**	☒ Nein
18	**Welche Einschränkungen bestehen für die maschinenbetriebene Schifffahrt im Uferbereich?**	☒ Beim An- bzw. Ablegen kürzesten Weg nehmen, Höchstgeschwindigkeit 10 km/h
19	**Welche Regeln müssen beim Ankern auf dem Bodensee außerhalb bewilligter Liegeplätze beachtet werden?**	☒ Ohne Erlaubnis nicht länger als 24 Stunden am gleichen Ort
20	**Welche Staaten grenzen heute an den Bodensee?**	☒ Deutschland, Österreich, Schweiz
21	**Wo gibt es auf dem Obersee Hoheitsgrenzen?**	☒ In der Konstanzer Bucht
22	**Wie sind die Hoheitsgrenzen auf den Rheinstrecken festgelegt?**	☒ In der Gewässermitte
23	**Was verstehen Sie unter einem Kondominium?**	☒ Gemeinsam verwaltetes Hoheitsgebiet
24	**Was verstehen Sie unter einer Realteilung in Bezug auf den Bodensee?**	☒ Gewässerteilung in der Mitte
25	**Welche besonderen Aufgaben nehmen die Schifffahrtsbehörden/Schifffahrtsämter wahr?**	☒ Erteilung von Zulassungen und Patenten
26	**Was für Aufgaben obliegen den Wasserschutzpolizeien/Seepolizeien?**	☒ Überwachung und Kontrolle der Schifffahrt
27	**Welche Aufgaben obliegen den Zolldienststellen?**	☒ Grenzkontrolle von Personen und Waren
28	**Welche grundsätzlichen Zoll- und Passvorschriften müssen Sie bei einem Grenzübertritt mit Ihrem Fahrzeug am Bodensee beachten?**	☒ Gültige Ausweispapiere für Personen und Boot mitführen, erforderlichenfalls beim Zoll melden
29	**Welche Behörden sind für den Vollzug der Bodensee-Schifffahrts-Ordnung am deutschen Ufer zuständig?**	☒ Landratsämter Bodenseekreis, Konstanz, Lindau und Wasserschutzpolizei
30	**Welche in den Bodenseeanliegerstaaten einheitlich erlassene Bestimmung regelt die Schifffahrt auf dem Bodensee?**	☒ Bodensee-Schifffahrts-Ordnung
31	**Welche Behörden sind am deutschen Ufer für die Erteilung von Schifferpatenten und für die Zulassung von Wasserfahrzeugen zuständig?**	☒ Landratsämter Bodenseekreis, Konstanz und Lindau
32	**Für welche Seeteile und Rheinstrecken gilt die Bodensee-Schifffahrts-Ordnung?**	☒ Bodensee einschließlich Untersee, Alter Rhein, und Rheinstrecken zwischen Konstanz und Schaffhausen
33	**Wie heißen die drei größten Inseln im Bodensee?**	☒ Mainau, Reichenau, Lindau
34	**Wie groß ist die Fläche des Bodensees?**	☒ 536 km^2
35	**Wie groß ist die Entfernung zwischen Ludwigshafen und Bregenz?**	☒ 63 km
36	**Wie breit ist der Bodensee zwischen Friedrichshafen und Arbon?**	☒ 14 km
37	**Wo befindet sich die größte Tiefe des Obersees?**	☒ Zwischen Fischbach und Uttwil
38	**Wie tief ist die tiefste Stelle des Bodensees?**	☒ 254 m
39	**Wie wird der Seeboden eingeteilt?**	☒ Ufer, Hang, Wysse, Halde, Schweb, Tiefhalde, Tiefer Schweb
40	**Wie groß ist die Entfernung zwischen Konstanz und Bregenz?**	☒ 46 km
41	**Wie groß ist die Entfernung zwischen Ludwigshafen und der Insel Mainau?**	☒ 17 km
42	**Wie groß ist die Entfernung zwischen Konstanz und Stein am Rhein?**	☒ 27 km
43	**Nennen Sie die wichtigsten Naturschutzgebiete am Bodensee.**	☒ Eriskircher Ried, Wollmatinger Ried, Halbinsel Mettnau
44	**Wie sind Naturschutzgebiete gekennzeichnet?**	☒ Durch weiße Dreiecktafeln, grüner Rand, schwarzer Adler und der Aufschrift »Naturschutzgebiet«

45	**Welche Vorschriften müssen Sie als Sportbootfahrer bei Naturschutzgebieten beachten?**	☒ Abstand halten, nicht hineinfahren, »Anlanden verboten«
46	**Welchen Mindestabstand müssen Sie zu Beständen von Wasserpflanzen wie Binsen, Schilf und Seerosen einhalten?**	☒ 25 m
47	**Welche Bestimmungen müssen ein Sportbootfahrer und seine Mitfahrer beachten, wenn sie den Fischfang als Sportfischer ausüben wollen?**	☒ Erlaubnis und Befähigung muss vorhanden sein
48	**Welches ist die größte Breite des Bodensees und wo befindet sich diese?**	☒ 14 km zwischen Friedrichshafen und Arbon
49	**In welchen besonders gekennzeichneten Gebieten dürfen Sie mit Ihrem Vergnügungsfahrzeug nicht anlanden?**	☒ In Naturschutzgebieten
50	**Wie heißt die Verbindung zwischen Obersee und Untersee?**	☒ Seerhein
51	**Welche Aufgaben und Pflichten hat ein Mitglied der Schiffsmannschaft zu erfüllen?**	☒ Alle Anordnungen des Schiffsführers im Rahmen seiner Verantwortung sind zu befolgen
52	**Welche Anweisungen des Schiffsführers haben die an Bord befindlichen Personen zu befolgen, die nicht zur Schiffsmannschaft gehören?**	☒ Alle Anordnungen, die der Sicherheit und Ordnung an Bord dienen
53	**Welche Fahrzeuge müssen mit einem amtlichen Kennzeichen versehen sein?**	☒ Alle Fahrzeuge über 2,50 Meter Länge, ausgenommen Surfbretter, Paddelboote, Rennruderboote und Stand-Up-Paddelbretter
54	**Wer erteilt die Kennzeichen für Wasserfahrzeuge am deutschen Bodenseeufer?**	☒ Landratsämter Bodenseekreis, Konstanz und Lindau
55	**Wie hoch müssen die Kennzeichen mindestens sein?**	☒ 8 cm
56	**Wo müssen die Kennzeichen angebracht sein?**	☒ An gut sichtbarer Stelle auf beiden Seiten des Schiffes
57	**Wie müssen Segelsurfbretter, Paddelboote, Rennruderboote und Stand-up-Paddelbretter gekennzeichnet sein?**	☒ Mit Namen und Anschrift des Eigners
58	**Wie sind Fahrzeuge mit eingebauten Lithium-Ionen-Akkumulatoren für den Antrieb oder die Stromversorgung zu kennzeichnen?**	☒ Mit dem Warnzeichen W012
59	**Wo muss das Warnzeichen W012 angebracht werden?**	☒ Gut sichtbar auf beiden Seiten des Fahrzeugs neben dem Kennzeichen und am Heck
60	**Dürfen sogenannte Tauchscooter für Hobbyzwecke am Bodensee benutzt werden?**	☒ Nein
61	**Ist das Fahren mit Aqua-Scootern, Jet-Bikes und ähnlichen Schwimmkörpern auf dem Bodensee erlaubt?**	☒ Nein
62	**Sie sind Besitzer eines EU-Sportbootes im Sinne der EU-Sportbootrichtlinie. Was kann die Zulassungsbehörde verlangen, wenn erhebliche Veränderungen im Bereich der Sicherheitsanforderungen durchgeführt wurden?**	☒ Die Zulassungsbehörde kann eine neue Konformitätserklärung verlangen
63	**Für welche Vergnügungsfahrzeuge ist ein Schifferpatent erforderlich?**	☒ Für Motorfahrzeuge mit mehr als 4,4 kW Maschinenleistung und für Segelfahrzeuge mit mehr als 12 m² Segelfläche
64	**Welche Wasserfahrzeuge dürfen Sie mit einem Schifferpatent der Kategorie »A« führen?**	☒ Alle motorbetriebenen Vergnügungsfahrzeuge
65	**Dürfen Sie mit einem Schifferpatent der Kategorie »D« auch Segelboote unter Motor führen, deren Maschinenleistung 4,4 kW übersteigt?**	☒ Nein
66	**Welche Voraussetzungen sind für den Erwerb eines Schifferpatentes der Kategorie »A« und »D« zu erfüllen?**	☒ Mindestalter, Eignung und Befähigung
67	**Kann ein Schifferpatent entzogen werden?**	☒ Ja, nach erheblicher Pflichtverletzung als Schiffsführer und im Straßenverkehr
68	**Kann ein Schifferpatent entzogen oder eingeschränkt werden?**	☒ Ja, wenn Eignung oder Befähigung nicht mehr gegeben oder eingeschränkt sind

69	**Welches Mindestalter ist für Patentbewerber für Vergnügungsfahrzeuge mit Maschinenantrieb über 4,4 kW Leistung erforderlich?**	☒ 18 Jahre
70	**Welches Mindestalter ist für Patentbewerber für Segelfahrzeuge über 12 m^2 Segelfläche erforderlich?**	☒ 14 Jahre
71	**Darf ein Patentinhaber der Kategorie A ein Fahrgastschiff führen?**	☒ Ja, wenn er 21 Jahre alt ist und das Fahrzeug für maximal 12 Fahrgäste zugelassen ist
72	**Welches Mindestalter ist für Patentinhaber der Kategorie A erforderlich, um Fahrgastschiffe mit maximal 12-Personen-Zulassung zu führen?**	☒ 21 Jahre
73	**Welche Fahrzeuge unterliegen der Untersuchungs- und Zulassungspflicht?**	☒ Alle motorbetriebenen Fahrzeuge sowie alle Fahrzeuge mit Wohn-, Koch- oder sanitärer Einrichtung
74	**Wann erlischt die Zulassung von Vergnügungsfahrzeugen mit Maschinenantrieb?**	☒ Nach 3 Jahren
75	**Wann müssen zugelassene Fahrzeuge erneut untersucht werden?**	☒ In der Regel nach 3 Jahren oder bei baulichen Änderungen
76	**Welche wichtigen Ausrüstungsgegenstände müssen sich an Bord eines zugelassenen Wasserfahrzeuges auf dem Bodensee befinden?**	☒ Die in der Zulassungsurkunde vorgeschriebenen
77	**Welche Anforderungen hinsichtlich des Umweltschutzes werden an die für den Bodensee zugelassenen Fahrzeuge gestellt?**	☒ Lärm- und Abgasgrenzwerte müssen eingehalten werden, Abwasserentsorgung nur an Land zugelassen
78	**Wie viele Rettungsmittel müssen sich an Bord eines Vergnügungsfahrzeuges befinden?**	☒ So viele, wie Personen an Bord sind
79	**Welchen Wert darf das Betriebsgeräusch eines Wasserfahrzeugs in dB(A) nicht überschreiten?**	☒ 72 dB(A) in 25 m seitlicher Entfernung
80	**Welche Fahrzeuge müssen mit Behältern zur Aufnahme von Fäkalien, Abwässern und Abfällen ausgerüstet sein?**	☒ Fahrzeuge mit Koch- oder Sanitäreinrichtung
81	**Was gilt für Fahrzeuge mit Maschinenantrieb bei erstmaliger Zulassung seit dem 1. Januar 1993 auf dem Bodensee?**	☒ Abgasvorschriften für Bootsmotoren
82	**Wann kann die zuständige Behörde die Zulassung entziehen?**	☒ Wenn das Fahrzeug nicht mehr den Vorschriften entspricht
83	**Ab welcher Bootslänge muss ein Boot ohne Maschinenantrieb, Wohn-, Koch- oder sanitärer Einrichtung bei der Zulassungsstelle registriert werden?**	☒ Alle Fahrzeuge ab einer Länge von 2,50 Meter, ausgenommen Surfbretter, Paddel- und Rennruderboote ohne Motor sowie Stand-up-Paddelbretter
84	**Dürfen Stand-up-Paddelbretter mit Elektromotoren am Bodensee verwendet werden?**	☒ Nein
85	**Welche Anforderungen hinsichtlich des Gewässerschutzes werden an die für den Bodensee zugelassenen Fahrzeuge gestellt?**	☒ Fäkalien, Abwasser und Abfall müssen ordnungsgemäß an Land entsorgt werden
86	**Ist für das Manövrieren unter Motor die Kenntnis über die Drehrichtung des Propellers (Schiffsschraube) wichtig?**	☒ Ja, um den Radeffekt beim An- und Ablegen ausnutzen zu können
87	**Sind die Drehkreise bei Schiffen mit starrer Antriebswelle verschieden groß?**	☒ Ja, weil der Radeffekt des Propellers eine Drehrichtung unterstützt und der anderen entgegenwirkt
88	**Bei einem Schiff mit rechtsdrehendem Propeller (Schiffsschraube) legen Sie den Rückwärtsgang ein; nach welcher Seite dreht sich das Heck?**	☒ Nach Backbord
89	**Bei einem Schiff mit linksdrehendem Propeller (Schiffsschraube) nehmen Sie Fahrt achteraus auf; nach welcher Seite wird das Schiff abdrehen?**	☒ Nach Steuerbord

90	**Warum ist beim Starten einer Maschine die Getriebestellung stets auf »neutral« zu stellen?**	☒ Damit das Fahrzeug nicht unkontrolliert und ruckartig anfährt
91	**Ihr Boot hat eine Motorenanlage mit linksdrehender Schraube (Propeller); welches ist die günstigste Anlegeseite?**	☒ Die Steuerbordseite
92	**Es ertönt der Ruf »Mensch über Bord«; was tun Sie als Rudergänger auf einem Motorboot?**	☒ Auskuppeln, Ruder auf die Seite legen, an der die Person über Bord gegangen ist
93	**Wie sollten Sie Ihr Boot unter Motor zum Stehen bringen, um bei Starkwind eine Person an Bord zu nehmen?**	☒ Gegen den Wind/Strömung anfahren, auskuppeln, Person aufnehmen
94	**Wie legen Sie unter Motor bei starkem Wind an?**	☒ Wenn möglich gegen den Wind

Schallzeichen · Lichterführung · optische Signale

A + D

95	**Nennen Sie die Sichtweite eines »Hellen Lichtes« weißer Farbe für Wasserfahrzeuge, die vor dem 1. April 2022 auf dem Bodensee zugelassen waren (in Kilometern).**	☒ 4 km
96	**Nennen Sie die Sichtweite eines »Hellen Lichtes« roter und grüner Farbe für Wasserfahrzeuge, die vor dem 1. April 2022 auf dem Bodensee zugelassen waren (in Kilometern).**	☒ 3 km
97	**Nennen Sie die Sichtweite eines »Gewöhnlichen Lichtes« weißer Farbe für Wasserfahrzeuge, die vor dem 1. April 2022 auf dem Bodensee zugelassen waren (in Kilometern).**	☒ 2 km
98	**Nennen Sie die Sichtweite eines »Gewöhnlichen Lichtes« roter und grüner Farbe für Wasserfahrzeuge, die vor dem 1. April 2022 auf dem Bodensee zugelassen waren.**	☒ 1,5 km
99	**Nennen Sie die Sektorenbereiche der einzelnen Fahrtlichter!**	☒ Topplicht 225°, Seitenlichter 112,5°, Hecklicht 135°
100	**Welches sind die erforderlichen Fahrtlichter von Vergnügungsfahrzeugen mit Maschinenantrieb über 4,4 kW Leistung gemäß Bodensee-Schifffahrts-Ordnung für Wasserfahrzeuge, die vor dem 1. April 2022 auf dem Bodensee zugelassen waren?**	☒ Topplicht 225°, 2 km weiß; Seitenlichter 112,5°, 1,5 km Backbord rot, Steuerbord grün; Hecklicht 135°, 2 km weiß
101	**Nennen Sie die Sichtweite eines Rundumlichts weißer Farbe für Wasserfahrzeuge mit einer Rumpflänge von weniger als 12 m, die nach dem 1. April 2022 auf dem Bodensee zugelassen wurden (in Kilometern).**	☒ 3,7 km
102	**Nennen Sie die Sichtweite eines Seitenlichts für Wasserfahrzeuge mit einer Rumpflänge von weniger als 12 m, die nach dem 1. April 2022 auf dem Bodensee zugelassen wurden (in Kilometern).**	☒ 1,85 km
103	**Nennen Sie die Sichtweite eines Topplichts für Wasserfahrzeuge mit einer Rumpflänge von mehr als 12 m, aber weniger als 20 m, die nach dem 1. April 2022 auf dem Bodensee zugelassen wurden.**	☒ 5,55 km
104	**Nennen Sie die Sichtweite eines Seitenlichts für Wasserfahrzeuge mit einer Rumpflänge von mehr als 12 m, aber weniger als 20 m, die nach dem 1. April 2022 auf dem Bodensee zugelassen wurden (in Kilometern).**	☒ 3,7 km
105	**Nennen Sie die Sichtweite eines Topplichts für Wasserfahrzeuge mit einer Rumpflänge von mehr als 20 m, die nach dem 1. April 2022 auf dem Bodensee zugelassen wurden (in Kilometern).**	☒ 9,25 km

106	Nennen Sie die Sichtweite eines Seitenlichts für Wasserfahrzeuge mit einer Rumpflänge von mehr als 20 m, die nach dem 1. April 2022 auf dem Bodensee zugelassen wurden (in Kilometern).	☒ 3,7 km
107	Welche Lichterführung ist für Segelfahrzeuge unter Motor bis 4,4 kW Leistung bei Fahrt in der Nacht oder unsichtigem Wetter vorgeschrieben?	☒ Ein weißes Rundumlicht
108	Welche Lichterführung ist für Segelfahrzeuge bei Nacht und unsichtigem Wetter unter Segel vorgeschrieben?	☒ Ein weißes Rundumlicht
109	Welche Erleichterungen für Vergnügungsfahrzeuge mit Maschinenantrieb bis 4,4 kW Motorleistung bestehen hinsichtlich der Lichterführung?	☒ Es genügt ein weißes Rundumlicht
110	Wie sind stillliegende Fahrzeuge zur Nachtzeit oder bei unsichtigem Wetter außerhalb von Häfen zu kennzeichnen (Ankerlieger)?	☒ Durch ein weißes Rundumlicht
111	Welche Lichterführung ist für ein geschlepptes Fahrzeug vorgeschrieben und wie muss das Schleppfahrzeug gekennzeichnet sein?	☒ Ein weißes Rundumlicht, Schlepper die Lichter seiner Fahrzeugart
112	Welche Lichterführung ist für Wasserfahrzeuge ohne Maschinenantrieb in der Nacht vorgeschrieben?	☒ Ein weißes Rundumlicht
113	Woran ist während der Nacht ein Vorrangfahrzeug zu erkennen?	☒ An einem grünen hellen Rundumlicht
114	Ein blaues Blinklicht kommt auf Ihrem Fahrkurs in Sicht; was ist gegeben und welche Maßnahmen müssen Sie erforderlichenfalls treffen?	☒ Einsatzfahrt der Polizei, Ölwehr, Rettungsdienst; ausweichen und genügend Raum geben, notfalls anhalten
115	Woran können Sie erkennen, dass sich ein fremdes Schiff in einer Notlage befindet und Hilfe benötigt?	☒ Rote Leuchtsignale, Folge langer Töne, kreisförmiges Schwenken einer roten Flagge
116	Welche Form und Mindestgröße müssen die in der Bodensee-Schifffahrts-Ordnung genannten Flaggen aufweisen?	☒ Rechteckig, mind. 60 cm x 60 cm
117	Wie ist ein Vorrangschiff während der Tagzeit gekennzeichnet?	☒ Durch einen grünen Ball, Durchmesser mindestens 50 cm
118	Woran können Sie die Fahrzeuge der Berufsfischer beim Fang erkennen?	☒ Weißer Ball, Durchmesser mind. 30 cm
119	Wie sind die Fahrzeuge der Sportfischer, die mit einer Schleppangel fischen, zu erkennen?	☒ An einer weißen Flagge, mind. 60 cm x 60 cm
120	Auf Ihrem Fahrkurs kommt ein Baggerschiff in Sicht; es hat zwei weiße Flaggen übereinandergesetzt. Worauf ist besonders bei der Vorbeifahrt zu achten?	☒ Gefahr durch Anker, Abstand halten
121	Auf Ihrem Fahrkurs sehen Sie ein Motorboot, auf dem ein Besatzungsmitglied eine rote Flagge im Kreis schwenkt. Welche Situation ist gegeben und welche Maßnahmen müssen Sie treffen?	☒ Fahrzeug in Not, Hilfe leisten oder holen
122	Sie fahren während der Nacht in Ufernähe; auf Ihrem Fahrkurs kommen zwei weiße Lichter übereinander in Sicht. Was für eine Situation ist gegeben?	☒ Fahrzeuge bzw. schwimmende Anlagen mit gefährlicher Verankerung
123	Auf Ihrem Fahrkurs sehen Sie bei Nacht ein Licht kreisen; in größeren Zeitabständen steigen in der Nähe des Lichtes Leuchtkugeln auf; welche Situation liegt an und was müssen Sie tun?	☒ Schiff in Not, Hilfe leisten; ist dies nicht möglich, Hilfe holen und wenn möglich Notruf absetzen

124	**Auf der Bergfahrt im Fachen zwischen Ermatingen und Gottlieben kommt ein Arbeitsschiff in Sicht, das an seiner Backbordseite und an seiner Steuerbordseite je eine rot/weiße Flagge gesetzt hat. Wie müssen Sie sich verhalten?**	☒ Ich kann an beiden Seiten langsam vorbeifahren
125	**Im Winterweg des Schwanenhalses liegt ein verankertes Baggerschiff, das an seiner Backbordseite eine rote Flagge und an seiner Steuerbordseite eine rot/weiße Flagge gesetzt hat. Wie müssen Sie sich verhalten?**	☒ Ich kann nur an der Steuerbordseite vorsichtig vorbeifahren
126	**Im Seerhein vor Gottlieben, talwärts fahrend, kommen auf Ihrem Fahrkurs bei Nacht etwas über der Wasseroberfläche zwei rote Lichter darunter zwei weiße Lichter in Sicht. Welche Situation liegt an und wie müssen Sie sich verhalten?**	☒ Gefahrenstelle, beidseitig vorsichtiges Vorbeifahren möglich
127	**Sie sehen vom Schiff aus am Ufer die Flagge »Buchstabe A« der internationalen Flaggenordnung aufgestellt. Was bedeutet dies?**	☒ Tauchstelle von Land aus, Mindestabstand 50 m
128	**Ein stillliegendes Fahrzeug auf dem Bodensee hat einen weiß/blauen Doppelstander gesetzt. Welche Bedeutung hat diese Flagge?**	☒ Tauchstelle vom Fahrzeug aus, 50 m Mindestabstand
129	**In welchem Umkreis von Hafeneinfahrten und Landestellen der Fahrgastschifffahrt ist das Tauchen nicht erlaubt?**	☒ 100 m
130	**Ist das Tauchen im markierten Fahrwasser erlaubt?**	☒ Nein
131	**Sie sehen voraus mehrere weiße Blitzlichter. Welche Bedeutung haben diese?**	☒ Schifffahrtshindernisse oder Absperrungen kommen in Sicht
132	**Wozu dient die Lichterführung in der Schifffahrt?**	☒ Um Art und Kurs eines anderen Fahrzeugs zu erkennen

133	**Sie sehen nachts ein weißes Licht voraus; was kann dies sein?**	☒ Hecklicht eines vorausfahrenden Fahrzeugs
134	**Was verstehen Sie unter dem Begriff »Stillliegen«?**	☒ Fahrzeug, das unmittelbar oder mittelbar vor Anker liegt oder am Ufer festgemacht ist
135	**Wann müssen Lichter geführt werden?**	☒ Von Sonnenuntergang bis Sonnenaufgang und bei unsichtigem Wetter
136	**Wie sind zur Nachtzeit und bei unsichtigem Wetter die Hafeneinfahrten gekennzeichnet?**	☒ Von See gesehen Backbord rotes und Steuerbord grünes Licht
137	**Wie sind zur Nachtzeit und bei unsichtigem Wetter die Landestellen, die dem öffentlichen Verkehr dienen, gekennzeichnet?**	☒ Rotes über grünes Licht, gelbes Ansteuerlicht möglich
138	**Wann muss ein Fahrzeug in Fahrt zwei Hecklichter führen?**	☒ Wenn ein Hecklicht nicht über den gesamten Horizontbogen von 135° sichtbar ist
139	**Ein entgegenkommendes Schiff gibt einen kurzen Ton; welche Absicht will es Ihnen kundtun?**	☒ Richte meinen Kurs nach Steuerbord
140	**Sie befinden sich mit Ihrem Fahrzeug in der Schifffahrtslinie; der Motor lässt sich nicht starten und ein anderes Fahrzeug nähert sich Ihnen. Welche Signalgebung ist erforderlich?**	☒ 4 kurze Töne
141	**Sie geraten mit Ihrem Vergnügungsfahrzeug in ein größeres Nebelfeld; welche Signalgebung und andere Maßnahmen sind erforderlich?**	☒ 1 langer Ton pro Minute geben, langsam fahren, Ausguck stellen, Lichter führen, Ruhe an Bord
142	**Sie hören auf der Fahrt mit Ihrem Vergnügungsfahrzeug eine Folge langer Töne; welche Situation ist gegeben und welche Maßnahmen leiten Sie ein?**	☒ Fahrzeug ist in Seenot, helfen oder Hilfe holen
143	**Wie lautet das Hafeneinfahrtssignal der Vorrangfahrzeuge?**	☒ 3 lange Töne

144	**Welche Bedeutung hat das Signal zwei kurze Töne dreimal in der Minute?**	☒ Nebelsignal der Häfen, Landestellen und Nebelwarnanlagen
145	**Ein Fahrzeug kommt Ihrem Fahrzeug so entgegen, dass die Gefahr eines Zusammenstoßes besteht; es gibt einen langen Ton. Was beabsichtigt der Entgegenkommende und wie sollten Sie darauf reagieren?**	☒ Er will seinen Kurs beibehalten, ich weiche aus; Signalgebung: ein kurzer Ton: Ich richte meinen Kurs nach Steuerbord, zwei kurze Töne: Ich richte meinen Kurs nach Backbord
146	**Sie wollen mit Ihrem Vergnügungsfahrzeug rückwärts ablegen. Welches Signal müssen Sie erforderlichenfalls geben?**	☒ 3 kurze Töne
147	**Sie wollen einem entgegenkommenden Schiff nach Backbord ausweichen; welches Signal ist erforderlichenfalls zu geben?**	☒ 2 kurze Töne
148	**Mit welchen optischen Signalen können Sie eine Notsituation auf Ihrem Fahrzeug anderen anzeigen?**	☒ Schwenken eines Lichts, roter Flagge, Abschießen einer roten Rakete oder ähnliches
149	**Mit welchen akustischen Signalen können Sie eine Notsituation auf Ihrem Fahrzeug anderen Fahrzeugen anzeigen?**	☒ Folge langer Töne
150	**Ein Schleppverband gibt in der Nähe eines Hafens drei lange Töne; was beabsichtigt der Schleppverband und wie müssen Sie sich verhalten?**	☒ Der Schleppverband will in den Hafen einlaufen, Vorfahrt gewähren
151	**Auf Grund der Fahrwasserverhältnisse wollen Sie mit einem entgegenkommenden Fahrzeug eine Vorbeifahrt »Steuerbord an Steuerbord« durchführen; wie geben Sie Ihre Absicht dem entgegenkommenden Schiff bekannt?**	☒ Ich gebe 2 kurze Töne
152	**An welchen Signalen können Sie erkennen, dass Sie sich in der Nähe eines Hafens befinden? Es herrscht Nebel.**	☒ 2 kurze Töne 3 x pro Minute oder Glockenschläge
153	**Welche Bedeutung haben vier kurze Töne nach der Bodensee-Schifffahrts-Ordnung?**	☒ Schiff ist manövrierunfähig
154	**Wie können Sie einem anderen Fahrzeug akustisch signalisieren, dass Sie Ihren Kurs beibehalten wollen?**	☒ 1 langer Ton
155	**In unmittelbarer Nähe hören Sie von einem Schiff drei kurze Töne; welches Manöver wird angezeigt und worauf müssen Sie achten?**	☒ Schiff will rückwärtsfahren, ich muss mich freihalten
156	**Sie nähern sich einem anderen Fahrzeug, das vier kurze Töne abgibt, welche Situation liegt vor und wie sollten Sie sich verhalten?**	☒ Schiff ist manövrierunfähig, ich weiche aus
157	**Bei Nebelfahrt hören Sie zwei lange Töne in der Minute. Welche Bedeutung hat dieses Signal und wie müssen Sie sich verhalten?**	☒ Nebelsignal der Vorrangschiffe, besondere Aufmerksamkeit ist geboten
158	**Sie wollen mit Ihrem Fahrzeug den Hafen verlassen; welche Signalgebung ist ggf. erforderlich?**	☒ 1 langer Ton
159	**Einem entgegenkommenden Fahrzeug wollen Sie nach Steuerbord ausweichen; wie geben Sie dies besonders zu erkennen?**	☒ Ich gebe 1 kurzen Ton
160	**Wie lautet das Brückendurchfahrtssignal?**	☒ 1 langer Ton
161	**Ein Fahrzeug in der Nähe gibt drei lange Töne; was beabsichtigt es und wie müssen Sie sich erforderlichenfalls verhalten?**	☒ Vorrangschiff will in den Hafen einlaufen, Vorrang gewähren
162	**Wie lange dauert ein kurzer Ton?**	☒ 1 Sekunde
163	**Sie hören im Nebel einen langen Ton in der Minute; welche Bedeutung hat dieses Signal und wie müssen Sie sich verhalten?**	☒ Nebelsignal eines Vergnügungsfahrzeuges, ebenfalls Signal geben, vorsichtig fahren

164	**Sie hören auf der Fahrt bei Nebel ein anhaltendes Läuten einer Glocke; worauf können Sie schließen, und wie sollten Sie sich verhalten?**	☒ Ich befinde mich in der Nähe eines Hafens, vorsichtig sein
165	**Welche Bedeutung hat ein kurzer Ton?**	☒ Richte meinen Kurs nach Steuerbord
166	**Welches Nebelsignal gibt ein Vergnügungsfahrzeug?**	☒ 1 langer Ton pro Minute
167	**Wie lautet das Signal »Meine Maschine geht rückwärts«?**	☒ 3 kurze Töne
168	**Wie lange dauert ein langer Ton?**	☒ 4 Sekunden
169	**Wie lautet das Notsignal?**	☒ Eine Folge langer Töne

Schifffahrtszeichen

170	**Welche Bedeutung hat dieses Schifffahrtszeichen?** 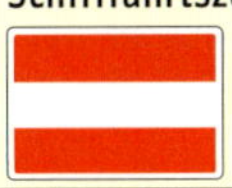	☒ Verbot der Durchfahrt oder gesperrte Wasserfläche für Fahrzeuge aller Art
171	**Welche Bedeutung hat dieses Schifffahrtszeichen?** 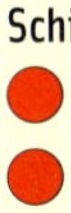	☒ Nachtbezeichnung für Verbot der Durchfahrt oder gesperrte Wasserfläche für Fahrzeuge aller Art
172	**Welche Bedeutung hat dieses Schifffahrtszeichen?** 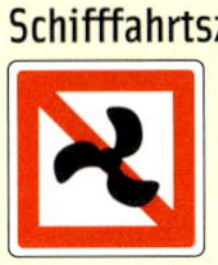	☒ Verbot der Durchfahrt oder gesperrte Wasserfläche für Fahrzeuge mit Maschinenantrieb
173	**Welche Bedeutung hat dieses Schifffahrtszeichen?** 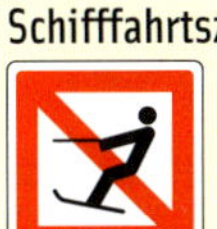	☒ Verbot des Wasserskifahrens
174	**Welche Bedeutung hat dieses Schifffahrtszeichen?** 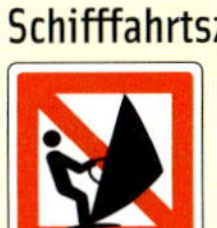	☒ Verbot des Segelsurfbrettfahrens
175	**Welche Bedeutung hat dieses Schifffahrtszeichen?** 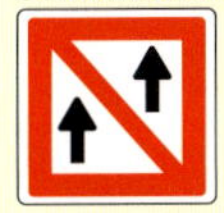	☒ Überholverbot
176	**Welche Bedeutung hat dieses Schifffahrtszeichen?** 	☒ Verbot des Begegnens und Überholverbot
177	**Welche Bedeutung hat dieses Schifffahrtszeichen?** 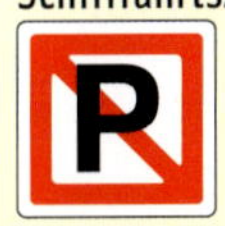	☒ Liegeverbot
178	**Welche Bedeutung hat dieses Schifffahrtszeichen?** 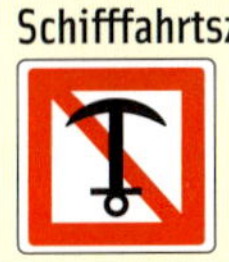	☒ Ankerverbot
179	**Welche Bedeutung hat dieses Schifffahrtszeichen?** 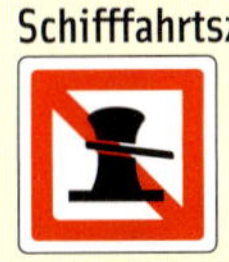	☒ Festmacheverbot
180	**Welche Bedeutung hat dieses Schifffahrtszeichen?** 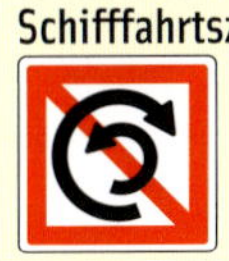	☒ Wendeverbot
181	**Welche Bedeutung hat dieses Schifffahrtszeichen?** 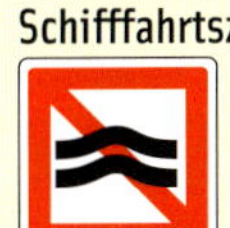	☒ Verbot, schädlichen Wellenschlag oder Sog zu erzeugen
182	**Welche Bedeutung hat dieses Schifffahrtszeichen?** 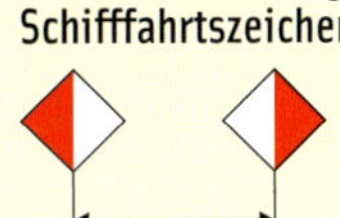	☒ Verbot, außerhalb der angezeigten Begrenzung zu fahren

183 Welche Bedeutung hat dieses Schifffahrtszeichen?

☒ Gebot, die durch den Pfeil angezeigte Richtung einzuschlagen

184 Welche Bedeutung hat dieses Schifffahrtszeichen?

☒ Gebot, unter bestimmten Umständen anzuhalten

185 Welche Bedeutung hat dieses Schifffahrtszeichen?

☒ Gebot, die in km/h angegebene Geschwindigkeit nicht zu überschreiten

186 Welche Bedeutung hat dieses Schifffahrtszeichen?

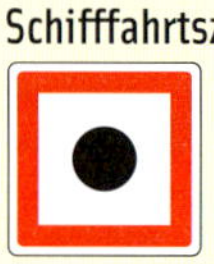

☒ Gebot, ein Schallzeichen zu geben

187 Welche Bedeutung hat dieses Schifffahrtszeichen?

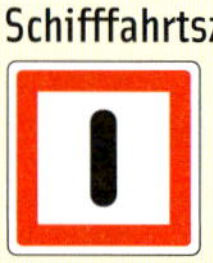

☒ Gebot, besondere Vorsicht walten zu lassen

188 Welche Bedeutung hat dieses Schifffahrtszeichen?

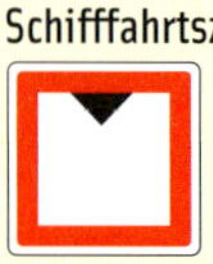

☒ Beschränkte Durchfahrtshöhe

189 Welche Bedeutung hat dieses Schifffahrtszeichen?

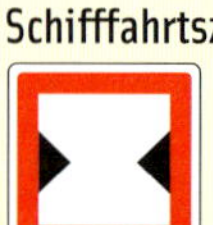

☒ Beschränkte Durchfahrtsbreite

190 Welche Bedeutung hat dieses Schifffahrtszeichen?

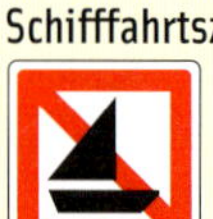

☒ Verbot des Fahrens mit Segelfahrzeugen

191 Welche Bedeutung hat dieses Schifffahrtszeichen?

☒ Verbot des Badens

192 Welche Bedeutung hat dieses Schifffahrtszeichen?

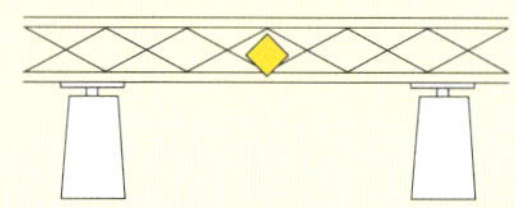

☒ Empfohlene Durchfahrtsöffnung bei Brücken für Verkehr in beiden Richtungen

193 Welche Bedeutung hat dieses Schifffahrtszeichen?

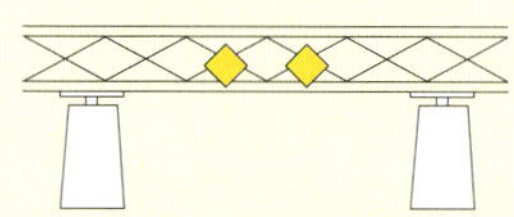

☒ Empfohlene Durchfahrtsöffnung bei Brücken für Verkehr nur in der Richtung, in der die Zeichen sichtbar sind

194 Welche Bedeutung hat dieses Schifffahrtszeichen?

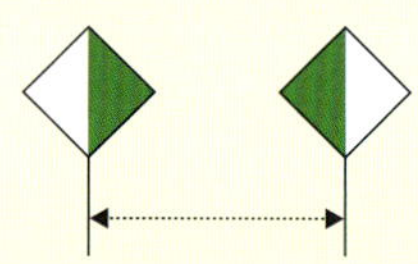

☒ Empfehlung, sich auf der mit »grün« bezeichneten Seite zu halten

195 Welche Bedeutung hat dieses Schifffahrtszeichen?

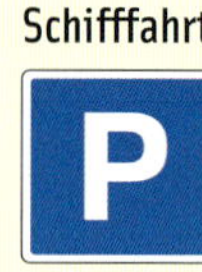

☒ Erlaubnis zum Stillliegen

196 Welche Bedeutung hat dieses Schifffahrtszeichen?

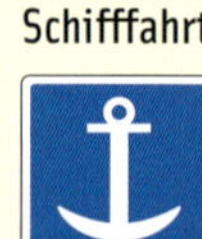

☒ Erlaubnis zum Ankern

197 Welche Bedeutung hat dieses Schifffahrtszeichen?

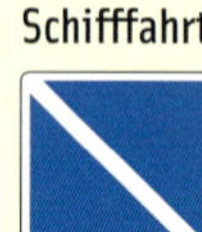

☒ Ende eines Verbots oder Gebots

198 Welche Bedeutung hat dieses Schifffahrtszeichen?

☒ Erlaubnis zum Wasserskifahren

199 Welche Bedeutung hat dieses Schifffahrtszeichen?

☒ Erlaubnis zum Segelsurfbrettfahren

200 Welche Bedeutung hat dieses Schifffahrtszeichen?

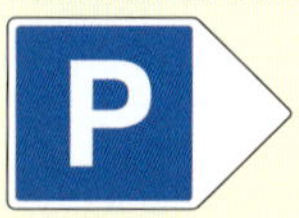

☒ Pfeil zeigt an, in welcher Richtung das Schifffahrtszeichen »Erlaubnis zum Stillliegen« gilt

201 Welche Bedeutung hat dieses Schifffahrtszeichen?

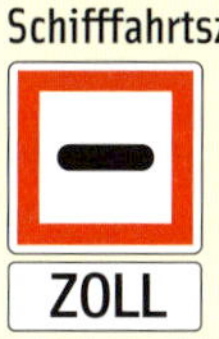

☒ Anhalten zwecks Zollabfertigung

202 Welche Bedeutung hat dieses Schifffahrtszeichen?

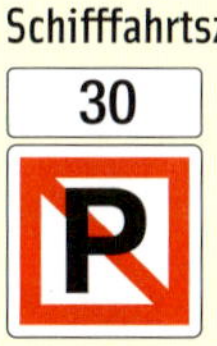

☒ Nach 30 m beginnt das Liegeverbot

203 Welche Bedeutung hat dieses Schifffahrtszeichen?

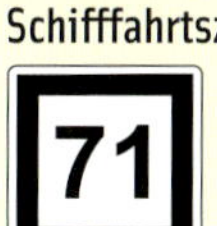

☒ Die 2-Meter-Wasserlinie

204 Sie sehen dieses Schifffahrtszeichen und haben aktuell einen Pegelstand von 2,5 m am Pegel Konstanz. Welche Mindestwassertiefe haben Sie seewärts zum Schifffahrtszeichen?

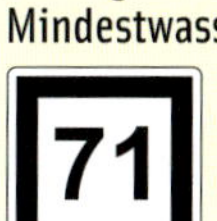

☒ 2,00 Meter

205 Worauf muss ein Schiffsführer in der Nähe dieser Schifffahrtszeichen besonders achten?

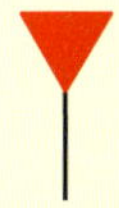

☒ Auf Untiefen und Schifffahrtshindernisse

206 Welchen Schutz genießen die Schifffahrtszeichen?

☒ Festmachen, Verändern, Beschädigen und Entfernen verboten

207 Gelten gesperrte Wasserflächen in den Naturschutzgebieten auch für Kleinfahrzeuge ohne Motor wie Kanu, Kajak und Stand-up-Paddler?

☒ Ja

208 Welche Bedeutung hat dieses Schifffahrtszeichen?

☒ Das Fahrwasser ist eingeengt, die Zahl auf dem Zeichen gibt den Abstand in Metern an, in dem sich die Fahrzeuge vom Ufer entfernt halten sollen

Umweltschutz • Seemannschaft A + D

209 Welches ist der wesentliche Unterschied zwischen einem Gleitboot und einem Verdrängerboot?

☒ Gleitboot gleitet leicht und schnell über das Wasser

210 Wie verhalten sich Gleitboote bei geringer Fahrstufe?

☒ Sie werden zum Verdränger und erzeugen starkes Gewell

211 Was müssen Sie beim Schleppen eines anderen Fahrzeuges beachten?

☒ Geschwindigkeit an das geschleppte Fahrzeug anpassen, nicht ruckartig anfahren, Schleppleine nicht vertörnen

212 Wo wird am zweckmäßigsten die Schleppleine beim Geschleppten befestigt?

☒ Am Mast oder am Mittschiffspoller

213 Wann können Sie ein Fahrzeug nicht längsseits schleppen?

☒ Bei grober See und ungleichen Fahrzeugtypen

214 Wann müssen automatische Rettungswesten gewartet werden?

☒ In der Regel nach zwei Jahren, es gelten die Herstellerangaben

215	**Auf welchen Vergnügungsfahrzeugen muss ein Rettungswurfgerät mit einer mindestens 10 m langen, schwimmfähigen Wurfleine mitgeführt werden?**	☒ Auf Vergnügungsfahrzeugen mit mehr als 30 kW Motorleistung sowie Segelbooten mit festem Ballast
216	**Müssen Stand-up-Paddler persönliche Auftriebsmittel mitführen?**	☒ Ja, wenn sie außerhalb der 300-m-Uferzone fahren
217	**Wie groß muss der Mindestauftrieb von Rettungsmitteln bei Personen von mehr als 40 kg Körpergewicht bei Booten mit Maschinenantrieb und ausreichendem Stauraum sein?**	☒ 100 Newton
218	**Wie muss eine Rettungsweste beschaffen sein bei Personen von weniger als 40 kg Körpergewicht?**	☒ Die Rettungsweste muss ohnmachtssicher, d. h. mit einem Kragen, versehen sein.
219	**Wird ein Rettungswurfgerät, z. B. ein Rettungsring, als Mindestausrüstung auf einem Wasserfahrzeug benötigt, wie groß muss der Mindestauftrieb sein?**	☒ 100 Newton
220	**Was bezeichnet man als Tauwerk?**	☒ Bezeichnung für sämtliche in der Schifffahrt verwendete Leinen
221	**Wozu wird ein Palstek verwendet?**	☒ Um ein festes Auge, das sich nicht zusammenzieht, herzustellen
222	**Wozu verwenden Sie einen Schotstek?**	☒ Zum Verbinden zweier ungleich starker Leinenenden
223	**Wozu wird der Roringstek verwendet?**	☒ Zum Festmachen an einem Ring
224	**Wozu wird der Kreuzknoten verwendet?**	☒ Zum Verbinden zweier gleichstarker Leinenenden
225	**Wozu wird der Achtknoten hauptsächlich verwendet?**	☒ Am Ende von Schoten, um das Ausrauschen an Blöcken und Ösen zu verhindern
226	**Wie lang müssen Sie die Ankerkette stecken?**	☒ Mindestens 3-fache Wassertiefe
227	**Wo dürfen Sie im Bodensee grundsätzlich nicht ankern?**	☒ Unter Brücken, vor Häfen und Landestellen
228	**Wie viel Meter Ankerkette sollten Sie beim Ankern auf 4 m Wassertiefe stecken?**	☒ 12 m
229	**Welches Tauwerk muss eine hohe Bruchlast und Elastizität aufweisen?**	☒ Ankerleinen, Festmacher und Schleppleinen
230	**Welchen Anforderungen müssen seemännische Knoten gerecht werden?**	☒ Schnell und einfach zu machen und zu lösen, zuverlässig halten
231	**Was ist beim Ausbrechen eines Feuers an Bord unbedingt zu tun?**	☒ Ruhe bewahren, Rettungsmittel anlegen, rechtzeitig Notsignale geben, versuchen das Feuer zu löschen
232	**Wie verhalten Sie sich bei Vergaserbränden?**	☒ Benzinhahn schließen, Vollgas geben, nicht unnötig Sauerstoff zuführen, Feuer bekämpfen
233	**Wo sind Feuerlöscher an Bord unterzubringen?**	☒ An gut zugänglichen Orten, an denen Feuerausbruch unwahrscheinlich ist
234	**Innerhalb welchen Zeitraumes müssen an Bord vorgeschriebene Feuerlöscher einer Wartung durch einen Fachkundigen unterzogen werden?**	☒ Alle zwei Jahre gemäß Prüfplakette
235	**Wann müssen Feuerlöscher an Bord mitgeführt werden?**	☒ Wenn eine Heiz- oder Kocheinrichtung vorhanden ist oder bei Fahrzeugen mit Innenbordmotoren über 4,4 kW Maschinenleistung oder mit Außenbordmotoren über 7,4 kW Maschinenleistung
236	**Was hat der Bootsführer vor Anlassen des Motors zu tun?**	☒ Motorenraum und Bilge auf Booten mit Benzinmotoren gut belüften, auskuppeln
237	**Was ist bei Gasanlagen an Bord zu beachten?**	☒ Dass diese fachgerecht eingebaut und alle 2 Jahre durch einen Sachkundigen geprüft werden

238	Innerhalb welchen Zeitraumes müssen Flüssiggasanlagen, wenn keine Änderungen durchgeführt wurden und die Anlage nicht außer Betrieb gesetzt war, in Wassersportfahrzeugen einer Prüfung durch einen Sachkundigen unterzogen werden?	☒ Alle zwei Jahre
239	Welche besonderen Gefahren können bei Flüssiggasanlagen auftreten?	☒ Flüssiggas ist schwerer als Luft, kann sich deshalb in der Bilge ansammeln, hohe Explosionsgefahr
240	Wo sollen Gasbehälter (Flaschen) gelagert bzw. installiert werden?	☒ In einem geschlossenen Raum mit einer Öffnung nach außenbords über der Wasserlinie
241	Wie kann die Brand- und Explosionsgefahr auf Sportbooten mit Koch- und Heizeinrichtungen vermindert werden?	☒ Sorgfältige Bedienung und ständige Wartung
242	Welche Sicherheitsmaßnahmen trifft der Bootsführer vor Hereinbrechen eines Sturmes?	☒ Luken und Öffnungen schließen, lose Gegenstände verstauen, Rettungswesten anziehen, ggf. Segel reffen
243	Wie verhalten Sie sich, wenn Sie vor Hereinbrechen des Sturmes keinen Schutzhafen mehr aufsuchen können?	☒ Windgeschütztes Ufer aufsuchen oder freien Seeraum gewinnen, nicht auf Legerwall geraten
244	Wann dürfen Sie nach Kollisionen Ihre Fahrt fortsetzen?	☒ Wenn keine Gefahr für Boot und Besatzung des anderen besteht und die Adressen ausgetauscht sind
245	Was müssen Sie bei Unglücksfällen grundsätzlich beachten?	☒ Zuerst Rettung von Personen, dann Bergung der Boote, bei Gefahr Notruf absetzen
246	Welche Sicherheitsmaßnahmen sind beim Tanken von Benzin unbedingt erforderlich?	☒ Feuer, offenes Licht und Rauchen verboten, Motor abstellen
247	Müssen Sie bei Nebel und unsichtigem Wetter die vorgeschriebenen Lichter führen?	☒ Ja, immer
248	Mit welchen motorisierten Fahrzeugen dürfen Sie näher als 300 m parallel zum Ufer fahren?	☒ Mit Fahrzeugen mit Elektromotor bis 2 kW Leistung
249	Welche Sonderregelungen gelten für elektrobetriebene Fahrzeuge?	☒ Sie dürfen näher als 300 m parallel zum Ufer fahren, wenn die Motorleistung 2 kW nicht übersteigt
250	Welche Nachrichten dürfen mit Sprechfunkanlagen, die auf Kanal 16 geschaltet sind, gesendet werden?	☒ Nur die für die Sicherheit der Schifffahrt notwendigen Nachrichten
251	Was muss eine Person beachten, wenn sie außerhalb der Uferzone ohne Begleitfahrzeug schwimmt?	☒ Sie muss einen gut sichtbaren Schwimmkörper mitführen
252	Wie verhalten Sie sich nach einer Kenterung?	☒ Gegebenenfalls Notsignale geben, beim Boot bleiben
253	Wie muss sich ein Schiffsführer verhalten, wenn sein Schiff gesunken ist?	☒ Kennzeichnung der Unfallstelle, wenn die übrige Schifffahrt gefährdet wird
254	Welche Anforderungen gelten bei der Nachuntersuchung von Booten mit Verbrennungsmotoren?	☒ Ein gültiges Wartungsprotokoll muss vorgelegt werden
255	Wie können Sie dazu beitragen, möglichst wenig Kraftstoff zu verbrauchen?	☒ Motoren richtig einstellen lassen
256	Was muss beim Herstellen einer Schleppverbindung besonders beachtet werden?	☒ Ausreichende Stärke der Schleppleine, Schleppleine nicht in die eigene Schraube bringen
257	Wie muss Abfall entsorgt werden?	☒ Im Hafen ordnungsgemäß entsorgen
258	Wie hat sich ein Schiffsführer bei einem Brand auf seinem Schiff zu verhalten?	☒ Rettung von Personen, wenn möglich Brandbekämpfung
259	Wie muss sich ein Schiffsführer verhalten, wenn sein Sportboot festgefahren ist?	☒ Das Fahrzeug entsprechend kennzeichnen

260	Wie lang muss eine Ankerleine gesteckt sein, wenn bei normalen Grund- und Wetterverhältnissen geankert wird?	☒ Mindestens 5-fache Wassertiefe
261	Welchen Abstand zu Schilfufern müssen Sie mindestens einhalten?	☒ Mindestens 25 m
262	Was hat der Schiffsführer zu beachten, wenn er sein Schiff treiben lässt?	☒ Die allgemeinen Fahrregeln und Sorgfaltspflichten, denn sein Schiff befindet sich in Fahrt
263	Wann ist die Gefahr einer Kollision gegeben?	☒ Wenn sich die Peilung zu einem anderen Fahrzeug nicht oder nur unwesentlich ändert
264	Wann ist mit einer großen Fluchtdistanz von Wasservögeln zu rechnen?	☒ Bei großen Vogelansammlungen
265	Welche Vogelgruppen sind im Winter besonders gefährdet?	☒ Überwinternde Wasservögel
266	Welche Gegenstände gehören zur vorgeschriebenen Mindestsicherheitsausrüstung?	☒ Mundsignalhorn, Notflagge, Rettungsmittel, Festmacherleinen, Lenzeinrichtung, Anker, Paddel, Notbeleuchtung, Feuerlöscher
267	Welche Anforderungen werden hinsichtlich des Gewässerschutzes an Kraftstoffbehälter auf Wasserfahrzeugen gestellt?	☒ Geeigneter Werkstoff, sichere Befestigung, die Schiffsaußenhaut darf nicht gleichzeitig eine Wand des Kraftstoffbehälters bilden
268	Welche Anforderungen müssen die Rettungsmittel für Kinder unter 12 Jahren erfüllen?	☒ Für Kinder unter 12 Jahren nur Rettungswesten mit Kragen erlaubt
269	Welche Maßnahmen muss der Bootsführer bei Nebelfahrten auf den Rheinstrecken treffen, wenn eines der beiden Ufer nicht mehr sichtbar ist?	☒ Die Fahrt einstellen
270	Was müssen Sie bei Nebel und unsichtigem Wetter tun?	☒ Die vorgeschriebenen Lichter führen, Nebelsignale geben, Geschwindigkeit der verminderten Sicht anpassen, Ausguck stellen
271	Dürfen Bestände von Wasserpflanzen wie Schilf etc. befahren werden?	☒ Nein, in keinem Fall
272	Wie darf ein Boot im Wasser gereinigt werden?	☒ Nur mit Wasser
273	Wem müssen Sie eine Gewässerverunreinigung melden?	☒ Der nächsten Polizeidienststelle
274	Wo dürfen Sie Wasserski fahren?	☒ Nur außerhalb der Uferzone oder in dafür vorgesehenen Wasserskistartgassen
275	Wer ist für Fahrzeug und Ausrüstung verantwortlich?	☒ Der Schiffsführer
276	Wie viele Personen müssen auf dem Fahrzeug sein, das einen Wasserskifahrer schleppt?	☒ Ein Schiffsführer und eine geeignete Beobachtungsperson

Navigation und Wetterkunde A + D

277	Wozu dienen am Bodensee Schifffahrtskarten?	☒ Zur Bestimmung von Standorten und Kursen
278	Wie viel Zentimeter auf der Seekarte entsprechen einem Kilometer bei einem Maßstab von 1:50.000?	☒ 2,0 cm
279	Sie entnehmen aus der Seekarte eine Distanz von 4 cm. Wie vielen Kilometern entspricht diese Strecke bei einem Maßstab von 1:50.000?	☒ 2 km
280	Was verstehen Sie unter Navigationsbesteck?	☒ Kursdreieck, Anlegedreieck und Zirkel
281	Wie lang ist eine Seemeile?	☒ 1852 m
282	Wo werden die Distanzen (Wegstrecken) in der Seekarte abgenommen?	☒ Seitlich am Kartenrand
283	Welche Informationen können Sie einer Seekarte entnehmen?	☒ Längen-, Breitengrade, Tiefenangaben, Entfernungen
284	Welche Art der Navigation wird in der Regel am Bodensee angewandt?	☒ Terrestrische Navigation

285	**Welche Hilfsmittel sind für die Navigation am Bodensee erforderlich?**	☒ Kompass, Seekarte, Stoppuhr, Steuertafel, Logbuch, Handpeilkompass
286	**Nennen Sie die am Bodensee gebräuchlichste Kompassart.**	☒ Magnetkompass
287	**In wie viel Grad wird eine Kompassrose unterteilt?**	☒ 360 Grad
288	**Welche Richtung zeigt die Nadel eines Magnetkompasses an?**	☒ Magnetisch Nord
289	**Wodurch wird die Magnetkompassnadel abgelenkt?**	☒ Schiffsmagnetismus und Erdmagnetismus
290	**Bei welcher Gradzahl liegt Westen?**	☒ 270 Grad
291	**Bei welcher Gradzahl liegt Osten?**	☒ 90 Grad
292	**Bei welcher Gradzahl liegt Norden?**	☒ 0 Grad / 360 Grad
293	**Bei welcher Gradzahl liegt Süden?**	☒ 180 Grad
294	**Nennen Sie die gebräuchlichste Standortbestimmung!**	☒ Kreuzpeilung
295	**Welche Peilpunkte verwenden Sie bei Ihrer Peilung?**	☒ Objekte, die auch in der Seekarte eingetragen sind
296	**Was verstehen Sie unter Ortsmissweisung (Deklination)?**	☒ Abweichung der Kompassnadel von geographisch Nord durch den Erdmagnetismus am jeweiligen Ort
297	**Was verstehen Sie unter Ablenkung?**	☒ Ablenkung der Kompassnadel durch Schiffsmagnetismus
298	**Was ist eine Deviationstabelle?**	☒ Tabellarische Auflistung der Ablenkung der Kompassnadel von der Nordrichtung durch Einfluss des Schiffsmagnetismus von 10 zu 10 Grad
299	**Welches sind die vorherrschenden Winde am Bodensee?**	☒ Westliche Winde
300	**Wann treten insbesondere Landwinde auf?**	☒ Nachts
301	**Woran können Sie das Nahen eines Gewitters erkennen?**	☒ An fallendem Luftdruck und Wolkenbildung
302	**Woran erkennen Sie eine Föhnlage?**	☒ Strahlender Sonnenschein, klare Sicht auf die Alpenkette, Föhnwolken
303	**In welchem Seeteil weht der Föhn besonders häufig?**	☒ Im südöstlichen Teil des Obersees
304	**Weshalb können Föhnwinde für die Sportschifffahrt besonders gefährlich werden?**	☒ Durch plötzlich und unregelmäßig auftretende heftige Böen
305	**Was schließen Sie aus jäh fallendem Luftdruck und starker Wolkenbildung?**	☒ Wetterverschlechterung, Sturm oder Gewitter
306	**Wann treten insbesondere Seewinde auf?**	☒ Tagsüber
307	**In welcher Zeit wird der Sturmwarndienst durchgeführt?**	☒ Ganzjährig
308	**Wie erfolgt die Warnung vor aufkommenden Stürmen?**	☒ Durch Sturmwarnleuchten an markanten Uferstellen
309	**Welche Farbe haben die Sturmwarnleuchten?**	☒ Orangefarbene Blinklichter
310	**Welche Bedeutung hat das Aufblinken von orangefarbenen Blinklichtern mit 40 Blitzen pro Minute?**	☒ Starkwindwarnung
311	**Wie werden am Bodensee die Starkwindwarnung und die Sturmwarnung signalisiert?**	☒ Starkwindwarnung = 40 Blitze pro Minute, Sturmwarnung = 90 Blitze pro Minute
312	**Welche Windgeschwindigkeiten haben Sie bei der Auslösung der Starkwindwarnung (40 Blitze/Minute) zu erwarten?**	☒ 25 bis 33 Knoten, entsprechend 6 Beaufort und mehr
313	**Welche Windgeschwindigkeiten haben Sie bei der Auslösung der Sturmwarnung (90 Blitze/Minute) zu erwarten?**	☒ 34 Knoten und mehr, entsprechend mehr als 8 Beaufort
314	**Wie hat sich ein Schiffsführer bei Sturmwarnung zu verhalten?**	☒ Schiff sturmfest machen, Rettungsmittel anlegen, notfalls Hafen aufsuchen
315	**Wo verläuft die Trennlinie zwischen den Warngebieten West und Mitte?**	☒ Meersburg - Konstanz

316	Wo verläuft die Trennlinie zwischen den Warngebieten Mitte und Ost?	☒ Langenargen - Arbon
317	Nennen Sie die Anzahl der Blitze pro Minute bei einer Starkwindwarnung!	☒ 40 Blitze
318	Nennen Sie die Anzahl der Blitze pro Minute bei einer Sturmwarnung!	☒ 90 Blitze
319	Wo verlaufen die Trennlinien zwischen den Warngebieten?	☒ Linien Konstanz - Meersburg und Arbon - Langenargen
320	Sie beobachten eine heranziehende Gewitterfront, können jedoch keine Warnung durch Sturmwarnleuchten ausmachen. Wie verhalten Sie sich?	☒ Ich mache mein Schiff sturmfest, ziehe Rettungsmittel an und laufe ggf. den nächsten Hafen an
321	Worauf weist die Starkwindwarnung hin und was haben Sie als Schiffsführer zu beachten?	☒ Orientierung über das wahrscheinliche Aufkommen eines Starkwindes, Wetterentwicklung beobachten
322	Was verstehen Sie unter einer Seenotlage?	☒ Schiff und Besatzung befinden sich in drohender oder akuter Gefahr, die nicht selber abgewendet werden kann
323	Wann dürfen Sie die Seenotsignalmittel einsetzen?	☒ Wenn sich Schiff und Besatzung in einer Seenotlage befinden
324	Welche Seenotsignalmittel unterliegen einer Beschränkung beim Erwerb?	☒ Signalpistolen, Raketen
325	Was sollen Sie als Schiffsführer unternehmen, wenn Sie durch schlechtes Wetter oder andere Umstände längere Zeit an einem fremden Ort aufgehalten und möglicherweise vermisst werden können?	☒ Angehörige, Hafenmeister oder Polizei verständigen
326	Was tun Sie, wenn ein Mitglied Ihrer Crew über Bord geht?	☒ Ruf »Mensch über Bord«, Rettungsmittel zuwerfen und versuchen, Person an Bord zu nehmen

Ausweich- und Fahrregeln A + D

327	Wer darf zuerst in den Hafen einfahren (weiß oder schwarz)? 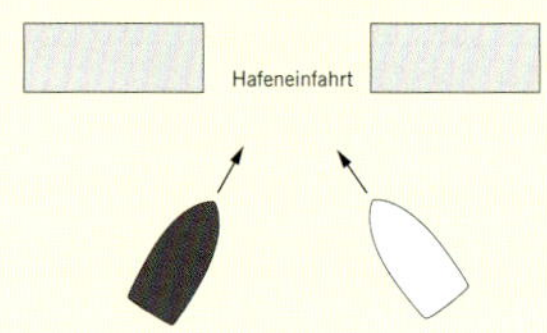	☒ Weiß, weil von Steuerbord kommend
328	Wer muss ausweichen (weiß oder schwarz)? 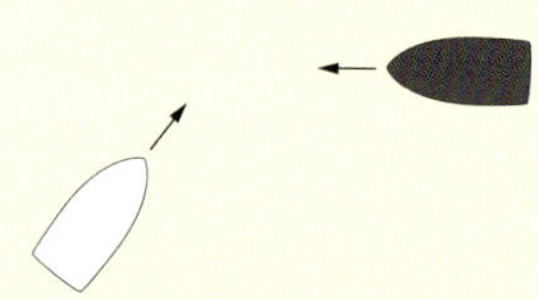	☒ Weiß
329	Wie wird nach der Regel ausgewichen?	☒ Nach Steuerbord
330	Was ist zu beachten, wenn entgegen der Regel ausgewichen werden soll?	☒ Rechtzeitig 2 kurze Töne geben
331	Wer muss ausweichen? 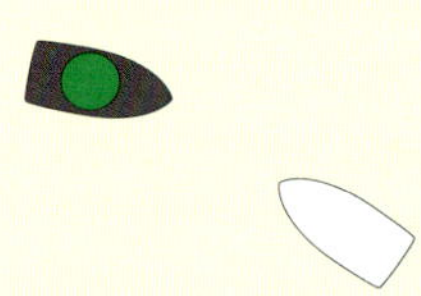	☒ Weißes Motorboot
332	Wer muss ausweichen? 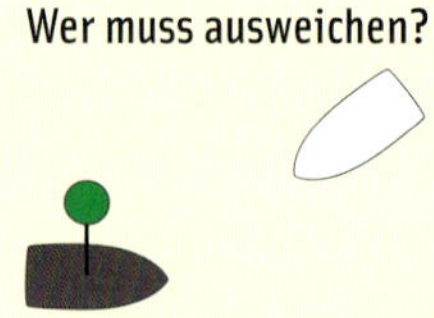	☒ Motorboot
333	Wie hat sich das Motorboot gegenüber dem Boot, das das blaue Blinklicht zeigt, zu verhalten? 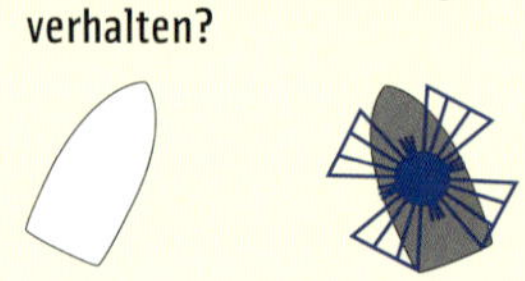	☒ Vorfahrt gewähren, notfalls anhalten

334	**Wer muss ausweichen?** 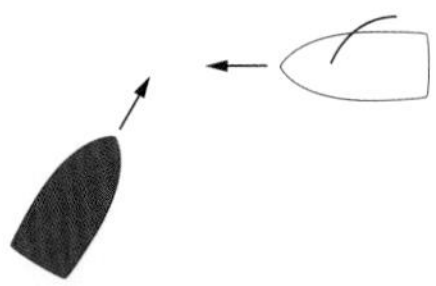	☒ Motorboot
335	**Wie wird überholt und was muss der Überholte beachten?** 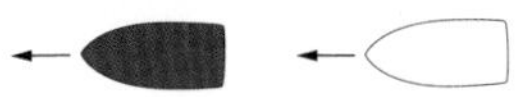	☒ An beiden Seiten mit Abstand möglich, der zu Überholende muss Kurs und Geschwindigkeit beibehalten
336	**Wie hat sich ein Motorboot gegenüber dem Fischerboot, das einen weißen Ball gesetzt hat, zu verhalten?** 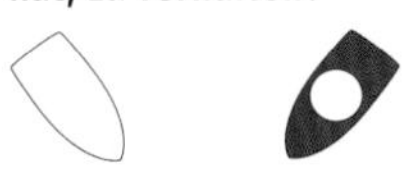	☒ Ausweichen, achtern Mindestabstand 200 m
337	**Welchen Sicherheitsabstand haben Sportfahrzeuge (Vergnügungsfahrzeuge) gegenüber Fahrzeugen, die einen weißen Ball führen, einzuhalten?** 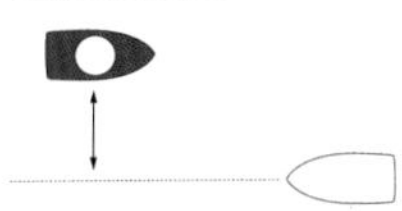	☒ Grundsätzlich 50 m, achtern 200 m Mindestabstand
338	**Wie hat sich ein Motorboot gegenüber einem Fischerboot zu verhalten, das eine weiße Flagge gesetzt hat?** 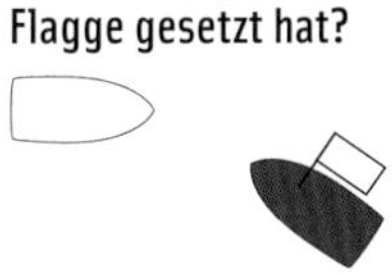	☒ Nach den allgemeinen Fahrregeln, Abstand halten, da achtern Schleppangeln
339	**Wie hat sich ein Motorboot gegenüber einem Ruderboot zu verhalten?** 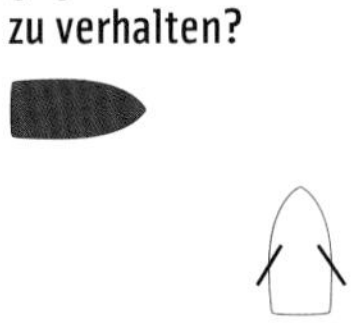	☒ Dem Ruderboot ausweichen
340	**Welche Einschränkungen sind beim Wasserskifahren zu beachten?**	☒ Zur Nachtzeit und bei unsichtigem Wetter verboten
341	**Welchen Sicherheitsabstand haben Motorboote gegenüber Schleppverbänden einzuhalten?**	☒ Mindestabstand 50 Meter
342	**Wie hat sich ein Motorboot gegenüber einem Schleppverband zu verhalten?**	☒ Ausweichen, Vorfahrt gewähren
343	**Welche Fahrzeuge müssen Vorrangfahrzeugen und Schleppverbänden ausweichen?**	☒ Alle anderen Fahrzeuge
344	**Besteht eine Ausweichpflicht von Stand-up-Paddlern gegenüber Vorrangfahrzeugen, Schleppverbänden, Fahrzeugen von Berufsfischern, welche den weißen Ball führen und Segelfahrzeugen?**	☒ Ja
345	**Wenn Vergnügungsfahrzeuge sich gegenseitig Schleppen, gilt dies als Schleppverband im Sinne der Bodensee-Schifffahrts-Ordnung?**	☒ Nein
346	**Wie haben Sie sich mit Ihrem Motorboot beim Wasserskifahren gegenüber Badenden zu verhalten?**	☒ Mindestabstand 50 Meter
347	**Welche Regeln sind beim Ein- und Ausfahren in und aus Häfen zu beachten?**	☒ Ausfahrt vor Einfahrt bei gleichrangigen Fahrzeugen
348	**Wer ist gegenüber Ruderbooten ausweichpflichtig?**	☒ Vergnügungsfahrzeuge mit Maschinenantrieb
349	**Wie sieht die Befeuerung der öffentlichen Häfen von See kommend bei Nacht aus?**	☒ Backbord rotes Licht, Steuerbord grünes Licht, evtl. gelbes Ansteuerlicht
350	**Wo befindet sich der amtliche Pegel am Bodensee?**	☒ Im Hafen Konstanz
351	**Auf welchen Pegelstand beziehen sich die Tiefenangaben in der Bodenseeschifffahrtskarte?**	☒ 2,50 Meter am Pegel Konstanz

352	**Geben Sie die Wassertiefe bei 3,50 Meter Wasserstand (Pegel) und einer Kartentiefe von 5 Metern an.**	☒ 6,00 Meter
353	**Welche Durchfahrtshöhen haben die Brückenbögen der alten Rheinbrücke bei Konstanz bei einem Pegel von 2,50 Meter?**	☒ 5,75 Meter; 6,15 Meter; 6,33 Meter
354	**Wie viel lichte Durchfahrtshöhe haben Sie bei einem Pegel von 3,80 Meter bei der mittleren Brückendurchfahrt der alten Rheinbrücke Konstanz?**	☒ 4,85 Meter Rechenweg: 3,80 - 2,50 = 1,30 6,15 - 1,30 = 4,85
355	**Nennen Sie die Untiefe bei Wallhausen (Seezeichen 22)!**	☒ Teufelstisch
356	**Nennen Sie die Untiefen zwischen Wasserburg und Lindau.**	☒ Oberer und Unterer Berg, Schachener Berg, Allwinder Berg
357	**Kann eine Motoryacht (Höhe über Wasserlinie 3,15 Meter) durch den mittleren Brückenbogen der alten Rheinbrücke (Straßen- und Eisenbahnbrücke) bei Konstanz fahren? - Pegelstand: 4,50 Meter -**	☒ Ja
358	**Wie sind bei Nacht und unsichtigem Wetter die Landestellen gekennzeichnet?**	☒ Rotes Licht, darunter grünes Licht, Ansteuerlicht gelb möglich
359	**Die Wassertiefe am Ankerplatz beträgt laut Seekarte 2 m. Ihr Fahrzeug hat einen Tiefgang von 1,50 m. Wie viel Wasser haben Sie bei einem Pegelstand von 3 m unter dem Kiel?**	☒ 1,00 Meter Rechenweg: 2,00 + 0,50 = 2,50 2,50 - 1,50 = 1,00
360	**Welchen Schutz genießen die Schifffahrtszeichen?**	☒ Festmachen, Verändern, Beschädigen und Entfernen verboten
361	**Wie verläuft die Nummerierung der Seezeichen in den Uferbereichen Deutschland und Österreich am Obersee?**	☒ Deutschland–Österreich: 1 bis 99, beginnend in Konstanz
362	**Wie verläuft die Nummerierung der Seezeichen in den Uferbereichen der Schweiz?**	☒ 1 bis 40 von Rheinmündung bis Kreuzlingen

Rheinstrecken (Alter Rhein / Seerhein) A + D

363	**Welche Fahrregeln sind bei der Durchfahrt von Wasserfahrzeugen unter Brücken zu beachten, wenn nicht genügend Raum zum Begegnen vorhanden ist?**	☒ Talfahrer hat Wegerecht
364	**Wie hoch ist die Höchstgeschwindigkeit für Fahrgastschiffe auf dem Alten Rhein?**	☒ 10 km/h
365	**Wie haben sich Motorboote und Segelboote auf den Rheinstrecken beim Begegnen und Überholen grundsätzlich zu verhalten?**	☒ Segelboote haben keinen besonderen Vorrang
366	**Nachts treffen Sie auf der Fahrt von Konstanz nach Ermatingen ein Hindernis an, das auf der einen Seite mit einem roten und auf der anderen Seite mit einem roten über einem weißen Licht gekennzeichnet ist. An welcher Seite können Sie passieren?**	☒ Die gefahrlose Vorbeifahrt ist nur auf der mit rot/weiß gekennzeichneten Seite möglich
367	**Wie haben sich Vergnügungsfahrzeuge und Segelfahrzeuge beim Begegnen auf den Rheinstrecken zu verhalten, wenn genügend Raum vorhanden ist?**	☒ In der Regel nach Steuerbord ausweichen
368	**Welchen Mindestabstand haben Vergnügungsfahrzeuge beim Queren der Rheinstrecken vor dem Bug eines zu Tal bzw. zu Berg fahrenden Fahrgastschiffes mit Vorrang einzuhalten?**	☒ Zu Tal 200 m / zu Berg 100 m Abstand

369	**Wie haben sich Vergnügungsfahrzeuge mit Maschinenantrieb gegenüber einem Ruderboot zu verhalten, das die Rheinstrecke quert?**	☒ Ruderboot ist vorfahrtsberechtigt
370	**Im Sommerweg des Schwanenhalses sehen Sie während der Talfahrt bei Nacht voraus ein rotes Licht in Sicht kommen; rechts daneben in gleicher Höhe sehen Sie ein weiteres rotes Licht, unter diesem ein weißes Licht. Welche Situation ist gegeben?**	☒ Schwimmendes Gerät, Fahrzeug bei der Arbeit oder gesunkenes Fahrzeug vor mir, an der rot/weißen Seite vorbeifahren
371	**Mit welcher Höchstgeschwindigkeit dürfen Sie auf dem Alten Rhein und dem Seerhein mit Ihrem Vergnügungsfahrzeug fahren?**	☒ Max. 10 km/h
372	**Wie hoch sind die Brückendurchfahrten der Konstanzer alten Rheinbrücke? (Pegelstand 2,50 m)**	☒ Links 5,75 m, Mitte 6,15 m, rechts 6,33 m
373	**Was hat ein querendes Vergnügungsfahrzeug auf den Rheinstrecken bei gleichrangigen Fahrzeugen zu beachten?**	☒ Das querende Vergnügungsfahrzeug ist gegenüber dem Berg- und Talfahrer ausweich- oder wartepflichtig
374	**Was haben querende Vergnügungsfahrzeuge gegenüber Fahrgastschiffen mit Vorrang auf den Rheinstrecken zu beachten?**	☒ Beim Queren halten Vergnügungsfahrzeuge zum Bug des Talfahrers mindestens 200 m und zum Bug des Bergfahrers 100 m Abstand
375	**Wie haben sich Vergnügungsfahrzeuge, auch Segelfahrzeuge, gegenüber einem querenden Ruderboot auf den Rheinstrecken zu verhalten?**	☒ Sie sind ausweich- oder wartepflichtig
376	**Wie viel Brücken überspannen den Seerhein?**	☒ 3 Brücken
377	**Wo ist das Ankern auf den Rheinstrecken grundsätzlich verboten?**	☒ Im Bereich von Brücken, öffentlichen Landestellen sowie in Fahrrinnen und Fahrwasserengen
378	**Welche Schifffahrtszeichen kennzeichnen im Seerhein das Fahrwasser?**	☒ 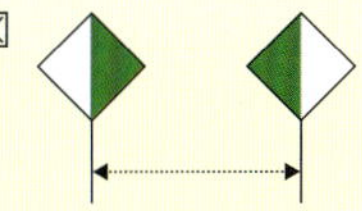
379	**Sie fahren von Ermatingen kommend Richtung Konstanz auf die neue Rheinbrücke für Radfahrer zu. Wie ist die empfohlene Brückendurchfahrt gekennzeichnet?**	☒ Mit einem gelben Schifffahrtszeichen
380	**Wie ist die Geschwindigkeit auf den Rheinstrecken zu messen?**	☒ Jeweils zum Ufer (Fahrt über Grund)
381	**Dürfen Sie auf dem Rhein einem entgegenkommenden Schiff nach Backbord ausweichen, wenn dies nach Steuerbord nicht möglich ist?**	☒ Ja, nach rechtzeitiger Abgabe der vorgeschriebenen Schallzeichen
382	**Sie begegnen mit Ihrem Vergnügungsfahrzeug bei der Talfahrt einem den Rhein querenden Ruderboot. Wer muss ausweichen?**	☒ Ich mit meinem Vergnügungsfahrzeug
383	**Bei einer Engstelle auf den Rheinstrecken ist das gefahrlose Begegnen mit einem anderen gleichrangigen Schiff nicht möglich. Wer hat sich wie zu verhalten?**	☒ Talfahrer hat Wegerecht, Bergfahrer wartet
384	**Muss sich der Führer eines Vergnügungsfahrzeuges zwingend an die grün gekennzeichnete Fahrwasserseite halten?**	☒ Nein, das Fahrwasserzeichen hat empfehlenden Charakter
385	**Sie befinden sich im Konstanzer Trichter und wollen die Alte Rheinbrücke im mittleren Bogen durchfahren. Heutiger Pegelstand 3,50 m. Schiffshöhe ab Wasserlinie 3 m. Errechnen Sie den Abstand zwischen Oberkante Wasserfahrzeug und Brückenbogen.**	☒ 2,15 m Rechenweg: 6,15 −1,00 5,15 −3,00 2,15

386	**Sie wollen mit Ihrem Vergnügungsfahrzeug bei Nacht den Rhein queren. Es nähert sich ein Wasserfahrzeug von Backbord, welches zu seiner üblichen Lichterführung ein grünes helles Rundumlicht zeigt. Wer ist ausweichpflichtig?**	☒ Ich mit meinem Vergnügungsfahrzeug
387	**Wer hat beim Zusammentreffen im Bereich von Brücken immer das Wegerecht?**	☒ Bei gleichrangigen Fahrzeugen der Talfahrer
388	**Auf der Rheinstrecke zwischen Gottlieben und Ermatingen sehen Sie ein festgekommenes Schiff. Das Fahrzeug hat an seiner Backbordseite eine rot/weiße Flagge gesetzt; die Steuerbordseite ist mit einer roten Flagge gekennzeichnet. An welcher Seite ist das Passieren möglich?**	☒ An Backbord
389	**Errechnen Sie den Abstand zwischen Oberkante Wasserfahrzeug und Brückenbogen bei der linken Brückendurchfahrt der alten Rheinbrücke Konstanz. Der Pegel liegt bei 3,40 m; die Höhe des Wasserfahrzeuges ab der Wasserlinie beträgt 3,00 m.**	☒ 1,85 m Rechenweg: 5,75 / −3,00 / 2,75 / −0,90 / 1,85
390	**Errechnen Sie die lichte Durchfahrtshöhe bei einem Pegel von 4,10 m bei der rechten Brückendurchfahrt zur alten Rheinbrücke Konstanz.**	☒ 4,73 m Rechenweg: 4,10 − 2,50 = 1,60; 6,33 − 1,60 = 4,73
391	**Errechnen Sie den Abstand zwischen Oberkante Wasserfahrzeug und Brückenbogen bei der mittleren Brückendurchfahrt der alten Rheinbrücke Konstanz. Der Pegel liegt bei 3,10 m; die Höhe des Wasserfahrzeuges ab der Wasserlinie beträgt 3,74 m.**	☒ 1,81 m Rechenweg: 6,15 / −0,60 / 5,55 / −3,74 / 1,81
392	**Errechnen Sie die lichte Durchfahrtshöhe bei einem Pegelstand von 3,23 m vor der mittleren Brückendurchfahrt zur alten Rheinbrücke Konstanz.**	☒ 5,42 m Rechenweg: 3,23 − 2,50 = 0,73; 6,15 − 0,73 = 5,42
393	**Errechnen Sie die lichte Durchfahrtshöhe bei einem Pegelstand von 4,42 m vor der rechten Brückendurchfahrt zur alten Rheinbrücke Konstanz.**	☒ 4,41 m Rechenweg: 4,42 − 2,50 = 1,92; 6,33 − 1,92 = 4,41
394	**Errechnen Sie die lichte Durchfahrtshöhe bei einem Pegelstand von 2,45 m vor der linken Brückendurchfahrt zur alten Rheinbrücke Konstanz.**	☒ 5,80 m Rechenweg: 2,50 − 2,45 = 0,05; 5,75 + 0,05 = 5,80

Segeln allgemein D

395	**Erklären Sie die wesentlichen Merkmale (hinsichtlich Bauart) der Kielyachten.**	☒ Segelfahrzeuge mit Ballastkiel (gewichtsstabil)
396	**Erklären Sie die wesentlichen Merkmale (hinsichtlich Bauart) der Jollen.**	☒ Kleinere offene Segelboote mit Schwert (formstabil)
397	**Nennen Sie die Arten der Stabilität bei Jollen.**	☒ Formstabil
398	**Nennen Sie die Arten der Stabilität bei Kielbooten.**	☒ Gewichtsstabil
399	**Was verstehen Sie unter dem »Rigg«?**	☒ Die gesamte Takelage eines Schiffes
400	**Was ist der Unterschied zwischen Slup- und Cattakelung?**	☒ Slup = ein Mast mit Groß- und Vorsegel Cat = nur ein Segel
401	**Was verstehen Sie unter »Backstagen« oder »Preventer«?**	☒ Lösbare seitliche Abstützung des Mastes nach achtern
402	**Welche Funktion hat die Saling?**	☒ Versteifung des Mastes durch Abspreizen der Wanten
403	**Welche Teile eines Segelbootes gehören zur Takelage?**	☒ Mast, feste und bewegliche Spieren, stehendes und laufendes Gut

404	**Was verstehen Sie unter »festen Spieren«?**	☒ Z. B. Saling und Klüverbaum
405	**Was verstehen Sie unter »beweglichen Spieren«?**	☒ Z. B. Großbaum, Fockbaum, Gaffel, Spinnakerbaum
406	**Was zählt zum stehenden Gut?**	☒ Wanten, Stagen
407	**Was zählt zum laufenden Gut?**	☒ Alles Tauwerk, das durch Rollen, Ösen oder Blöcke läuft
408	**Womit wird der Mast nach vorn und achtern abgestützt?**	☒ Vorstag, Achterstag, Backstagen
409	**Wozu dient das laufende Gut?**	☒ Zum Bedienen und Führen der Segel, des Ruders und des Schwerts
410	**Wie erfolgt die seitliche Verstagung des Mastes?**	☒ Durch Wanten wie Oberwant, Unterwant
411	**Wie heißen die drei Ecken eines Segels?**	☒ Schothorn, Kopf, Hals
412	**Wo befinden sich die drei Ecken eines Segels?**	☒ Kopf oben, Hals vorne unten, Schothorn hinten
413	**Wie heißen die drei Kanten eines Segels?**	☒ Vorliek, Unterliek, Achterliek
414	**Wo befinden sich die drei Kanten des Segels?**	☒ Vorliek = vorne, Achterliek = hinten, Unterliek = unten
415	**Wo befindet sich das Schothorn am Vorsegel?**	☒ Achtern, zwischen Achterliek und Unterliek
416	**Wo befindet sich der Hals am Großsegel?**	☒ Zwischen Vorliek und Unterliek
417	**Welche Vorsegel finden auf Segelbooten Verwendung?**	☒ Normalfock, Genua, Sturmfock, Spinnaker, Gennaker
418	**Wozu dienen Spreizlatten?**	☒ Zur Versteifung der Segel
419	**Wie nennt man das Verkleinern der Segelfläche?**	☒ Reffen
420	**Was verstehen Sie unter abtakeln?**	☒ Stehendes und laufendes Gut sowie Mast abbauen
421	**Wie heißen die Sturmsegel?**	☒ Sturmfock, Trysegel
422	**Mit welchem Wind segelt ein Boot?**	☒ Mit dem scheinbaren Wind
423	**Was bedeutet der Begriff »Killen«?**	☒ Flattern der Segel
424	**Beschreiben Sie ein Ankermanöver unter Segel in seinem Ablauf?**	☒ Fock einholen, Aufschießer fahren, Anker fallen lassen, achteraus treiben lassen bis Anker hält, notfalls Groß backhalten
425	**Welche Fahrzeuge sind gegenüber Segelfahrzeugen ausweichpflichtig?**	☒ Vergnügungsfahrzeuge mit Maschinenantrieb, Ruderboote, Segelsurfbretter und Drachensegelbretter
426	**Was ist beim Bruch eines Luvwants zu tun?**	☒ Sofort auf den anderen Bug gehen, nach Möglichkeit reparieren
427	**Was verstehen Sie unter »Luv«?**	☒ Dem Wind zugewandte Seite
428	**Was verstehen Sie unter »Lee«?**	☒ Dem Wind abgewandte Seite
429	**Was verstehen Sie unter »luvgierig«?**	☒ Schiff hat das Bestreben, ohne Ruderlage mit dem Bug in den Wind zu drehen
430	**Was verstehen Sie unter »leegierig«?**	☒ Schiff hat das Bestreben, ohne Ruderlage mit dem Bug aus dem Wind zu gehen
431	**Woraus ergibt sich der »scheinbare Wind«?**	☒ Resultierende aus Fahrtwind und wahrem Wind
432	**Wozu dienen die Schoten?**	☒ Zum Führen und Bedienen der Segel
433	**Was sind Lieken?**	☒ Kanten der Segel
434	**Wann wird in der Regel gerefft?**	☒ Bei Sturmanzeichen, Gewitter oder Sturmwarnung
435	**Nennen Sie verschiedene Spantenformen!**	☒ Rundspant, Knickspant, S-Spant
436	**Was verstehen Sie unter dem Begriff »Trysegel«?**	☒ Sturmgroßsegel
437	**Was verstehen Sie unter »anluven«?**	☒ Bug zum Wind drehen
438	**Was verstehen Sie unter »abfallen«?**	☒ Bug vom Wind wegdrehen
439	**Was verstehen Sie unter »schiften«?**	☒ Unter Beibehaltung des Vorwindkurses Segel auf die andere Seite nehmen
440	**Was verstehen Sie unter einer »Wende«?**	☒ Kursänderung mit dem Bug durch den Wind

441 Was verstehen Sie unter einer »Halse«?
☒ Kursänderung mit dem Heck durch den Wind

442 Erklären Sie einen »Aufschießer«!
☒ Boot in den Wind stellen, Schoten los

443 Was ist ein Spinnaker, wo wird er verwendet?
☒ Großes Vorsegel auf Raum- und Vorwindkursen

444 Welchen Windkurs müssen Sie segeln, um »schiften« zu können?
☒ Vor dem Wind

Segeln • Fahrregeln D

445 Wer muss ausweichen (schwarz oder weiß) und wie lautet die Begründung?
☒ Schwarz, weil Lee vor Luv

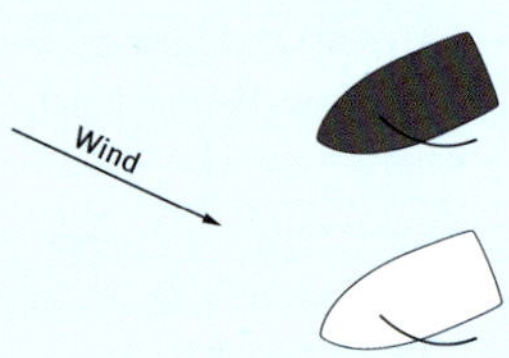

446 Wer muss ausweichen (schwarz oder weiß) und wie lautet die Begründung?
☒ Weiß, weil Wind von Backbord

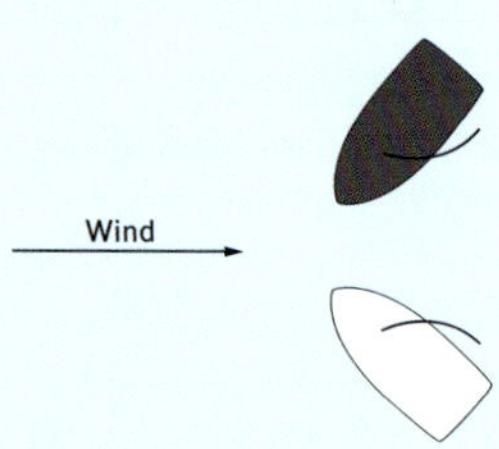

447 Wer muss ausweichen (schwarz oder weiß) und wie lautet die Begründung?
☒ Weiß, weil Wind von Backbord

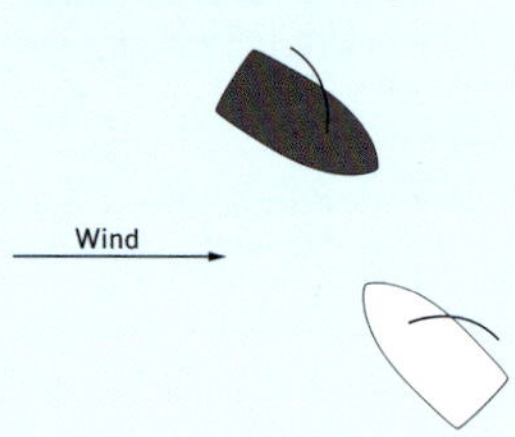

448 Wer muss ausweichen (schwarz oder weiß) und wie lautet die Begründung?
☒ Weiß, weil Wind von Backbord

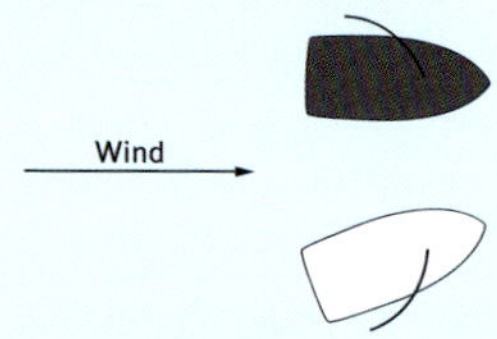

449 In welcher Reihenfolge darf gefahren werden?
☒ 1, 2, 3

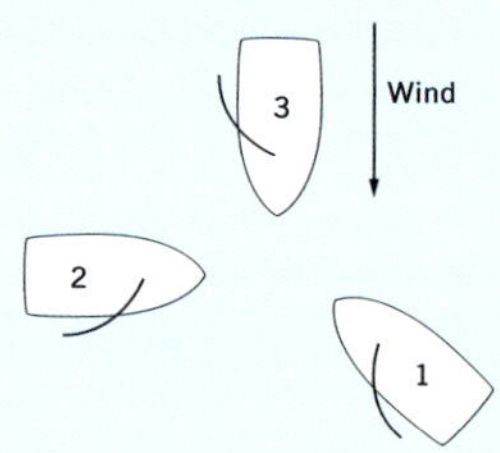

450 Wie ist die Folge des Wegerechts?
☒ 2,1,3

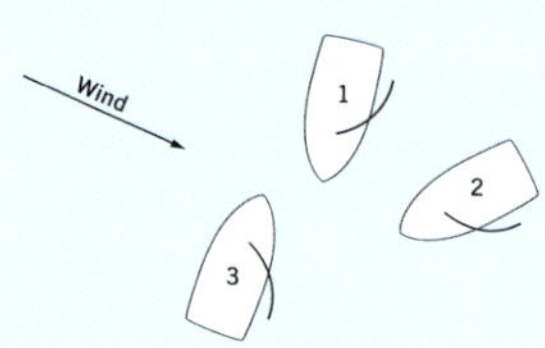

451 Wer muss ausweichen?
☒ Segelboot, da anderes Fahrzeug ein Vorrangschiff bei Nacht ist

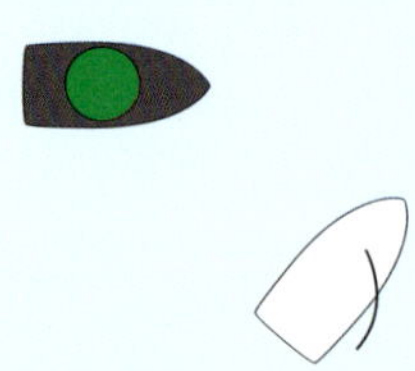

452 Wer muss ausweichen (schwarz oder weiß)?
☒ Segelboot, da anderes Fahrzeug ein Vorrangschiff bei Tag ist

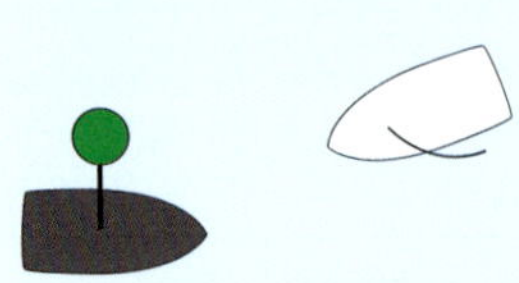

453 **Wie hat sich das Segelboot gegenüber dem Polizeiboot, das das blaue Blinklicht zeigt, zu verhalten?**

☒ Segelboot muss Vorrecht gewähren, notfalls anhalten

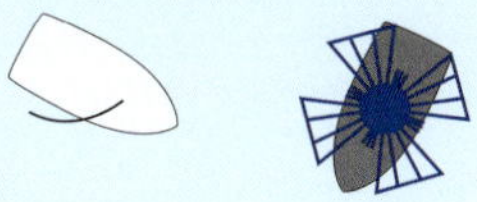

454 **Wie hat sich ein Segelboot gegenüber dem Fischerboot, das einen weißen Ball gesetzt hat, zu verhalten und was ist zu beachten?**

☒ Segelboot muss ausweichen, Mindestabstand 50 m, achtern 200 m

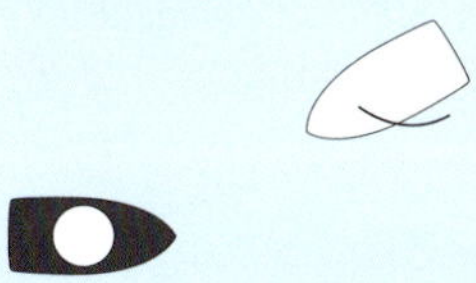

455 **Wie hat sich ein Segelboot gegenüber einem Fischerboot, das eine weiße Flagge gesetzt hat, zu verhalten?**

☒ Segelboot muss nicht ausweichen, sollte aber die Schleppangel beachten

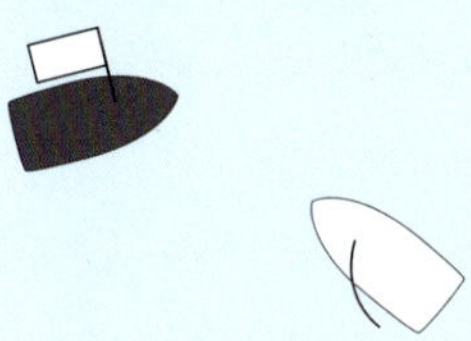

456 **Wie hat sich ein Segelboot gegenüber einem Ruderboot zu verhalten?**

☒ Segelboot hat Wegerecht

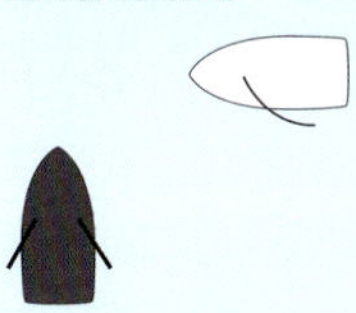

Motorboot • Fahrregeln A

457 **Welches Boot hat Wegerecht?**

☒ Keines, beide weichen nach Steuerbord aus

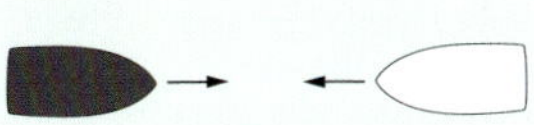

458 **Welches Boot hat Wegerecht?**

☒ Schwarz, da Steuerbord vor Backbord

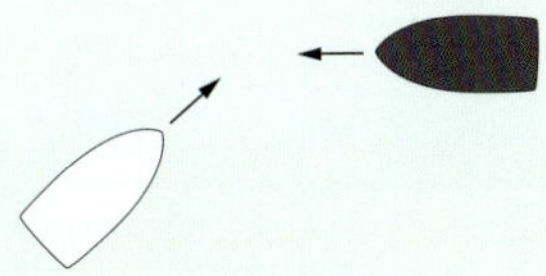

459 **Wann darf überholt werden?**

☒ Wenn ohne Gefahr möglich und die Fahrwasserverhältnisse dies zulassen

460 **Wer hat Wegerecht?**

☒ Segelboot

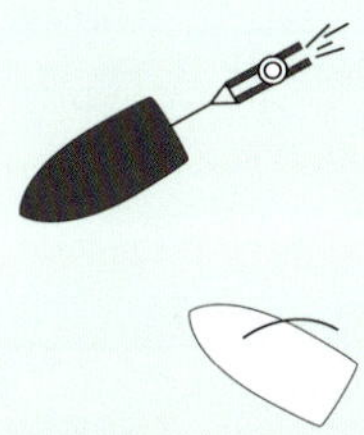

461 **Wer hat Wegerecht?**

☒ Schleppverband

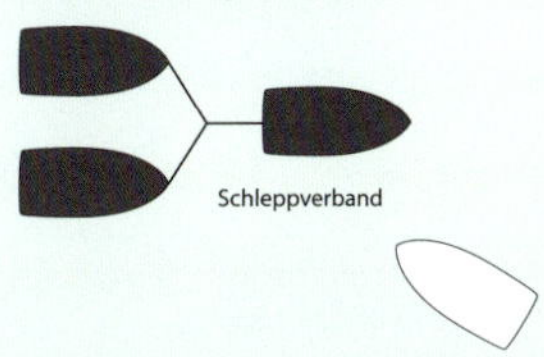

462 **Was ist beim Überholen eines Schleppverbandes zu beachten?**

☒ Ausreichender Sicherheitsabstand, ohne Sog und Wellenschlag

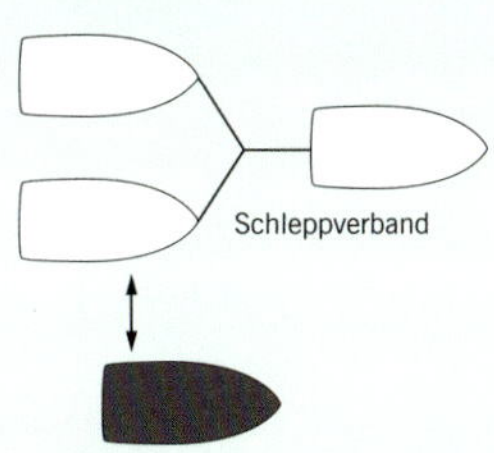

463 **Wer hat Wegerecht?**

☒ Ruderboot

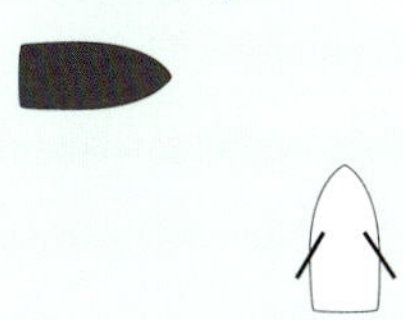

464 Wer hat Wegerecht?
☒ Segelboot

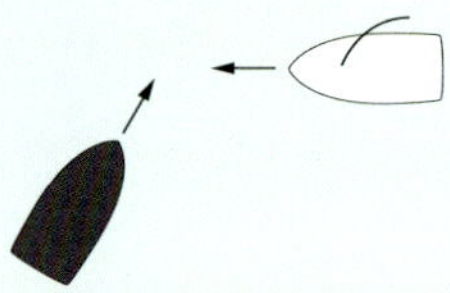

465 Wer hat Wegerecht?
☒ Segelboot

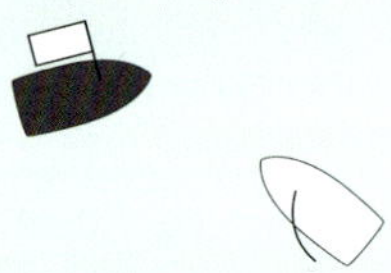

466 Wer hat Wegerecht?
☒ Berufsfischer

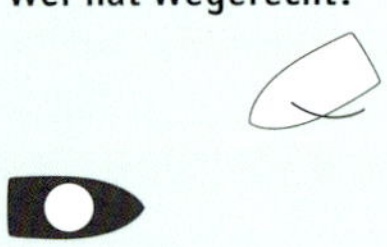

467 Welches Fahrzeug hat Wegerecht?
☒ Das Ausfahrende

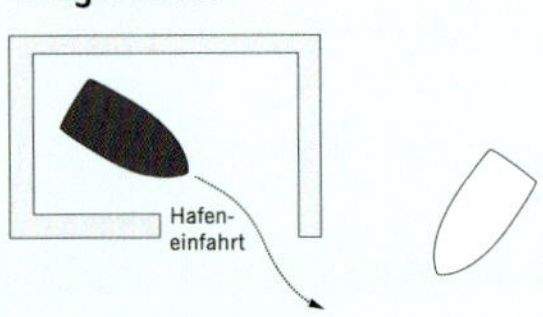

468 Welches Fahrzeug hat Wegerecht?
☒ Vorrangfahrzeug

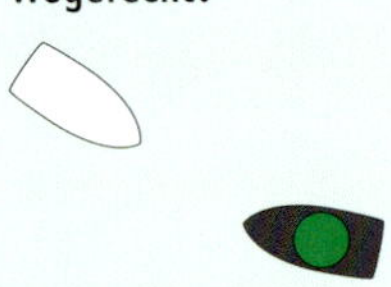

469 Welches Fahrzeug hat Wegerecht?
☒ Vorrangfahrzeug

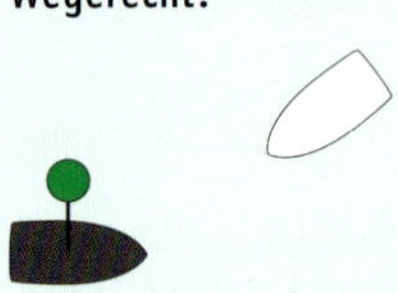

470 Welche Bedeutung hat dieses Licht?
☒ Einsatzfahrzeug mit hoheitlichen Aufgaben, ausweichen, notfalls anhalten

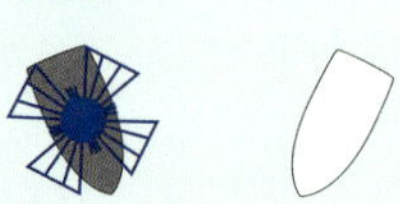

471 Wer hat Wegerecht?
☒ Der Berufsfischer

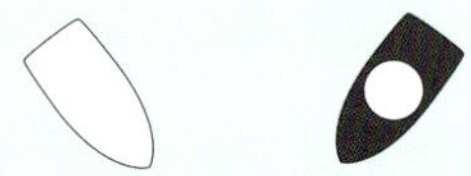

472 Welches Fahrzeug hat Wegerecht?
☒ Berufsfischer

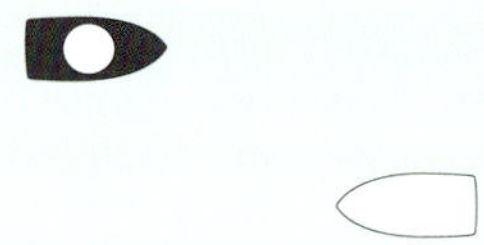

473 Welches Boot hat Wegerecht?
☒ Sportfischerboot, da von Steuerbord kommend

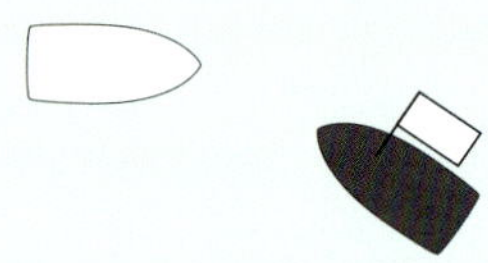

474 Wann und wo ist Wasserskilaufen nicht erlaubt?
☒ Zur Nachtzeit, bei unsichtigem Wetter und auf den Rheinstrecken

475 Wer hat Wegerecht?
☒ Schwarzes Segelboot, weil es den Wind von Steuerbord hat

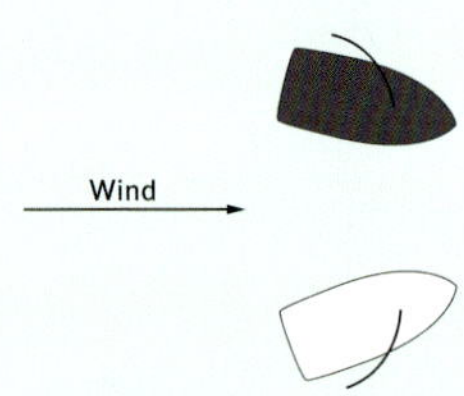

476 Wer hat Wegerecht und wie lautet die Begründung?
☒ Das weiße Segelboot, weil es den Wind von Steuerbord hat

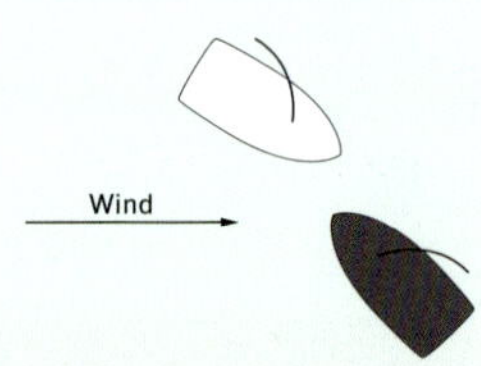

Hochrheinstrecke (Stein / Schaffhausen) Zusatz

477 Wo verläuft die schifffahrtsrechtliche Grenze zwischen Untersee und Hochrhein?
☒ Linie oberste Steganlage Eschenz/Landestelle Öhningen

478	**Mit welchen Schifffahrtszeichen wird auf dem Hochrhein die Fahrwasserseite bezeichnet?**	☒ Weiß/grüne Tafeln
479	**Dürfen Sie auf dem Rhein einem entgegenkommenden Schiff nach Backbord ausweichen, wenn dies nach Steuerbord nicht möglich ist?**	☒ Ja, nach rechtzeitiger Abgabe des vorgeschriebenen Schallzeichens
480	**Wie ist ein Fahrgastschiff im Bereich der Hemishofer-Brücken zu überholen?**	☒ Das Überholen ist verboten
481	**Sie fahren zu Berg Richtung Diessenhofen und bemerken unterhalb der Brücke ein wendendes Kursschiff. Wie haben Sie sich zu verhalten?**	☒ Wendemanöver abwarten
482	**Warum soll man oberhalb der Brücke Diessenhofen möglichst in Rheinmitte fahren?**	☒ Wegen zweier gegenüberliegender Badeplätze
483	**Welcher Fluss mündet gegenüber Rheinklingen in den Rhein?**	☒ Biber
484	**Wie lang ist der für Vergnügungsschiffe zugelassene Hochrheinabschnitt?**	☒ Rund 19 km
485	**Sie begegnen mit Ihrem Motorboot bei der Talfahrt einem den Rhein querenden Ruderboot. Wer muss ausweichen?**	☒ Das Motorboot
486	**Wie ist beim Begegnen auf dem Rhein in der Regel auszuweichen?**	☒ Nach Steuerbord
487	**Muss sich der Führer eines Motorbootes zwingend an die grün gekennzeichnete Fahrwasserseite halten?**	☒ Nein, das Fahrwasserzeichen hat nur empfehlenden Charakter
488	**Wie heißt die Untiefe vor Rheinklingen, nach dem Schifffahrtszeichen Nr. 52?**	☒ »Fahrkopf«
489	**Liegt das Strandbad Gailingen oberhalb oder unterhalb der Brücke und auf welcher Rheinseite?**	☒ Oberhalb, rechtsrheinisch
490	**Wie verläuft der Rhein im Bereich der Ortschaft Büsingen in Fließrichtung?**	☒ Starke Linkskrümmung
491	**Durch welche Öffnung der Hemishofer Eisenbahnbrücke führt die gekennzeichnete Fahrrinne?**	☒ Zweite Öffnung von links
492	**Was müssen Sie beim Befahren der Hochrheinstrecke von Ihrem Schiff speziell kennen?**	☒ Den maximalen Tiefgang des Schiffes
493	**Wie wird die Geschwindigkeit auf dem Hochrhein gemessen?**	☒ Jeweils zum Ufer (Fahrt über Grund)
494	**Bei einer Engstelle ist das gefahrlose Begegnen mit einem anderen, gleichrangigen Schiff nicht möglich. Wer hat sich wie zu verhalten?**	☒ Das zu Berg fahrende Schiff muss unterhalb der Engstelle die Durchfahrt des Talfahrers abwarten
495	**Wie begegnen Sie Fahrzeugen, die in der Fahrrinne treiben?**	☒ Mit genügend Abstand und möglichst geringem Wellenschlag
496	**Wo ist das Ankern auf dem Rhein grundsätzlich verboten?**	☒ Im Bereich von Brücken und offiziellen Landestellen sowie in Fahrrinnen und Fahrwasserengen
497	**Dürfen Sie zollpflichtige Waren aus der Schweiz ohne weitere Formalitäten nach Deutschland einführen?**	☒ Nein, die Waren müssen bei einem deutschen Zollamt angemeldet werden
498	**Wie legen Kursschiffe in Diessenhofen an?**	☒ Gegen die Strömung
499	**Sie befahren den Hochrhein mit Ihrem Vergnügungsfahrzeug zu Tal, mit Ziel Schaffhausen. Wo endet für Sie die Schifffahrt?**	☒ Unmittelbar vor der Eisenbahnbrücke Schaffhausen Feuerthalen
500	**Wie viele Brücken dürfen Sie mit Ihrem Vergnügungsfahrzeug auf der Hochrheinstrecke passieren?**	☒ 4 Brücken
501	**Darf ein langsamer fahrendes Schiff auf dem Rhein überholt werden?**	☒ Ja, beidseitig, mit genügend Abstand, wenn dadurch der zu Überholende nicht behindert wird

502	Wer hat beim Zusammentreffen im Bereich von Brücken immer, unabhängig von Berg- und Talfahrt, das Wegerecht?	☒ Vorrangschiffe
503	Wie haben Sie sich gegenüber Fischern, Schwimmern und Ruderbooten zu verhalten?	☒ Ich halte den größtmöglichen Abstand und reduziere die Geschwindigkeit so, dass kein oder nur noch geringer Wellenschlag entsteht
504	Wo liegt die Untiefe »Wellenstein«?	☒ Zwischen »Bibermühle« und »Schupfen«
505	Befindet sich die Schiffslandestelle Büsingen ober- oder unterhalb der starken Flusskrümmung im Bereich der Ortschaft?	☒ Oberhalb
506	Wie heißen die deutschen Ortschaften am Hochrhein?	☒ Gailingen, Büsingen
507	Nennen Sie die linksrheinische Schiffslandestelle, die von den Fahrgastschiffen angelaufen wird?	☒ Diessenhofen
508	Welche Höchstgeschwindigkeit darf auf der Hochrheinstrecke gefahren werden?	☒ 20 km/h auf der Talfahrt 10 km/h bei der Bergfahrt
509	Welche Regeln bestehen auf der Hochrheinstrecke für das Wellenbrettfahren und Wasserskilaufen?	☒ Nicht erlaubt
510	Nennen Sie die Brücken der Hochrheinstrecke im Bereich der Bodensee-Schifffahrts-Ordnung in Strömungsrichtung!	☒ Straßenbrücke Stein am Rhein, Straßenbrücke Hemishofen, Eisenbahnbrücke Hemishofen, Straßenbrücke Diessenhofen, Eisenbahnbrücke Schaffhausen, Straßenbrücke Schaffhausen
511	An welcher Brücke auf dem Hochrhein endet die Sportschifffahrt?	☒ Eisenbahnbrücke Schaffhausen
512	Nennen Sie die rechtsrheinischen Schiffslandestellen in Fließrichtung, die die Kursschifffahrt in der Saison regelmäßig anläuft?	☒ Stein am Rhein, Büsingen, Schaffhausen
513	In welchem Bogen einer Krümmung befindet sich der »Grund«?	☒ Im Innenbogen
514	In welchem Bogen einer Krümmung befindet sich der »Hang«?	☒ Im Außenbogen
515	Welche Fahrwasserverhältnisse können Sie im Innenbogen einer Flusskrümmung annehmen?	☒ Flachwasser, Untiefen
516	Wie viele Öffnungen besitzt die Hemishofener Eisenbahnbrücke im Bereich des Flussbettes?	☒ 4
517	An welchem Ufer der Hochrheinbrücke mündet die Biber und worauf ist unmittelbar unterhalb der Mündung zu achten?	☒ Rechtes Ufer, Untiefen, Felsen
518	Welche Fahrwasserverhältnisse können Sie in der Regel im Außenbogen einer Flusskrümmung annehmen?	☒ Ausreichende Wassertiefe
519	Wo befinden sich kurz unterhalb der Bibermühle Untiefen (Felsen) im Gewässerbett in Fahrtrichtung Stein am Rhein nach Schaffhausen?	☒ Linksrheinisch

Hinweis:
Das Patent für die Hochrheinstrecke ist nicht Bestandteil des Bodenseeschifferpatent A. Es ist eine zusätzliche Prüfung erforderlich, für die auch zusätzliche Prüfungsgebühren anfallen. Üblicherweise aber wird die Prüfung gleich mitgemacht.

Zusätzliche österreich-spezifische Fragen

Allgemeine Fragen

520	Wie verläuft die Nummerierung der Seezeichen in den Uferbereichen von Österreich?	☒ 66a bis 99 – Leiblach bis Alter Rhein
521	Wie lange dürfen Sie die Zulassungsurkunde eines Bootes überziehen?	☒ Gar nicht
522	Wie haben sich Vergnügungsfahrzeuge gegenüber Fahrgastschiffen mit grünem Ball auf den Rheinstrecken zu verhalten?	☒ Das Vergnügungsfahrzeug muss ausweichen
523	Was ist unseemännisches Verhalten?	☒ Wenn Leinen und Fender über Bord hängen
524	Was ist ein Fender?	☒ Polster oder Plastikkörper zum Schutz des Bootes
525	Was ist eine Muring?	☒ Am Boden liegende Kette mit Festmacherleinen
526	Wie viel lichte Durchfahrtshöhe haben Sie bei der mittleren Brückendurchfahrt in Konstanz bei einem Pegel von 3,50 m?	☒ 3,50 m / 6,15 m −2,50 m / −1,00 m 1,00 m / 5,15 m
527	Welche Behörde ist am österreichischen Ufer für die Erteilung von Schifferpatenten und für die Zulassung von Wasserfahrzeugen zuständig?	☒ Bezirkshauptmannschaft Bregenz
528	Welche Naturschutzgebiete liegen am Bodensee?	☒ Rheindelta, Seefelder Ache, Mehrerauer Seeufer
529	Wie viel Zentimeter auf der Seekarte entsprechen einem Kilometer in der Natur bei einem Maßstab von 1:25 000?	☒ 4 cm
530	Wie viel Leine stecken Sie beim Ankern?	☒ 5- bis 6-mal die Wassertiefe
531	Zwischen welchen Seezeichen erfolgt die Hafeneinfahrt in den Fußacher Hafen?	☒ 89 bis 93

Segelfragen

532	Warum soll ein Segelboot leicht luvgierig sein?	☒ Aus Sicherheitsgründen
533	Was verstehen Sie unter fieren?	☒ Schoten und Enden lose geben
534	Was verstehen Sie unter »auftakteln«?	☒ Mast mit stehendem und laufendem Gut anbringen
535	Was bedeutet Segeln auf Backbordbug?	☒ Wind kommt von Steuerbord, Segel stehen auf Backbord
536	Was bedeutet Segeln auf Steuerbordbug?	☒ Wind kommt von Backbord, Segel stehen auf Steuerbord
537	Welche Maßnahmen treffen Sie bei Sturmgefahr auf Ihrem Segelboot?	☒ Rettungswesten anlegen und Boot sturmklar machen
538	Wie sollten Sie sich nach einer Kenterung verhalten?	☒ Nach Möglichkeit beim Boot bleiben
539	Wer hat Vorrang (schwarz oder weiß) und wie lautet die Begründung?	☒ Das weiße Segelboot, weil es auf dem Backbordbug segelt

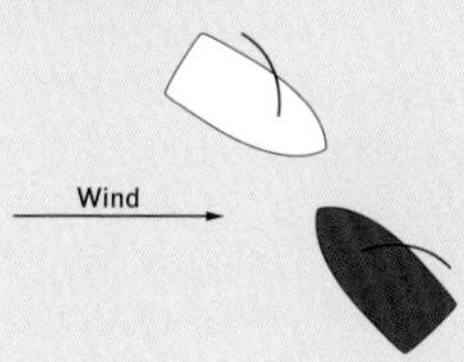

PRAXISPRÜFUNG

Unter Motor

Aufgabe	Anforderung
Anlegen mit der Backbordseite Anlegen mit der Steuerbordseite Dies kann an einer Kaimauer, an einem Steg oder einem Pfahl erfolgen	Das Boot muss parallel liegen und zum Stillstand gekommen sein. Höchstens 3 Versuche. Je einer von jeder Seite muss exakt sein.
Ablegen mit der Steuerbordseite Ablegen mit der Backbordseite Unter optimaler Nutzung der Antriebsanlage – starre Welle, Z-Antrieb, Außenborder	Kurz vorwärts eindampfen, rückwärts absetzen und vorwärts wegfahren. Je 1 Manöver, das korrekt sein muss.
Steuern verschiedener vom Prüfer angegebener Kurse	
»Mensch-über-Bord«-Manöver	Heck vom Überbordgefallenen wegdrehen und auskuppeln. Danach Fahrt nach Lee aufnehmen und das Boot gegen den Wind zum Stillstand bringen. Der Ring muss mit der Hand aufgenommen werden, nur bei hochbordigen Schiffen mit dem Bootshaken. Höchstens 2 Versuche, davon muss einer erfolgreich sein.
Wenden auf engem Raum	Beispielweise in einer Hafengasse eine 180°–360°-Drehung mit Vor- und Rückwärtsgang ausführen.
Verhalten im Verkehr	Korrekte Ausweichmanöver fahren, gegebenenfalls unter Abgabe der entsprechenden Schallsignale.
Einlaufen in die Box	Vorwärts oder rückwärts in die Box fahren, ohne Steg oder Leiter zu berühren.
Weitere Manöver	Kursfahren nach Vorgabe. Rückwärtsfahren mit Richtungsänderungen. Ankermanöver.
Knoten zum Abschleppen Knoten zum Festmachen	Achtknoten, Kreuzknoten, einfacher und doppelter Schotstek, Palstek, Webeleinstek, Roringstek, Stopperstek; Belegen auf der Klampe. Mindestens 1 Knoten muss auf Anhieb sitzen.
Navigation	Durchführung einer Kreuzpeilung. (Notwendig für die Prüfbescheinigung für den amtlichen Sportbootführerschein See.)

Unter Segeln

Aufgabe	Anforderung
»Mensch-über-Bord«-Manöver mit Halse »Mensch-über-Bord«-Manöver mit Q-Wende	Das Boot soll so im Wind stehen, dass man den Ring mit der Hand fassen kann. Bei einem Manöver muss ein Totalaufschießer gefahren werden. 2 Versuche je Manöver. Jeweils 1 Manöver muss korrekt sein.
Anlegen Ablegen Wenden Halsen Schiften Beidrehen	Je 1 Versuch pro Manöver, davon müssen insgesamt 2 ausreichend sein. Halsen und Wenden kann eventuell beim »Mensch-über-Bord«-Manöver nachgewiesen werden.
Segelbedienung und Segelführung	Setzen und Bergen der Segel, Reffen bzw. Segelwechsel unter Fahrt. Segelführung wird während der Manöver beobachtet.
Bootsführung	Fahren verschiedener Kurse. Ankermanöver. Bei allen Manövern wird eine klare Kommandosprache verlangt.
Knoten zum Abschleppen Knoten zum Festmachen	Achtknoten, Palstek, Webeleinstek, Roringstek, einfacher und doppelter Schotstek, Kreuzknoten; Belegen an einer Klampe. Mindestens je 1 Knoten muss auf Anhieb sitzen. Ohne ausreichende Knotenkenntnisse gilt die praktische Prüfung als nicht bestanden.

KLEINES SEEMÄNNISCHES WÖRTERBUCH

Abdrift (auch Abtrift) Seitliches Versetzen eines Bootes durch Wind oder Strom.
abfallen Eine Kursänderung vom Wind weg. (Gegenteil: anluven.)
ablandig Wenn der Wind vom Land in Richtung See weht. (Gegenteil: auflandig.)
Abrissheck Eine scharfe Kante zwischen Spiegel und Bootsboden, die verhindert, dass das unter dem Boden hervorschießende Wasser am Spiegel emporleckt und dort einen fahrthemmenden Sog verursacht.
abschlagen Das Abnehmen der Segel. (Gegenteil: anschlagen.)
abtakeln Die gesamte Takelage vollständig abnehmen, also stehendes und laufendes Gut mit dem Mast, etwa um das Boot einzuwintern. (Gegenteil: auftakeln.) Oft fälschlich verwandt für Segel abschlagen.
achteraus Alles, was hinter einem Boot liegt. (Gegensatz: voraus.)
Achterholer Jeweils die Spinnakerschot, die sich in Luv befindet, also am Spinnakerbaum.
Achterleine Festmacherleine, die vom Heck eines Bootes schräg nach achtern an Land oder zu einem Pfahl führt. Bisweilen auch als Heckleine bezeichnet. (Gegensatz: Vorleine.)
Achterliek (das) Die hintere Kante eines Segels.
Achterstag (das) Vom Masttopp zum Heck verlaufendes Stag, das die nach vorne gerichteten Kräfte des Mastes aufnimmt. (Gegensatz: Vorstag.)
Achterstagspanner Eine Vorrichtung, um die Spannung auf dem Achterstag zu verändern und dadurch den Mast nach vorne oder achtern zu trimmen. Auf kleineren Yachten eine Talje, eine Spannschraube oder ein Spannhebel. Auf größeren Yachten ein Handradspanner oder gar eine Hydraulik.
anluven Eine Kursänderung höher an den Wind heran. (Gegenteil: abfallen.)
anschlagen Ein Segel am Baum oder Stag befestigen. (Gegenteil: abschlagen.)
anstecken Einen Gegenstand mit einem Ende oder zwei Enden miteinander verbinden.
aufbrisen Der Wind nimmt an Stärke zu.
auffieren Dem Zug auf einer Leine nachgeben, ohne sie ausrauschen zu lassen. Häufig auch nur: fieren.
aufklaren 1. Das Wetter »klart auf«, es wird besser. – 2. An und unter Deck, im Spind Ordnung schaffen.
aufkommen 1. Mit Ruderlage mittschiffs die Drehbewegung des Schiffs allmählich verringern. – 2. Ein voraus laufendes Schiff einholen. – 3. Schlechtes Wetter, Gewitter, Sturm oder dergleichen kommt auf.
auflandig Wenn der Wind von See in Richtung Land weht. (Gegenteil: ablandig.)
aufschießen 1. Mit dem Boot in den Wind drehen, um es zum Stehen zu bringen. – 2. Eine Leine in regelmäßigen Buchten zusammenlegen.
auftakeln (auch aufriggen) Die gesamte Takelage (Rigg) an Bord bringen und aufrichten. (Gegenteil: abtakeln.) Oft fälschlich verwandt für Segel setzen.
auftuchen Ein Segel oder auch eine Abdeckplane ordentlich zusammenlegen.
Auge Bezeichnung für verschiedene Arten von Ringen (Schleppauge), Ösen, Löchern oder Schlingen. In Wortverbindungen entfällt das »e« (Augspleiß, Augbolzen).
Augpressung Maschinelle Pressung eines Auges in Drahttauwerk mit einer Seilhülse aus Kupfer, Aluminium oder Niro.
Babystag (das) Auf Kielyachten ein zweites kürzeres Vorstag, das in Höhe der unteren Saling angreift und aufs Vordeck herabführt. Gelegentlich auch als Trimmstag bezeichnet, weil mit ihm die Mastbiegung reguliert werden kann.
Back (die) 1. Erhöhter vorderer Teil des Decks. – 2. Seemännische Bezeichnung für Tisch.
back (engl.) Zurück, Rückwärts. Wird ein Segel back geholt, fällt der Wind von der »Rückseite« ein. Entweder segelt das Boot dann rückwärts, oder man erhöht dadurch das Drehmoment beim Wenden.
Backbord (Bb) In Fahrtrichtung gesehen die linke Seite eines Bootes. Links.
Backskiste In die Cockpitbank eingebauter, von außen zugänglicher Staukasten.
Backstag (auch Preventer) Ein vom Mast nach achtern aufs Seitendeck führendes Stag. Es kann jeweils nur in Luv durchgesetzt werden. In Lee muss es losgeworfen werden, um nicht den Großbaum zu behindern.
Balkenbucht (die) Eine leichte konvexe Wölbung des Decks.
Balkweger Längsbalken, auf denen die Decksbalken ruhen.
Ballast (der) Gewicht im oder unter dem Kiel einer Yacht, um die Stabilität (Gewichtsstabilität) zu erhöhen. Meistens aus Gusseisen oder Blei.
Baum Eine Stange aus Holz, Kunststoff oder heute meistens Aluminium, an der die untere Kante eines Segels angeschlagen (Großbaum) oder auch »fliegend« gefahren wird (Spinnakerbaum).
Baumniederholer Unten am Mast angreifende Talje, die ein Steigen des Baums auf Vorm-Wind-Kursen verhindert.
beidrehen Eine Yacht hoch am Wind, durch entsprechende Segelstellung, etwa das Backholen der Fock, nahezu zum Stehen bringen.

beiliegen Beigedreht einen Sturm abwettern, aber auch längere Zeit annähernd an einer Stelle liegen bleiben, um etwas zu bergen oder eine Reparatur auszuführen.
bekneifen Festklemmen (von Leinen).
belegen Eine Leine festmachen.
Beplankung Die Außenhaut eines hölzernen Schiffes.
bergen 1. Die Segel herunternehmen. – 2. Einen Gegenstand in Sicherheit bringen. – 3. Ein in Seenot geratenes Schiff einbringen. Die Besatzung oder Ladung von einem gestrandeten Schiff herunterholen (abbergen).
Bergfahrt Auf Flüssen die Fahrt stromaufwärts, von der Mündung zur Quelle (der Bergfahrer). (Gegensatz: Talfahrt.)
Besan (der) Auf Zwei- und auf Mehrmastern der hintere kürzere Mast. Aber auch das Segel daran wird als Besan bezeichnet.
Bilge (die) Der Raum im Bootsboden zwischen Kiel und Bodenbrettern.
Bindereff (auch Bändselreff) Die Segelfläche wird bei starkem Wind verkleinert, indem man das Tuch auf den Baum herunterholt und dort festbindet.
Block Gehäuse aus Holz, Metall oder Kunststoff mit einer oder mehreren Rollen, über die Leinen laufen.
Boje 1. Im Grund verankerter Schwimmkörper zum Festmachen von Booten. – 2. Nicht ganz korrekte Bezeichnung für Tonnen, die als Seezeichen oder Wendemarken bei Regatten dienen.
Bord (der) Eigentlich die Schiffsseite (Backbord, Steuerbord), besonders deren Oberkante, daher »über Bord« fallen. »An Bord« heißt allgemein sich auf einem Schiff befinden.
brechen 1. Seemännischer Ausdruck für das Reißen von Leinen und Ketten (nicht jedoch für Segel). – 2. Das »Überkämmen« der Wellen, wenn sich auf einer Welle eine Schaumkrone bildet.
Brückendeck Auf Großschiffen das sich in gleicher Höhe an die Kommandobrücke anschließende Deck. Auf Yachten eine mehr oder minder breite Abschottung des Cockpits gegen den Kajütniedergang, meist als Sitzbank verwendet. Das Brückendeck verhindert, dass Wasser aus dem Cockpit in die offene Kajüte schwappt.
Bucht Schleife in einer Leine. Sie wird »in Buchten« aufgeschossen.
Bug (der) Das vordere Ende eines Schiffes. Steuerbord- bzw. Backbordbug bezeichnet jedoch jeweils die Seite einer Yacht, auf der der Großbaum geführt wird.
Bugkorb (auch Bugkanzel) Fest auf dem Vorschiff montiertes Schutzgeländer aus verzinktem Stahl, Niro oder Aluminium. Entsprechend gibt es auf dem Achterschiff Heckkörbe.
Bullenstander (der) Eine Leine, die auf Vorm-Wind-Kursen vom Ende des Baums nach vorne geführt wird, um zu verhindern, dass der Baum auf die andere Seite herumschlägt.

Cunningham-Hole (auch C.-Kausch) Nach seinem Erfinder, dem Amerikaner Briggs Cunningham benannter Vorliekstrecker am Großsegel. Eine zweite Kausch, etwa 15 cm über dem Segelhals, durch die ein Niederholer führt, mit dem das C.-Hole auf den Baum heruntergeholt werden kann. So lässt sich die Großsegel-Wölbung unterschiedlichen Windverhältnissen anpassen.
Curryklemme Nach ihrem Erfinder, Dr. Manfred Curry, benannte, gezahnte Federklemme, die sich unter Zug bekneift. Vorwiegend zum Festsetzen von Schoten und Streckern verwendet.
CWL In der Schifffahrt übliche Abkürzung für Konstruktionswasserlinie, bis zu der ein Schiff, nach den Berechnungen des Konstrukteurs, ins Wasser eintaucht.

Davit (der) Kleiner drehbarer Kran für Anker oder – meist paarweise – für Beiboote.
Deck (das) Die obere Abschlussfläche eines Bootsrumpfes. Bei einer nur teilweisen Eindeckung spricht man entsprechend von einem Vor- oder Achterdeck. Ein schmaleres Seitendeck wird auch als Gangbord bezeichnet.
Diamant(stag) (auch engl. Diamonds) Rhombusartige Verstagung des oberen Mastbereichs.
Dinette (die) Sprachschöpfung der Bootsbauer. Anordnung der Sofabänke zu beiden Seiten eines quer zur Schiffsrichtung stehenden Tisches. Manchmal sind die Bänke auch U-förmig um den Tisch gruppiert. Meist kann der Tisch abgesenkt und die Dinette zu einer Doppelkoje hergerichtet werden.
Dingi (das) Ein kleines Beiboot. Gelegentlich auch Dinghy geschrieben.
Dirk (die) Eine Leine, die vom Masttopp zum Ende des Baumes führt und den Baum hält, wenn das Segel abgeschlagen ist.
Draggen (der) Kleiner vierarmiger Anker, auch als Suchdraggen zum Auffischen über Bord gefallener Gegenstände.
Ducht (die) Quer oder längs liegendes Sitzbrett in einem offenen Boot.
dwars Querab, rechtwinklig zur Fahrtrichtung.

Ende Leine, Tau; ausgenommen sehr dicke Taue. Sie heißen Trossen. Die Enden eines »Endes« bezeichnet man als Tampen oder auch Tamp.

Fahrwasser An engen Stellen oder zwischen Untiefen, Sandbänken usw. die durch Seezeichen markierte Fahrrinne mit tiefem Wasser.
Fall (das, Mehrz.: Fallen) 1. Leinen oder Drähte zum Setzen der Segel. Entsprechend Großfall, Fockfall oder Spinnakerfall. – 2. Der Fall = Neigung eines Mastes nach vorne oder achtern.
Fender (der) Polster aus unterschiedlichen Materialien, um die Bordwand vor Beschädigungen an Stegen, Nachbarschiffen oder Ähnlichem zu schützen.
fieren Dem Zug auf einer Leine nachgeben, ohne sie ausrauschen zu lassen. Häufig auch: auffieren.
Finish (das) Begriff (aus dem Englischen), der mit dem Kunststoff-Bootsbau aufkam. Ursprünglich Kriterium für die äußere Gelcoatschicht (gutes oder schlechtes Finish), inzwischen zu einem etwas verschwommenen Begriff ausgeweitet für die Gesamtfertigung bzw. den Gesamteindruck eines Bootes.
Flybridge (die) Auf Motoryachten offener zweiter Steuerstand (Fahrstand) auf dem Kajütdach, der eine gute Rumdumsicht ermöglicht. Von außen über eine Leiter, auf größeren Yachten auch von innen zugänglich. Gelegentlich auch: Flying Bridge.
Fock (die) Dreieckiges Vorsegel. Es gehört zu den Haupt- oder Arbeitssegeln.
Fockroller Mechanische Vorrichtung, um die Fock, vom Cockpit aus, auf das Vorstag aufzurollen.
Freibord (der) Höhe der Bordwand über der Wasserlinie.

Gaffel (die) Rundholz, an dem das viereckige Gaffelsegel mit seinem Oberliek angeschlagen wird.
Gangbord (der) Geläufige Bezeichnung des Seitendecks zwischen Reling und Kajütaufbau oder Cockpitsüll.
Gatchen (auch Gattchen) Kleines, meist mit einer Metallkausch eingefasstes Loch in Segeln oder Planen, durch das Bändsel, Strecker oder Ähnliches gezogen werden können.
geigen Schaukeln des Bootes um die Längsachse, besonders vor achterlichem Wind.
Genua (die) Eine große Fock für leichtere Winde. Sie zählt zu den Beisegeln. Regatta-Yachten haben bis zu vier Genuas unterschiedlicher Größen und Tuchstärken, die meist römisch beziffert werden. Also Genua I, II usw.
GFK Abkürzung für glasfaserverstärkter Kunststoff, das Baumaterial, aus dem heute die meisten Sportboote hergestellt werden. Andere gebräuchliche Bezeichnungen: Fiberglas- oder Polyesterharz-Boote.
gieren Seitliches Ausscheren eines Bootes aus seinem Kurs, besonders vor achterlichen Seen.
Glattdecker (auch Flushdecker) Bootstyp ohne jegliche Decksaufbauten. Das Deck wird nur durch die Vertiefung des Cockpits und eine flache Überdachung des Niedergangs unterbrochen.
Gräting (die) Gitter oder Rost zum Abdecken von Luken, auf Cockpitböden oder -bänken.
Gut (das) Das gesamte Faser- und Drahttauwerk der Takelage eines Segelbootes, unterteilt in »stehendes Gut« – dazu zählt die feste Verstagung des Mastes mit Vorstag, Wanten und Achterstag – und »laufendes Gut«. Dazu gehören die Fallen zum Setzen der Segel und die Schoten zur Segelführung.

Hahnepot (die) Ein gespreiztes Ende, das die in seinem Scheitel angreifende Kraft auf zwei Punkte verteilt.
Hals Die vordere untere Ecke eines Segels.
halsen Mit dem Heck durch den Wind gehen.Havarie Beschädigung einer Yacht durch Grundberührung, Kollision oder Sturm.
Heck (das) Das hintere Ende eines Schiffes.
Heckplattform Eine am Heck montierte Plattform mit (abklappbarer) Leiter, die es ermöglicht, bequem ins und aus dem Wasser zu gelangen. Deshalb häufig auch als Badeplattform bezeichnet. Doch ist sie auf höherbordigen Booten eine unerlässliche Rettungseinrichtung, denn nur über eine Heckplattform ist es möglich, einen über Bord Gefallenen wieder an Bord zu bekommen. An Booten mit Z-Antrieben schützt sie gleichzeitig die das Heck nach hinten überragenden Außenbordaggregate vor Beschädigungen.
heißen/hissen Das Hochziehen eines Segels oder einer Flagge.
Holebug Beim Kreuzen der Bug, über den man sich zwar dem Ziele nicht direkt nähert, aber Höhe heraussegelt, um dann vielleicht auf dem nächsten Streckbug das Ziel anliegen zu können.
holen Das Ziehen an einem Ende (anholen, durchholen, einholen, ausholen, aufholen). (Gegensatz: fieren.)
Hubkiel Ein ähnlich dem Schwert – meist mit einer Winde – aufholbarer Ballastkiel.
Hundsfott Bügel oder Auge am Block, an dem die feste Part der Talje angeschäkelt wird.

Jolle 1. Allgemein ein kleines offenes Boot. – 2. Ein offenes Segelboot mit Schwert im Gegensatz zum Kielboot.
Jollenkreuzer Ein (kenterbares) Schwertboot mit Kajüte.

Kat 1. Eine Takelung mit einem Mast und

nur einem Großsegel, also ohne Vorsegel. – 2. Gebräuchliche Abkürzung für Katamaran.
Kausch (die) Eine ring- oder auch herzförmige Metall- oder Kunststoff-Verstärkung für ein Auge.
Keep (die) Rille, Hohlkerbe, Nut, Kerbe; beispielsweise im Baum zum Einziehen des Segels oder zwischen den Kardeelen von Tauwerk.
kentern Umkippen eines Bootes, nachdem es den Kenterpunkt überschritten hat. Alle Schwertboote können kentern.
kentersicher Ein Kielboot, dessen Ballastanteil so hoch ist, dass es sich auch dann wieder aufrichtet, wenn es vom Sturm platt aufs Wasser gedrückt wird, ist kentersicher. Fälschlich auch als »unkenterbar« bezeichnet.
Ketsch Yacht mit Großmast und Besan, der innerhalb der Konstruktionswasserlinie steht.
Kielschwein Eine innen auf dem Kiel liegende Verstärkung, auch Binnenkiel genannt.
Kielschwerter Boot mit einem flachgehenden Kiel und einem zusätzlichen Schwert, das durch den Kiel hindurchgeführt wird.
killen Flattern der Segel.
Kimmstringer Längsversteifung im Rumpf, die an der Kimm sitzt, das heißt dort, wo der Bootsboden in die mehr oder minder senkrechte Bordwand übergeht.
Klampe (die) Eine doppelarmige Knagge aus Holz, Metall oder Kunststoff zum Belegen von Leinen.
Klinker Beplankungsart, bei der die einzelnen Plankengänge dachziegelartig überlappen. Sie wird gelegentlich in Kunststoff imitiert.
Klüse Eine Öffnung in Bordwand oder Schanzkleid zum Durchführen von Leinen, besonders der Ankerkette (Ankerklüse).
Klüver (der) Dreieckiges Vorsegel, das vor der Fock gefahren wird und auf einem Kutter zu den Haupt- oder Arbeitssegeln zählt.
Knarrpoller (der) Einfache Winsch ohne Hebel zur Übertragung geringer Kräfte (Fockschot auf Jollen), meist aus Kunststoff.
Knickspanter Boote, deren Rümpfe einen eckigen Querschnitt haben. Es kann ein einfacher oder ein doppelter Knickspant sein. (Gegensatz: Rundspanter.)
Knoten (kn) Nautische Geschwindigkeitsbezeichnung für Seemeilen pro Stunde. Der Ausdruck stammt von der Markierung der Logleine des alten Handlogs mit Knoten.
Koker (der) Allgemeine Bezeichnung für Gehäuse, Köcher. Beispielsweise heißt die wasserdichte Durchführung für den Ruderschaft Ruderkoker.
Kollisionskurs (der) Eine Fahrtrichtung, die zwangsläufig zu einer Kollision führen muss, wenn sie von zwei oder mehr Schiffen (den Kollisionsgegnern) beibehalten wird.
Kopf Die obere Ecke eines Segels, an der man das Fall anschäkelt.
Kopfschlag Beim Belegen auf einer Klampe wird das letzte Ende so über Kreuz gelegt, dass es sich bekneift.
Krängung Schräglage (eines Bootes) durch Wind- oder Stromeinfluss.
kreuzen Mit Zickzack-Kurs auf ein Ziel in Windrichtung zusegeln.
kurzstag Beim Ankerlichten wird die Kette so weit eingehievt, dass sie keine Lose mehr hat.
Kutter Yacht mit einem Mast und mindestens zwei Vorsegeln (Fock und Klüver).

Lateralplan Die Silhouette des Unterwasserschiffes von der Seite gesehen. Je nachdem ob der Kiel lang, kurz oder tief ist, spricht man von einem langen, kurzen, tiefen oder auch flachen Lateralplan.
laufendes Gut Alles Tauwerk, das beweglich ist und über Blöcke, Scheiben und dergleichen läuft (Fallen, Schoten, Dirken usw., aber nicht Backstagen). Dient zum Setzen, Bergen und Einstellen der Segel.
Lee Die dem Wind (oder Strom) abgekehrte Seite.
leegierig Ein Boot, das die Eigenschaft hat, ständig abzufallen.
Legerwall Auf Legerwall liegen = eine Yacht liegt vor einer Küste oder einem anderen Hindernis, auf die Wind und See setzen. Stets eine gefährliche Situation.
lenzen 1. Ein Boot leerpumpen oder ausschöpfen. – 2. Mit einem Schiff vor einem Sturm herlaufen.
Liek (das, Mehrz.: Lieken) Die verstärkten Kanten eines Segels (Vor-, Achter-, Ober-, Unterliek).
Lippe (Lippklampe) Klauenartige Durchführung für Leinen im Schanzkleid oder auf Deck.
Log (das) Messinstrument für die Geschwindigkeit, dem Tachometer des Autos entsprechend. Die einfachste Art ist das Patentlog. Ein nachgeschleppter Impeller betreibt über ein Schwungrad ein Zählwerk. Moderne elektrische Logs arbeiten mit im Bootsboden eingebauten Impellern oder einem Fühler, der durch das anströmende Wasser unterschiedlich stark abgelenkt wird, oder nach dem Staudruck-Prinzip.
Lose Wenn ein Ende nicht dichtgesetzt ist, hat es Lose. Lose geben heißt, mit einem dichtgesetzten Ende nachgeben.
Lot Messinstrument für die Wassertiefe. Das Handlot besteht aus einem Bleigewicht an einer markierten Leine. Das Echolot arbeitet elektro-akustisch.
Lümmel Die Verbindung zwischen Baum und Mast, bestehend aus dem Lümmelbeschlag am Baum und dem Lümmellager am Mast. Das kann ein einfacher Haken sein, ein

rundum schwenkbarer Zapfen, eine Steckbolzen-Verbindung, ein Schlitten mit Manschette und ist – sofern vorhanden – mit dem Patentreff kombiniert.
Luv Die dem Wind (oder Strom) zugekehrte Seite.
luvgierig Ein Boot, das die Eigenschaft hat, ständig in den Wind zu drehen.

Mastspur Eine Ausnehmung im Kielschwein oder ein Beschlag, der den Mastfuß hält und mitunter in der Längsschiffsrichtung verstellt werden kann, um den Mast weiter nach vorne oder achtern zu trimmen.
Motorwanne Eine Mulde im Achterschiff von Außenborderbooten, in die der Kopf schwenkt, wenn der Motor hochgekippt wird. Sie ist selbstlenzend und hat Durchführungen für Steuer- und Schaltkabel und Tankschlauch.
Muring (auch Mooring) Festmachemöglichkeit im freien Wasser. Meistens eine sicher verankerte Boje.

Niedergang Eingang und Treppe zu der meist tiefer als das Cockpit gelegenen Kajüte.
Nock (die) Das Ende des Baumes, nicht aber des Mastes. Das heißt Topp. Auch die Enden der Kommandobrücke auf Großschiffen werden als Brückennock bezeichnet.

Ösfass Gefäß zum Wasserschöpfen (ösen), meist aus Kunststoff.

Pall (das) Sperrklinke an einem Zahnkranz, beispielsweise an einer Ankerwinsch, um ein Ausrauschen der Kette zu verhindern.
Pallen Mehrzahl von Pall, aber auch Hölzer zum Abstützen des Bootes im Winterlager. Den Vorgang selbst bezeichnet man als aufpallen.
Patenthalse Unfreiwilliges Halsen, verursacht durch Unaufmerksamkeit des Rudergängers oder starkes Gieren oder Rollen des Bootes. Auf Jollen kann sie leicht zum Kentern führen, auf schweren Kielyachten zu Bruch in der Takelage.
Patentreff (auch Rollreff) Die Segelfläche wird verkleinert, indem man das Tuch auf den Baum wickelt.
Persenni(n)g (die) Eine wasserdichte Abdeckplane für die Segel, das Cockpit oder das ganze Boot.
Piek (die) Ecke, Spitze. Die äußersten spitzen Enden einer Yacht heißen dementsprechend Piekräume – Vor- und Achterpiek.
Pinne (auch Ruderpinne) Waagerechter Hebelarm am Kopf des Ruderschaftes, oft klappbar. Gelegentlich wird das Steuern auch als pinnieren bezeichnet.
Plattgatter Bootstyp mit einer breiten glatten Spiegelplatte, über die das Ruder gefahren wird. (Gegensatz: Spitzgatter.)
Plicht (die) Seltenere Bezeichnung für das Cockpit, der Vertiefung im Deck, in der die Crew, die Besatzung sitzt.
Poller (der) Starker, kurzer Pfahl aus Holz, Metall oder auch Stein zum Festmachen von Leinen an Land. Auch die kleineren Versionen an Deck heißen Poller. Man unterscheidet, je nach Form, einfache, Doppel-, Kreuz- und Doppelkreuzpoller.
Preventer Backstag (s. dort).
Propellerbrunnen Ausschnitt im Kiel, Skeg oder Ruderblatt, in dem der Propeller dreht.
pullen Seemännische Bezeichnung für rudern.
Pütting (das; auch Rüsteisen) Beschlag, mit dem die Wanten am Bootsrumpf befestigt sind.
raumen Eine günstige Winddrehung mehr nach achtern. (Gegenteil: schralen.)
reffen Ein Segel verkleinern.
Reitbalken Eine quer übers Cockpit laufende Strebe, unter die man beim Ausreiten des Bootes die Füße haken kann.
Reling (auch Seereling oder populärer Seezaun) Ums Boot laufendes Drahtgeländer, gehalten von Relingstützen. Als Fußreling werden auch Leisten oder Schienen an der Außenkante des Decks bezeichnet, die verhindern sollen, dass man mit den Füßen abrutscht.
Riemen Seemännischer Ausdruck für »Ruder« mit denen nicht gerudert, sondern gepullt wird.
Rigg (das) Moderne Bezeichnung für Takelage. Sammelbegriff für Masten, Bäume, stehendes und laufendes Gut. Entsprechend wird eine Yacht »geriggt« oder »aufgeriggt«.
rollen Die aus Schlingern und Stampfen zusammengesetzte Bewegung einer Yacht im Seegang.
Roring (der) Ring, besonders am Ankerschaft zum Befestigen der Kette oder Leine.
Ruder Seemännischer Ausdruck für »Steuer«, auch »Rohr« genannt. Verballhornung des flämischen Roer. Man steuert mit dem Ruder. Jollen haben meist einen Steuermann, Yachten dagegen einen Rudergänger.
Ruderblatt Der unter Wasser befindliche Teil des Ruders.
rund achtern Kommando beim Halsen zum Schiften des Segels.
Rundspanter Boote, deren Rümpfe einen runden Querschnitt haben. Er kann sehr schmal oder auch extrem breit sein. (Gegensatz: Knickspanter.)
Rüsteisen Pütting (s. dort).
Rutscher (auch Schlitten) Gleitschuh am Vorliek eines Segels, der in der Gleitschiene an der Rückseite des Mastes läuft.

Saling (die) Waagerechte Strebe am Mast, die im oberen Bereich die Wanten abspreizt, um eine bessere Mastverspannung zu erzielen.
Sandwich-Bauweise Zwischen zwei Deckschichten aus Kunststoff wird ein Kern aus PVC-Hartschaumstoff, Balsa- oder Bootsbausperrholz eingeschlossen. Das ergibt, bei großer Steifheit des Bootskörpers bzw. Decks, ein nur geringes Gewicht und gute Isolation.
Schäkel (der) Durch Schraub- oder Steckbolzen verschließbare Metallbügel unterschiedlicher Größen und Stärken, um stark beanspruchte Teile an Bord miteinander zu verbinden. Beispielsweise den Anker mit der Kette oder Fall und Segel.
schamfilen Scheuern, reiben.
Schandeckel Die äußere an die Bordwand anschließende Decksplanke auf Holzschiffen.
Schanzkleid Eine Erhöhung der Bordwand über das Deck hinaus. Auch die häufig auf seegehenden Yachten anzutreffende Verkleidung der Seereling mit Segeltuch wird als Schanzkleid bezeichnet.
scheren 1. Ein Ende durch einen Block, ein Auge oder eine Leitöse führen. – 2. Im Sinne von »laufen«. Ein Schiff schert aus dem Kurs.
schiften Den Baum von einer Seite auf die andere nehmen.
Schlag Die zwischen zwei Wendemanövern beim Kreuzen zurückgelegte Strecke.
schlingern Das seitliche Schaukeln eines Schiffes im Seegang, also eine Drehbewegung um die Längsachse.
Schot (die) Leine zum Regulieren der Segelstellung. Entsprechend Fockschot, Großschot oder Spinnakerschot.
Schothorn Die hintere untere Ecke eines Segels.
Schotring Ein runder Bügel am Großbaum, an dem die Schot angreift.
Schott (das) Querwände, möglichst wasserdichte, in Schiffen. (Mehrz.: Schotte.)
schralen Eine ungünstige Winddrehung mehr nach vorne. (Gegenteil: raumen.)
schricken Etwas fieren. »Einen Schrick in die Schot geben.«
Schwell (der) In Häfen hineinstehende schwache Dünung. Von vorbeifahrenden Schiffen verursachter Wellenschlag.
Schwert Senkrecht in einem Schwertkasten steckende Platte auf Jollen, die beim Segeln der seitlichen Abdrift entgegenwirkt. Es gibt Steckschwerter und drehbar gelagerte Senkschwerter.
schwojen Das Pendeln eines Bootes um seinen Anker oder seine Muring, hervorgerufen durch Wind oder Strom.
Seeventil Absperrhahn an allen wasserführenden Leitungen, die den Bootsrumpf durchbrechen: Abflüsse von Waschbecken, WC etc.
Setzbord Der erhöhte Rand des Cockpits als Schutz gegen überkommendes Wasser. Auch Waschbord genannt.
Skeg (der; engl.) Deutsche, aber wenig gebräuchliche Bezeichnung »Ruderleitflosse«, auch »Kiel-« oder »Ruderhacke«. Ein »Totholz« vor dem Ruderblatt, das günstigere Anströmverhältnisse schafft und dadurch eine bessere Ruderwirkung erzielt.
Skipper Der »Kapitän«, das heißt, der verantwortliche Führer einer Yacht, im Gegensatz zum Besitzer, der Eigner genannt wird.
slippen 1. Das Zuwasserbringen eines Bootes auf einem Slip, einer Bootsrampe. – 2. Schnelles Loswerfen einer Leine. »Auf Slip belegen.«
Slup Yachttyp mit Großsegel und einem Vorsegel. Die am meisten verbreitete Takelung.
Spant (das; Mehrz.: Spanten) Die Quer- und Längsrippen eines Schiffes. Der Kunststoff-Bootsbau kommt weitgehend ohne sie aus. Längsspanten werden auch Stringer genannt.
Speigatt Öffnungen im Schanzkleid oder in der Fußreling zum Wasserablauf.
Spiegel Der Abschluss des Hecks. Ist er einwärts geneigt, spricht man von einem einfallenden Spiegel, bei Neigung nach auswärts entsprechend von einem ausfallenden.
Spinnaker (auch Spi) Ein leichtes, bauchiges, lose (»fliegend«) an einem Baum gefahrenes Vorsegel für Kurse mit raumem und achterlichem Wind.
spleißen Das dauerhafte Verflechten von Tauwerk. Entweder um zwei Enden miteinander zu verbinden oder um ein Auge zu bilden.
Spring Zusätzliche Festmacheleinen zu der Vor- und Achterleine, die eine Bewegung des Bootes in der Längsrichtung verhindern. Die Vorspring verläuft vom Vorschiff schräg nach hinten, die Achterspring vom Achterschiff schräg nach vorne.
Sprung Der Verlauf der Deckslinie, der auf Yachten nur selten waagerecht ist. Liegen Bug und Heck höher als der Mittelteil des Rumpfes, hat das Boot einen positiven Sprung, verläuft die Deckslinie umgekehrt, einen negativen Sprung.
Stag (das) Drahttauwerk zum Abstützen und Versteifen der Masten nach vorne und achtern. – Über Stag gehen, dasselbe wie wenden.
Stander 1. Für bestimmte Zwecke fertig gespleißtes Drahtende, z. B. der Bojenstander. – 2. Kurze dreieckige Flagge (Vereinsstander), im Gegensatz zum Wimpel, der auch dreieckig, aber lang und schmal ist.
Standerschein Die Berechtigung zum Führen des Club- oder Vereinsstanders.
stampfen Das Schaukeln eines Schiffes in der Längsrichtung, also um die Querachse, bei gegenanlaufender See.

Steuerbord (Stb) In Fahrtrichtung gesehen die rechte Seite eines Bootes. Rechts.
Steven Vorderer und hinterer Abschluss des Bootsrumpfes, entsprechend Vor- und Achtersteven.
Stevenrohr Die Durchführung der Propellerwelle durch den Bootsrumpf.
Streckbug Beim Kreuzen der Bug, über dem man die längeren Schläge machen kann, weil der Wind nicht genau vom Ziel her weht.
Stringer Versteifung des Bootsrumpfes in Längsrichtung (s. Spanten). »Gleitstringer« sind keine Stringer, sondern dem Rumpf außen aufgesetzte Kunststoffprofile zur Verbesserung des dynamischen Auftriebs.

Takelage Sammelbegriff für Masten und Bäume, stehendes und laufendes Gut. Modernere Bezeichnung: Rigg.
Takelung Die Art und Weise, wie ein Boot getakelt oder geriggt ist: Slup, Kutter, Ketsch usw.
Tamp(en) Die beiden Enden einer Leine (seemännisch: eines Endes).
Toggle Kniegelenk. An beiden Seiten gabelförmiges Verbindungsstück zwischen Wantenspanner und Pütting.
Topp Spitze des Mastes.
Toppnant Aufholer für den Spinnakerbaum.
Törn 1. Eine Segelfahrt. – 2. Ein ungewollt in eine Leine eingedrehtes Auge. Eine vertörnte Leine = unklare Leine.
Trapez Ein auf Rennjollen oben im Mast befestigter Draht mit einem Gurt, in dem sich der Vorschotmann weit nach Luv aus dem Boot hängt, um als »lebender Ballast« die Stabilität zu erhöhen.
Traveller (engl. Laufkatze) Genau genommen der Schlitten, an dem der Großschot-Fußblock auf einer Schiene oder einem Rohr gleitet. Inzwischen aber hat sich die Bezeichnung für die gesamte Einrichtung eingebürgert, die dem besseren Trimm des Großsegels dient.
Trimaran (auch Tri), Dreirumpfboot mit einem großen Mittelrumpf, in dem sich die Kajüte befindet, und zwei kleineren Auslegerrümpfen.
trimmen (der Trimm) Alle Maßnahmen, die ein Boot schneller machen und sein Seeverhalten verbessern.
Trysegel (sprich: Trei-) Ein kleines dreieckiges Segel aus schwerem Tuch. Es wird bei Sturm anstelle des Großsegels mit losem Fußliek gefahren.

über Stag gehen Eine andere Bezeichnung für »wenden«.

Verdrängung (Deplacement) Gewichtsangabe für eine Yacht in kg oder t. Gewicht der Yacht = Gewicht des verdrängten Wassers.
verholen Ein Schiff mit Leinen von einem Platz zu einem anderen bringen.
Verklicker Drehvorrichtung für einen Stander am Masttopp zur Windrichtungsanzeige.
Verstagung Dasselbe wie »stehendes Gut«. Sammelbegriff für die Masthalterungen: Vor- und Achterstag und Wanten.
Vorluk Eine verschließbare Luke auf dem Vordeck. Auf kleineren Booten meist nur ein kleines Arbeitsluk, auf größeren der Einstieg in die Vorschiffsräume.
Vorschiff Der vor dem Mast liegende Teil eines Bootes. Entsprechend das Vordeck.
Vorschoter Derjenige, der nicht steuert, sondern die Vorschot bedient.
Vorsegel Alle Segel vor dem Mast, also Fock, Genua, Klüver, Spinnaker.

Want (das; Mehrz.: Wanten) Das stehende Gut rechts und links vom Mast. Kleine Boote haben nur ein Wantenpaar, größere Yachten mehrere (Topp-, Ober- und Unterwanten).
Waschbord Erhöhter Rand des Cockpits (s. Setzbord).
Wasser machen Ein Schiff leckt, ist undicht.
Wegerung Die innere Verkleidung des Rumpfes. Sie dient hauptsächlich der Isolation.
wegfieren Eine Verstärkung des Ausdrucks fieren (s. dort).
wenden Mit dem Bug durch den Wind gehen.
Winsch Mit einer Kurbel oder elektrisch zu bedienende Winde (Schotwinsch, Fallwinsch, Ankerwinsch).
Wirbelschäkel Schäkel mit einem drehbaren Auge oder drehbar verbundene Doppelschäkel.
wriggen, auch **wricken** Ein Ruderboot mit einem Riemen am Spiegel durch schraubenartige Bewegung vorwärtsbewegen.

Yawl Yachttyp mit Großmast und Besan, der außerhalb der Konstruktionswasserlinie steht.

zeisen Zusammen- oder anbinden, etwa aufgetuchte Segel. – Beschlag-Zeiser = Bänder zum Zeisen der Segel.
zurren Zusammenschnüren, festbinden. Etwas seefest zurren.

UNTERWEGS AUF DEM BODENSEE

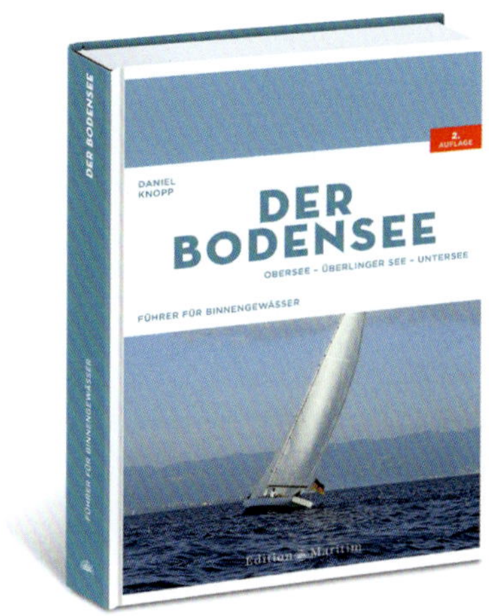

Die überarbeitete Neuauflage des bewährten Revier- und Hafenführers von Daniel Knopp umfasst die gesamte Bodenseeregion: die Binnengewässer Obersee, Untersee und Überlinger See. Segler und Motorbootfahrer finden neben ausführlichen Beschreibungen der einzelnen Häfen alle relevanten Hinweise zu Besonderheiten des Bodensees wie beispielsweise Wetterwarnsystem und Bodenseeschifferpatent. Tipps zu Hotels, Restaurants und Versorgungsmöglichkeiten erleichtern die Planung Ihrer Bootstour auf dem Bodensee!

Daniel Knopp
Der Bodensee
Obersee, Untersee, Überlinger See
ISBN 978-3-667-12213-1

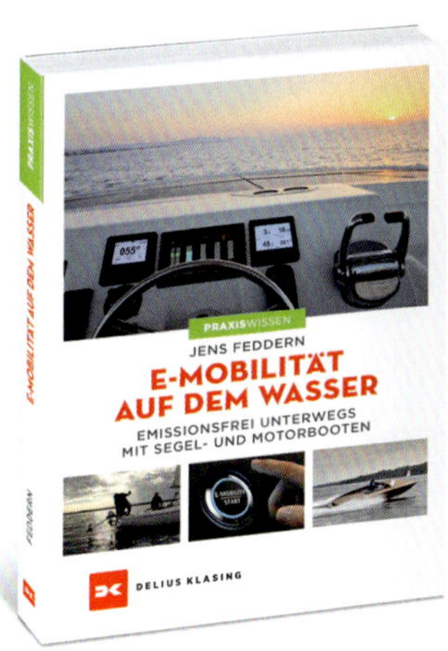

Jens Feddern
E-Mobilität auf dem Wasser
Emissionsfrei unterwegs mit Segel- und Motorbooten
ISBN 978-3-667-12366-4

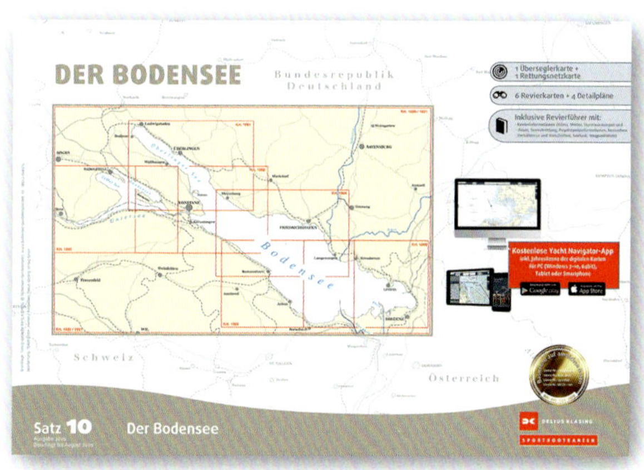

Sportbootkarten Satz 10: Bodensee
auf der Basis von lizensierten amtlichen Kartendaten erstellt, GPS-kompatibel, 14-seitiges Begleitheft mit Detailkarte Seerhein (Maßstab 1 : 10.000)
shop.delius-klasing.de/sportbootkarten